동아시아 효문화 이해

김덕균 저

동아시아 효문화 이해

김덕균 저

시아북
詩芽BOOK

책머리에

사라진 효, 달라진 효, 추구할 효문화

많은 사람들이 효가 '사라졌다', '무너졌다' 말하며 한탄한다. 실제로 상당부분 사라지고 무너졌다. 이 때 어떠한 효가 사라지고 무너졌는가가 더 중요한 문제이다. 또 왜 그런가에 대한 반성과 자각도 중요하다. 먼저 배금주의, 물질만능주의, 이기주의의 팽배가 그 원인이라고들 말한다. 틀리지 않다. 농경사회 노동집약적 공동체 가족주의의 산물 효문화가 20세기 후반 산업사회까지만 해도 설득력이 있었다. 나와 가족, 나아가 이를 포괄하는 공동체가 무엇을 먹을까를 고민하던 시대이다. 공돌이, 공순이가 되어 어떤 어렵고 힘든 일이라도, 또 어떤 수모를 당한다 하더라도 가족의 생계와 공동체의 장래를 염려하며 감내했다. 나보다는 가족과 공동체를 먼저 생각했다. 가족과 공동체를 위해서 기꺼이 나를 희생하던 시대이다.

하지만 21세기 지식정보사회로 오면서 이런 생각은 점차 희석되고 사라졌다. 내가 있어야 가족도 공동체도 있다는 자아의식의 자각이다. 공동체보다는 개인을 우선하는 시대가 온 것이다. 당연한 흐름이자 귀결이다. 농경·산업시대의 전통적 사고로 보자면 개인주의, 이기주의로 비춰진다. 그런 가운데 전통적 효문화는 설 자리를 잃어만 갔다. 3D업종(Dirty, Dangerous, Difficult)의 기피와 맞물려 사전에서 말하는 '부모에게 잘하는 것'을 효라고 생각하는 것은 옛날 얘기가 되었다. 과거 모범적인 효행사례도 전설이 되었다. 부모 공경을 위한 자신과 자녀의 일방적 희생을 전제로 하는 효행은 당연히 사라져야 한다. 근대화 시절 이런 효행을 '허위도덕虛僞道德'이라 비판한 것도 이해할 만하다. 과거의 효행 사례들은 이제 박물관 한 구석의 전시물에 지나지 않다. 사라질만한 효행이 사라졌으니 오히려 다행이라 할 수 있다.

문제는 당연히 지켜야할 자녀의 기본 도리조차 사라지는 게 안타깝다. 부모와 어른을 위한 작은 희생과 봉사는커녕 자기 앞가림도 못하는, 그래서 장년이 되어서도 부모에게 의지하는 자녀가 늘고 있는 것은 이 시대가 점점 효와는 거리가 멀어지고 있다는 반증이 아닐까. 받은 사랑 돌려드리는 것을 효라고 한다면, 효는 사라지고 내내 내리사랑만 존재하는 격이다. 사랑을 받았다면 당연히 갚아야 하는데, 갈수록 갚는 것은 어려워지고 내내 받기만하는 상황이다. '부자자효父慈子孝'가 정상적인 모습이라면, '부자父慈'만 남고 '자효子孝'는 사라진 형국이다.

거기에는 복지사회도 한 몫 한다. 복지를 강화할수록 노인은 풍요롭게 되고 청년층은 상대적 빈곤에 시달린다. 서구 복지국가들이 보여준 경험사례이다. 우리사회가 그대로 따라가는 것 같아 안타깝다. 복지는 제도이고 효는 정신이다. 제도는 경제적 기반이 필수이고, 정신은 의지의 문제이다. 가난해도 가정과 사회를 지탱할 수 있었던 원동력은 강한 효문화가 작용했기 때문이다. 경제적으로 풍요롭지 못했어도 노인들이 행복할 수 있었던 것은 정신적 효문화가 있었기 때문이다. 효와 복지는 상호보완관계이지 대체항목은 아니다. 효 대신 복지로 이 시대 노인문제를 해결할 수 없다. 복지에는 분명한 한계와 문제가 있다. 복지사회로의 지향은 오늘날 바꿀 수 없는 시대적 대세이지만, 그것은 강력한 재정적 뒷받침이 없고서는 불가능하다. 우리의 효문화를 활용한다면 상당부분을 보충할 수 있다. 서구사회와 비교해서 넉넉지 못한 한국사회가 추구할 복지모델이 효복지에 있음을 보여준다. 복지의 한계를 메워줄 효교육의 강화가 요청되는 이유도 여기에 있다. 5월 가정의 달과 10월 효의 달 반짝하는 효가 아닌 매일매일 되뇌이는 효문화 정착은 세계가 부러워할 복지국가로 가는 지름길이 될 것이다.

효는 전통문화이자 미래 정신문화

세상에 멈출 수도, 멈추지도 않는 게 있다. 시간이다. 변하지 않을 것만 같던 철부지 어린 시절 친구들 이맛살을 보면 안다. 어느새 검은 머리 파뿌리로 변한 모습에서 그동안 시간이 얼마나 빠르게 흘렀는지 절감하게 된다. 그나마 파뿌리라도 있으면 다행이다. 실내외 구분 않고 모자 쓰고 있는 모습에서 안쓰러움이 느껴진다. 특별히 만나자는 약속을 하지 않아도 저절로 찾아오는 온갖 경조사 알림장이 동창회 모임이다. 한동안 부모님 돌아가셨다는 애사가 주종을 이루더니, 이제는 애들 결혼한다는 경사가 대종이다. 이렇게 그렇게 인생은 시나브로 흐른다.

언제부턴가 먹거리 취향이 조금씩 달라짐은 잔칫집 늘어놓은 음식을 선택하며 알게 된다. 파스타보다는 잔치국수가, 달콤한 케익보다는 늘어진 인절미에 자연스레 손이 간다. 한 달에 한 두 번은 먹어줘야 했던 콜라와 햄버거는 어느 새 옛말이 되었고, 대신 청국장과 된장찌개가 그 자리를 차지했다. 의도적이기보다는 몸이 그것을 요구하고 있다. 어제의 내 몸이 오늘의 내 몸이 아니다. 젊을 때의 내 몸과 지금의 내 몸이 같지 않다. 그렇게도 다르다고 생각했던 그래서 따라가지 않을 것만 같았던 부모의 몸이 내 몸이 되었다.

그 옛날 효자들이 "날이 가는 것을 아까워한다."는 '애일愛日'의 의미가 피부로 와 닿기 시작했다. "부모님 나이는 반드시 알아야하지만, 알게 되면 한편으론 기쁘고 한편으론 슬프다."는 『논어』 속 이야기도 이제는 이해할만 하다. 하지만 이미 '풍수지탄風樹之嘆'이 되어버린 지금의 상황에서 이런 것들이 무슨 의미가 있을까. 이제라도 알았으니 다행일까.

간혹 누군가가 현대적 효가 무엇인가를 물을 때면, “청국장은 전통음식인가, 미래음식인가.” 되묻곤 한다. 청국장은 전통음식이자 현재도 미래도 우리의 건강 먹거리로 우리의 식탁을 책임질 최고의 음식이다. 효, 전통문화에서 나왔지만, 지금도 미래도 우리의 정신문화를 책임질 최고의 정신적 가치이다. 비록 자라나는 세대가 냄새나는 청국장보다는 산뜻한 콜라와 햄버거를 선호한다 해도, 청국장을 대신할 수는 없다. 햄버거와 청국장은 애당초 출생성분부터 다르다. 서양적이든 과학적이든 아무리 새로운 요소를 가미한 현대적 효를 말한다 해도 본래적 의미의 효문화와는 같을 수 없다.

더 중요한 것은 요즘 말하는 현대적 효개념, 곧 사랑·공경·화해·용서·배려·존중·감사·칭찬 등등의 내용은 이미 전통 효문화 속에 깃들어 있는 것들이다. 다만 가부장적·수직적 권위주의 시대의 한계와 요청에 묻혀 있으면서 드러나지 않았을 뿐이다. 기득권층의 욕심 때문에 중요하지도 않았고, 마치 없는 것처럼 보였을 뿐이다. 더 이상 근대화 과정 속에서 경험했던 서구화가 곧 현대화란 등식은 성립하지 않는다. 이제 현대적 효문화 계발의 문제는 수면아래 있던 전통적 효문화의 다의성을 찾아내는 일이다. 그동안 수직적 질서·권위·순종·복종·헌신·봉사·희생의 요소로 특히 여성과 자녀들에게 부담만 안겨준 일방적 효개념에서 역시 동양 고전에서 수도 없이 말하고 있는 민본民本·애경愛敬·애인愛人·친친親親·충서忠恕·인의仁義·화친和親·화이부동和而不同의 상호적 효개념으로 그 가치를 살려내는 일이다. 마치 미래사회의 성장 동력을 고전에서 찾았던 서구 근대사회의 르네상스가 그랬던 것처럼 우리의 미래 정신 동력을 다시금 고전에서 찾아보자는 것이다.

현대적 효는 하늘에서 떨어지는 것도, 미래 학자의 머리에서 나오는 것도 아니다. 그간 우리 것은 진부하고 고리타분하다는 선입견 때문에 자세히 살피지 못했던, 그래서 무심코 넘어갔던 고전에서 찾자는 것이다. 그리고 이 시대 청소년들에게 설득력 있게 다가갈 수 있는 흥미로운 콘텐츠개발에 관심을 기울이자. 전달 방법의 문제이지 개념적 본질의 문제는 아니다. 회초리 시대의 일방적 전달 방법은 설득력을 잃은지 오래다. 시대에 맞는 콘텐츠 개발로 효문화의 중요성을 알리고 이것으로 우리의 정신동력을 삼자는 것이다. 이것이 바로 청국장이 당기는 세대의 책무이자, 과제이다.

이를 위해 틈틈이 쓴 효관련 논문과 칼럼들을 한데 묶었다. 처음부터 계획하고 쓴 게 아니고, 이것저것 묶다보니 일부 반복되는 내용도 없지 않다. 독자들의 양해를 구한다.

효를 가르치고 연구한다며 이곳저곳 돌아다니며 먼저 챙겨야할 가족들을 돌보지 못함에 늘 미안한 마음이다. 아내 김혜선, 아들 용훈, 딸 용주에게 고마운 마음, 글로나마 전한다. 난삽한 글들을 하나하나 가지런히 엮어 깔끔한 책으로 만들어 주신 도서출판 시아북 김명수 대표님께도 감사드린다.

2021년 3월 7일

대전 유등천변 우거에서 **김 덕 균** 씀

목차

책머리에

제2장 동양고전에 나타난 효와 화해정신

제4장 현대사회 효문화의 길

제1장
충과 효, 그 본래적 의미를 찾아서

Ⅰ. 충효의 본래적 의미

Ⅱ. 충효, 복종과 불복종의 변주곡

제1장

충과 효, 그 본래적 의미를 찾아서

I. 충효의 본래적 의미

1. 왜 다시 충효인가?

효孝란 글자그대로 자신을 낳아주시고 길러주시고 보살펴주신 부모님의 은덕에 대한 인간의 당연한 도리로서의 봉양을 말한다. 나아가 효란 부모와 나의 관계를 통한 생명의 계승과 연속의 표현임과 동시에 인간의 마땅한 도리라고 할 수 있다.

충忠이란 글자그대로 마음의 중심中心을 뜻한다. 그런데 기록에는 "자신을 발견하고 확대하는 것을 충"盡己之謂忠[1]이라고 하였다. 그렇다면 우리가 상식적으로 알고 있는 나라에 대한, 또는 군주에 대한 충성 개념과는 거리가 있다. 효가 글자 뜻 그대로 계승되었다면, 충은 많이 각색·왜곡되었음을 확인케 된다.

여기서 오늘날 충효의 본래 개념을 문제 삼는 이유는 간단하다. 우리 사회가 물질적으로 엄청난 발전을 이룩하면서 이기주의가 팽

---

1) 『논어』「학이」에서 "曾子曰: 吾日三省吾身: 爲人謀而不忠乎? 與朋友交而不信乎? 傳不習乎?"라고 하였는데, 여기서 忠을 주희는 이렇게 해석하였다.

만해 졌고, 그로부터 충효에서 비롯된 우리의 긍정적 공동체의식과 민족 고유의 정신적 요소가 피폐해졌다는 위기의식도 그 이유이기는 하지만, 충효의 왜곡된 개념을 바로 잡고 그것의 본래적 가치와 의미를 회복하는 것도 필요하다고 보았기 때문이다. 개인이든 민족이든 생명과 의지를 가진 존재라면 그 존재가치는 물질의 양적 팽창을 넘어선데 있다. 따라서 그것은 자신을 반성하고 통제할 수 있는 정신적 중심에서 찾아야 하는데, 그 중심에 충효사상이 자리한다. 소위 모든 행위의 근본을 충효라고 말하는 것은 너무나도 오랫동안 회자되었기 때문에 이제는 실증이 날 정도이다. 하지만 생명의 계승과 연속을 표현하는 것이 효사상이고 너와 나의 공동체 정신의 기반이 충이라면, 더 이상 진부할 것도 실증을 느낄 것도 없다. 삶의 필수 요소이자 가치가 충효에 있기 때문이다. 하물며 현대 정보산업사회가 인간관계의 단절을 가져오고, 그로 인한 다양한 문제가 유발되고 있는 상황에서 뭔가 치유책을 모색해야한다는 윤리적 요청이 요구된다면 충효사상을 다시 되새겨 보는 것은 남다른 의미를 지닌다고 하겠다.

오늘날 인간관계의 단절로 인한 문제는 다양한 문제를 양산하고 있다. 그것이 종적관계이든 횡적관계이든 인간관계의 단절은 산업화 시절 소외이론과는 또 다른 소외와 갈등을 부축이고 있다. 관계의 단절에서 비롯된 문제는 관계의 회복을 통해서만 치유될 수 있다. 그렇다면 우리의 전통적 인간 관계론의 핵심인 충효사상의 실천은 대단히 중요한 의미를 지닌다고 하겠다.

또한 우리 사회의 물질적 풍요와 축복은 인류의 행복 증진에 기여를 했지만, 한편으론 “빈손으로 와서 빈손으로 간다.”는 허무주의적 세계관도 유발하였다. 지나친 물질적 욕망이 이런 역설적 이론을 낳은 것이다. 그렇다면 이제 물질적 축복과 정신적 안녕이 함께 추구되어야 한다. 우리는 "축복 받고 왔다가 보람 있게 간다."는 의식으로의 전환이 필요하다. 동시에 인간관계 속에서의 진실성 회복도 대단히 중요하다. 이것은 부모와 자식간의 육체적·정신적 생명의 연속적인 풍요로움과 공동체 질서의 회복에서 찾을 수 있다. 충효사상을 되새기며 그 의미를 돌아봐야 한다는 것이다.

2. 충효문화를 탄생시킨 사회 문화적 배경

주周나라는 은殷나라(처음에는 商나라로 불리웠다)에 이어 기원전 11세기경에 세워진 중국의 고대 왕조이다. 농경문화가 중심이었던 주나라는 확대된 영토를 효율적으로 관리하기 위한 봉건제도를 실시하였다. 봉건제도는 영토를 마치 우물 정井자처럼 나눠 다스렸다고 해서 정전제도井田制度라고도 하는데, 일종의 지역 분할통치 방식이다. 분할통치 방식으로 정치형태가 이뤄진 것은 중앙집권국가가 현실적으로 불가능했기 때문이다. 특히 교통의 미발달은 원거리 지역에 대한 원활한 통치가 불가능했다. 이를 보완하기 위해 만든 것이 봉건제도라 할 수 있다. 하지만 분할 통치를 했다하더라도 토지의 유일한 소유자는 군주 한 사람뿐이었다. 왕국토王國土란 말은 여기서 나왔다. 분할된 토지의 관리를 대개 왕의 인척과 그 신임자들이 맡으면서, 혈족에 의한 수직적 신분사회를 공고히 하는 계기도 마련되었다.

천자天子인 왕으로부터 그 아래로 공公·후侯·백伯·자子·남男이라는 서열이 생긴 것이다. 이들에게는 각각의 영역에 따른 영토와 주민이 주어졌다. 이들은 각자 맡은 영토에서 나온 산물을 정기적으로 왕에게 바치는 조공朝貢의무와 영토 수호 의무가 뒤따랐다. 여기서 규모가 큰 것을 국國이라 하였고, 작은 규모를 가家라고 하였다. 오늘날 국가國家라고 한 것은 그 옛날 국과 가의 결합이기 때문에 가를 단순히 집으로 이해하는 것은 잘못이다. 가 또한 작은 규모의 나라라는 것이다. 따라서 『대학』의 "수신제가치국평천하修身齊家治國平天下"의 가家와 국國과 천하天下는 각기 규모를 달리하는 각각의 나라라고 할 수 있다.

비록 규모가 다른 국가라 하더라도 그 통치 질서는 종법宗法에 따랐기 때문에 하나의 뿌리관념을 갖고 있었다. 예컨대 주나라를 세운 무왕武王은 그의 인척 40명을 제후로 봉했던 것이다. 여기서 천자인 무왕은 가부장이었으며, 그를 중심으로 혈족관계에 의한 국가체계가 형성되었다. 따라서 혈연적 유대관계는 국가 조직의 근간을 이루었다고 할 수 있다. 국가의 기초가 곧 혈연을 통한 결속으로 이뤄진 것이다. 다시 말해 천자는 왕이자 아버지였고, 제후는 신하이자 아들이었다. 따라서 효의 대상과 충의 대상은 결과적으로 하나였다. 이런 봉건사회의 질서 속에서 부자父子관계에 따른 효孝의 덕목 말고도 군신君臣·부부夫婦·장유長幼·친구朋友 관계에 따른 의義·별別·서序·신信 등의 여러 덕목들이 생겨났다.[2] 물론 그 밑바탕에는 "가까운 사람을 가까이 하라."[3]는 '친친親親'의 사고가 깔려있다. 이로부터 "가

2) 『맹자』「등문공상」: 父子有親, 君臣有義, 夫婦有別, 長幼有序, 朋友有信.
3) 『맹자』「고자하」: 親親, 仁也.

장 나쁜 악은 효도하지 않고, 공경하지 않는 것이다."[4]는 강령이 마련되었다.

바로 이 같은 '친친'의 원리 속에서 유난히 강조한 것이 있다면 예禮였다. 주나라와 그 이후의 통치기반이 예로 귀속되었던 것이다. "예는 국가의 기본"[5]이고, "예는 국가의 기강"[6]이라 생각한 것이다. 군신관계를 규정하는 데에도 의義와 더불어 예禮가 강조되었다. "군주를 섬김에 예를 다해야 한다."[7]는 말이 증명한다. 『논어』에서는 '극기복례克己復禮'[8]라 하여, 예가 실현되는 것을 인仁이라 하였다. 예가 하나의 질서이기도 하지만, 그것은 보통 꿀벌이나 개미들의 집단에서 보이는 것과 같은 본능적·맹목적 질서가 아니었다. 그것은 인간의 윤리적 행위로 인간을 보다 세련되고 품위 있게 만드는 일종의 문화였다. 그런 의미에서 예가 지켜지면 '인'이 실현된다고 한 것은 바른 인간관계의 성립을 의미한다. 그 인간관계는 '나와 너'라는 대대관계에서 비롯되는 것이다. 인仁이란 글자가 갖는 의미는 결국 두 사람의 상호 사랑과 공경에 의한 평화로운 모습이라 할 수 있다.

이처럼 인간관계속에서 인을 탄생시킨 문화는 부자관계의 윤리로서 효와 대인 윤리로서 충을 산생시키었다. 다양한 인간관계론 속에서 효와 충은 대단히 큰 의미를 지녔다는 것이다.

---

4) 『상서』「康誥」: 元惡大憝, 惟不孝不友.
5) 『좌전』 襄公30년: 禮, 國之幹也.
6) 『국어』「晋語」: 禮, 國之紀也.
7) 『논어』「팔일」: 事君盡禮.
8) 『논어』「안연」: 克己復禮爲仁. 一日克己復禮, 天下歸仁焉. 爲仁由己, 而由人乎哉?

3. 충과 효의 개념적 뿌리와 그 의미

전통시대에는 효자와 충신이 사회의 거울이었다. 그만큼 효와 충은 개인·사회·국가의 근본 요소로 대단히 중요한 작용을 하였다. 그런데『논어』에 표현된 효란 부모에 대한 효도와 형제관계의 공경을 함께 말하는 효제孝悌[9]였고, 충도 국가에 대한 복종보다는 대인관계의 충신忠信[10]과 충서忠恕[11]였다.

이렇게 가족관계의 효제와 대인관계의 충신·충서가 논의된 것은 이 땅의 문화풍토와 깊은 관련이 있다. 농경문화가 효제·충신·충서를 강하게 요구한 것이다. 농경문화는 강인한 노동력과 넉넉한 경험자를 필요로 하였다. 그로부터 가족관계를 중심한 공동체 문화가 발달하였고, 공동체내에서는 풍부한 경험을 지닌 자에 대한 수직적 질서와 존중의 풍토가 진행되었다.

효와 충이 무관한 것은 아니지만, 일단 나눠서 살펴보겠다. 맥락상 효충이지만 관행상 충효로 각인됐기 때문에 충부터 먼저 살펴본다.

(1) 충의 어원과 그 개념 변천

먼저 충이란 글자는 소리요소中와 의미요소心로 이루어진 형성문

9)『논어』「학이」: 有子曰 "其爲人也孝弟, 而好犯上者, 鮮矣." 같은 편: "孝弟也者, 其爲仁之本與!"

10)『논어』「공야장」: 子曰 "十室之邑, 必有忠信如丘者焉, 不如丘之好學也."「자한」: 子曰 "主忠信, 毋友不如己者, 過則勿憚改."「안연」: 子曰 "主忠信, 徙義, 崇德也."「위령공」: 子曰 "言忠信, 行篤敬, 雖蠻貊之邦行矣; 言不忠信, 行不篤敬, 雖州里行乎哉?"

11)『논어』「이인」: 曾子曰 "夫子之道, 忠恕而已矣."

자이다. 『설문해자』에서 "충忠은, 경敬이다."고 하였다. 단옥재段玉裁는 "경이란 공경하는 것이다. 아직 마음을 다하지 않았으면 공경하지 않는 자이다. 이것은 삼간다는 뜻의 신愼이나 근謹과 의미가 같다."[12]고 하였다. 이를 근거로 충의 의미를 새겨보면 공경恭敬·진심盡心·근신謹愼의 뜻이 된다.

『논어』에서는 경충敬忠[13]·충신忠信·충서忠恕로 설명하였고, 『춘추좌전』에서는 "마음을 다한다."[14]는 진심盡心으로 썼다. 이렇듯 충 개념은 본래 자신과 타자에 대한 진실과 진심의 표현이었다. 춘추시대 사용된 충 개념은 내적 요인이 강했다는 것이다. 그렇다면 『논어』「팔일八佾」편의 '사군이충事君以忠.'에 대한 해석도 "군주를 충(성)으로 섬긴다."가 아니라 "군주를 진심으로 섬긴다."가 타당할 것이다. 진심으로 섬기는 것은 무조건적 복종이나 순종과는 다르다. 양심에 따른 바름·떳떳함으로 섬기는 것이다. 다시 말해 충이란 권력에 대한 무조건적 복종을 의미하는 게 아니다. 군주(정치권력)에게 무조건 복종하는 것은 진심이 아닌 자신의 이기적 욕구충족을 위한 사심私心·사심邪心의 발로일 뿐이다. 욕구충족이 해소되지 않는다면 복종도 없다. 따라서 진정한 충은 복종이 아니라 진심·진실이란 것이다. 이는 한참 후대인 송대 진순陳淳과 주희朱熹에 와서도 계승되었다. 그들도 충을 중심中心·진기盡己로 설명하였다. 국가에 대한 복종·순종의 충이 아니라 개인의 내적 충실의 의미로 사용한 것이다.

한편 『춘추좌전』「환공」 6년에는 "군주가 백성을 어떻게 하면 이롭

---

12) 『설문해자』: 敬者肅也. 未有盡心而不敬者, 此與愼訓謹同義.

13) 『논어』「위정」: 季康子問 "使民敬忠以勸, 如之何?" 子曰 "臨之以莊則敬, 孝慈則忠, 擧善而敎不能則勸."

14) 『춘추좌전』「소공19년」: 君子曰 "盡心力以事君."

게 할 수 있을까 생각하는 것이 충이다."[15]고 하였다. 여기서는 충이 군주에 대한 백성과 신하의 도리를 말한 것이 아니라 군주의 백성에 대한 도리를 말한 것이다. 이는 충을 상호관계 속에서 배려 개념으로 사용한 경우로 일방적·수직적 개념의 충성과는 다른 차원이라 하겠다.

그러나 전국시대 순자는 충을 충성 개념으로 사용하였다. 물론 순자 이전 『묵자』「경상經上」편에서는 충을 "이롭게 해서 강하게 만드는 것이다."[16]고 하여, "군주를 이롭게 해서利君 나라를 강하게 한다."[17]는 뜻으로 말하기도 하였지만, 본격적인 충성개념은 순자이후에 나왔다. 『순자』「신도臣道」편에서는 "명령을 따름으로써 군주를 이롭게 하는 것을 순종이라 이르고, 명령을 따름으로써 군주를 이롭지 못하게 하는 것을 아첨이라 이르며, 명령을 거스름으로써 군주를 이롭게 하는 것을 충성이라 이르고, 명령을 거스름으로써 군주를 이롭지 못하게 하는 것을 찬탈이라 이른다."[18]고 하여 본격적인 군주에 대한 충성으로 충을 거론한 것이다.

그런데 여기서 진정한 충은 반드시 명령을 따르는 데에만 있는 것이 아니라 비록 명령을 거역한다 해도 군주를 이롭게 하는 데 있다는 것이다. 그래서 순자는 충에도 정도의 차이가 있다고 하였다. "덕으로 군주에게 아뢰어 변화시키는 것이 가장 큰 충이요, 덕으로 군주를 조절하며 보필하는 것이 그 다음 충이요, 옳은 것으로 그름을 간하다가 노여움을 일으키는 것이 그 다음 충이다. 군주의 영예와

15) 『춘추좌전』「桓公」6년: 上思利民, 忠也.

16) 『묵자』「經上」: 忠以爲利而强低也.

17) 『묵자』「經上」에서는 같은 맥락으로 孝는 '부모를 이롭게 하는 것(利親)'이라고 하였다.

18) 『순자』「臣道」: "從命而利君謂之順, 從命而不利君謂之諂, 逆命而利君謂之忠, 逆命而不利君謂之簒."

치욕을 가리지 않고 나라의 흥망을 돌보지 않으며 오직 알랑거리면서 봉록을 지키고 사교를 넓혀갈 뿐인 것은 나라의 도적이다."[19]고 하였다. 비록 충을 군주에 대한 충성으로 썼다 해도 무조건 복종하는 것이 아니란 얘기이다. 진정한 충은 용기 있게 군주의 잘못을 간언하여 바른 길로 인도하는 것이다. 다시 말해 무조건 주인에게 복종만 하는 충견忠犬과 사리판단을 통해 군주를 바른 길로 인도하는 충신忠臣은 구별되어야 한다는 것이다.

춘추시대 내적 충실의 충 개념은 전국시대 이후 군주를 이롭게 해준다는 의미의 충 개념으로 바뀌었고, 그 후로는 군주와 국가에 대한 무조건적 복종으로 자리매김하면서 충은 봉건잔재라는 오명을 쓰기도 하였다. 대표적인 경우로 후한대 마융馬融이 편찬하고 정현鄭玄이 주석했다는 『충경忠經』을 들 수 있다. 이 책은 18조목의 간단한 내용으로 이뤄져 있다. 여기서 충은 가정에서 효로 시작해서 국가에서 완성된다고 하였다. 그런데 내용상 국가에 이로움이 된다면 몸을 돌보지 않는다고 하여, 온전한 몸의 유지가 효의 한 가지였던 『효경』의 효개념과는 충돌하였다. 오로지 군주와 국가에 충성해야함을 강조한 것이다. 이것은 『한비자』「오두五蠹」편에서 "군주에게 정직한 신하는 아버지에게는 못된 자식이며, … 아버지에게 효도하는 자식은 군주를 배반하는 신하이다."[20]고 한 충효 상반의 논리와 통한다.

진심·진실·중심·충심이라는 긍정적 의미가 정치권력에 밀착되면서 부정적 요소로 각인된 것이다. 공자가 제자들을 가르치면서 "효

19) 『순자』「신도」: 以德復君而化之, 大忠也, 以德調君而輔之, 次忠也, 以是諫非而怒之, 下忠也, 不恤君之榮辱, 不恤國之臧否, 偸合苟容以持祿養交而已耳, 國賊也.

20) 『한비자』「五蠹」: 夫君之直臣, 父之暴子也.… 夫父之孝子, 君之背臣也.

제를 긴박한 것으로 말씀하고, 충에 대해서는 많이 언급하지 않았다."[21]는 명말 청초 사상가 당견唐甄의 지적은 아마도 이런 부정적 시각에 대한 사전 경계에서 비롯된 것이 아닐까 생각된다.

(2) 효의 어원과 그 개념 변천

"문자는 진리를 담는 그릇이다.文者道之器"는 말이 있다. 효孝라고 하는 글자를 보면 효의 의미가 그 안에 이미 담겨 있다는 것이다. 따라서 효란 글자의 쓰임을 추적해 보는 것은 효의 역사와 의미를 동시에 살피는 것이 될 것이다.

효孝는 노인〔老〕과 아들〔子〕이라는 두 글자가 결합된 회의문자이다. 그런데 효孝자는 은대殷代 갑골문甲骨文에는 보이지 않는다. 다만 유사한 글자로 수염과 머리카락을 늘어트린 노老자와 비슷한 의미의 고考자는 보이는데,[22] 이 글자들은 하나의 부수老로 같은 의미를 서로 주고 받을 수 있는 전주轉注글자이다.[23]

그렇다고 은나라 시대에는 효개념이 없었다고 단정할 수는 없다. 다만 표현된 효란 글자가 없다는 뜻일 뿐이다. 글자가 먼저 생기기보다는 그에 준하는 행위와 사건이 있은 뒤에 글자가 나오기 때문이다. 나무가 있고 목木이란 글자가 생긴 것이지 목이란 글자가 있어서 나무가 생긴 것은 아니란 것이다. 공자가 하나라 문화는 은나

---

21) 『잠서』「明悌」: 孝悌惟亟, 而言忠或寡焉.

22) 李圃, 『甲骨文字學』學林出版社, 1995年, 21쪽, 329쪽 참조,

23) 『설문해자』에 '老'는 "나이가 들었다 는 뜻으로, 70세를 老라한다. 인(人)과 모(毛)와 화(匕)로 구성되었다. 수염과 머리카락이 하얗게 변했다는 말이다. 老부에 속하는 한자는 모두 老의 의미이다."라고 했다. 老와 考가 그에 해당한다.

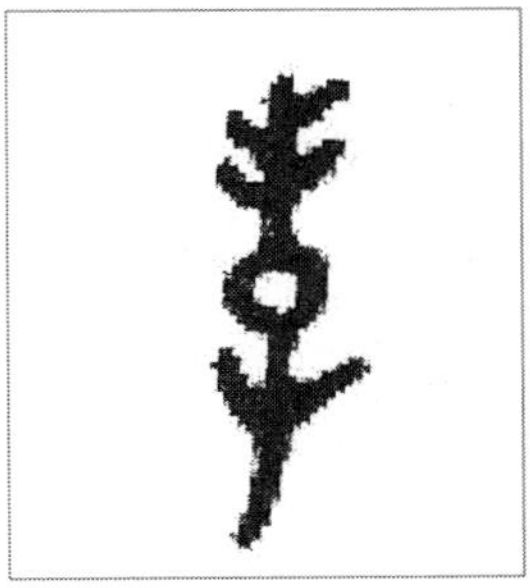

갑골문(정치적 의미의)
孝(封 +子)

청동기문(연장자, 부모공경의)
孝(老 +子)

라를 통해 알 수 있고, 은나라 문화는 주나라를 통해서 알 수 있다고 하였는데,[24] 이것은 당대의 정치와 문화는 이전시대의 연장선상에 있다는 것이다. 하나라는 전설시대에 가깝다 하더라도 문명시대를 이룩한 은나라와 주나라는 그 연계 고리를 여러 정황과 근거로 찾을 수 있기 때문에 주나라 시절 효가 강조되었다면, 그것은 그 이전시대의 영향이 없을 수 없다는 판단이다.

일단 은나라의 갑골문이 태동된 정황을 살펴보며 그 시대가 만든 효문화를 찾아보자. 은나라 문명은 비옥한 황하 중·하류 유역을 끼고 있으면서 일찍이 농경사회를 발달시켰다. 농경사회는 대가족사회를 유지하는 대단히 중요한 사회적 동력이었다. 다시 말해 안정된 농토를 기반으로 하는 산업구조는 노동력을 효율적으로 관리할 수 있는 대가족적 시스템을 환영하였다.

따라서 은대 갑골문에 효란 글자가 보이지 않는다고 해서 가족관계를 윤리적으로 규정하는 효관념이 없었다고 단정하는 것은 무리

24) 『논어』「위정」: 子張問: "十世可知也?" 子曰: "殷因於夏禮, 所損益, 可知也; 周因於殷禮, 所損益, 可知也; 其或繼周者, 雖百世可知也."

이다. 가족을 중시하는 사회풍토에서는 효가 자연스레 강조될 수밖에 없다는 것이다. 이것은 전한시대 공안국孔安國이 「고문효경서古文孝經序」에서 "효란 사람의 고상한 행위이며, 경經이란 영원히 변치 않는 도리이다. 세상에 천지와 인민이 있어온 이래 효도가 나타났다."[25]고 한데서도 알 수 있다. 애당초 가족관계가 발달한 중국에서 효는 가장 중요한 삶의 요소였을 것이다.

그 후 효는 서주西周 중기의 금문 '요정舀鼎'에 보이는데,[26] 의미상 연장자를 존경한다는 뜻이었다.[27] 조상에게 제사지낸다는 의미로 효를 사용한 것이다. 그런데 그 존경의 범위가 직계 가족만으로 한정되지는 않았다. 요堯가 순舜에게 천자의 자리를 선양했듯이, 당대 사회가 자리에 대한 세습보다는 새로운 실력자에 대한 계승적 의미가 강했기 때문에 효개념도 그 이후의 효개념보다 오히려 확대된 웃어른 공경의 의미로 사용된 것 같다.

다시 말해 금문에 나타난 효개념은 조상이란 직계 친족만을 가리키는 것은 아니었다. 예컨대 "용도는 종실宗室에게 향효享孝 함에 있다.師器父鼎, 曼龔父盨"[28] "용도는 종실의 연장자에게 향효함에 있다.辛中姬鼎"는 내용이 보인다. 효가 노인공경에 대한 넓은 의미로 사용되었다는 말이다. 물론 같은 금문에 "용도는 혼인한 형제와 모든 노인에게 향효함에 있다.殳季良父壺"고 하는 내용처럼 효의 범위가 형제까

25) 孝者, 人之高行, 經常也. 自由天地人民以來, 而孝道著矣.

26) 劉又辛, 方有國 著, 『漢字發展史綱要』(中國大百科全書出版社, 2000年) 205쪽 참조.

27) '考'의 가차문자로 孝를 사용한 전례도 있다. 劉又辛, 方有國 著, 『漢字發展史綱要』(中國大百科全書出版社, 2000年) 185, 187쪽 참조.

28) 이하 금문 인용문은 시견궤(邿遣簋)의 기록인데, 공덕성, 「효란무엇인가?」(최성규 편저, 『효학개론』성산효도대학원대학교, 2004년) 228쪽에서 재인용.

산동성 박물관 금문(청동기문)

지 좁혀 말한 경우도 없지 않다. 또한 금문에서는 효를 식食의 뜻으로 사용加藤常賢, 『漢字の起源』하기도 하였는데, 이것은 효가 봉양한다는 의미의 전조였다. 『서경』「주서周書」편에서도 "선조의 뜻을 올바로 계승하는 것."[29]을 효로 말하고 있어서 효가 반드시 직계 부모만을 대상으로 한 것이 아니었음을 말하고 있다. 결국 효의 대상은 처음에는 조상 모두를 가리키는 의미로 사용되다가, 나중에 점차 자신의 부모를 잘 섬기는 방향으로 나아간 것이다.

이것은 후한대 허신許愼이 편찬한 「설문해자」에 잘 나타나 있다. "효란 부모를 잘 섬기는 것이다."[30] 이 내용을 단옥재는 "(효란) 노老

29) 『서경』「周書」'文侯之命': 追孝于前文人.
30) 『설문해자』: 孝善事父母者.

의 생략된 부분匕에 자子가 종속되어 있다. 자(자식, 젊은이)가 노(부모, 어른)를 받들고 있는 모습이다."[31]고 해석하였다. 『예기』「제통」편에서는 "효란 순종하는 것畜이다. 도리에 순응하고 인륜을 거역하지 않는 것이다."[32]고 하였다. 『석명釋名』에서는 효를 '좋아함好'이라고 하였다. "부모를 사랑하고 좋아하는 것"을 효라고 한 것이다. 『묵자』「공수公輸」편에서는 효를 "부모님을 이롭게 하는 것이다."[33]고 하였다. 이렇듯 다양한 의미로 사용된 효개념을 오늘날 관점에서 다시 네 가지 경우로 정리할 수 있다.

첫째, 효는 좁은 의미에서 자신의 부모를 사랑하고 공경하는 것이다. 구체적으로 '양지養志' '양구체養口體'를 말한다. 『논어』「학이」편에서는 "3년 동안 부모님 뜻을 고치지 않는 것."[34] 「위정」편에서는 "개나 말과는 달리 공경하는 마음으로 봉양하는 것."[35]을 효라고 하였다. 그렇다고 무조건적인 순종만이 부모공경을 의미하는 것은 아니었다. 『효경』「간쟁장」에서 "부모가 옳지 않을 때 간쟁諫爭하는 것."[36]을 효자의 책무라고 한 것이 이를 증명한다.

둘째, 효는 세대간 생명존중과 연속을 의미한다. 『중용』에서 "효란 부모의 큰 뜻과 교훈을 잘 계승하고, 그분들의 사업을 잘 받들고 발전시키는 것."[37]이라고 한 내용에서 알 수 있다. 『맹자』「이루」상

---

31) 『설문해자』: 從老省從子, 子承老也.
32) 『예기』「제통」: 孝者畜也. 順於道不逆於倫.
33) 『묵자』「公輸」: 孝, 利親也.
34) 『논어』「학이」: 三年無改於父之道, 可謂孝矣.
35) 『논어』「위정」: 今之孝者, 是謂能養. 至於犬馬, 皆能有養; 不敬, 何以別乎?
36) 『효경』「간쟁」: 曾子曰, 若夫慈愛恭敬安親揚名則聞命矣敢問子從父之令可謂孝乎. 子曰, 是何言與是何言與. 昔者天子有爭臣七人雖無道不失其天下諸侯有爭臣五人雖無道不失其國大夫有爭臣三人雖無道不失其家. 士有爭友則身不離於令名. 父有爭子則身不陷於不義. 故當不義則子不可以不爭於父臣不可以不爭於君. 故當不義則爭之從父之令又焉得爲孝乎.
37) 『중용』19장 : 夫孝者: 善繼人之志, 善述人之事者也.

편에서는 "대를 잇지 못하는 것을 가장 큰 불효"[38]라고 하였다. 자손은 부모로부터 몸을 받았으니 부모의 생명을 받은 것이고, 또 자신의 후손이 그것을 잘 계승하는 것은 곧 자신의 생명을 이어가는 것이다. 그 속에서 후손들은 조상과 부모를 기억하고 추모하며 생명을 연속시킨다. 『효경』에서 "신체의 모든 것은 부모로부터 받았으니 감히 상하게 해서는 안 된다. 이것이 효의 시작이다."[39]고 한 것도 같은 맥락이다. 자신의 몸을 함부로 할 수 없음은 자신의 몸이 부모(조상)에게서 와서 자신 당대로 끝나는 것이 아니고 후손에게 연속되기 때문이다. 셋째, 효는 넓은 의미에서 보편적 사랑의 한 표현이다. 효가 단지 가족공동체에서 행하는 부모공경만으로 끝나는 것이 아니라, 이웃과 나라와 인류와 우주라고 하는 더 큰 공동체를 향한 보편적 사랑을 의미한다는 것이다. 『맹자』에서 "우리 집 노인을 노인으로 존경하고 사랑해서 다른 집 노인에게로 그 존경과 사랑을 확대하고, 우리 집 어린이를 어린이로 사랑해서 다른 집 어린이에게로 사랑을 확대한다."[40]는 내용이 이를 증명한다. 또한 송대 장횡거張橫渠는 "하늘乾을 아버지父라 일컫고 땅坤을 어머니라 일컬으며, 나는 여기에 지극히 작은 존재로 그 가운데 있으므로 천지의 가득 찬 기氣는 나의 몸이며, 천지의 주재는 나의 성性이니, 백성은 나의 동포요, 만물은 나의 편이다. 대군大君은 내 부모의 종자宗子요, 대신大臣은 종자의 가상家相이며, 나이 많은 사람을 높이는 것은 나의 어른을 어른으로 여기는 까닭이요, 외롭고 약한 이를 자애하는 것은 나의 어린

38) 『맹자』「이루상」: 不孝有三, 無後爲大.

39) 『효경』「개종명의장」: 身體髮膚受之父母不敢毁傷孝之始也.

40) 『맹자』「양혜왕상」: 老吾老, 以及人之老; 幼吾幼, 以及人之幼.

이를 어린이로 여기는 까닭이다. 성인聖人은 덕을 합한 것이요, 현인賢人은 빼어난 것이다. 무릇 천하의 병들고 잔약한 사람들과 아비 없는 자식, 자식 없는 아비, 그리고 홀아비와 과부들은 다 나의 형제가 심한 환난을 당하여도 호소할 데 없는 자이다. 하늘의 위엄을 두려워하여 이 신체를 보존하는 것은 자식으로서 공경함이요 즐거워하고 또 근심하지 않는 것은 효에 순純한 것이다."[41]고 하였는데, 이것도 인류공동체를 향한 효정신의 한 표현이다.

넷째, 효는 모든 종교윤리로서 보편성을 지닌다. 종교가 추구하는 보편적 윤리로 효사상이 들어 있는 것은 효사상의 보편성과 일반성을 증명한다. 일반적으로 효는 유교윤리의 전유물로만 생각해왔다. 하지만 효에 대한 내용은 모든 종교에서 공히 강조하고 있다. 인류 보편적 윤리이자 가치로 효가 기능하였다는 것이다.

(3) 각종 종교경전에 나타난 효개념

참고로 각 종교의 경전에 나타난 효에 대한 구체적 언급을 정리해 본다.

○ 기독교

"네 부모를 공경하라. 그리하면 네 하나님 여호와가 네게 준 땅에서 네 생명이 길리라."(구약성경 출애굽기 제20장 12절)

---

41) 『서명(西銘)』: 乾稱父, 坤稱母, 予兹藐焉乃混然中處. 故天地之塞吾其體, 天地之帥吾其性. 民吾同胞, 物吾與也. 大君者吾父母宗子, 其大臣宗子之家相也, 尊高年, 所以長其長. 慈孤弱, 所以幼其幼, 聖其合德, 賢其秀也. 凡天下疲癃殘疾惸獨鰥寡, 皆吾兄弟之顚連而無告者也. 于時保之子之翼也, 樂且不憂, 純乎孝者也.

"자녀들아 주안에서 너희 부모에게 순종하라. 이것이 옳으니라. 네 아버지와 어머니를 공경하라. 이것은 약속이 있는 첫 계명이니, 이로써 네가 잘되고 땅에서 장수하리라."(신약성경 에베소서 제6장 1절~3절)

"참 과부인 과부를 존대하라. 만일 어떤 과부에게 자녀나 손자들이 있거든 그들로 먼저 자기 집에서 효를 행하여 부모에게 보답하기를 배우게 하라. 이것이 하나님 앞에 받으실 만한 것이니라."(신약성경 디모데전서 제5장 3절~4절)

○ 이슬람교

"지고하신 하나님께서 말씀하셨습니다. '우리는 사람들이 자신의 부모에게 효도할 것을 명하노라.'"(꾸란 제29장 8절)

"우리는 부모에게 효도하라고 사람들에게 명했느니라. 어머니가 그를 고통 속에서 잉태하고, 고통 속에서 분만했나니, 임신으로부터 젖을 뗄 때까지 무려 30개월이 걸리느니라."(꾸란 제46장 15절)

"압둘라가 다음과 같이 전했습니다. ... '칭찬을 가장 많이 받을 만한 행위는 어떤 행위인가요?' 그 분께서는 '정해진 시각에 예배를 올리는 것이니라.'라고 대답하셨습니다. '그럼 칭찬을 두 번째로 많이 받을 행위는 어떤 것인지요?' '부모를 대함에 있어 효성과 애정이 가득한 행위이니라.'"(부하리 제78장 1절)

○ 불교

"재가의 사람은 네 가지 닦아 익혀야 할 법四修習法이 있느니라. 첫째는 부모님을 공경하고 진심으로 효도 봉양하며, 둘째는 항상 선법으로 부인과 자식을 가르쳐 이끌며, 셋째는 하인들을 불쌍히 여겨 그들의 바램이 있고 없음을 살펴야 하며, 넷째는 항상 착한 벗을 가까이 하고 악한 사람을 멀리해야 하느니라."『대반열반경』

"여래는 본래 나고 죽는 동안 일체의 중생이 일찍이 여래의 부모였고 여래 또한 일찍이 중생들의 부모였느니라. … 쉬거나 게으름이 없이 부모에게 효도로서 봉양하거나, 은혜를 알고 은혜를 갚았기 때문에 이제 위없이 바르고 평등한 바른 깨달음(아뇩다라삼먁삼보리)을 속히 이룰 수 있었느니라."『대방편불보은경』

○ 천도교

"천지섬김을 부모섬김과 같이하되, 출입에 반드시 고告하고 혼정신성昏定晨省의 예의를 한결같이 하는 것은 개벽 오만년 이후에 선생(최제우)께서 시창하신 것이라. … 근래에 와서 사람의 윤리가 업신여겨지게 되어 정녕 부모가 나를 낳아 길러주신 것을 알면서도 등한히 하고 소홀히 하여 효도하는 자가 매우 적거늘, 하물며 미묘난측한 무형유적無形有跡의 천지부모의 이치를 누가 능히 경외하여 효성으로 봉양하겠는가."『해월신사법설』「도결道訣」

"부모님께 효를 극진히 하오며, 남편을 극진히 공경하오며, 내 자식과 며느리를 극진히 사랑하오며, 하인을 내 자식과 같이 여기며, 육축六畜이라도 다 아끼며, 나무라도 생순을 꺾지 말며, 부모님 분노하시거든 성품을 거슬리지 말며 웃고, 어린 자식 치지 말고 울리지 마옵소서."『해월신사법설』「내수도문」

4. 보편적 가치 충효

충효는 전통사회와 인류공동체를 받쳐준 대단히 중요한 의미 요소였다. 충은 남에 대해 자기 자신을 단속하고 나아가 군신간의 옳음義을 확인하는 사회윤리였고, 효는 사회질서의 근간이었던 가족윤리의 핵심이었지만, 정치권력과 밀착되면서 봉건잔재로 전락하였고, 또 부정적 존재가 되었다. 이렇게 본래의 취지를 벗어나 정치권력을 위한 이데올로기가 된 충효는 마땅히 청산되어야 한다. 애당초 공자도 "군주를 섬김에 예를 다하는 것을 사람들은 아첨한다."[42]고 지적한 적이 있다. 군주 섬김을 아첨으로 본다는 자체가 충을 복종의 이데올로기로 보기 때문이란 것이다. 중국 근대화 시절 충효의 역사적 폐단이 홍수나 맹수에 못지않다는 속설도 이 같은 맥락에서 한 말이다.

그러나 충효 본래의 정신은 전국시대 순자이래로 특히 법가계열의 학자들로부터 시작된 정치권력과 밀착된 정치이데올로기로서의 충효와는 당연히 구별되어야 한다. 다시 말해 충은 일방적 복종과 순종의 군신관계의 윤리가 아니라 대인관계에서 진심·진실·중심·충심으로서 여전히 계승되어야 할 정신이며, 효는 바른 가족관계뿐만 아니라 건강한 인류공동체를 위한 사랑과 공경으로 재해석되고 적용되어야 할 보편적 가치이다.

---

42) 『논어』「팔일」: 事君盡禮, 人以爲諂也.

Ⅱ. 충효, 복종과 불복종의 변주곡

1. 덕치의 기본 충효

그리스 신화에 나오는 디케(Dike)는 한 손에는 저울, 다른 한 손에는 칼을 쥐고, 눈은 천으로 가린 정의의 여신이다. 저울은 공평한 해결을, 칼은 사회 질서를, 눈을 가린 것은 공평무사를 상징한다. 공평무사한 법의 판결과 집행을 의미한 것이다. 이를 기저로 해서 서양사회는 개인의 권리와 의무가 존중되는 법치사회를 지향하였다. 법을 통한 개인의 권리와 의무가 보장된 것이고, 그로부터 개인중심의 시민사회가 성숙되었다.

반면 『대학』의 수신제가치국평천하修身齊家治國平天下의 원리에서 보듯 동양사회는 개인의 수양과 가족 내 화목이 치국평천하의 전제조건이었고, 그것은 객관적 법치보다는 강상윤리의 교화를 강조하는 공동체 중심의 사회를 구축하였다.[43] 객관적 법치法治에 앞서 도덕적 판단을 중시하는 주관적 인치人治의 요소가 동양사회를 지배한 것이다. 다시 말해 동양적 유교사회는 개인의 정신수양을 기초로 가족·국가·천하의 안녕을 담보하였다는 것이다. 이것은 인륜人倫의 가치판단에 따른 사회안전망 구축이었고, 그로부터 덕치德治의 도덕사회를 지향한 것이다.

동양에서 개인은 천하국가를 구성하는 기초단위로 인식되기보다는 오히려 복수의 개인으로 구성된 가족공동체의 연합적 성격이 강

---

43) 송영배, 「유가의 인본주의와 '人治'의 法理的 함의」(서울대 철학사상연구소, 『철학사상』제24호, 2007년) 4~5쪽 참조.

했다.[44] 가족은 천하국가의 축소판 형태라는 것이다. 여기서 국가통치의 기초로 가족간의 규범과 가족내 구성원을 강제하는 가족제도가 발달하였다. 그런데 동양적 가족제도는 수직적 주종관계를 당연시하였고, 그 같은 주종관계 이론이 사회관계 이론으로 자연스럽게 연장된 것도 역사 속에서 어렵지 않게 드러났다. 가족에 종속된 개인은 가부장의 권위와 명령에 복종하는 것을 필수로 여겼고, 불복종은 반윤리적 행위로 규정하였다. 가족의 상하·주종관계가 사회공동체에서도 당연시 된 것이다.

이렇듯 오랜 세월 가족주의의 전통이 뿌리 깊게 내려온 동양사회에 서구적 개인주의 윤리를 한순간 적용하려고 했던 근대사회 속에서 수많은 시행착오를 낳은 것은 당연한 것이었다. 특히 효제孝悌윤리를 근간으로 하는 동양의 가족윤리는 부모·어른의 말씀에 대한 순종의 윤리를 낳았고, 여기에 기반한 국가공동체의 지도자 군주에 대한 복종은 당연시 되었다. 혈연윤리로서의 효제윤리가 국가윤리로서의 충忠으로 연장된 것이다.

그렇다면 동양사회에는 무조건적 복종만이 미덕이고, 또 거기에는 서구사회의 정의의 여신 디케가 상징하는 것과도 같은 공평무사함이 결여되었는가 하는 점이 여기서의 과제이다. 가족주의에서 비롯한 공동체 윤리는 주종·상하관계에 따른 복종이 당연한 미덕이었는가를 확인하는 작업이다. 이를 위해 여기서는 순자의 이론을 중심으로 확인하려고 한다. 순자는 유가 학자이면서 법가 학자들의 스승이었을 정도로 인치와 법치를 잘 조화시킨 사상가였기 때문에 이를

44) 串田久治, 『儒教の知恵』(中公新書, 2003年) 12쪽 참조.

증명할 가장 적절한 사상가라 생각한다.

2. 분별의 윤리

공자는 춘추말기 사회혼란의 원인을 혈연적 종법제도와 신분사회의 붕괴라 하면서 정명正名을 통한 바른 인간관계 수립을 제창하였다.[45] 천하무도天下無道한 사회는 명분·명칭·직분이 실질과 다르기 때문에 나타난 현상이므로 이를 바로 잡아야 천하유도天下有道한 사회가 될 수 있다는 것이다. 맹자가 바른 오륜을 언급하면서 부자父子·군신君臣·부부夫婦·장유長幼·붕우朋友의 인간 관계론을 윤리적으로 구분한 것도 큰 틀에서 명분에 따른 구별을 말한 것이다.[46] 구별이 없을 때 갈등과 다툼이 생기기 때문이다. 순자 역시도 구별, 곧 구분이 없다면 큰 해가 생기고 구분이 있다면 큰 이익이 있다는 입장을 말하였다.

> "구분이 없으면 사람에게 큰 해로움이며, 구분이 있으면 천하에 근본적인 이로움이 된다."[47]

이것은 공자의 정명, 맹자의 오륜과 더불어 공동체의 질서가 구별에서 비롯됨을 말한 것이다. 그런데 인간은 본질적으로 '사회적 동

---

45) 『논어』「자로」: 子路曰, "衛君待子而爲政, 子將奚先?" 子曰, "必也正名乎!" 子路曰, "有是哉, 子之迂也! 奚其正?" 子曰, "野哉由也! 君子於其所不知, 蓋闕如也. 名不正, 則言不順; 言不順, 則事不成; 事不成, 則禮樂不興; 禮樂不興, 則刑罰不中; 刑罰不中, 則民無所措手足. 故君子名之必可言也, 言之必可行也. 君子於其言, 無所苟而已矣." 『논어』「안연」: 齊景公問政於孔子. 孔子對曰, "君君, 臣臣, 父父, 子子." 公曰, "善哉! 信如君不君, 臣不臣, 父不父, 子不子, 雖有粟, 吾得而食諸?"

46) 『맹자』「등문공상」: 聖人有憂之, 使契爲司徒, 敎以人倫: 父子有親, 君臣有義, 夫婦有別, 長幼有序, 朋友有信.

47) 『순자』「富國」: 無分者, 人之大害也, 有分者, 天下之本利也.

물'이거나 '정치적 동물'이기 때문에 공동체를 벗어나서 산다는 것은 상상할 수도 없다.[48] 함께 살다 보면 갈등과 다툼을 수반하는데, 그 원인은 전적으로 구분이 없기 때문이다.

> "사람이 태어나면 모여 살지 않을 수 없다. 모여 살면서 구분이 없다면 다투게 되고, 다투게 되면 어지럽게 되고, 어지럽게 되면 분리되고, 분리되면 약해지며, 약해지면 사물을 이길 수 없게 된다."[49]

구별의 중요성을 말한 내용이다. 구별은 공동체의 질서를 위해서 필수불가결한 요소라는 주장이다.[50] 여기서 예의의 중요성은 부각된다. 공동체에서 예의가 사라짐은 곧 갈등과 다툼을 낳는 무질서이기 때문이다. 구별의 질서에서 나온 예의의 핵심은 효도·공경·순종이다.

> "어버이 섬기는 것을 효도라 하고, 형 섬기는 것을 공경이라 하며, 윗사람 섬기는 것을 순종이라 하고, 아래 사람 부리는 것을 군도라 이른다."[51]

효제순孝悌順이 공동체 윤리의 기본이란 지적이다. 그런데 효제순의 기본은 부모·어른·군주에 대한 섬김이고 복종이다. 그것이 앞서

---

48) 물론 여기서는 플라톤, 아리스토텔레스, 헤겔, 그리고 비트겐슈타인 같은 공동체주의자들의 지적에 따른 공동체론을 말한다. 자세한 내용은 박효종, 「공동체주의와 정치적 복종의 의무」(서울대학교 『師大論叢』제61집, 2000년) 63쪽 참조.

49) 『순자』「王制」: 人生不能無群, 群而無分則爭, 爭則亂, 亂則離, 離則弱, 弱則不能勝物.

50) 『순자』「王制」: 不可少頃舍禮義之謂也.

51) 『순자』「王制」: 能以事親謂之孝, 能以事兄謂之弟, 能以事上謂之順, 能以事下謂之君.

말한 주종·상하관계 정립의 기초가 되는 것이다. 구분을 전제한 사회공동체의 질서와 안녕의 조건으로 섬김과 복종이 필수요소라는 것이다. 그렇다면 무조건적 섬김과 복종이 효제순의 내용인가?

3. 복종과 불복종의 사이

(1) 군신간의 바름

공자가 본 신하와 군주는 자녀의 부모에 대한 태도와 다르지 않다. 어떤 사람이 공자에게 "선생님은 왜 정치를 하지 않습니까?"라고 질문하자, "『서경』에 '효도하라. 오직 효도하고 형제에게 우애하는 것이 정치에 영향을 준다'고 하였네. 이것孝悌 또한 정치인데, 어찌 (관직에 나아가서) 정치하는 것만을 정치라 하겠는가?"[52]라고 답하였다. 가정에서의 효제윤리 실천 자체가 정치 행위와 다르지 않음을 말한 것이다. 부모에게 효도하고 형제간에 우애하는 것이 군주를 대하는 충忠의 마음과 같다는 논리이다. 이로부터 공자는 "가깝게는 부모를 섬기고 멀리는 군주를 섬긴다."[53]는 말을 유추할 수 있었을 것이다.

이것은 정치적 의무와 가족의 의무가 유사하다는 비트겐슈타인의 공동체주의와 상통하는 바가 있다.[54] 가족구성원은 가족이 되었다는 것만으로 가족 상호간의 의무를 지닌다고 말하면서, 부모는 어린 자녀를 양육해야할 의무가 있고, 자녀는 부모의 뜻에 순종해야할

---

52) 『논어』「위정」: 或謂孔子曰, "子奚不爲政?" 子曰, "書云, '孝乎惟孝 友于兄弟, 施於有政.' 是亦爲政, 奚其爲爲政?"

53) 『논어』「양화」: 邇之事父, 遠之事君.

54) 박효종, 앞의 논문, 65쪽 참조.

의무가 있다는 것이다. 국가에 대한 의무를 이것과 유비적 방식으로 설명할 수 있기 때문에 이것은 '선택(choose)'이 아니라 '취득(aquire)'이라는 것이다. 따라서 국민은 국가적 의무를 가족구성원이 가족에 대한 의무를 이행하듯 따라야한다는 것이다. 가족 안에서 당연히 지켜야할 효제윤리를 국가에 대한 충성의 논리로 확장하는 것과 유사한 내용이 아닐 수 없다.

그런데 맹자는 오륜질서에서 군신유의君臣有義를 말하며 군주와 신하 사이에 바름이 있어야 함을 강조하였다. 군주와 신하사이는 천륜天倫의 부모자녀 관계와는 달리 인륜의 범주이기 때문에 바름이 있어야 한다는 것이다. 여기서 걸주桀紂 같은 폭군은 일부一夫일 뿐 군주가 아니라는 논리가 가능했던 것이다.[55] 맹자 역성혁명론易姓革命論의 단서가 되는 내용이다. 이 때 군주는 섬김과 복종의 대상이 아닌 오히려 제거의 대상이었다. 그것은 군주와 신하사이에 바름이 전제되었기 때문이다. 역학적으로 군주와 신하사이는 바름보다는 상명하복上命下服의 일방적인 주종관계가 되기 쉽다. 그렇기 때문에 맹자는 군신사이의 바름을 말한 것이다. 부모·자녀·형제관계가 자연적 관계라면 군신관계는 인위적 관계이기 때문에 바름을 전제하고 있다는 것이다.[56]

한편 순자는 맹자보다 더 구체적으로 군주와 신하사이의 윤리를 규정하며 명령에 불복종하는 것이 때론 충성일 수 있음을 말하였다.

---

55) 『맹자』「양혜왕하」: 齊宣王問曰, "湯放桀, 武王伐紂, 有諸?" 孟子對曰, "於傳有之." 曰, "臣弑其君可乎?" 曰, "賊仁者謂之賊, 賊義者謂之殘, 殘賊之人謂之一夫. 聞誅一夫紂矣, 未聞弑君也."

56) 군신관계를 부모자녀관계로 직결시키는 것은 왕정국가에서의 왕권신수설에 입각한 논리이므로 민주사회에서 그것을 그대로 이어가는 것은 있을 수 없다. 특히 평등을 전제한 민주사회에서 군위신강(君爲臣綱)같은 절대적 규범은 타당하지 않다.(자세한 내용은 박효종, 앞의 논문, 75~76쪽 참조)

명령에 순종하는 것만을 충이라 단정하는 것에 대한 일침인 것이다.

> "명령을 따름으로써 임금을 이롭게 하는 것을 순종이라 말하고, 명령을 따름으로써 임금을 이롭지 못하게 하는 것을 아첨이라 말하며, 명령을 거스름으로써 임금을 이롭게 하는 것을 충성이라 말하고, 명령을 거스름으로써 임금을 이롭지 못하게 하는 것을 찬탈이라고 말한다."[57]

순종과 아첨은 다르지만, 때론 아첨이 순종으로 비칠 때도 있다. 불복종과 찬탈은 다르지만, 찬탈이 불복종으로 보일 때도 있다. 순자는 그 판단 기준을 군주에게 돌아올 결과에서 찾았다. 군주의 명령에 복종해서 군주가 이롭게 된다면 그것은 순종이고, 복종해서 불이익이 된다면 아첨이라 한 것이다. 불복종해서 군주를 이롭게 했다면 충성이고 불복종해서 불이익이 되었다면 찬탈이라는 주장이다.

그렇기 때문에 신하의 도리는 군주에게 무조건 복종하는 것이 아니라 군주를 바르게 인도하는데 있다. 신하는 군주의 잘못된 길을 바로 잡아줄 의무가 있다는 것이다. 따라서 신하의 간쟁보불諫爭輔拂은 군주와 국가를 위한 마땅한 의무이자 도리이고, 거기에 무조건적 복종은 경계해야할 대상이었던 것이다.

> "군주의 지나친 계책이나 사업으로 인해 국가가 위태롭거나 사직이 붕괴할 염려가 있을 때, 대신과 부형가운데 군주에게 진언하여 쓰이면 좋고 쓰이지 않으면 떠나는 경우를 '간'이라 말한다. 군주에게 진언을 할 수 있을 때, 쓰이면 좋고 쓰이지 않으면 죽는 경우를 '쟁'이라 말한다. 능히 지혜를 합하고 군신과 백관을 이끌어

---

57) 『순자』「臣道」: 從命而利君謂之順, 從命而不利君謂之諂, 逆命而利君謂之忠, 逆命而不利君謂之簒.

> 군주를 억지로 바로잡아서 군주가 비록 불안하더라도 따르지 않을 수 없게 하여 마침내 나라의 큰 우환을 해결하고 나라의 큰 해로움을 제거하여 군주를 높이고 나라를 편안하게 하는 것을 '보'라 말한다. 능히 군주의 명령에 저항하고 군주의 지위를 훔치며, 군주의 일에 반함으로써 나라의 위태로움을 안정시키고 군주의 치욕을 제거하며, 공벌로써 나라의 큰 이익을 이루는 것을 '불'이라 말한다. 간·쟁·보·불을 하는 사람은 사직의 신하이며 군주의 보배로서 현명한 군주가 높이고 후대하지만, 혼매하고 미혹된 군주는 자신의 도적으로 여긴다."[58]

신하된 도리로써 자신의 안위보다는 국가적 안위를 우선시하며 간언하는 것을 간쟁이라 통칭하였지만, 순자는 '간諫'과 '쟁爭'을 세분하며, 군주에게 나라에 대한 계책을 진언하여 군주가 듣지 않으면 조정을 떠나는 것을 '간'이라 하고, 또 진언하다 죽는 경우를 '쟁'이라 하였다. 나아가 군주의 잘못을 억지로라도 바로잡는 것을 '보輔'라 하고, 국가의 안위를 위해 군주에게 저항하고 지위까지도 넘보는 것을 '불拂'이라 하였다. 모두가 국가의 안위와 관련된 신하의 도리를 말하고 있지만, 방법은 모두가 달랐다. 이것은 군주가 국가 안위를 위한 최고관리자일 뿐 군주 자체가 국가라는 '왕국토王國土' 의식이 자리하지 않기 때문이다.[59] 군주는 언제나 천하 백성을 위한 존재이기 때문에 천하 백성들이 그로 인해 위태로울 경우에는 군주를 부정

58) 『순자』「臣道」: 君有過謀過事, 將危國家, 殞社稷之懼也, 大臣, 夫兄有能進言於君, 用則可, 不用則去, 謂之諫, 有能進言於君, 用則可, 不用則死, 謂之爭, 有能比知同力, 率群臣百吏而相與彊君撟君, 君雖不安, 不能不聽, 遂以解國之大患, 除國之大害, 成於尊君安國, 謂之輔, 有能抗君之命, 竊君之重, 反君之事, 以安國之危, 除君之辱, 功伐足以成國之大利, 謂之拂. 故諫, 爭, 輔, 拂之人, 社稷之臣也, 國君之寶也, 明君之所尊厚也, 而闇主惑君以爲己賊也.

59) 『순자』「왕제」: 君者, 舟也, 庶人者, 水也. 水則載舟, 水則覆舟. 此之謂也.

할 수 있다는 것이다. 그렇다면 군주와 일반 백성의 중간적 지위에 있는 신하는 당연히 국가 안위를 위해 군주에게 '간쟁보불' 할 수 있어야 한다는 것이다. 군주에 대한 충성이 같을 수 없는 것도 이 때문이다.

> "덕으로 임금에게 아뢲으로써 변화시키는 것이 가장 큰 충성이요, 덕으로 임금을 조절함으로써 보필하는 것이 그 다음 충이며, 옳은 것으로 그름을 간하다가 노여움을 일으키는 것이 그 다음 충성이다. 임금의 영예와 치욕을 가리지 않고 나라의 흥망을 돌보지 않으며 오직 알랑거리면서 봉록을 지키고 사교를 넓혀갈 뿐인 것은 나라의 도적이다."[60]

최고의 '충'은 '덕德'으로 진언하여 군주를 변화시키는 것이고, '덕'으로 임금을 보필하는 것이 그 다음이고, 군주의 노여움을 받아가면서까지 진언하는 것이 그 다음이란 것이다. 여기까지가 군주에 대한 신하의 진정한 '충'이라면, 나라의 도적과도 같은 일을 하면서도 '충'으로 가장된 행위, 즉 나라의 안위보다는 자신의 이익만을 위해 간사한 행동으로 알랑거리는 것을 순자는 나라의 도적과도 같은 행위라고 지적하였다. 그것은 '충'의 대상이 명목상 군주일 뿐 실제로는 국가이기 때문에 가능한 말이다. 그런데 국가안위의 범주에 백성의 안위가 빠질 수 없고, 또한 동시에 기존의 도리와 예의가 무시될 수 없다.

---

60) 『순자』「臣道」: 以德復君而化之, 大忠也, 以德調君而輔之, 次忠也, 以是諫非而怒之, 下忠也, 不恤君之榮辱, 不恤國之臧否, 偸合苟容以持祿養交而已耳, 國賊也.

"열심히 힘쓰면서도 백성의 일에 합당하지 않는 것을 일러 '간사奸事'라 하고, 열심히 알려고 하면서도 선왕을 따르지 않는 것을 '간심奸心'이라 하고, 변설과 비유가 그럴 듯하면서도 예의를 따르지 않는 것을 '간설奸說'이라고 한다. 이 세 가지 간악한 일은 성왕이 금하는 것이다."[61]

아무리 신하가 열심히 하더라도 그것이 백성의 일과 무관하다면 '간사한 일[奸事]'이고, 열심히 알려고 하면서 선왕의 가르침을 무시하는 것은 '간사한 마음[奸心]'이고, 거기에 예의가 없으면 '간사한 말[奸說]'이라고 한 것이다. 최고의 지도자[聖王]가 이를 따르지 않는 것은 백성과 선왕과 예의를 존중했기 때문이다. 이렇게 본다면 신하의 입장에서 좋은 군주를 만나는 것은 대단한 행운일 것이다.

"성스러운 군주를 섬기는 사람은 순종하면서 간쟁하지 않고, 평범한 군주를 섬기는 사람은 간쟁을 하면서 아첨하지 않으며, 난폭한 군주를 섬기는 사람은 적당한 보필은 하면서 억지로 바로잡지 않는다."[62]

성군聖君을 섬기는 신하는 간쟁할 필요도 없이 순종만 하면 될 것이고, 범군凡君을 섬기는 신하는 간쟁은 하지만 아첨은 하지 않으며, 폭군暴君을 섬기는 신하는 적당한 보필만 할 뿐 더 이상 어찌 할 수 없다는 것이다. 물론 앞서 말한 것처럼 신하로써 국가 안위를 위해서는 당연히 '간쟁보불'의 의무를 다해야 하나, 군주와의 갈등이 결

---

61) 『순자』「非十二子」: 勞力而不當民務, 謂之奸事, 勞知而不律先王, 謂之奸心, 辯說譬諭, 齊給便利, 而不順禮義, 謂之奸說. 此三奸者, 聖王之所禁也.

62) 『순자』「신도」: 事聖君者, 有聽從無諫爭, 事中君者, 有諫爭無諂諛, 事暴君者, 有補削無撟拂.

코 최선은 될 수 없기 때문이다.

> "공경은 예이고, 조화는 악樂이다. 근신은 이롭고 싸움과 노여움은 해롭다. 따라서 군자는 예와 악을 편안히 여기고 즐기며 근신하면서 싸우거나 노하지 않는다. 그래서 모든 일에 허물이 없다."[63)]

물론 '간쟁보불'이 군신간의 다툼이나 싸움일 수는 없다. '간쟁보불'은 군주를 섬기는 충의 범주에서 논의할 수 있는 것들이기 때문이다. 그런 점에서 순자가 신하의 도리로 '예악禮樂'을 강조한 것은 의미가 다르다. '예악'은 공경과 조화의 주된 요소이다. 공경과 조화를 추구하는 사람은 근신하면서 다툼을 멀리하기 때문에 과오가 없다는 지적이다. 결국 군신간 최고의 모습은 '예악'을 통한 하모니 창출이며, 그것이 국가안위의 최고 요소라는 것이다. '예'가 인간관계의 구별을 통한 질서이고, '악'이 조화를 통한 화합을 상징하기 때문이다.[64)] 또한 '예'는 "정치 판단의 표준이자 강하고 견고한 나라의 근본"[65)]임과 동시에 "인간 도리의 표준"[66)]이 되기 때문에 순자는 "나라의 운명은 예에 달려 있다"[67)]고 한 것이다.

---

63) 『순자』「신도」: 恭敬, 禮也, 調和, 樂也, 謹愼, 利也, 鬪怒, 害也. 故君子安禮樂利, 謹愼而無鬪怒, 是以百擧不過也.

64) 『순자』「樂論」: 樂也者, 和之不可變也, 禮也者, 理之不可易者也. 樂合同, 禮別異.

65) 『순자』「議兵」: 禮者, 治辨之極也, 强固之本也.

66) 『순자』「禮論」: 禮者, 人道之極也.

67) 『순자』「彊國」: 國之命在禮.

(2) 부모·자녀간의 화목

국가사회 안정의 가장 중요한 요소로 유가는 가족의 화목을 꼽았다. 가족을 사랑하는 마음을 주변으로 확대하는 것이 사회 안정의 지름길이란 생각에서였다. 공자가 효제孝悌 실천 자체를 정치행위로 간주한 것도 이 때문이고,[68] 맹자가 우리 집 노인 공경하듯 주변의 노인들을 공경하고, 우리 집 아이들 사랑하듯 주변 아이들을 사랑한다면 우리가 사는 공동체에 대한 다스림은 손바닥 뒤집듯 손쉬운 일이 될 것이란 데서도 알 수 있다.[69] 이것은 가까운 인간관계의 화목으로부터 확대된 공동체의 화목을 이끌어 낼 수 있다는 것이다. 다시 말해 '효'에서 '충'으로 확대된 것이지, '충'에서 '효'로 내려오는 것은 아니다. 효자에서 충신이 되는 것이지, 충신에서 효자가 되는 것은 아니란 것이다. 가족을 기본단위로 출발하기 때문이다. 이처럼 "효가 충보다 선행하며 국가보다는 가족을 공동체의 원형으로 간주해 온 지적 경향은 전통의 범주에 머무르지 않고 오늘날 우리 사회에서 매우 중요한 가치규범"[70]으로 작용하고 있다. 이것은 무엇보다 가족구성원의 하모니를 확대된 공동체의 하모니로 이어가려는 의지에서 뚜렷해진다. 물론 이 때 자연적 조건도 무시할 수 없기 때문에 하늘과 땅의 조화도 인간의 조화와 더불어 강조하였던 것이다. 구체적으로 순자는 위로 하늘의 때와 땅의 이치와 더불어 사람간의 화목을 최고의 이상적 공동체를 향한 전제로 삼았던 것이다.

---

68) 『논어』「위정」: 或謂孔子曰, "子奚不爲政?" 子曰, "書云, '孝乎惟孝 友于兄弟, 施於有政.' 是亦爲政, 奚其爲爲政?"

69) 『맹자』「양혜왕상」: 老吾老, 以及人之老; 幼吾幼, 以及人之幼. 天下可運於掌.

70) 박효종, 앞의 논문, 81쪽.

> "위로 천시를 얻고 아래로 지리를 얻으며 가운데로 인화를 얻게 되면 재화가 샘솟듯이 솟아나 사해처럼 많아지며 산이나 언덕처럼 쌓여서 보관할 데가 없게 된다. 천하에서 어찌 부족함을 걱정할 필요가 있겠는가?"[71)]

천시天時·지리地理·인화人和가 어우러질 때 최고의 사회를 이룰 수 있다는 것이다. 여기서 천시와 지리는 인위적 개입이 불가능하지만, 인화는 인간 공동체의 노력여하에 따라 달라질 수 있다. 주어진 천시나 지리에 연연하는 것은 문제가 있기 때문에 공자도 인간관계의 신뢰를 가장 중요한 요소로 지적한 것이고,[72)] 맹자도 통치의 근본 인자를 가족윤리에서 찾았던 것이다.[73)] 가족윤리로서의 효제를 기반으로 국가사회에 대한 충이 가능하다는 논리이고, 그런 환경에서 천하대공을 이룰 수 있다는 것이다. 아무리 동양적 천인합일天人合一의 관점에서 자연과 인간의 밀착된 관계성을 논한다 하더라도 인간의 주체적 능동성을 배제할 수 없고, 또 자연과 인간의 관계 아닌 인간관계의 중요성을 망각한 적은 한 번도 없다. 그것이 현실주의와 인문주의에 투철한 유가적 가치관의 특징이며, 특히 순자에게서 강하게 나타난 것이다. 순자가 인간의 주체적 능동성을 유난히 강조하였다는 것이다.[74)] 그런데 인간의 주체적 능동성의 핵심은 이미 지적한 '예'를 통해 확보된다. '예'는 자연성보다는 인위성을 강조하고 있

---

71) 『순자』「富國」: 上得天時, 下得地理, 中得人和, 則財貨渾渾如泉源, 汸汸如河海, 暴暴如丘山, 不時焚燒, 無所臧之, 夫天下何患乎不足也?

72) 『논어』「안연」: 子貢問政. 子曰, "足食. 足兵. 民信之矣." 子貢曰, "必不得已而去, 於斯三者何先?" 曰, "去兵." 子貢曰, "必不得已而去, 於斯二者何先?" 曰, "去食. 自古皆有死, 民無信不立."

73) 『맹자』「이루상」: 天下之本在國, 國之本在家, 家之本在身.

74) 윤무학, 『순자』-통일제국을 위한 비판철학자 (성균관대학교출판부, 2004년) 109쪽 참조.

기 때문이다. 그렇다면 '예'의 실천적 차원에서 '충'과 '효'는 매우 중요한 덕목이 아닐 수 없게 된다.

"집에 들어와서 효도하고 밖에 나가서는 공손한 것은 사람의 작은 실천이다. 윗사람에게 순종하고 아랫사람에게 돈독한 것은 사람의 일반적 실천이다. 도를 따르고 군주를 따르지 않으며, 의를 따르고 부모를 따르지 않는 것은 사람의 큰 실천이다. 만일 뜻하는 것이 예에 따라서 편안하고 말하는 것이 법도에 따라 쓰여 진다면 선비의 도를 다하였다고 할 것이니, 비록 순임금이라 하여도 여기에 터럭만큼도 더할 수 없을 것이다."[75)]

선비의 도리로써 '예'는 중요한 의미를 지닌다. 그 예는 가정에서 '효도'로, 나가서는 '공손함'으로 드러나며, 동시에 그것은 위로 순종하고 아래로 돈독한 사랑실천이란 것이다. 그런데 문제는 도저히 순종할 수 없을 때의 태도에 대한 문제이다. 순자는 이것을 크게 세 가지 경우로 분류해서 말하고 있다.

"효자가 명령을 따르지 않는 경우가 세 가지 있다. 명령을 따르면 부모가 위태롭고, 명령을 따르지 않아서 부모가 편하면, 효자는 명을 따르지 않는데, 이것이 충衷이다. 명령을 따르면 부모가 욕되고, 명령을 따르지 않아서 부모가 명예롭게 된다면, 효자는 명령을 따르지 않는데, 이것이 의義다. 명령을 따르면 금수가 되고 명령을 따르지 않고도 예의를 갖출 수 있다면, 효자는 명령을 따르지 않는데, 이것이 경敬이다."[76)]

---

75) 『순자』「子道」: 入孝出弟, 人之小行也. 上順下篤, 人之中行也. 從道不從君, 從義不從父, 人之大行也. 若夫志以禮安, 言以類使, 則儒道畢矣, 雖舜不能加毫末於是矣.

76) 『순자』「자도」: 孝子所以不從命有三, 從命則親危, 不從命則親安, 孝子不從命乃衷, 從命則親辱, 不從命則親榮, 孝子不從命乃義, 從命則禽獸, 不從命則脩飾, 孝子不從命乃敬.

일종의 불순종의 도리를 지적한 내용이다. 순자는 따라야할 순종의 도리가 있다면 따르지 않아야할 불순종의 도리도 있다는 것이다. 경우에 따른 순종·불순종의 바른 선택이 진정한 '대효大孝' 실천이라 한 것이다. 따르지 않아야할 경우는 물론 제한적이다. 명령을 따를 경우 부모가 위태롭게 되거나, 욕을 보거나, 금수처럼 취급될 경우에 한한다. 이 때 명령에 불순종하는 것을 충衷·의義·경敬이라 했다.

> "따라야할 것과 따르지 않아야 할 대의를 밝혀서 공경과 충신을 다하고 단정하고 신중하게 행동한다면 '큰 효'라고 할만하다. 전하는 말에 '도를 따르는 것이지 임금을 따르는 것이 아니며, 의를 따르는 것이지 부모를 따르는 것이 아니다.'라고 한 것이 바로 이 뜻이다."[77]

공경과 충신의 진정한 대상이 형상에 따른 임금과 부모가 아닌 그들의 마음이기 때문이란 것이다. 군주의 명령에 순종하는 것은 군주를 따르는 것이 아니라 그 명령에 내포된 도리를 따르는 것이고, 부모님 말씀에 순종하는 것은 부모를 따르는 것이 아니라 부모님의 의로운 뜻을 따르는 것이란 지적이다.

4. 현실적 세계관

순자는 군주와 부모의 명령에 대한 무조건적 복종이 신하와 자녀의 도리로 능사가 아님을 밝히었다. 경우에 따라서는 불복종도 필요하다고 말하였다. 이것은 순자의 현실 중시의 가치관과 무관할 수

---

77)『순자』「자도」: 明於從不從之義, 而能致恭敬忠信, 端慤以愼行之, 則可謂大孝矣. 傳曰, 從道不從君, 從義不從父, 此之謂也.

없다. 그는 "듣지 않는 것은 듣는 것만 못하고, 듣는 것은 보는 것만 못하며, 보는 것은 아는 것만 못하고, 아는 것은 실천하는 것만 못하다. 학문은 실천하는 데 이르러 그친다."[78]고 하며 실천을 최우선적 가치로 꼽았다. 그런 맥락 하에 순자는 미신적·신비적 요소에 대한 비판을 통해 현실주의자로서의 면모를 확실히 보여주었다. 예컨대 일식이나 월식이 있을 때, 그 때문에 시행하는 기우제祈雨祭 또는 복서卜筮와도 같은 행사는 반드시 그렇게 된다고 믿어서가 아니라 그것은 일종의 문화행사라는 것이다. 군자는 그것을 하나의 문화행사로 간주할 뿐 일반 백성들처럼 그 행위를 신비스럽게 보지 않는다고 하였다.[79] 이것은 당시 일반에 성행하던 기우제를 비롯한 미신적 행위에 대한 순자의 현실적 가치관에 입각한 비판으로 보인다. 같은 맥락에서 순자는 관상 보는 행위에 대해서도 비판하였다. "관상 보는 일은 마음 논하는 것만 못하고, 마음 논하는 것은 일術 택하는 것만 못하다. 형상은 마음을 이기지 못하고 마음은 일을 이기지 못한다. 일이 바르면 마음이 그것을 따르게 되니 형상이 비록 나쁘더라도 심술이 좋다면 충분히 군자가 될 수 있으며, 형상이 비록 좋더라도 심술이 나쁘다면 충분히 소인이 될 수도 있다. 군자는 길하고 소인은 흉한 것이다. 따라서 장단·대소·선악의 형상은 길흉과 관계가 없다. 옛 사람들에게 이러한 관상술은 없었고, 학자들이 말한 적이 없다."[80]고 하며 관상보다는 마음, 마음보다는 일상 속에서 실천하

78) 『순자』「儒效」: 不聞不若聞之, 聞之不若見之, 見之不若知之, 知之不若行之. 學至於行之而止矣.

79) 『순자』「天論」: 日月食而救之, 天旱而雩, 卜筮然後決大事, 非以爲得求也, 以文之也. 故君子以爲文, 而百姓以爲神. 以爲文則吉, 以爲神則凶也.

80) 『순자』「非相」: 相形不如論心, 論心不如擇術. 形不勝心, 心不勝術. 術正而心順之, 則形相雖惡而心術善, 無害爲君子也, 形相雖善而心術惡, 無害爲小人也. 君子之謂吉, 小之謂凶. 故長短大小善惡形相, 非吉凶也. 故之人無有也, 學者不道也.

는 행위로서의 일에 가장 큰 의미를 부여하였다.

이런 가치관과 세계관 속에서 순자는 군주와 부모의 명령에 복종하는 것만이 반드시 충이나 효가 되는 것은 아니라고 하였던 것이다. 다양성이 존재하고 특수상황이 상존하는 현실세계에서 한결같은 복종이 때론 의도하는 긍정적 결과를 낳지 않을 수도 있다는 현실적 판단에서 순자의 이 주장은 설득력을 지닌다. 예컨대 주사가 심한 아빠가 술 마시고 자녀에게 몽둥이를 들고 자녀를 때리려고 할 때 맞는 게 복종이고 피하는 게 불복종이라면 불복종이 효가 될 수 있다는 것이다. 순임금이 부모 몰래 결혼하여 아이를 낳은 것도 같은 맥락일 것이다. 순임금에게 온갖 못된 행위를 서슴지 않는 부모에게 자신의 결혼 승낙을 긍정적으로 받아낼 수 없는 상황에서 몰래 결혼한 것은 가장 큰 불효, 즉 후사後嗣 없음을 비켜가기 위한 한 방법이었다.[81] 특수한 경우 복종이 불효가 되는 경우가 가능하기 때문에 나온, 곧 불복종이 효가 되는 경우이다.

결론적으로 나라에 대한 충과 부모에 대한 효는 정상적인 경우 명령에 대한 복종과 순종으로 말할 수 있지만, 특수한 상황에서는 불복종 자체가 충과 효가 될 수 있다는 것이다. 이 때 중요한 것은 특수한 상황을 어떻게 판단할 것인가이다. 순자는 그것을 예견되는 결과에 치중하였다. 충과 효의 행위주체로서의 신하나 자녀의 불복종으로 가져올 군주와 부모의 결과에서 찾은 것이다. 결과적으로 복종이 군주와 부모에게 욕이 되고 해가 되는 경우라면 불복종이 충과 효가 된다는 것이다. 현실주의자 순자의 이 같은 충효에 대한 해

81) 『맹자』「이루상」: 不孝有三, 無後爲大. 舜不告而娶, 爲無後也, 君子以爲猶告也.

석은 결국 충효를 실천하는 행위 주체자들의 분명한 판단을 전제 한 것이며, 충효개념의 다양성을 확인하는 의미 있는 논의가 아닐까 생각해 본다.

제2장

동양고전에 나타난 효와 화해정신

제2장

동양고전에 나타난 효와 화해정신

Ⅰ. 『논어』의 화해정신과 효사상

1. 중국의 고전읽기 붐

중국에서 한창 독경열讀經熱·국학열國學熱이란 말이 회자되었다. 직역하자면 경전 읽기 붐이고 그 중심에 『논어』가 있다. 베이징사범대 위단宇丹 교수가 중국 중앙텔레비젼(CCTV)에서 『논어』를 강의하자 『논어』 읽기 붐이 일었고, 그가 저술한 『논어심득論語心得』(중화서국, 2006)은 출판 3개월 만에 250만부가 팔렸다. 중국 출판 시장의 특성이랄 수 있는 해적판까지 합친다면 400만부 이상 판매되어 중국 출판 역사의 신기록을 세웠다고 한다.

이런 『논어심득』 신드롬은 아마도 경제적 급성장 이후 물질적 생활은 비교적 풍요로워졌지만, 방황과 고민은 늘고 심리적으로 불안하기 때문이 아닐까 생각해 본다. 경제적 풍요가 정신적 방황을 해결하지 못하고 오히려 못살던 시절보다 삶을 포기하는 이들이 늘었다는 보도만으로도 짐작할 수 있다. 물론 이런 현상은 중국만이 아니라 발전도상에 있는 국가들의 일반적 흐름이기도 하다. 뭔가 위로 받기를 원하는 이들에게 고전이 매우 중요한 역할을 할 수 있을 것이란 기대가 깔려 있다. 물질적 풍요로 인해 빚어진 상처난 마음을 고전을 통해 치료받을 수 있을 것이란 기대이다.

보통 물질적 풍요가 행복을 가져다줄 수 없음을 말한다. 물질적 풍요는 사회를 평가하는 하나의 지표일 뿐 행복과 꼭 비례하는 것은 아니기 때문이다. 절대적 가치가 아니란 것이다. 대략 2500년 전 공자의 삶과 사상을 다룬 『논어』가 물질적 풍요와 직접적인 관계는 없지만, 오늘날 최고의 베스트셀러가 된 것은 시사하는 바가 크다.

중국 사회는 여전히 사회주의를 지향하고 있다. 사회주의 핵심에는 마르크스가 존재하고, 그를 계승한 마오쩌둥 어록은 중국인들에게는 기독교의 성경聖經과도 같다. 중국 정치지도자들이 늘 마오쩌둥의 혁명사상을 계승한다고 외치면서 그가 그렇게도 봉건잔재라 비판했던 『논어』가 붐을 일으키는 것은 참으로 아이러니가 아닐 수 없다. 1919년 5.4신문화운동 이래로 중국지도층에서는 전통문화 부정을 일반화시켰고, 1966~76년의 문화대혁명(이하 문혁)기간을 통해서는 공자와 『논어』를 철저히 부정 파괴하는 데 앞장섰다. 문혁의 핵심에는 마오쩌둥이 있고, 그에게 공자와 『논어』는 타도 대상으로 적이나 마찬가지였다. 그랬던 공자와 『논어』가 오늘날 중국 국영 텔레비전 방송에서 시리즈로 방영되고, 공자의 리더십을 다룬 경제 경영서가 쏟아지고, 대학에서는 유교적 인간관리론을 가르치는 최고경영자 과정이 속속 개설되고 있다. 대외적으로도 중국 정부는 공자학원, 공자아카데미, 공자문화원을 세계 각지에 개설하여 공자를 통해 중국이란 나라의 브랜드가치를 높이려 하고 있다. 노벨평화상을 대신하는 공자평화상을 급조하기도 했

산동성 곡부 공자동상(73m)

다.[82] 더 놀라운 사실은 비록 지금은 실내로 옮겨지기는 하였지만, 북경의 상징처럼 여겨지는 천안문 광장에 그것도 천안문에 걸려 있는 마오쩌둥 초상화(6.5m)보다 더 큰 높이가 9m나 되는 공자 동상을

82) 공자평화상은 명목상 "중국의 평화관과 인권 개념을 세계에 알리기 위해 제정"하였지만, 사실 반체제 인사 류사오보(劉曉波)가 노벨평화상 수상자로 결정되면서 이에 반발하며 나온 그야말로 급조된 상이다. 첫 수상자는 대만 정치인 롄짠(連戰)이다.

세운 일이다. 공자 고향 곡부에는 73m높이의 초대형 공자동상을 세우고, 엄청난 규모의 공자박물관을 건립했다. 지방도시 곳곳에 공자사당을 세우고 추모행사를 대대적으로 치르는 것도 이제는 일상화 되었다. 그야말로 격세지감이 아닐 수 없다.

이런 현상을 관방 유학(정부주도 이데올로기)이 다시 고개를 드는 것이라며 경계하는 사람도 있지만, 학계는 물론 민간에서도 함께 논의되고 있는 것으로 보아 꼭 그렇게만 볼 수도 없다는 항변도 있다.[83] 다시 말해 "덕으로 나라를 다스린다."는 '以德治國'과 "조화를 귀하게 생각한다."는 '以和爲貴'를 내세우는 유교적 덕목이 오늘날 정부와 민간 모두에게 영향을 주고 있다는 것이다. 비록 관이 주도하더라도 중앙정부가 하달하는 형식이 아니라 지방정부와 민간단체가 함께 주도하고 있다는 것이다. 막상 학자들은 생활유교, 민간유교, 향촌유교, 실천유교, 관방유교 등 유교 대중화의 이론적 기초를 다양하게 닦아가고 있는 것도 이를 뒷받침한다.

그렇다면 여기서 관방유교든 민간유교든 그 중심에 무엇이 있는가가 중요하다. 이는 '이덕치국'과 '이화위귀'에서 찾을 수 있다. 물론 두 말의 핵심 개념은 '도덕'과 '조화'이다. '도덕'과 '조화'의 구체적 내용은 역시 『논어』의 대인관계론이자 사회철학으로서의 '인仁'을 빼놓을 수 없다. 그 '인'의 핵심에 '효제孝弟'[84]가 있다는 것도 주목할 필요가 있다.

---

83) 베이징대 철학과 교수로 있다가 최근 칭화대 국학연구원 초대원장으로 부임한 천라이(陳來) 교수가 2010년 11월 25~26일 양일간 성균관대학교에서 거행된 국제학술대회에 참석했을 때 함께 대화한 내용.

84) '孝弟'의 '弟'는 의미상 연장자에게 순종한다는 '悌'인데, 『논어』가 쓰여질 당시에는 이 글자가 통용되지 않았기 때문에 모두 '弟'로 되어 있다.

2. 효와 예, 그리고 조화

(1) 뜻과 실천으로 드러난 순종

전통사회 전형적인 효의 내용은 부모에게 순종하는 일이다. 부모의 뜻을 거역하지 않고 따르는 것이 효란 것이다. 이러한 순종은 부모님 살아생전만이 아니라 돌아가신 이후에도 계속되어야만 한다. 부모의 뜻과 행적을 3년 동안 지켜야만 효라고 할 수 있다는 것이다.

> "아버지께서 살아계실 때에는 그 뜻을 살피고, 아버지께서 돌아가셨을 때에는 그 행동을 살핀다. 3년 동안 아버지의 도에 고침이 없어야 효라고 말할 수 있다."[85]

위 문장을 두고 송대 주희朱熹는 "아버지가 살아계실 때에는 그(자식)의 뜻을 관찰하고 아버지가 돌아가셨을 때에는 그(자식)의 행동을 관찰하는 것이니, 3년 동안 아버지의 도(道: 뜻과 행동)를 고치지 않아야 효라 할 수 있다."[86]고 해석하였다. 아버지 살아계실 때에는 함부로 할 수 없으므로 행동에는 가식이 있을 수 있으므로 자식의 뜻을 살펴서 아버지의 뜻을 받들고 있는지 살피고, 돌아가시면 자식이 마음대로 행동할 수 있으므로 자식의 행동을 살펴서 아버지의 뜻을 실천하고 있는가를 살핀다는 뜻이다. 이렇게 '기其'자를 자식으로 해석하는 것은 한당대漢唐代 고주古注에서도 마찬가지였다.

---

85) 『논어』「학이」(이하『논어』는 생략): 子曰: "父在, 觀其志; 父沒, 觀其行; 三年無改於父之道, 可謂孝矣."

86) 위 본문에 대한『논어집주』의 해석.

다른 해석도 있다. 글자 그대로 살아계실 때에는 아버지의 뜻을 살피며 그 뜻대로 따르고, 돌아가시면 뜻을 살필 수 없으니 살아생전의 행적을 더듬어 그것을 따른다는 뜻으로 해석하는 경우이다.

여기서 어느 해석이 타당한가에 대한 논란보다는 아버지의 뜻에 '순종'해야 효라 할 수 있다는 데에만 집중하려고 한다. 왜 부모의 뜻과 행적을 3년 동안 고치지 않아야 효라고 할 수 있을까? 그것은 3년이 갖는 상징성에 있다. 『논어』에서는 3년상을 언급하며 3년의 의미를 설명하였다.

> "자식이 태어나서 3년이 지난 뒤에야 부모의 품을 벗어나게 된다. 3년상은 통상적인 상례이다."[87)]

3년은 인간이 태어나 최소한의 자생적·자발적 활동이 가능한 기간을 말한다. 3년동안 부모의 뜻에서 어긋나지 않아야 효라고 할 수 있음도 그것을 기반하고 있다. 최소한 3년의 '순종'은 자녀의 기본이란 이야기이다. 통상적 3년 정도란 뜻으로 말했기 때문에 꼭 3년이란 의미는 아니니다. 따라서 3년을 경직된 의미로 이해하는 것은 곤란할 것 같다. 개별적인 상황을 헤아리면서 자연스럽게 3년의 의미를 풀어야할 이유이다. 북한의 김일성이 사망했을 때 아들 김정일이 3년간 일선에 나서지 않고 유훈통치遺訓統治를 한 것이 3년상과 관계있다면 자연스럽지 못한 유가적 3년상의 획일적 재현이란 생각이 든다.

---

87) 「양화」: "子生三年, 然後免於父母之懷. 夫三年之喪, 天下之通喪也."

(2) 예禮에 합당한 순종

아버지의 뜻과 행적을 3년 동안 고치지 않고 따르는 것을 효라고 했다. 비록 3년이란 세월이 경직된 의미의 것은 아니라도 일정 기간 순종해야 한다는 뜻임은 분명하다. 3년이란 상징적 의미이기 때문에 꼭 3년일 수도 있고, 덜 될 수도 더 될 수도 있다. 중요한 것은 마음이고 구체적으로는 순종의 방법과 내용이다.

공자는 이 문제를 노나라 대부 맹의자孟懿子와의 대화에서 거론하였다. 맹의자가 공자에게 효에 대해 질문하자 공자는 "무위無違."[88] 라고 간단히 대답했다. 당대 최고 실권자 가운데 한 사람인 맹의자가 공자에게 효란 무엇인가를 질문했을 때, 공자는 "어김이 없어야 한다." "거역함이 없어야 한다."고 대답한 것이다. 표면상 부모 말씀에 순종해야 한다는 뜻이다.

언제나 그랬듯 공자의 교육방법은 같은 질문이라도 상대방이 누구냐에 따라서 다른 대답으로 주어지는 '맞춤형 교육'이었다. 공자가 맹의자에게 순종을 말한 것은, 평소 맹의자가 뭔가 불순종의 모습을 보였을 수 있다. 맹의자가 부친 맹희자孟僖子의 말에 순종하지 않았다는 뜻이다. 이에 대한 내용이 『공자가어』에 나온다. 맹희자는 맹의자에게 "내가 죽거든 너는 반드시 그(공자)를 스승으로 모셔라."[89] 고 당부했는데, 맹의자는 공자를 찾아가 배우지 않았다. 부친의 유훈을 거역한 셈이다. 이런 맹의자에게 공자가 "거역함이 없어야 한다."라고 한 것은 순종하지 않은 것에 대한 질책으로 이해할 수

---

88) 「위정」: 孟懿子問孝. 子曰: "無違."
89) 『사기』「공자세가」: "吾卽沒, 若必師之."

도 있다. 막상 공자는 맹의자가 그렇게 이해했을 것이란 판단을 했던 것 같다.

하지만 본래 의도는 그게 아니었다. 자신을 수행했던 제자 번지樊遲에게 전혀 다른 말로 해명한 데서 드러났다. 누가 듣더라도 효란 "거역하지 않고 순종하는 것이다."로 들렸을 "무위"를 '예禮로 섬기는 것'이라 다시 설명한 것이다.

> "(효란) 부모님 살아 계실 때에 예로써 섬기고, 돌아가시면 예로써 장사 지내고, 제사지낼 때 예로써 하는 것이다."[90]

이에 대한 주희의 해석이 재밌다. "그 본 뜻을 잃고 부모의 명령을 따르는 것을 효로 여길까 염려해서 그래서 번지에게 말하여 그 뜻을 밝힌 것"[91]이라 하였다. 상식적으로 맹의자는 당시 권력자이고 사회 최고위층으로서 명령을 듣기보다는 명령하는 입장이었기 때문에 "거역함이 없어야 한다."는 말은 황당했을 수도 있다. 이에 공자는 그 본 뜻을 '예'로써 재차 설명한 것이고, 번지로 하여금 이를 해소하도록 안내하였다는 것이다. 다시 말해 부모에 대한 맹목적 순종이 효자의 도리가 아니라, 자신이 따라야 할 태도가 '예'에 합당한가가 우선적인 고려대상이라는 지적이다. 부모의 요구가 '예'에 합당하다면 반드시 "부모 섬김에 그 힘을 다해야 하는 것"[92]이고, '예'에 합당하지 않다면 "부모 섬김에 (잘잘못이 있거든) 부드럽게 말씀드려야 한다."[93]는 것이다.

---

90) 「위정」: "生, 事之以禮; 死, 葬之以禮, 祭之以禮."
91) 『논어집주』: 恐其失指, 而以從親之令爲孝, 故語樊遲以發之.
92) 「학이」: "事父母, 能竭其力."
93) 「里仁」: "事父母幾諫."

공자를 비판하였던 왕충王充의 해석도 새롭다. 왕충은 "공자가 어김이 없어야 한다고만 말하고 '예'를 어김이 없어야 한다."[94]고 한 것은 의도적으로 맹의자의 오해를 불러일으키려 했다는 것이다. 실제는 '예'가 핵심인데, 이를 '순종' '복종'으로 오해하도록 만들었다는 지적이다. 정확하게 말하자면 공자가 말한 '무위'는 실제로 '무위례無違禮'란 것이다.

공자가 의도적으로 그랬든 실수로 그랬든 번지에게 해명한 것도 '효'란 '예'로써 섬기는 일임에는 틀림없다. 효로서 '무위'란 절대적 복종이나 무조건적 따름이 아니라, '예'로써 섬기는 것이다. 순종·복종이 곧 효란 것은 아니다. 그래서 말할 수 있는 것이 '간언諫言의 효'이다.

> "부모를 섬기되 잘못이 있거든 부드럽게 간하라. 좇지 않을 생각이 보여도 더욱 공손히 하여 뜻을 거스르지 말 것이요, 고생스러워도 원망하지 말 것이다."[95]

부드럽게 간언하라는 것은 주희의 주석에 의하면 "성낸 기운을 띠지 말고 얼굴빛을 온화하게 하고 부드러운 말로 하라."는 것이고, 막상 간언이 받아들여지지 않더라도 성급하게 속단하지 말고 때를 기다렸다가 "부모가 기뻐하실 때 다시 간언하라."[96]는 것이다. 이렇게 간언하는 것은 부모님의 잘못이 더 큰 화를 불러올 수 있기 때문이다. 비슷한 내용이 『예기』「내칙」편에 실려 있다.

94) 王充, 『論衡』「問孔」: "孔子言無違, 不言違禮."
95) 「里仁」: "事父母幾諫. 見志不從, 又敬不違, 勞而不怨."
96) 『논어집주』: "下氣怡色, 柔聲以諫. .... 悅則復諫."

> "만일 (간언이) 받아들여지지 않을지라도 더욱 공경하고 더욱 효를 다해야 한다. 그러다가 기분이 풀리면 다시 간언해야 한다. 기뻐하지 않는다고 해서 (간언하지 않는 것은) 살고 있는 동네에서 죄를 얻도록 방치하는 것이니 차라리 매달려 계속 간언하는 것이 옳다."[97]

『예기』「곡례」하편에서는 구체적으로 세 차례 간언해서도 듣지 않는다면 소리 내어 울면서 그냥 따르라고 하였다.[98] 군주의 잘못을 세 차례나 간언해도 듣지 않으면 조정을 떠나라고 한 것과는 그 내용을 달리한다.[99] 천륜의 부자관계와 사회적 군신관계의 차이점을 보여준 대목이다. 군신관계는 잘잘못을 가림에 이성적 판단에 따른 합리적 결론이 냉정한 선택, 곧 관계의 단절을 가능케 하지만, 부자관계는 이성적 판단(간언)이 합리적 결론(수정)으로 나가지 않더라도 결국은 관계의 단절을 가져올 수 없다는 것이다. 그것이 괴롭고 힘든 일이라 하더라도 계속 때를 기다리며 간언해야 하고, 비록 고쳐지지 않는다 해도 따라야 한다는 것이다. 적어도 부모·자녀 관계에서만은 이성보다는 감성이 객관보다는 주관이 더 앞섬을 보여준다. 아버지가 양을 훔쳤을 때 이를 신고한 직궁直躬을 탓한 공자의 태도로도 증명된다. 아버지는 아들의 허물을 숨겨주고 아들은 아버지의 잘못을 숨겨주는 것이 부자관계의 마땅한 도리란 것이다.[100] 공자가 생각한 아버지의 잘못은 덮어 주어야 할 것이기 때문에 오늘날 식으

97) 『예기』「내칙」: "諫若不入, 起敬起孝, 說則復諫; 不說, 與其得罪於鄉黨州閭, 寧孰諫."
98) 『예기』「곡례」하: "子之事親也: 三諫而不聽, 則號泣而隨之."
99) 『예기』「곡례」하: "爲人臣之禮: 不顯諫. 三諫而不聽, 則逃之."
100) 「자로」: 葉公語孔子曰: "吾黨有直躬者, 其父攘羊, 而子證之." 孔子曰: "吾黨之直者異於是. 父爲子隱, 子爲父隱, 直在其中矣."

로 말하자면 불고지죄不告知罪에 해당하지 않는다는 것이다.

그러나 무엇보다 중요한 것은 어떻게 하는 것이 진정한 효자의 도리인가 일 것이다. 극단적 실례이긴 하지만, 아버지가 자식에게 도적질을 시킨다면, 자식으로서 어떻게 하는 것인 효도인지는 분명하다. 막상 이런 일은 주변 언론을 통해서 있을 수 있는 일임을 확인할 수 있다. 물론 부자는 함께 처벌되었다.[101] 잘못된 부모의 판단을 옳게 유도하는 것은 자식의 당연한 의무이고, 또 그것이 순종이 아니더라도 불효가 아님은『효경』「간쟁」장에서 말하고 있다. 여기서 간언의 중요성과 필요성을 역설한다. 바른 간언을 통해서 아버지가 잘못된 길로 가는 것을 막아야 한다는 것이다.[102] 그런데 여기서 증자는 아버지 명령에 무조건 복종하는 것이 '효'라고 알았다. 그런 증자를 공자는 질타하고 있다. 아버지의 잘못된 판단을 간언을 통해 바르게 인도하는 것이 아들의 마땅한 의무이고, 그것이 '효'라는 지적이다. 다만 이 때 '예'가 중요하게 작용한다는 것이다.

(3) 조화로서의 예와 효

'예'는 일상적으로 '예의범절'을 말한다. 그러나 전통적인 '예'는 수직적 질서를 강제한다는 느낌이다. 현대사회로 오면서 비판의 표적이 된 것도 이 때문이다. 다시 말해 '예'는 상하귀천의 등급질서를 강

101) "아버지와 아들은 강도짓, 할아버지는 신고하고" UKopia(인터넷) 뉴스, 2009년 10월 16일자.

102)『효경』「간쟁」: 曾子曰, "若夫慈愛恭敬, 安親揚名, 則聞命矣. 敢問, 子從父之令, 可謂孝乎." 子曰, "是何言與, 是何言與. 昔者, 天子有爭臣七人, 雖無道, 不失其天下, 諸侯有爭臣五人, 雖無道, 不失其國, 大夫有爭臣三人, 雖無道, 不失其家. 士有爭友, 則身不離於令名. 父有爭子, 則身不陷於不義. 故當不義, 則子不可以不爭於父, 臣不可以不爭於君. 故當不義, 則爭之. 從父之令, 又焉得爲孝乎."

제하고 인간의 개성을 억압하고 사회변화를 반대한다고 해서 비난의 대상이 된 것이다.

하지만 '예'의 본질적 의미를 재해석한다면 반드시 부정적인 것만도 아니다. 로저 에임즈는 '예'의 속성을 오히려 긍정적으로 승화하고 있다. 그는 "예는 개인의 정련화 과정이다. 성취된 본성이자 자세이며, 몸짓이며, 서명이며, 정체성을 의미한다. 적절한(proper), 적당한(appropriate), 알맞음(propriety)의 어근인 proprius에서 파생한 개념인 '나만의 것으로 전유함(appropriation)'을 의미하는 '예'는 분명히 개인의 가치를 자신과 공동체에 드러내는 개성적인 행위이다. '예'는 사람이 독특한 개인으로 또 전인全人으로서 이를 통하여 질적으로 스스로를 구성하고 드러내는 개성적이면서 공공적인 담론"[103]이라고 했다. '예'를 인간의 개성을 완성시키고 드러내는 차원으로 해석하고 있다. 이것은 앞서 말한 '예'의 부정적 측면과는 상반된다.[104]

『논어』에서는 조화調和로 풀어갔다. 조화란 균형均衡·화해和解·화해和諧·협력協力·화합和合이다. 영어로는 Harmony다. 오늘날 중국

103) 로저 에임즈 저, 장원석 역, 『동양철학, 그 삶과 창조성』 성균관대학교 출판부, 2005년, 138쪽. 로저 에임즈는 좀더 부연하자면 禮개념을 단지 긍정한 정도가 아니라 어찌 보면 禮 예찬론자처럼 보일 정도다. 에임즈의 다른 언급을 들어보자. "예는 인지적이며 심미적이고, 도덕적이면서 종교적이고, 육체적이면서 영적이다. 이것은 공자라는 특정 인물의 내러티브로서는 하나이면서 매사를 만드는 많은 절정의 사건으로서는 다수이다. 예는 우아하고 개성적으로 수행되는 존경의 고상한 패턴들이다. 그것들은 가치를 드러내주는 삶의 형식이다. 그것은 공동체의 滿開를 목적으로 구성원을 따라 하도록 유도하고, 종교적 헌신을 고무하면서 사려 깊게 만든다. 같은 어근을 갖고 있는 禮와 몸(體)의 관계는 고도의 종교적 행위에서부터 육신에의 체현에 이르기까지, 하늘에서 땅에 이르기까지, 예가 구체적 인간의 체험에 편만해 있음을 의미하고 있다. 이미 완결된 본질이라는 것이 없는 인간에게 궁극적인 것은 체험의 쌓임이다. 그리고 예는 그 인간의 축적된 체험이 정련되고 핵심적인 것이 될 수 있도록 하는 매체인 것이다."(앞의 책, 139~140쪽)

104) 김덕균, 「한국인의 삶과 문화에 나타난 공자의 인과 예사상」(한국유교학회, 『유교사상연구』 제29집, 2007년) 256~257쪽 참조.

산동성 곡부 공자사당 대성전

정부가 강조하는 '화해和諧 세계' '조화로운 세계' 건설이라는 말로도 익숙하다. 평화로 우뚝 선다는 '화평굴기和平崛起'도 같은 맥락이다. 모두가 『논어』에 근거한다.

"예의 쓰임은 조화를 귀하게 여긴다. 선왕의 도는 이 조화를 아름답게 여겼다. 작고 큰 일이 모두 조화로 말미암아 나왔다. (그렇지만) 이 조화가 바르게 이루어지지 않을 수도 있다. 오직 조화를 이루어야 한다는 것만 알고 조화를 도모하면서 예로써 조절하지 않는다면 이루어질 수 없는 것이다."[105]

비록 이 내용이 공자의 말이 아닌 그 제자 유약有若의 말이기는 하지만, 『논어』의 취지에 어긋나는 것은 아니다. '예지용禮之用'의 '용用'

105) 「학이」: "禮之用, 和爲貴. 先王之道斯爲美, 小大由之. 有所不行, 知和而和, 不以禮節之, 亦不可行也."

을 송대 성리학 이후의 체용론體用論으로 보느냐 '이以'로 보느냐의 해석에 대한 논란이 있지만,[106] 여기서 중요한 것은 '예'의 지향점일 것이다. '예'의 궁극적 지향점이 '화(Harmony)'라는 것이다. '예'는 형식이 중요한 것이므로 '딱딱한' 인상을 주는데, '화'와 함께 조화를 이루면 자연스럽게 적용할 수 있다.[107] 조화란 타협과는 다르다. 타협은 문제를 타개하는 방식이지만, 무엇이든 타협에만 의존하면 안이한 담합에 빠져 중요한 '예'를 행할 수 없다. 마땅히 지켜야 할 것을 지킬 수 없게 된다. '공손함[恭]'도 자칫 '예'를 벗어나면 굴종적인 것이 될 수 있다. '공손함'이 때론 치욕이 될 수도 있는데, 이를 조절하는 것이 '예'란 것이다.[108] "덕으로 이끌고 예로써 가지런히 하면 부끄럼이 있고 또한 바르게 된다."[109]는 것도 같은 맥락이다. 대인관계에서 '예'가 얼마나 중요한가를 알려준다. 인용문의 마지막 문장, "오직 조화를 이루어야 한다는 것만 알고 조화를 도모하면서 예로써 조절하지 않는다면 이루어질 수 없는 것이다."는 말은 이런 것들을 지적한 것이다.

다시 말해 '예'를 고식적姑息的으로만 평가한다면 수직적 질서로 오인할 수 있지만, 『논어』를 기준으로 재해석한다면 '하모니'라 할 수 있고, 거기서 '화이부동和而不同'[110]과 같은 진전된 논의를 진행할 수

106) 주희는『논어집주』에서 이 내용을 체용론으로 분석하며, "예의 體됨은 비록 엄하나, 그러나 모두 자연의 이치에서 나왔다. 그러므로 그 用됨은 반드시 從容하여 급박하지 않아야 귀할 만한 것이 된다.(蓋禮之爲體雖嚴, 而皆出於自然之理, 故其爲用, 必從容而不迫,)"고 해석하였다. 한편 이를 지나친 해석이라 비판하는 사람들은 '用'을 '以'로 보면서 "禮之以和爲貴"로 풀고 있다. 하지만 여기서는 있는 그대로 '用'을 '쓰임'이라 보았다.

107) '예'를 딱딱함에 비유한 것은 陳舜臣 저, 서은숙 역,『논어교양강의』돌베개, 2010년, 41쪽 참조.

108) 「학이」: "恭近於禮, 遠恥辱也"

109) 「위정」: "道之以德, 齊之以禮, 有恥且格."

110) 「자로」: "君子和而不同, 小人同而不和."

있다. '조화和'를 이루는 것이 '같음同'을 추구하는 것이 아니기 때문에 '화'는 또다시 조절이라는 요소가 필요하다. 이 때 '예'가 조절 기능을 한다는 것이다. 그렇다면 '예'에는 '조화'를 귀하게 여기지만, '조화'는 다시 '예'의 '조절' 기능을 요한다는 것이 된다. '예'와 '조화'의 구조가 상보상성相補相成임을 보여준다.

여기서 논의의 본질인 '효'와 '예'는 어떤 관계인가가 중요하다. 『춘추좌전』에서 "효란, 예의 시작이다."[111]고 한 말을 단서로 풀어보자. 실제 이 내용은 사회관계는 물론 인간관계에서 갖추어야 할 '예'를 말하며 나온 말이다.[112] 관계란 수평적 관계도 있고 수직적 관계도 있다. 그것이 어떤 것이 되었든 관계를 질서와 조화로 이어주는 요소가 '예'이다. 상호존중이 전제되어야 하는 것이 '예'이기 때문에 더욱 그러하다. '효'가 본질적으로 부모에 대한 자녀의 마땅한 도리에서 출발했다면, '효'란 수평적 질서보다는 수직적 질서에 가깝다. "효가 예의 시작"이란 말도, 수평적 질서 이전에 수직적 질서를 전제한 표현이다. 굳이 오늘날 관점에서 재해석하자면, 부모에 대한 바른 도리가 '예'의 시작이라는 것이다. 그런 마음 자세와 태도로 상대를 대하면서 자신을 조절한다면 화해·조화·협력의 하모니가 가능하다는 뜻으로 전개된다. 그렇다면 상호간의 조화를 말하는 '예'와 상하간의 질서를 말하는 '효'가 서로 뒤바뀐다 해도 문제없게 된다. 실제로 '예'를 상하 질서개념으로 '효'를 하모니 개념으로 혼동한다 해도 문제없다는 것이다. 『논어』에서 말하는 '예'와 '효'는 양립이 아닌 상보상성의 관계이기 때문이다.

111) 『춘추좌전』「文公2年」: "孝, 禮之始也."
112) 『춘추좌전』「文公2年」: "襄仲如齊納幣, 禮也. 凡君卽位, 好舅甥, 脩昏姻, 娶元妃以奉粢盛, 孝也."

3. 전통적 효에서 현대적 하모니 윤리로

공자는『논어』에서 효의 의미를 하나로 말하지 않았다. 이미 말한 것처럼 순종에서 시작해서 양지養志·봉양奉養·간언諫言 등 다양한 방식으로 설명했다. 거기다 건강을 유지하는 것도,[113] 밝고 고운 얼굴빛을 지니는 것도,[114] 공경하는 마음으로 대하는 것도,[115] 멀리 떠나지 않고 늘 가까이 있는 것도[116] 효라고 하였다. 일부 보완적 요소를 필요로 하기는 하지만 여전히 오늘날의 가치로 인정하기에 부족함이 없는 덕목들이다. 시대를 달리하면서 교조적 적용이 실제 의도와 다르게 전달되면서 버려야 할 전근대적 가치로 전락하기는 했지만,[117] 원래 의도를 다시금 되새겨 본다면 현재적 가치가 없는 것도 아니다. 유교를 정치이데올로기로 활용하면서 자연스러워야 할『논

113)「위정」: 孟武伯問孝. 子曰: "父母唯其疾之憂." 이 문장에 대한 해석은 크게 세 가지다. 첫째, 後漢 馬融 등의 古注로 "부모에게 걱정을 끼치는 것은 병으로만 해라."는 해석으로, 질병은 자신의 힘으로 어찌 할 수 없는 불가항력이니 질병과 같은 불가항력적인 것 이외에는 부모를 근심하게 해서는 안 된다는 뜻이다. 둘째, 宋代 朱熹의 新注로 "부모는 단지 (자식의) 병을 걱정한다."는 해석으로, 이 논문에서 채택한 내용이다. 다시 말해 병은 불가항력이 아니라 자신이 어떻게 조심하고 관리하느냐에 따라 달라질 수 있으므로 섭생을 제일로 신경쓰라는 뜻이다. 셋째, 後漢 王充의 해석으로 "부모에 관해 말하자면 (자식은) 오로지 그들(부모)의 병을 근심한다."는 풀이다. 이 질문을 한 맹무백의 아버지 몸이 병약했다는 사실에 근거해서 이 세 번째 해석을 따르는 사람이 많이 있지만, 역으로 그렇기 때문에 자녀의 질병을 걱정하는 것이 부모의 마음이라는 주희의 해석도 의미 있다고 하겠다. (陳舜臣의 앞의 책, 51~53쪽 참조)

114)「위정」: 子夏問孝. 子曰: "色難. 有事弟子服其勞, 有酒食先生饌, 曾是以爲孝乎?" 참고로『예기』「제의」편에서도 "孝子之有深愛者, 必有和氣; 有和氣者, 必有愉色; 有愉色者, 必有婉容."라고 하며 효자의 얼굴 빛에 대한 말을 하고 있다.

115)「위정」: 子游問孝. 子曰: "今之孝者, 是謂能養. 至於犬馬, 皆能有養; 不敬, 何以別乎?"

116)「이인」: 子曰: "父母在, 不遠遊. 遊必有方."

117) 특히 漢代 董仲舒에 의한 유교이데올로기화 작업은 유교를 봉건 전제사회의 가장 중요한 가치로 만들기는 하였지만, 지나친 엄숙주의와 교조적 적용은 근대 이후 유교를 봉건성의 대변자로 이해시키면서 배척의 대상이 되었고, 부모 자녀간의 효사상 역시도 비판의 대상이 되었다. 이것은 송명대 성리학도 마찬가지 길을 걸었는데, 특히 명청대 정치현실에서 잘 확인할 수 있다. 이를 여과없이 수용하였던 조선에서는 國是(통치이념)로 통하면서 중국보다 더 강렬한 의미를 지니면서 근대이후 역시 비판적 평가를 받기에 이르렀다.

어』의 효사상까지도 구시대 유물처럼 여겨지게 만들었는데, 여기서 효사상의 본 의도를 살리고 전시대적 문제점을 벗겨 낸다면 다시금 유효한 가치로 활용할 수 있을 것이다. 시대는 달라졌어도 부모 어른에 대한 마음이 달라진 것은 아니기 때문이다.

특히 일방적이기보다는 '화和'를 강조하려고 했던 『논어』의 지향점을 추구하자면 현대적 가치로서 손색이 없을 것이다. '화'란 다름을 인정하고 하모니를 추구하는 마음이기 때문에 다양성이 존중되어야 하는 오늘날의 현실에서 보자면 가장 적절한 가치가 아닐 수 없다. 효실천의 현장에서도 하모니는 필수적인 요소로 작용한다. 각각의 다른 가정환경과 사회환경 속에서 자라나서 살고 있는 사람들에게 무조건 부모의 말씀에 순종하고 복종하라는 것은 효의 설득력을 잃게 한다. 이는 오히려 효를 비판의 표적이 되게 하는 처사이다. 하지만 '화이부동'의 '하모니' 실천의 관점에서 '효'를 재정리하고 가치를 추구한다면 현대적 가치로서 상당한 설득력을 지닐 수 있을 것이다.

4. 사적 윤리에서 공적 윤리로

전통사회는 개인적 존재감은 작고 가족과 국가라는 대소규모의 공동체가 삶의 중심이었기 때문에 효제충신孝悌忠信이 필수요소로 작용하였다. 가족주의와 공동체주의의 핵심에 늘 효가 자리한 것이다. 그런데 이것이 이데올로기화하면서 선택이 아닌 필수로 삶을 지배하였다. 오늘날 개인과 사회의 새로운 윤리를 모색하는데 종적 효 개념은 퇴색되고 횡적인 인권·인격·민주·평등·자유가 중심 개념으로 자리했다. 현대사회로 넘어오면서 효가 배척 대상이 된 이유이다. 개인의 자유로운 인격과 인권이 존중되고, 사회적 권리와 평등이 효의 자리를 대신한 것이다. 이제 효는 전근대적 봉건 윤리로 전락한 셈이다.

그러나 도자기는 도자기 본래의 모습을 갖고 있을 때 도자기의 의미가 살아나듯 효도 마찬가지다. 아무리 현대적 의미의 도자기라 하더라도 그래서 거기에 현대 과학의 첨단 기술을 가미하였어도 전통적 도자기 맛을 살리지 못하면 도자기로서의 값어치는 반감되고 만다. 우리의 전통가치인 효 역시도 본래의 모습을 유지하면서 현대사회의 요구를 함께 고려하며 접맥시킬 때 그 의미가 살아난다. 여전히 가족과 국가 공동체가 중시되는 우리 사회의 현실을 감안할 때 이것은 더욱 절실하다. 베버(Max Weber)의 용어를 빌리자면 '가족국가家族國家'의 재현이다. 가족은 국가의 축소물이고, 국가는 확대된 가족이다.[118] 가족을 대하는 사랑과 효의 정신으로 국가 공동체의 윤리를 삼을 수 있다는 지적이다. 사적私的 가족윤리와 공적公的 국가윤리를 어떻게 결부시키느냐의 문제가 없는 것은 아니지만, 화해협력을 추구하는 효의 하모니적 성격을 공적 윤리로 확대한다면 불가능할 것도 없다.

이에 대한 논의는 20세기 후반 유교자본주의를 말하며 나름대로 결론이 모아졌다. 동아시아 몇 개 나라(한국, 일본, 대만, 홍콩, 싱가폴)의 급속한 경제발전의 원동력이 유교 윤리에 있었고, 그 핵심에 가족주의적 전통이 강하게 자리했다. 그 가족주의를 뒷받침하는 것이 효윤리인데, 그것이 사회를 안정시켰고, 안정된 기반 위에서 경제가 성

---

118) 막스 베버는 『유교와 도교』등에서 중국 사회의 특징을 가족국가라 말한다.

장했다는 것이다. 효의 특수한 형태가 사회적으로 확대 적용되면서 나라 경제를 활성화시켰다는 지적이다. 또 사적 윤리로서의 효가 공적 윤리로서의 효로 확대한 것임을 증명한다는 것이다.

베버의 '가족국가'를 이념적으로 정의할 때 『논어』와 유교윤리가 그 중심에 있다. 구체적으로 오륜五倫이 거기에 해당한다. 아버지-사랑, 아들-효도, 형-선함, 동생-존경, 남편-의로움, 부인-순종, 군주-자비, 신하-충성, 이것이 유교적 사회관계에서 요청하였던 윤리적 지침이다. 이러한 윤리적 양식은 기독교인들에게 성경이 삶의 핵심이었듯 중국을 비롯한 유교문화권 사람들에게 매우 중요한 요소로 받들어져 왔다.[119)]

이렇게 분석한다면 유교사회는 매우 개별적이고 특수하다고 할 수 있다. 인간관계가 형성되고 영위되는 것은 개별적 윤리의 맥락 속에서 전개된 것이다. 다시 말해 객관적 규범이나 규칙에 앞서 인간관계 또는 개인적 감정을 기반으로 하고 있다는 것이다. 이러한 정情을 묶는 것이 윤리이고 그 중심에 관계 논리인 '인의仁義'가 있고, '효제孝悌'가 있고, '충신忠信'이 있다. 그것을 실천하는 것을 삶의 기본이라 여겼고, 또 모든 공부의 출발로 삼았다.[120)] 여기서 넓은 도량·사랑·진실·의로움·우정을 기반으로 하는 공동체 윤리가 나왔다. 개인이 아닌 집단지향성을 추구하는 것이다. 다시 말해 가족관계에서 배태된 기본 윤리가 사회 공동체 윤리로 적용되면서 사회 전반에 그 영향력을 행사했다는 것이다. 가족관계가 동성(同姓: 같은 조상), 동

119) Tai Hung-chao, 「동양의 대안: 문화와 경제에 관한 하나의 가설」(구범모 감역, 『공자의 경제학』한세, 1996) 42쪽 참조.

120) 「학이」: 子曰: "弟子入則孝, 出則弟, 謹而信, 汎愛衆, 而親仁. 行有餘力, 則以學文." 子夏曰: "賢賢易色, 事父母能竭其力, 事君能致其身, 與朋友交言而有信. 雖曰未學, 吾必謂之學矣."

향(同鄕: 같은 지역), 동창(同窓: 같은 학교), 동지(同志: 뜻을 같이하는 친구) 등의 관계로 확대된 것이다.[121] 혈연·지연·학연을 근거로 자연스럽게 가족처럼 하나로 뭉친 사회관계이다.

이것이 20세기 후반 동아시아 각국이 경제위기를 맞이하였을 때 유교사회의 심각한 문제로 거론되었지만, 다시 그것이 동아시아 각국의 경제 성장의 원동력이 되었다는 논의가 활발해지면서 긍정적으로 재론되고 있다. 전 세계 각 국이 전통문화를 문화콘텐츠로 개발하면서 효와 충은 봉건이데올로기에서 다시금 현대적 삶의 활력소로 활용되고 있다. 수직적 질서에서 배태되어 봉건이데올로기로 작용하였던 효와 충이 현대사회 속에서 다시금 공동체 통합의 논리로 작용하는 것이다. 물론 이 때는 일방적 의무로서의 효와 충이 아닌 사랑과 공경, 배려와 존중의 개념이 전제된 양방향적 관계윤리가 중요하다. 일방적 순종과 복종의 효와 충이 아닌 상호 배려 존중의 관계에서 나온 화해·조화 속의 효와 충이어야 한다는 것이다.

이를 『논어』를 비롯한 동양고전이 뒷받침하고 있기 때문에 오늘날 고전 읽기 붐이 조성되고 있다고 생각한다. 현대사회의 문제를 고전에서 해결하고 미래사회의 방향을 고전에서 찾아보자는 운동이니 현대판 르네상스라 할 수 있다.

---

121) Tai Hung-chao, 앞의 논문, 43쪽 참조.

Ⅱ. 『맹자』에 나타난 효&하모니

1. 곡절 많았던 『맹자』

『맹자』는 이른바 사서四書의 하나다. 사서란 성리학을 집대성한 주희朱熹가 『대학장구』 『중용장구』 『논어집주』 『맹자집주』를 저술하면서 그 개념이 나왔다. 사서는 송대 주희가 정립한 이후로 유교 지식인의 기본서가 되었다. 『맹자』는 주희 이전까지만 해도 수많은 유가의 서책 가운데 하나였을 뿐이지만, 주희가 사서로 편성하면서 그 권위가 격상되었다. 물론 주희 이전 맹자(B.C.390~305)를 공자사상의 계승자로 여기며 유교의 비조로 삼은 데에는 당송唐宋 8대가의 한사람이었던 한유(韓愈, 768~824)의 역할이 컸다. 당대 한유에 의해 부각된 맹자가 송대 주희에 의해서 완전한 유교의 2인자가 된 것이다.

하지만 민본사상과 혁명론을 담고 있는 『맹자』는 순탄하게 읽혀지진 않았다. 예컨대 명 태조 홍무제洪武帝는 『맹자』의 "임금이 신하를 초개草芥같이 볼 때에는 신하는 임금을 원수와 같이 본다."는 말을 들어, 이는 마땅히 신하들의 입에 올려서는 안 될 말이라 규정한 바 있다. 그리고는 맹자를 배향하는 명단에서 빼고, 이 논리대로 간언하는 신하가 있으면 불경죄不敬罪로 처벌한는다는 조칙詔勅을 내렸다. 다시 배향은 하였지만, 그래도 불편했던 홍무제는 임금에게 불리한 내용들을 없앤 『맹자절문孟子節文』이란 책을 새로이 편찬하였다. 과거 시험에서도 이 내용들은 다루지 않았다.

이런 역사적 곡절을 겪은 『맹자』를 여기서 집중적으로 다루고자 하는 부분은 효사상이다. 맹자의 효사상에 나타난 하모니 공동체를 살피는 일이다. 일찍이 맹자사상을 가족제도 옹호를 위한 '효지상주의'[122]라 명기한 주장도 있어 왔고, 실제 그가 속했던 사맹학파思孟學派의 중심에도 효사상이 깊이 자리하고 있었기 때문에 맹자의 효사상은 맹자사상의 핵심이라 할 수도 있다. 물론 그것이 정치적으로는 이데올로기를 조장하여 사회안정 수단으로 이용되었다는 부정적 평가를 할 수도 있다. 인의예지仁義禮智와 효제孝悌를 강조한 맹자의 근본 목적이 사회의 계급 질서 안정과 봉건적 지배체제의 확립을 도모하는 데 있었다는 것이다. 하지만 그것의 부정적 판단 이면에는 효에 대한 긍정적 메시지가 전혀 없는 것도 아니다. 특히 사회적 하모니를 향한 긍정적 메시지는 오늘날 되새겨야 할 내용이 아닐까 생각한다.

2. 도덕적 이상 실천으로서의 효제

맹자는 기본적으로 이익보다는 인의仁義도덕을 중시하였다. 공자가 "군자는 의에 밝고 소인은 이익에 밝다."[123]고 한 것처럼, 맹자도 인의를 강조했다. 이는 『역』 건괘문언乾卦文言에 "利者, 義之和也."라고 한 것과 『대학』에서 "樂其樂而利其利."라고 하여, 이익에 대한 긍정적 요소를 말한 것과는 상반된다. 맹자가 양혜왕梁惠王을 만났을 때 양혜왕이 "노인장께서 천 리를 멀다 않고 찾아오셨으니 또한 우리나라에 이익이 있을 것 같습니다."[124]라고 반기자, 맹자는 "하필이

122) 손진태, 「맹자와 사회사상」(학해사, 『學海』 1937년), 272~279면 참조.
123) 『논어』「이인」편: "君子喩於義, 小人喩於利."
124) 『맹자』「양혜왕」상편: "叟不遠千里而來, 亦將有以利吾國乎."

면 이익을 말씀하십니까? 오직 인과 의가 있을 뿐입니다."[125]라고 반문하며, 경제적 이익 대신 도덕적 인의를 강조하였다. 맹자사상의 핵심이 도덕적 인의에 있음을 분명히 한 것이다.

전쟁 중인 진秦 나라와 초楚 나라를 화해시키려고 노력하던 송경宋牼을 만났을 때에도 같은 맥락의 대화가 오갔다. 당시 송경은 진·초 두 나라를 순회하며 전쟁의 '불리不利'[126]로써 제후들을 설득하려고 하였다. 전쟁으로 인한 경제적 손실을 이유로 해서 화해를 도모한 것이다. 이에 맹자는 이익보다는 인의 도덕적 방법에 의한 설득이 오히려 필요함을 강력히 요청했다.

경제적 이해득실로 전쟁불가론을 말하는 것이 꼭 틀린 것은 아니지만, 궁극적인 방법은 될 수 없다는 것이다. 이익으로써 문제를 해결하였을 경우 그 이익이 사라지게 되면 다시 불거진다는 판단 때문이다.

> "남의 신하된 자가 이익을 그리워하여 자기 임금을 섬기고, 남의 자식된 자가 이익을 그리워하여 자기 아비를 섬기고, 남의 아우된 자가 이익을 그리워하여 자기 형을 섬긴다면, 이것은 군신君臣과 부자父子와 형제兄弟가 모조리 인과 의를 버리고 이익을 그리워하여 서로 접촉하는 것이다. 그러고서도 망하지 않은 자는 아직 있어 본 일이 없다."[127]

용병을 써서 떳떳하지 못한 정권을 유지하려고 했던 리비아의 지

---

125) 『맹자』「양혜왕」상편: "何必曰利. 亦有仁義而已矣."

126) 『맹자』「고자」하편: "我將言其不利也."

127) 『맹자』「고자」하편: "爲人臣者懷利以事其君, 爲人子者懷利以事其父, 爲人弟者懷利以事其兄. 是君臣 父子 兄弟終去仁義, 懷利以相接, 然而不亡者, 未之有也."

도자 카다피가 결국 멸망한 것도 그를 따르던 부하들이 경제적 이득만을 생각했기 때문이다. 부모의 재산이 탐나서 포장된 효를 실천한 자녀는 부모가 재산을 물려주게 되면 그것으로 효실천도 끝나는 경우를 보게 된다. 이 역시도 경제적 이익에 근거한 일시적 행위였기 때문에 드러날 수밖에 없는 문제들이다. 그런 점에서 '형제투금兄弟投金'[128]의 고사는 교훈하는 바는 크다 하겠다. 결과적으로 맹자는 경제적 이익보다는 도덕적 인의를 기반으로 문제를 풀어야 본질적인 문제의 해결책이 나온다는 것이다. 그래야만 지속성도 영속성도 담보할 수 있다는 것이다.

진나라와 초나라의 전쟁을 중지시키고 화해를 도모하는 방식도 결국은 경제적 이익의 관점이 아닌 도덕적 목적에 그 지향점을 두어야 본질적으로 문제가 해결된다는 주장이다. 맹자가 도덕적 인의에 기반한 효제충신孝悌忠信을 가지고 설득한 이유이다.

> "남의 신하된 자가 인과 의를 사모하여 자기 임금을 섬기고, 남의 자식된 자가 인과 의를 사모하여 자기 아비를 섬기고, 남의 아우된 자가 인과 의를 사모하여 자기 형을 섬긴다면, 이것은 군신과 부자와 형제가 이익을 버리고 인과 의를 사모하여 서로 접촉하는 것이다. 그러고서도 왕노릇하지 못한 자는 아직 있어 본 일이 없다. 왜 하필이면 이익을 말하는가?"[129]

---

128) 길 가던 형제가 금덩이를 주워 하나씩 나눠 가졌다. 강을 건너는데 동생이 갑자기 금덩이를 강에 던졌다. 금덩이를 갖게 된 이후로 형을 대하는 마음이 전과 달라졌다는 것이다. 이익이 눈을 가린 것이다. 동생의 이런 얘기를 접한 형도 공감하고는 금덩이를 강에 던졌다는 고사이다.

129) 『맹자』「고자」하편: "爲人臣者懷仁義以事其君, 爲人子者懷仁義以事其父, 爲人弟者懷仁義以事其兄, 是君臣父子 兄弟去利, 懷仁義以相接也. 然而不王者, 未之有也. 何必曰利?"

인간관계의 기본에 도덕적 인의가 바탕이 되어야 함을 말한다. 경제적 이익에 기초한 인간관계는 영속성을 지닐 수 없다. 이익이 제거되는 순간 관계의 단절이 오기 때문이다. 따라서 궁극적 인간관계의 유지를 위해서는 경제적 이익에 의존하는 것은 매우 위험하다. 또 그것으로는 지탱할 수도 없다. 현실적으로 경제가 우선이고 중시되는 사회이기는 하지만 적어도 군신·부자·형제관계의 기본은 도덕에 충실해야 함을 말한 것이다. 궁극적으로 인간이 추구해야 할 삶의 방향이 인의도덕에 있어야 한다는 주장이다.

> "자포자自暴者와는 함께 이야기 할 것이 못된다. 자기자自棄者와는 함께 일할 것이 못된다. 입을 벌리면 예禮와 의義를 비방하는데, 이것을 자포自暴라고 한다. 또 내 몸은 인仁에 살고 의義를 따를 수 없다고 하는데, 이것을 자기自棄라고 한다. 인은 사람이 편안히 쉴 수 있는 집이요, 의는 사람이 올바르게 걸어가는 길이다. 편안한 집을 텅 비어놓고 살지 않으며, 올바른 길을 버리고 따라가지 않으니 슬프다."[130]

'자포자기自暴自棄'의 출처가 『맹자』에 있음을 알려주는 문장이다. 또 그 본래의 뜻이 인의예仁義禮 실천의 결여에 있음도 알게 한다. 경제적 풍요가 삶을 편안히 해주는 것만은 분명하지만, 그것이 궁극적 평안이 될 수 없음은 주변 사례를 통해서 보게 된다. 만일 경제적 풍요가 삶의 평안을 안겨주는 것이라면 로또 당첨자들은 당연히 평안

---

130) 『맹자』「이루」상편: "自暴者, 不可與有言也; 自棄者, 不可與有爲也. 言非禮義, 謂之自暴也; 吾身不能居仁由義, 謂之自棄也. 仁, 人之安宅也; 義, 人之正路也. 曠安宅而弗居, 舍正路而不由, 哀哉!"

해야 하고, 재벌가는 최고의 평안을 누리는 사람들이어야 한다. 하지만 꼭 그런 것만은 아니다. 마찬가지로 경제적 선진국들의 행복지수는 그 어떤 나라보다 높아야 한다. 하지만 오히려 자살률과 사회불안 요인은 더 많은 것으로 나오고 있다.

그런 점에서 맹자가 '인'을 "편안히 쉴 수 있는 집"이라 한 것과 '의'를 "사람이 올바르게 걸어가야 할 길"에 비유한 것은 절묘한 표현이 아닐 수 없다. 군자 대인이라면 "인에 살고 의를 따라가야 한다."[131]는 이유가 여기에 있다는 것이다.

3. 어려운 이웃에 대한 사랑과 봉사

'여민동락與民同樂'은 맹자 민본民本 정치사상의 핵심이다. 양혜왕梁惠王과 제선왕齊宣王은 늘 맹자로부터 백성들과 함께 하는 정치를 권유받았다. 즐거움도 근심도 백성들과 함께 한다면 왕 노릇하는 데 문제없다는 내용이다.

> "(임금이) 백성들의 즐거움을 즐기면 백성들 역시 그 임금의 즐거움을 즐기고, (임금이) 백성들의 근심을 근심하면 백성들 역시 그 임금의 근심을 근심합니다. 즐거움을 즐기되 온 천하 사람들과 함께 하며, 근심을 하되 온 천하 사람들과 함께 하고, 그러고서도 왕노릇하지 못한 사람은 아직 있어 본 적이 없습니다."[132]

131) 『맹자』「진심」상편: "居仁由義."

132) 『맹자』「양혜왕」하편: "樂民之樂者, 民亦樂其樂; 憂民之憂者, 民亦憂其憂. 樂以天下, 憂以天下, 然而不王者, 未之有也."

그런데 '여민동락'은 단지 즐거움과 근심을 함께하는 것에 그치지 않는다. 가정적으로 사회적으로 곤란을 당한 사람들에게 더한 관심과 사랑을 표현해야 한다는 것이다. 맹자는 이를 문왕의 지극한 정치에서 찾고 있다.

> "늙어서 아내 없는 것을 환(鰥: 홀아비)이라 하고, 늙어서 남편이 없는 것을 과(寡: 과부)라 하고, 늙어서 자식이 없는 것을 독(獨: 홀어미)이라 하고, 어려서 아비 없는 것을 고(孤: 고아)라고 한다. 이 네 부류의 사람들은 세상에 가장 곤궁한 사람들이어서 호소할 데도 없는 사람들이다. 문왕이 정령을 발하여 인정仁政을 베풀 때에 반드시 이 네 부류의 사람들을 먼저 돌보았다."[133]

환·과·독·고는 모두가 가족을 잃은 사람들이다. 최초 공동체의 기반인 가족관계에 문제가 있는 이들이 가장 불쌍한 사람들이기 때문에 그들을 먼저 돌봐야 한다는 것이다. 이런 애민愛民사상 아래서 백성을 가장 귀한 존재라고 하는 여민동락의 민본民本정치사상이 나온 것이다.

> "백성이 가장 귀중하고, 사직이 그 다음이고, 임금이 가장 가벼운 존재다. 이런 까닭에 백성들에게 신임을 얻으면 천자가 된다."[134]

민본정치의 기본은 백성이고, 그들과 함께 동고동락하며, 특히 과

---

133) 『맹자』「양혜왕」하편: "老而無妻曰鰥. 老而無夫曰寡. 老而無子曰獨. 幼而無父曰孤. 此四者, 天下之窮民而無告者. 文王發政施仁, 必先斯四者."

134) 『맹자』「진심」하편: "民爲貴, 社稷次之, 君爲輕. 是故得乎丘民而爲天子."

부·홀아비·홀어미·고아를 우선적으로 돌보아야만 참된 지도자라는 것이다. 반대로 실민심失民心하면 나라를 잃는다[135]고 하였다. 걸주桀紂가 천하를 잃은 것은 그 백성의 마음을 잃었기 때문이고 불쌍한 이들을 돌보지 않았기 때문이다. 맹자의 민본사상은 위정자들의 직무유기를 신랄히 비판하는 방향으로 나아갔다. 다음은 제선왕과의 대화록이다.

> 맹자: "왕의 신하 중에 자기의 처자를 친구에게 부탁하고 초나라에 유학간 사람이 있는데, 그 사람이 돌아와서 보니 친구가 자기 처자를 춥게 얼리고 굶주리게 하였다면 왕께서는 그 친구를 어떻게 처리하시겠습니까?"
>
> 왕: "그런 놈은 추방하여 채용하지 않습니다."
>
> 맹자: "옥관이 재판 사무를 관리하지 못한다면 왕께서는 그 옥관을 어떻게 처리하시겠습니까?"
>
> 왕: "그런 자는 파면하여 버립니다."
>
> 맹자: "나라 안이 잘 다스려지지 않는다면 왕께서는 그 책임을 어떻게 지시겠습니까?"
>
> 왕: " ..... " (대신 왕은 머뭇거리면서) 좌우에 있는 신하들을 돌아보면서 딴 말을 하였다.[136]

맹자가 제선왕의 실정을 추상처럼 힐난하는 내용이다. 플라톤의 대화편에 나오는 소크라테스의 화려한 화술이 연상될 정도로 맹자

135) 『맹자』「이루」상편: "桀紂之失天下也, 失其民也; 失其民者, 失其心也."

136) 『맹자』「양혜왕」하편: "王之臣有託其妻子於其友, 而之楚遊者. 比其反也, 則凍餒其妻子, 則如之何?" 王曰: "棄之." 曰: "士師不能治士, 則如之何?" 王曰: "已之." 曰: "四境之內不治, 則如之何?" 王顧左右而言他.

의 능란한 변론이 날카롭게 빛나는 문장이다. 왕의 약점을 지적하는 맹자의 점진적 논리가 압권이다. 막판 자신에게로 비판의 화살이 다가오자 난처해하면서 딴청 피우는 제선왕의 모습이 그려진다. 구체적으로 맹자는 실민심의 원인과 그 본보기를 다음과 같이 지적하였다.

"개와 돼지가 사람이 먹을 양식을 먹어도 제지할 줄 모르고, 길에 굶어 죽은 시체가 널려 있어도 나라의 쌀을 풀 줄 모르고, 사람이 죽으면 '내 죄가 아니다. 해가 흉년이 든 탓이다.'라고 말한다면, 이것은 사람을 찔러 죽이고서는 '내가 죽인 것이 아니다. 칼이 죽인 것이다.' 라고 하는 것과 무엇이 다르겠는가?"[137)]

책임을 회피하는 궤변을 비난한 글이다. 비록 앞에서는 책임을 면해 보려는 궤변을 말하지만, 그로 인해 임금은 백성들로부터 인심을 잃게 된다. 이렇게 민심 잃은 임금이 자리를 보전하는 것이 난망한 일임은 자명한 일이다.

4. 왕도정치란 일상 속의 효제실천

맹자가 이상적으로 그린 공동체는 왕도가 실현되는 사회였다. 왕도정치의 근간은 경제적 안정과 도덕적 이상이 실현되는 데 있다. 경제적 안정은 농업이 진흥되는 것이고, 도덕적 이상의 실현은 학문이 잘 닦여지는 것이다. 그런데 양자는 적어도 일반인들에게는 동시

137) 『맹자』「양혜왕」상편: "狗彘食人食而不知檢, 塗有餓莩而不知發; 人死, 則日: '非我也, 歲也.' 是何異於刺人而殺之, 日: '非我也, 兵也.'"

적이다. 경제적 안정과 도덕적 삶은 별개가 아니다. 항산恒產이 없는 일반 백성들은 항심恒心도 없다.[138] 경제적 안정이 안 된 백성에게서는 효제충신의 윤리를 기대할 수 없다는 것이니, 효제충신의 실천을 담보하기 위해서는 그들에게 경제적 안정을 가져다주어야 한다는 것이다.

> "농사철을 어기지 않게 하면 곡식은 이루다 먹을 수 없을 만큼 넉넉하게 되고, 가는 그물을 못에 넣지 않게 하면 물고기는 이루다 먹을 수 없을 만큼 넉넉하게 된다. 도끼를 적절한 때에 한하여 산림에 넣게 하면 재목은 이루다 쓸 수 없을 만큼 넉넉하게 된다. 곡식과 물고기가 이루다 먹을 수 없을 만큼 넉넉하고 재목이 이루다 쓸 수 없을 만큼 넉넉하다면 이것은 백성들이 산 사람을 부양하고 죽은 사람을 장사지내는데, 유감이 없도록 하여 주는 것이다. 산 사람을 부양하고 죽은 사람을 장사지내는데 유감이 없도록 하는 것이 왕도정치의 시작이다."[139]

왕도정치의 시작을 산 사람 부양과 죽은 사람 장례에 유감이 없도록 하는 것이라 정의했다. 산 사람 부양이 부모 어른에 대한 공경의 효라면 죽은 사람에 대한 장례는 부모 어른에 대한 마지막 공경에 해당한다. 이는 『논어』에서 맹의자孟懿子가 공자에게 효를 질문하였을 때 '무위無違'라고 대답한 것을 재차 풀어가면서 말한 "살아서 예로써 섬기고, 죽어 장사지냄에 예로써 하고, 제사 지냄에 예로써 하

---

138) 『맹자』「양혜왕」상편: "若民, 則無恆產, 因無恆心."

139) 『맹자』「양혜왕」상편: "不違農時, 穀不可勝食也; 數罟不入洿池, 魚鼈不可勝食也; 斧斤以時入山林, 材木不可勝用也. 穀與魚鼈不可勝食, 材木不可勝用, 是使民養生喪死無憾也. 養生喪死無憾, 王道之始也."

라."[140]고 대답한 것에서 알 수 있다. 이를 위해 맹자는 경제안정을 말하고 그 방법까지 구체적으로 제시했다.

> "5무의 택지에 뽕나무를 심으면 50대의 노인이 비단옷을 입을 수 있고, 닭·돼지·개 등의 가축을 기르는데 그 번식 시기를 잃지 않게 하면 70대의 노인이 고기를 먹을 수 있고, 100무의 전답을 가진 경작자에게 농번기를 빼앗지 않는다면 여러 명의 가족을 거느린 가구가 굶주리지 않는다."[141]

> "천하에 늙은이를 잘 기르는 사람이 있으면 어진 사람들도 그를 자기가 몸을 의지할 곳으로 생각한다. 5무의 택지에, 담 밑에다 뽕나무를 심고 필부가 누에를 치면 늙은이가 넉넉히 비단옷을 입을 수 있고, 다섯 마리의 암탉과 두 마리의 암돼지를 그 번식기를 놓치지 않고 기르면, 늙은이가 고기 못 먹는 일이 없고, 100무의 전지를 필부가 경작하면, 여덟 식구의 집안이 넉넉히 굶주리지 않고 살게 된다."[142]

노인공경이 민심을 얻는 길이고, 이를 위해서 경제안정이 필요하다고 하면서 경제 안정의 방책을 세세히 말한 내용이다. 왕도정치가 곧 경제안정을 통한 효제충신의 실현이라는 것이다. 양혜왕과의 대화에서 경제안정과 인정仁政을 강조하고, 그 인정이 효제충신에 있음을 말한 데서 알 수 있다.

---

140) 『논어』「학이」: "生事之以禮; 死葬之以禮, 祭之以禮."

141) 『맹자』「양혜왕」상편: "五畝之宅, 樹之以桑, 五十者可以衣帛矣; 雞豚狗彘之畜, 無失其時, 七十者可以食肉矣; 百畝之田, 勿奪其時, 數口之家可以無飢矣."

142) 『맹자』「진심」상편: "天下有善養老, 則仁人以爲己歸矣. 五畝之宅, 樹牆下以桑, 匹婦蠶之, 則老者足以衣帛矣. 五母雞, 二母彘, 無失其時, 老者足以無失肉矣. 百畝之田, 匹夫耕之, 八口之家足以無飢矣."

"왕이 만일 백성들에게 인정仁政 을 베풀어 형벌을 되도록 없애고 세를 경감하여 준다면 백성들은 깊이 밭 갈고 잘 가꾸어 김매고, 장정들은 일없는 날을 이용해서 효제충신을 배워 집안에서는 부형을 섬기고 밖에 나가서는 웃어른을 섬기게 될 것입니다. 그렇게 되면 몽둥이를 들고서도 능히 진秦 나라와 초楚 나라의 견고한 갑옷과 예리한 병기를 물리칠 수 있을 것입니다. 그네들은 자기나라 백성들의 농경의 시기를 빼앗아 밭 갈고 김매어 부모를 봉양할 수 없도록 만들고 있습니다. 그래서 부모는 추위에 얼고 굶주리며 형제와 처자는 뿔뿔이 흩어져 버립니다. 그네들이 자기나라 백성을 곤경에 빠뜨리고 있는데, 왕이 가서 정벌한다면 감히 누가 왕에게 대적하겠습니까? 그러므로 '인자는 무적이다.'라고 한 것입니다."[143)]

효제충신을 실천하는 나라가 강력한 무기로 무장한 나라보다 강함을 말한 대목이다. 한마디로 왕도정치를 인정仁政이라 한 것이고, 거기서 '인자무적仁者無敵'도 가능하다는 것이다. 도덕적 안정이 정치안정의 첩경이며, 나아가 강대한 나라 건설의 핵심임을 말한 것이다. 동시에 도덕적 안정이 곧 경제안정을 가져오고, 여기서 강한 나라가 가능하다는 도덕 우선주의를 엿보게 된다. 이렇게 하고서 왕노릇하지 못한 사람이 아직 없다고 한 것은 도덕주의로 정치해서 실패한 일이 없다는 것을 강조한 말이다. 왕도정치의 실현이다. 그 왕도정치의 중심에는 효제교육과 그에 대한 실천이 있음을 보게 된다.

143) 『맹자』「양혜왕」상편: "王如施仁政於民, 省刑罰, 薄稅斂, 深耕易耨. 壯者以暇日修其孝悌忠信, 入以事其父兄, 出以事其長上, 可使制梃以撻秦楚之堅甲利兵矣. 彼奪其民時, 使不得耕耨以養其父母, 父母凍餓, 兄弟妻子離散. 彼陷溺其民, 王往而征之, 夫誰與王敵? 故曰: '仁者無敵.'"

5. 학교에서의 효제교육

효제는 학교교육의 필수항목이었다. 어느 시대를 막론하고 효제 교육을 가장 중요한 덕목으로 여겨왔다. 상서학교 庠序學校 는 옛날의 학교 제도인데, 여기서 효제를 기본으로 가르쳤던 것이다.

> "상庠이란 노인을 존경한다는 뜻이요, 교校란 인민을 교도한다는 뜻이요, 서序란 활쏘기를 익힌다는 뜻이다. 하夏나라에서는 교라 하였고, 은殷나라에서는 서라 하였고, 주周나라에서는 상庠이라 하였다. 또 학學이라고 하는 것은 삼대三代가 공통된 제도였다. 이 모든 것은 다 인륜을 밝히기 위한 것이다. 인륜이 위에서 밝혀지면 일반 서민들은 아래서 친목하게 된다."[144)]

상·서·학·교 모두 향학鄕學, 즉 향리의 소학이다. 각 지역의 학교에서 인륜을 밝혀야 함을 말한다. 윤리도덕은 인간의 최고 가치이기 때문에 학교에서 닦여짐은 당연한 일이고, 또 이렇게 훈련된 이들이 사회에 나와서 이를 실천하면 친목이 다져진다. 따라서 학교에서 효제 교육은 반드시 시행되어야 한다는 것이다.

> "학교 교육을 신중하게 실시하되, 효제의 도를 되풀이해서 교육한다면 반백의 노인이 짐을 지거나 이고서 길에 다니지 않을 것이다."[145)]

---

144) 『맹자』「등문공」상편: "設爲庠序學校以教之: 庠者, 養也; 校者, 教也; 序者, 射也. 夏曰校, 殷曰序, 周曰庠, 學則三代共之, 皆所以明人倫也. 人倫明於上, 小民親於下."

145) 『맹자』「양혜왕」상편: "謹庠序之教, 申之以孝悌之養, 頒白者不負戴於道路矣."

이렇듯 전통사회에서의 학교 교육은 지식교육, 기술교육이 아닌 도덕교육이 중심이었다. 그 대상 또한 개방되어 있어서 누구나가 뜻만 있다면 교육받을 수 있었던 것이다.

> "내가 교과를 설정하고 제자를 받아들이는데, 가는 사람 붙들지 않고, 오는 사람 거절하지 않았다. 진실로 배우고자 하는 마음으로 온다면 그를 받아들일 뿐이다."[146]

그렇다고 누구나 무조건 교육하는 것은 아니었다. 교육하지 않는 것도 교육의 한 방법이란 차원에서 한 말이다. 탐탁하지 않은 사람을 억지로 가르치는 것을 하지 않겠다는 뜻이다.

> "교육하는 데에도 역시 그 방법이 여러 가지가 있다. 내가 탐탁하지 않아서 가르쳐주지 않는 것도 역시 가르쳐주는 것이 될 따름이다."[147]

앞의 말과 어긋나는 것 같지만 그렇지 않다. 앞의 내용은 공부하려는 뜻이 분명히 있는 사람을 대상으로 한 말이고, 뒤의 말은 교육의 한 방법으로 그를 위해 교육하지 않음을 말한 것이다. 피교육자로 하여금 반성을 유도하는 교육의 한 방법이다. 그리고 교육방법을 구체적인 다섯 가지로 구별해서 말했다.

> "군자가 남을 가르치는 방법에 다섯 가지가 있다. 제 때에 내리는 비가 초목을 저절로 자라게 하는 것과 같이 하는 것이 있다. 덕성을 이루어주는 것이 있다. 재능을 발달시켜주는 것이 있다. 물

---

146) 『맹자』「진심」하편: "夫子之設科也, 往者不追, 來者不距. 苟以是心至, 斯受之而已矣."
147) 『맹자』「고자」하편: "教亦多術矣, 予不屑之教誨也者, 是亦教誨之而已矣."

음에 대답해 주는 것이 있다. 혼자서 덕성을 잘 닦아 나가도록 해 주는 것이 있다. 이 다섯 가지는 군자가 가르치는 방법이다."[148)]

오늘날의 교육방법과 크게 다를 바 없는 내용들이다. 피교육자의 상황과 처지에 따라서 교육의 내용과 방법을 달리해야 한다는 뜻이다. 하지만 특수한 환경도 고려해야 한다. 부자지간이다. 부자지간이라는 특수한 관계는 교육적 효과보다는 역효과가 더 많을 수 있다. 맹자는 이를 염려하면서 군자는 자기 자신의 아들을 가르치지 않는다고 하였다. 경험에서 체득된 그 이유가 재밌다.

"가르치는 데는 반드시 올바른 것을 가지고 해야되는 것이니, 올바른 것을 가지고 가르쳤건만 아들이 실천하지 못하게 되면 그 것에 이어 성내는 것으로써 하게 되고 성내는 것으로써 하게 되면 도리어 해치게 된다. '아버지는 나를 가르치는데 올바른 것을 가지고 한다고 하지만, 아버지도 그 하는 것이 올바른 데서 나오는 것이 아니다.'라고 하게 되면 그것은 곧 해치게 되는 것이다. 부자가 서로 해치게 되면 나쁜 것이다. 옛날에는 아들을 바꿔서 가르쳤고, 부자간에는 잘하라고 책하지 않았다. 잘하라고 책하면 틈이 생기게 된다. 사이가 나쁘게 되면 상서롭지 못함이 그보다 더할 것이 없다."[149)]

'역자교지易子教之'의 이유를 말한 내용이다. 늘 가까이서 지켜본

---

148)『맹자』「진심」상편: "君子之所以教者五: 有如時雨化之者, 有成德者, 有達財者, 有答問者, 有私淑艾者. 此五者, 君子之所以教也."

149)『맹자』「이루」상편: "教者必以正; 以正不行, 繼之以怒; 繼之以怒, 則反夷矣. '夫子教我以正, 夫子未出於正也.' 則是父子相夷也. 父子相夷, 則惡矣. 古者易子而教之. 父子之間不責善. 責善則離, 離則不祥莫大焉."

아버지가 늘 바를 수는 없다. 하지만 아버지는 늘 아버지로서 바른 말로 자녀를 교육해야 한다. 말과 행동이 늘 같다면 자녀교육을 직접 할 수도 있지만 그렇지 않을 수도 있다는 구체 현실을 반영했다는 점에서 이 말은 매우 절묘하다. 책선責善도 마찬가지다. 간혹 부모 입장에서 부모 자신들은 잘못했지만, 자녀들에게 그래도 너만은 그래서는 안 된다는 책선 교육이 가능할 법도 하지만 설득력은 떨어진다. 부모가 자녀를 가르치다보면 부모는 노기怒氣를, 자녀는 불신감不信感을 조장할 가능성이 높다. 그럴 바에는 교육적 효과를 극대화한다는 차원에서 '역자易子'가 필요하다는 것이다.

6. 가족사랑에서 이웃사랑으로

효제란 일차적으로는 내 부모공경과 형제사랑이다. 가족 내에 한정된 사랑이다. 하지만 맹자는 이를 경계하였다. 가족 사랑으로 그치는 것에 대한 경계이다. 그것이 올바른 공동체를 향한 길이라 말한 것이다.

> "우리 집 노인 어른을 공경하여 그 마음을 남의 집 노인 어른에게까지 미쳐가게 하고, 우리 집 어린아이들을 사랑하여 그 마음을 남의 집 어린아이들에게까지 미쳐가게 하면 천하는 손바닥 위에서 마음대로 움직일 수 있듯 잘 다스려질 것이다."[150]

자신의 가까운 데서 시작한 효제의 도리를 주변부로 확장해야 함을 말한다. 사랑이 주변에만 머문다면 세상을 편안하게 할 수 없다

---

150) 『맹자』「양혜왕」상편: "老吾老, 以及人之老; 幼吾幼, 以及人之幼. 天下可運於掌."

는 지적이다.

> "그러므로 은혜를 (가까운 데서 먼 데로) 미루어 나가면 온 세상을 편안하게 보전할 수 있고, 은혜를 미루어 나가지 않으면 처자조차도 애호하고 보전할 수 없게 된다."[151]

가족사랑이 가족 내에 그치게 되면 천하를 보전할 수 없고, 결국엔 가족마저도 보전할 수 없다는 주장이다. 그러면서 맹자는 주변의 나라를 보전했던 지도자들의 공통점을 가족사랑이 점차 확장되어 인류 사랑의 정신으로 펼쳐나간 데 있다고 말했다.

> "옛날 사람들이 지금 사람보다 크게 월등한 까닭은 다름이 아니라 그가 가까운 데서 실천하는 사랑의 행위를 먼 데까지 잘 미루어 나갔기 때문이다."[152]

맹자가 말한 바른 왕도정치는 가족사랑에서 비롯한 효제를 이웃으로 확대하는 데 있다. 이렇게 하고서도 왕노릇하지 못한 사람이 없다는 말은 정치의 원리가 가족사랑의 확장에 있음을 보여준다.[153] 유가적 사랑을 '차별애差別愛'라 비판하는 것에 대한 대응 논리로 맹자의 이 내용은 자주 인용되고 있다.[154] 여기서 유가적 박애博愛를 찾

151) 『맹자』「양혜왕」상편: "故推恩足以保四海, 不推恩無以保妻子."

152) 『맹자』「양혜왕」상편: "古之人所以大過人者無他焉, 善推其所爲而已矣."

153) 이 내용은 맹자가 제선왕과 한 문답이다. 중심은 왕도정치이다.

154) 맹자는 양주를 비판하며 "자기 몸의 털 하나만 뽑으면 천하를 이롭게 된다 하여도 이를 하지 않을 자"라 하였고, 묵자를 배척하며 그의 겸애설(兼愛說), 일종의 박애주의를 지적하였다. 하지만 『맹자』의 이 내용을 놓고 본다면 묵자의 박애사상과 한편으론 상통하는 점도 없지 않다. 물론 방법적으로 가까운데서 점차 먼데로 확장한다는 순차적 사랑의 실천이란 차원에서 구별할 필요성은 있다. "웅덩이가 차면 흐른다(盈科而進)"(※科:웅덩이)는 말이 있다. 물이 위에서 아래로 흐르면서 가까운 웅덩이부터 고인다는 말이다. 고인 물이 흘러 아래 웅덩이도 채운다는 뜻이다. 원근의 순서를 말한 대목이고, 맹자의 효제실천 주장도 이런 순차에 의해서 확장되어야 한다는 것이다. 또 그 원리가 왕도정치의 방법이란 것이다.

을 수 있다는 것이다.

7. 인화人和가 제일

맹자는 화해·화합·조화를 강조했다. 국가사회의 가장 중요한 요소로 인화人和를 들 수 있다. “천시天時는 지리地利만 못하고, 지리는 인화만 못하다.”[155] 천시라 함은 직역하자면 ‘하늘의 때’로 사계절, 낮과 밤 등을 말한다. 지리는 땅의 형세를 가리킨다. 천시가 지리만 못하다 함은 계절이 아무리 좋아도 지형지세의 이로움을 이용하는 것만 못하다는 것이고, 지리가 인화만 못하다 함은 아무리 지리적 이점이 있어도 사람들 간의 화합과 조화를 따라가지 못한다는 말이다. 물론 이 말은 전쟁이란 특수한 환경을 염두에 둔 말이긴 하지만 국가통치의 가장 중요한 요소가 무엇인가를 동시에 말해 주고 있다.

도덕적 인의가 경제적 이익을 우선한다는 논리이다. 경제적 이익은 이익의 요소가 사라지면 문제는 다시 불거지지만, 도덕적 인의가 뒷받침되는 사회는 생명력을 지닌다는 것이다. 살기 좋은 국가사회는 경제보다 도덕을 우선하는 사회라 한 것이다.

동시에 좋은 정치는 ‘인화’를 중요하게 생각한다고 했다. 여기서 ‘인화’를 이룰 수 있는 단서가 필요하다. 화해를 이룰 수 있는 인간관계를 말한다. 맹자는 효제논리에서 찾았다. 효제실천을 하면서 왕노릇 못한 사람은 없다는 것이다. ‘여민동락’도 효제의 원리가 기본이고, 그렇기 때문에 효제교육은 학교의 가장 중요한 사명이었다.

---

155) 『맹자』「공손추」하편: “天時不如地利, 地利不如人和.”

Ⅲ. 묵자의 효행론, 이상인가 현실인가?

1. 이상론을 추구한 묵자

사회적으로 사상가의 책무와 역할은 보다 나은 사회를 지향하며 그에 따른 현실적, 때론 이상적 이론을 제시하는 데 있다. 구체적으로 당대 사회문제를 진단하고 문제해결의 방법을 제시하는 것이 사상가의 책무란 것이다. 약육강식의 춘추전국시대 공자·맹자·묵자 등의 여러 사상가들도 같은 꿈을 꾸었다. 그런 가운데 '자연'과 '인간', '무위無爲'와 '유위有爲'라는 유비되는 동양철학 방법론의 핵심적 가치와 개념이 나왔다. 인간의 삶과 사회문제 해결방법을 제시하며 이런 개념들이 사용되었고, 거기서 사상가의 세계관과 가치관이 구별되었다. 예컨대 전국시대 양주楊朱를 '무위자연無爲自然'에 근거한 극단적 이기주의자로, 묵자를 유위有爲·작위作爲를 통한 이상사회를 추구한 공상론자로 평가한 것이 대표적이다. 그리고 유가는 극단적 이기주의를 경계하면서 동시에 이상적 공상론을 함께 견제한 중간자적 입장에 있었다. 현실 문제를 구체적으로 진단하고 해결하려고 했던 사상이란 것이다.

한편으론 유가의 이런 중간자적, 중용적 입장을 결코 합리적이지도 바람직하지도 않다고 비판하는 이들도 나왔다. 묵자가 그 대표적인 경우이다. 묵자의 입장에서 유가는 결코 현실적인 합리론이 아니었다. 대단히 문제 많은 지나친 윤리의식의 강요에 지나지 않았다. 유가가 묵자를 허황된 이상론자라고 비난했지만, 묵자가 본 유가는 오히려 현실을 제대로 고려하지 않은 무모한 허례허식에 빠진 사람들이었다. 결국 이들은 상대의 허점을 지렛대 삼아 자신의 이상을 펼치려 하였고, 그것이 그들만의 사상적 특징과 내용이 되었다.

특히 맹자의 묵자 비판은 단순 비판에 끝나지 않고 유가의 이단 배척의 논리로 정립되었고, 나아가 유가문화를 탄탄히 구축하는 계기를 마련하였다. 마찬가지로 묵자도 서민의 입장에서 유가를 비판하며, 당대 참신한 사상으로 자리매김하였다. 서로가 상대를 비판하며 자파를 무장하는 계기를 마련한 것이다.

맹자는 묵자를 사회적 기본질서를 무시하는 이단이라 적대시하였고, 묵자는 유가를 귀족만을 위한 기득권 이론이라 강하게 비판하였다.[156] 물론 양자는 현실 문제에 근거해서 문제를 제기했으니 대단히 구체적 사실에 입각하고 있다. 하지만 그들이 대안으로 제시한 방법론을 꼼꼼히 살펴보면 꼭 그렇지만도 않았다. 맹자든 묵자든 그들이 구상하고 꿈꾸는 세계가 현실의 문제를 진단하고 해결책을 제시하였다는 점에서 현실적일 것 같지만, 막상 이상론에 치우친 것들이 없지 않았다. 특히 묵자가 제시한 당대 문제 해결방법은 "좋긴 한데 실현할 수 있을까?"란 의구심을 갖게 한다. 애당초 토머스 모어(1478~1535)가 제시한 '유토피아'가 환상의 세계로 '없는 곳'과 '좋은 곳'을 동시에 상징했듯,[157] 묵자의 사회문제 해결방식도 "현실적으로 가능할까?"란 의문을 갖게 한다.

더욱이 재미난 것은 묵자가 비판한 유가의 폐단은 애당초 공자와 그 후학들이 오히려 경계했던 내용이었다. 예컨대 "예는 화려하기보다는

156) 이운구, 『동아시아 비판사상의 뿌리』 길, 2004년, 26~29면 참조. 특히 맹자는 양주(楊朱)와 묵자를 이단의 표적으로 삼았는데, 양주는 자신만을 위한 이기주의자로, 묵자는 평등적 겸애로 자신을 돌보지 않는 박애주의자로 극단적 이기(利己)와 이타(利他)를 모두 경계하였다.

157) 이인식, 『유토피아 이야기』 갤리온, 2007년, 10~20면 참조.

차라리 검소하게 해야 하고, 상례는 번듯하게 잘 차리는 것보다는 차라리 슬픔을 극진히 해야 한다."[158]고 하며 예의 검소함과 그 본질적 마음에 충실할 것을 강조했지만, 묵자는 유가를 사치스럽고 번잡한 상·장례문화로 비판했다. 또 공자는 "즐거워하면서 넘치지 아니했고, 슬퍼하면서 손상하지 않았다."[159]고 하며 지나친 예악을 경계하였지만, 묵자는 유가의 예악을 극단적 낭비와 가식 상황으로 비판했다.

그렇다면 공자 이후의 유가는 공자의 뜻과는 관계없이 묵자의 비판의 표적이 될 정도로 호화롭고 번잡한 것으로 변질되었다는 것이다. 물론 모든 유가가 그랬다고 단정할 수는 없지만, 묵자의 눈에 비친 유가의 극단적 폐단은 대단히 심각한 문제를 안고 있었다. 현실을 강조한 공자의 예악과 효행론이 현실성을 벗어나면서 묵자의 비판대상이 된 것이다.

그렇다면 묵자는 현실적 관점에서 유가를 비판하였을 텐데, 과연 "묵자의 유가비판 이론은 현실적이었을까?"란 문제가 여기서의 주요 관심 사항이다. 묵자의 유가 예악론과 효행 비판의 내용을 살펴보면서 과연 유가와 묵자 누가 더 비현실적이었는가를 살펴보려고 한다.

2. 묵자의 유가적 효행 비판

(1) '친친애親親愛'에 근거한 상장례喪葬禮의 비논리성

묵자는 유가의 논리를 철저히 비판하며 「비유非儒」를 말했다. 「비

158) 『논어』「팔일」: 禮與其奢也, 寧儉. 喪與其易也, 寧戚.
159) 『논어』「팔일」: 樂而不淫, 哀而不傷.

유」의 구체적인 내용과 논리를 두고 묵자가 유학을 공부했기 때문에 가능한 비판이란 주장도 있다. 유가의 입장에서 유가를 공부하고 유가의 삶을 살다가 유가적 예악질서가 지나치게 번잡하고 재물 낭비적 요소가 너무 많아 포기했다는 주장이다.[160] 구체적으로 유가이론을 비판할 수 있었던 것은, 그만큼 유가 학설에 대한 정보가 상당했다는 것인데, 설득력이 있어 보인다. 묵자는 크게 세 가지 관점에서 유가를 비판하며 대안으로 자신의 가치관을 피력했다.

첫째, 유가의 친친親親에 따른 차별애差別愛를 비판하고 대신 보편적 겸애兼愛를 추구했다. 둘째, 유가의 핵심요소인 예악문화는 너무 번잡한 일부 특권층만을 위한 문화이므로 당연히 서민의 입장에서 검소하게 해야 한다는 절용론節用論을 주장했다. 셋째, 호화로운 장례와 오랜 시일이 소요되는 상례[厚葬久喪]는 지나친 낭비이고 사라져야 할 적폐이니 꼭 필요한 것만을 따라야 한다는 절장節葬을 주장했다. 이런 유가 비판 내용을 두고 묵자를 '인도주의人道主義'와 '공리주의功利主義'의 통일이란 관점에서 의미를 부여하고 있다.[161]

한마디로 묵자가 비판한 유가의 문제는 차별애에서 비롯되었다. 보편애에 가까운 겸애兼愛의 관점에서 차별애는 문제가 많다는 지적이다.[162] 예컨대 유가가 말하는 사랑을 인仁·친親·애愛로 말한다면 출

160) 『회남자』 「要略」: 墨子學儒者之業, 受孔子之術, 以爲其禮煩擾而不悅, 厚葬靡財而貧民, 服傷生而害事.

161) 윤무학, 「묵가 겸애(兼愛)의 원리와 실천」 (한국철학연구회, 『한국철학논집』 제55집, 2017년 11월) 240면 참조.

162) 정재현, 「묵가 겸애사상의 의미와 의의」 (한국유교학회, 『유교사상문화연구』 제57집, 2014년 9월) 35~53면 참조. 여기서 정재현은 묵자의 겸애론이 유가의 차별적 사랑의 출발점인 효(孝)를 부정하지 않았고, 유가의 인(仁)도 부모에서 시작, 가족 친척을 넘어 다른 사람에게까지 미치는 포괄적 사랑을 말하고 있다고 하면서 묵가와 유가의 공동지향성을 집중적으로 지적하였다. 따라서 묵가의 겸애는 차별애에 상대되는 '무차별적 사랑'이라고 하기보다는 '모든 사람에 대한 관심'이라 했고, 유가의 인은 '타인에 대한 사랑을 지향하는 친친의 차별적 감정'이라 표현했다.

발은 부모·자녀 관계이고, 친인척과 주변으로 확대된다. 이는 "부모에 대한 효도, 형에 대한 공경은 인을 실천하는 근본이다."[163] "인의 핵심은 어버이를 섬기는 것이다."[164]는 본원 유가의 가치를 잇는 것이기도 하다. 가까운 부모와 형에 대한 효제孝悌가 사랑의 출발이라는 극히 자연스러운 지적이고, 부모와 형에 대한 사랑의 본분을 다하지 못한다면 다른 사람에 대한 사랑은 불가능하다는 이야기이다.

『효경』에서는 "자기 부모를 사랑하지 않고 다른 사람을 사랑하는 것을 '패덕悖德'이라 하고, 자기 부모를 공경하지 않고 다른 사람을 공경하는 것을 '패례悖禮'라 한다."[165]고 하며, 사랑과 공경의 질서를 강조했다. 그에 따르는 예법과 순서가 있고 등급이 있었다.

맹자는 "부모를 부모로 받들고서 백성을 인仁하게 대하며, 백성을 인하게 대하고서 만물을 사랑하는 것이다."[166] "우리 집 노인을 공경하여 남의 집 노인에 미치고, 우리 집 어린이를 사랑하여 남의 집 어린이에 미친다."[167]라고 하며, 부모에서 백성, 백성에서 만물로 확장하였고, 우리 집에서 남의 집으로 확대되는 '선한 질서'[168]를 정립하였다.

묵자는 이런 유가를 두고 차별이라 비판하였지만, 유가적 입장에서는 당연한 인간 도리의 자연적인 질서였다. 친친애親親愛 - 근친애

---

163) 『논어』「학이」: 孝弟也者, 其爲仁之本與.

164) 『맹자』「이루상」: 仁之實, 事親是也.

165) 『효경』「성치장」: 不愛其親, 而愛他人者, 謂之悖德. 不敬其親, 而敬他人者, 謂之悖禮.

166) 『맹자』「진심상」: 親親而仁民, 仁民而愛物.

167) 『맹자』「양혜왕상」: 老吾老, 以及人之老, 幼吾幼, 以及人之幼.

168) 최진덕, 『인문학, 철학, 그리고 유학』 청계, 2004년, 227~232면 참조. 이 책에서는 맹자적 '자연중심주의 유학'과 순자적 '인간중심주의 유학'을 구분하면서 양자의 공통점을 효제윤리라 말하고, 이를 '선한 질서'로 표현하였다.

近親愛 - 원친애遠親愛로의 구별이자 질서 구획이었다.[169] 부모와 형제, 일가 친척간에는 등급이 있다는 말이다. 친하고 멀고 가까운 사람에 대한 예의가 다르다는 것이다. 그것은 구체적인 상례로도 표현되었다. 『의례儀禮』에 부모·처·맏아들은 3년상, 백부·숙부·형제·서자는 1년상, 기타 일가친척에게는 5월상을 말하고 있다. 가깝고 친하고에 따른 상례 규정이 다름을 말한다.[170]

이처럼 유가가 말하는 차별애의 핵심이자 출발점은 부자 관계에서 비롯되었다. 이 때 부모의 자애, 자녀의 효도가 무엇보다 사랑의 기본이고 시작점이 된다. 이것으로부터 점차 타인과 사물로 확대된다. 여기서 『의례』에서는 각기 다른 '상기喪期'를 규정한 것이다.

그런데 묵자의 관점에서 이것은 문제가 있고 논리적으로 모순이다. 가깝기로 치자면 부모가 제일인데, 처와 맏아들을 같은 반열에 두었다. 또 백부와 숙부, 그리고 형제들을 서자와 같은 반열로 취급했다.[171] '친친'을 말하며 '친친'에서 벗어난 논리적 모순을 범한 것이다. 유가 스스로 제일 가까운 부모와 그 다음 단계인 처와 맏아들을 같은 반열로 구분한 것은 문제가 있다는 것이다. 다른 관계도 마찬가지다. 백부·숙부·형제·서자를 같은 반열로 정리했다. 차별애를 말하며 상기喪期에서는 같은 반열로 말했다. 유가의 예법이 스스로의 모순에 빠졌다는 지적이다.

---

169) 이은봉, 『중국 고대사상의 원형을 찾아서』 소나무, 2003년, 148~149면에서 '근인애(近人愛)'와 '원인애(遠人愛)' 둘로 구분하였지만, 유가 윤리의 큰 틀을 생각하자면 좀 더 세분할 필요성이 있어서 여기서는 친친(親親), 근친(近親), 원친(遠親)으로 구분하였다.

170) 『묵자』 「비유」: 儒者曰, "親親有術, 尊賢有等." 言親疏尊卑之異也. 其禮曰, "喪父母三年, 妻後子三年, 伯父叔父弟兄庶子其, 戚族人五月."

171) 『묵자』 「비유」: 若以親疏爲歲月之數, 則親者多而疏者少矣, 是妻後子與父同也. 若以尊卑爲歲月數, 則是尊其妻子與父母同, 而親伯父宗兄而卑子也, 逆孰大焉.

(2) 앞뒤 다른 유가의 혼례풍속과 번잡한 예악문화 비판

묵자는 장가들 때 신부를 맞이하는 깍듯한 예도 문제 삼았다. 신부를 친히 마중하는 것도, 단정한 옷차림도, 말고삐를 잡아주고 수레에 오를 때 신부에게 친히 쥐어 주는 것도 그렇고, 모든 게 부모 모시듯 하는 것은 문제라고 했다. 위아래를 철저히 따지는 유가의 논리상 문제가 있다는 것이다. 하늘같은 부모처럼 신부를 같은 예우로 모신다면 부모 섬김의 효를 침해하는 것이라 비판한 것이다.[172] 부모가 제일이라는 유가 논리의 모순이자 자가당착이란 지적이다.

이런 비판을 두고 유가는 "처를 (융숭하게 예를 갖춰) 마중하는 것은 처와 더불어 제사를 받들어야 하기 때문이며, 아들은 장차 종묘를 지키게 될 것이므로 그들을 소중히 하는 것이다."[173]라고 항변했다.

이에 대해 묵자는 한마디로 거짓말이라 말했다. 앞서 언급한 상례에서 선조의 종묘를 수 십 년간 지킨 집안의 형은 1년상이고, 형제의 처는 조상인데도, 조상의 제사를 받드는 데에 상례를 치르지 않는 것은 앞뒤 안 맞는 논리라는 지적이다. 한마디로 눈 가리고 아웅하는 간악한 짓이라고 묵자는 일갈한 것이다.[174]

형식적이고도 번거로운 예악을 강조하며, 오랜 시간의 상을 치르

---

172) 『묵자』「비유」: 取妻身迎, 祇褍爲僕, 秉轡授綏, 如仰嚴親, 昏禮威儀, 如承祭祀. 顚覆上下, 悖逆父母, 下則妻子, 妻子上侵事親, 若此可謂孝乎?

173) 『묵자』「비유」: 迎妻, 妻之奉祭祀, 子將守宗廟, 故重之.

174) 『묵자』「비유」: 此誣言也, 其宗兄守其先宗廟數十年, 死喪之其, 兄弟之妻, 奉其先之祭祀弗散, 則喪妻子三年, 必非以守奉祭祀也. 夫憂妻子以大負絫, 有曰, "所以重親也," 爲欲厚所至私, 輕所至重, 豈非大姦也哉!

며 거짓으로 슬퍼하면서 부모를 속이는 것도[175] 유가의 잘못이라 지적했다. 막상 부모가 돌아가시면 '후장구상厚葬久喪'을 효의 근본이라 하며, 슬피 곡하는 것을 당연한 도리라 하는데, 실제 문상객이 있을 때에만 곡소리를 하고, 문상객이 사라지만 곡소리가 끊기는 것은 슬퍼서 곡소리를 한다기보다는 문상객이 들으라는 의미가 있다. 훗날 이야기이기는 하지만 한동안 '곡비'哭婢라는 대신 곡소리 하는 사람을 두었고, 근현대 사회에서는 녹음기가 대신하는 경우도 있었던 것이 증명한다.

(3) 지나친 유가의 상장례 비판

묵자가 비판한 것처럼 유가의 상·장례문화가 처음부터 번잡하고 화려했던 것은 아니다. 부모에 대한 자연스러운 '효'와 '인仁'의 마음에 기인하였기 때문이다. 특히 묵자로부터 '후장구상'으로 각인된 유가의 상·장례문화가 결코 본래의 모습이 아니었음은 매장에 대한 『맹자』의 기록에서 찾을 수 있다.

> "옛날 어버이를 매장하지 않는 사람들이 있었다. 어버이가 죽자 (관례대로) 들어서 구렁텅이에 갖다 버렸다. 어느 날 그곳을 지날 때 (시신을 보니) 여우와 살쾡이가 뜯어 먹고, 파리와 등애가 빨아 먹고 있자, 이마에 진땀이 흘렀고 흘겨보면서 직접 쳐다보지 못했다. 진땀이 흐른 것은 다른 사람들 때문이 아니라 그 사람의 본 마음이 그렇게 드러난 것이다. (그렇다면) 아마도 집으로 돌아와 삼태기

175) 『묵자』「비유」: 且夫繁飾禮樂以淫人, 久喪僞哀以謾親.

> 와 들것을 갖고 가서 덮어 주었을 것이다. 덮어 주는 것이 참으로 옳다면, 이것은 효자와 인인仁人이 어버이를 덮어 주는 데에도 반드시 그만한 도리가 있을 것이다."[176]

매장문화의 유래까지는 아니어도 의미를 알려주는 내용이다. 여기서 언급한 매장의 의미는 차마 눈으로 볼 수 없는 장면을 가리기 위한 자연스러운 마음의 발로에 있다. 짐승과 벌레의 침입을 막기 위해 매장하였고, 이런 '덮어 준다'는 의미의 '매장'이 효자, 인인仁人의 기본적인 도리란 것이다. 그렇다면 갈수록 좀 더 깊이, 단단히 묻고 덮어 주는 것은 예견된 일이었다. 상·장례가 자녀로서 할 수 있는 효의 마지막 표현이란 점에서 '두텁게[厚]' '길게[久]' 표현된 것은 자연스러운 '예禮'의 도리였다. 마지막이기 때문에 자녀로서 정성을 다해야 하고, 그 정성이 때로는 성대하게 드러나면서 누구나가 따라 하기 힘든 예법이 된 것이다. 일부 특권층만의 상·장례문화를 낳을 수밖에 없는 환경이다. 오랫동안 성대하게 치러지는 상·장례가 유교적 효문화의 핵심으로 작용한 것이다. 한마디로 '후장구상厚葬久喪'이다.

이렇듯 격식을 갖춘 성대한 상·장례는 많은 비용과 노력이 필수적으로 수반될 수밖에 없었다. 아무리 효의 마지막 표현이라 해도 부담이 아닐 수 없었다. 경제적으로 넉넉한 사람들은 그래도 부담을 감당할 수 있지만, 그렇지 않은 사람들에게는 보통 부담이 아니었다. 자연스러운 인간의 도리가 막중한 부담이 되면서 심각한 문제를 낳았다. 순수하게 "차마 눈뜨고 볼 수 없었던" 차원에서 시작된 단순

176) 『맹자』 「등문공」상: 蓋上世嘗有不葬其親者. 其親死, 則擧而委之於壑. 他日過之, 狐狸食之, 蠅蚋姑嘬之. 其顙有泚, 睨而不視. 夫泚也, 非爲人泚, 中心達於面目. 蓋歸反虆梩而掩之. 掩之誠是也, 則孝子仁人之掩其親, 亦必有道矣.

‘매장’문화가 번잡하고 화려한 ‘후장구상’이 되면서 사회문제가 된 것이다.

이에 대한 묵자의 지적은 매우 구체적이고, 현실적이다. 효자로서 어버이를 생각한다면, 가난하면 부유하게 하고, 집안 식구가 적으면 많이 낳고, 사람이 너무 많아 혼란하면 안정되게 하는 것이다.[177] 이처럼 묵자는 효의 기본 덕목으로 경제적 기초, 안정된 가족수를 말했다.

그런데 상·장례의 기본을 어디에 두느냐에 따라서 경제적 기초가 무너지고, 가중한 부담이 결국은 가정을 무너뜨릴 수 있는 원인이 되었다. 성대한 장례를 치르며 3년상을 인仁이요, 의義요, 효자의 일이라고 생각한다면 그 결과는 어떠할까? 간혹 이것을 인의仁義와 효행이 아니라고 하는 사람도 있다.[178] 같은 성대한 장례와 3년상이지만 인의仁義와 효자의 일로서 전혀 다를 수 있다는 것이다. 묵자는 이것을 정치와 경제문제로 치환해서 설명했다.

> “후장구상을 주장하는 사람들의 생각을 받아들여, 그것이 확실히 가난한 사람을 부유하게 하고, 적은 인구수를 늘릴 수 있으며, 혼란을 다스릴 수 있는 것이라면, 그것은 인의와 효자의 일이니, 백성을 위해 정치하는 사람은 이를 권장하지 않을 수 없을 것이다.”[179]

---

177) 『묵자』「節葬」하: 子墨子言曰, “仁者之爲天下度也, 辟之無以異乎孝子之爲親度也. 今孝子之爲親度也, 將奈何哉?” 曰, “親貧則從事乎富之, 人民寡則從事乎衆之, 衆亂則從事乎治之. 當其於此也, 亦有力不足, 財不贍, 智不智, 然後已矣. 無敢舍餘力, 隱謀遺利, 而不爲親爲之者矣. 若三務者, 孝子之爲親度也, 既若此矣.”

178) 『묵자』「節葬」하: 今逮至昔者三代聖王既沒, 天下失義, 後世之君子, 或以厚葬久喪以爲仁也義也, 孝子之事也, 或以厚葬久喪, 以爲非仁義, 非孝子之事也.

179) 『묵자』「節葬」하: 厚葬久喪, 實可以富貧衆寡, 定危治亂乎, 此仁也義也, 孝子之事也, 爲人謀者, 不可不勸也.

성대한 장례와 3년상의 정치 경제적 순기능을 말한 내용이다. 하지만 그 반대일 경우가 문제가 된다. '후장구상'으로 빈자를 부유하게 하지도 못하고, 인구수를 늘리지도 못하고, 혼란을 다스리지도 못한다면 이는 인의는 물론 효자가 될 수 없게 하는 요인이 될 뿐만 아니라 오히려 집안을 망하게 하는 원인이 되기 때문에, 끝까지 못하게 해야 한다는 것이다.[180)]

그렇다면 '후장구상'으로 인한 결과가 정치 경제를 안정시키고 부유하게 할 수 있는가의 문제이다. 묵자는 이런 경우를 들어본 적이 없다며 한마디로 '아니다'로 부정했다. 만일 '후장구상'을 주장하는 유가처럼 정치와 경제를 다룬다면 신분에 따라서 정도의 차이는 있겠지만, 풍족한 매장품으로 경제적인 엄청난 손실이 뒤따른다는 것이다. 지위가 높은 사람들은 창고를 털어야 하고, 일반 서민들은 집안의 재물을 거의 다 써야만 가능하다는 것이다.[181)]

경제적 불이익은 당연하고 '후장구상'에 따른 노동 인력의 고갈도 심각해 진다. 지나친 상·장례로 인한 체력 소진으로 정상적인 생활도 불가능하게 된다. 상층 사대부의 경우 오랜 기간 상을 무리하게 치르면서 건강 상태에 심각한 문제가 발생할 수도 있다.[182)] 건강에 상당한 문제를 초래함은 물론 일상적 노동도 불가능하게 만들기 때문에 3년상에 따른 경제적 불이익은 이루 헤아릴 수조차 없다는 지적이다.

---

180) 『묵자』「절장」하: 厚葬久喪, 實不可以富貧衆寡, 定危理亂乎, 此非仁非義, 非孝子之事也, 爲人謀者不可不沮也. 仁者將求除之天下, 相廢而使人非之, 終身勿爲.

181) 『묵자』「절장」하: 故子墨子言曰, "然則姑嘗稽之, 今雖毋法執厚葬久喪者言, 以爲事乎國家. 此存乎王公大人有喪者, 曰棺槨必重, 葬埋必厚, 衣衾必多, 文繡必繁, 丘隴必巨. 存乎匹夫賤人死者, 殆竭家室.

182) 『묵자』「절장」하: 顏色黧黑, 耳目不聰明, 手足不勁强, 不可用也. 又曰, 上士之操喪也, 必扶而能起, 杖而能行, 以此共三年.

"성대한 장례를 자세히 계산해 보면, 모은 재물을 많이 묻어 버리게 된다. 3년상 치르는 결과를 계산해 보면 오랫동안 일하는 것을 못하게 하는 것과 같다. 이미 고생해서 이룩해 놓은 재물들을 한꺼번에 땅에 묻어 버리고 뒤에 살아남은 사람들은 오랫동안 하던 일을 금지 당한다. 이렇게 하고서 부유해지기를 바란다는 것은, 비유로 말하자면 농사를 못 짓게 하면서 수확을 올려야 한다는 것과 같은 것이다. 이렇게 해서 부유하게 되는 것은 성립할 수가 없다. 하물며 백성들을 많게 할 수 있겠는가? 이론조차 불가능한 일이다."[183)]

애당초 '후장구상'으로는 정치 경제적 이익에 부합할 수 없음을 명백히 표명한 것이다. 특히 나라의 부와 정치적 안정이 인구수와 비례하였던 당시 정황을 놓고 본다면 '후장구상'은 처음부터 이를 불가능하게 만드는 요인이란 것이다. 오랜 상기를 치르며 정상적인 부부관계를 금하는 상황에서 출산은 원천적으로 불가능하였기 때문이다.

그래서 묵자는 3년상을 주장하고 강조하는 사람이 정치를 하게 된다면 그 나라는 반드시 빈궁해질 것이라고 단언했다. 실리實利는 물론 현실적이지 않은 3년상은 불필요한 낭비와 몸을 해치면서 백성의 수는 줄어들고 형정刑政 또한 문란해질 것이라 주장한 것이다.

"오늘날 성대한 장례와 3년상을 주장하는 사람이 정치를 한다면 그 나라는 반드시 빈궁해질 것이며, 백성들의 수도 감소할 것이며, 형정 또한 문란해질 것이다. 식량이 궁핍해지면 어떠한 (재

183) 『묵자』「절장」하: 細計厚葬, 爲多埋賦之財者也. 計久喪, 爲久禁從事者也. 財以成者, 扶而埋之, 後得生者, 而久禁之, 以此求富, 此譬猶禁耕而求穫也, 富之說無可得焉. 是故求以富家, 而旣已不可矣, 欲以衆人民, 意者可邪? 其說又不可矣.

산) 축적도 없을 것이고, 인구가 감소하면 성곽과 연못을 수리할 사람 또한 감소할 것이요, 또 형정이 문란해지면 전쟁을 해도 이길 수가 없고, 성을 지켜도 견고하게 지켜내지 못할 것이다."[184)]

'후장구상'이 갖는 사회적 문제를 지적한 내용이다. 이로 인한 심각한 결과는 이후로도 수많은 역사적 사례를 만들었다. 부친상을 당한 군 지휘관이 전쟁 중 귀가했다가 전군이 전멸했다는 이야기하며, 3년상을 무리하게 치르다가 병을 얻어 곧바로 죽었다는 이야기도 허다하다.

인간의 자연스러운 감정의 발로에서 시작한 '매장' 문화와 그로 인한 상장례 문화가 심각한 사회문제를 야기하였기 때문에 반드시 현실적 차원에서 해결되어야 한다는 주장이 묵자의 견해였다. 묵자의 '절장론'이 갖는 의미이다.

그런데 묵자의 '절장론'이 현실에 근거한 설득력 있는 주장이었지만, 실제 현실에서 받아드리지 못한 것 또한 신기한 일이었다. 적어도 근현대 사회 묵자 이론이 부각되기 전까지만 해도 유교사회는 '후장구상'의 상장례 문화를 오히려 지속시키며 유지했고, 또 능력이 안 되는 일부 서민들까지도 무리하게 이런 상장례를 치르며 효행의 도리를 다하려고 했던 것도 흥미로운 일이다. 아마도 그 이면에 묵자가 또 다른 각도에서 추구한 이상론이 갖는 한계와 문제가 이런 현실적 지적에 영향을 주었던 것은 아닐까 생각해 본다.

---

184) 『묵자』「절장」하: 今唯毋以厚葬久喪者爲政, 國家必貧, 人民必寡, 刑政必亂. 若苟貧, 是無爲積委也, 若苟寡, 是城郭溝渠者寡也, 若苟亂, 是出戰不克, 入守不固.

3. "서로 사랑하라"는 묵자의 이상사회론

(1) 사회적 기본질서, 효충의 붕괴 원인

유가의 애당초 관심은 초월적·절대적 세계보다는 현실적·상대적 세계에 있었다.[185] 가족과 사회의 일상적 공동체를 기반으로 하는 가부장적 위계질서가 늘 핵심가치로 작용하였다. 여기서 벗어나는 일체의 행위는 용납하기 힘든 구조였다. 효와 충이 강조될 수밖에 없는 상황이다.[186] 그렇다면 왜 효와 충을 강조했을까의 문제이다. 한마디로 공맹孔孟 유가의 효충 강조의 배경에는 춘추전국시대 사회 불안정이 존재했다. 사회안정의 초석으로 효와 충이 필요했고,[187] 이를 강조했던 것이다. 그런데 유가가 이런 효와 충을 강조하는 데에는 당대 중요한 요소들이 복합적으로 작용했다. '무위자연無爲自然'의 가치관과 이기적 욕망을 기본으로 하는 '인위작위人爲作爲'의 세계가 있다.[188] '효와 충'의 윤리적 가치가 바로 양자 사이에 존재한다는 것이다. 개인과 사회공동체를 사이에 두고 세상의 안과 밖을 연결하

---

185) 『논어』「선진」편에서 공자는 귀신 섬기는 방법에 대해서 묻자 "아직 산 사람도 제대로 섬기지 못하면서 어찌 귀신을 섬길 수 있겠는가?"라고 했고, 또 죽음에 대해서는 "아직 삶을 모르는데 어찌 죽음을 알겠는가?"라고 하며, 주된 관심이 초월적 절대세계가 아닌 현실적 상대세계에 있음을 보여주었다.

186) 최진덕, 『인문학, 철학, 그리고 유학』 청계, 2004년, 11면에서는 유교의 핵심가치는 효제(孝悌) 윤리와 실천을 빼고서는 논할 수 없고, 다른 것들은 오히려 부수적이라고 했다. 이것은 그래도 철학적 논의의 장을 마련했던 주자학이나 양명학 시대에 와서도 효제의 중력권(重力圈)을 벗어나지 못했다고 진단했다. 모든 것이 효제를 중심으로 이어지고 확장되었다는 이야기이다.

187) 여기서 충(忠)개념을 군주에 대한 충성으로 볼 것인가, 아니면 자신에 대한 충실함[盡己]으로 볼 것인가의 문제는 논할 여지는 없다. 다만 일상적으로 나라와 군주에 대한 도리를 충이라 말하는 것을 기준할 뿐이다.

188) 최진덕, 앞의 책, 16면 참조.

는 구조이다. 기초단계이자 중간단계의 가족이 안정되어야 다음 단계의 사회와 나라, 그리고 천하공동체가 평안해진다는 순차적 논리이다.

이런 유가의 사회 안정에 대한 인식은 묵자의 사회진단과 큰 틀에서 다르지 않았다. 하지만 묵자는 유가를 긍정하지 않고 오히려 비판하고 있다. 사회 안정이란 궁극적 목적의식은 다르지 않았음에도 방법론의 차이가 목적의식까지도 다른 것처럼 투영된 것이다.

그럼 먼저 묵자가 생각한 당대 사회문제를 살펴보자. 묵자가 유가를 비판하는 데에는 당대 사회 상황에 대한 판단이 중요했기 때문이다. 한마디로 당시는 제후국간의 약육강식이 판치던 시절이었다. 전쟁이 빈번한 사회 환경에서 예악붕괴는 그들이 가장 심각한 문제로 여기던 문제였다. 묵자의 언급으로 살펴보자.

> "지금 세상의 해악 가운데 무엇이 가장 큰가? 말하자면, 대국이 소국을 공격하고, 큰 집이 작은 집을 어지럽히며, 강자가 약자를 겁박하고, 사기꾼이 우매한 자를 모략하고, 귀한 자가 천한 자를 업신여기는 것 등이 천하의 해악이다."[189]

예악질서가 붕괴된 사회적 분위기를 구체적으로 설명한 내용이다. 그렇다면 사상가라면 마땅히 사회적 위기를 직시하고, 이를 해결하려고 노력하였을 것이다. 그것이 자신들이 해결해야 할 가장 중요한 책무라 생각했기 때문이다. 그런 가운데 우환의식은 당대 사상가들이 가져야 할 마땅한 도리이고 그에 따른 해결책 제시도 지식인의 당연한 의무라고 할 수 있다.

---

189) 『묵자』「겸애」하: 然當今之時, 天下之害孰爲大? 曰, "若大國之攻小國也, 大家之亂小家也, 强之劫弱, 衆之暴寡, 詐之謀愚, 貴之敖賤, 此天下之害也."

아무튼 묵자 당대 예악질서 붕괴는 기본적인 인간관계의 붕괴로 이어졌다. 나라와 군주에 대한 충과 부모에 대한 효가 무너졌는데, 이것이야말로 심각한 천하의 해악이라 할 수 있다. 인간의 기본관계에서 비롯한 효와 당대 사회의 기본이었던 충의 가치가 붕괴된 것은 심각한 문제가 아닐 수 없다. 이런 문제의식은 유가나 묵자가 다르지 않았다.

> "또한 군주가 은혜를 베풀지 않고, 신하가 불충不忠하며, 부모가 자애롭지 않고, 자식이 효도하지 않는다. 이런 것들이 심각한 천하의 해악이다."[190)]

가정의 '불효'와 사회적 '불충'을 천하의 해악으로 지적한 내용이다. 유가의 기본이자 사회의 핵심가치 충효가 무너진 것은 무엇보다 심각한 문제가 아닐 수 없었다. 이 같은 문제의식은 묵자도 전혀 다르지 않았다. 묵자 역시도 충효가 무너진 사회를 걱정하며 그에 따른 대안을 제시하였다. 그것이 바로 천하의 해악을 제거하는 일이었다.

> "어진 사람의 일은 마땅히 천하의 이익을 구하는데 힘써야 하고, 천하의 해악을 제거해야 한다."[191)]

천하의 이익을 구하기 위해서는 천하의 해악을 제거해야 한다. 앞서 말한 사회문제 해결 방법, '무위자연'과 '인위작위'의 가치관 속에서 또 하나의 공동체 가치관인 충효가치를 회복하는 것은 천하의 이익을 구하는 일이었고, 이를 구하는 것은 천하의 해악을 제거하는데

190) 『묵자』「겸애」하: 又與爲人君者之不惠也, 臣者之不忠也, 父者之不慈也, 子者之不孝也, 此又天下之害也.

191) 『묵자』「겸애」하: 仁人之事者, 必務求興天下之利, 除天下之害.

있었다. 그렇다면 당대 사회 위기를 어떻게 해결할 수 있을까? 이에 대한 묵자의 대안은 무엇일까? 한마디로 '사랑'이었다. '사랑' 결핍에서 사회적 위기가 초래되었다는 것이다. 서로 사랑하게 되면 혼란은 해소될 수 있다고 확신했다. 묵자는 '무위자연'도 '인위작위'도 아닌 오히려 유가적 효충실천에 가까운 '사랑'을 제시했던 것이다.

(2) 불충·불효는 천하 해악의 근본 원인

묵자가 말하는 천하의 해악을 정리했다. 그로부터 파생된 사회적 불안은 반드시 해결되어야 한다고 했다. 묵자는 그 근본적 원인을 '불효不孝'에서 찾았다. 불효가 심각한 사회문제를 야기한다는 것이다. 신하와 자녀가 군주와 부모에게 불효한 것이 혼란의 핵심원인이란 지적이다. 인간의 기본적인 도리이면서 사회적 안정의 초석인 효에 반하면 세상은 혼란해진다는 것이다. 그리고 그 해결방법으로 '사랑'을 주장했다. 서로 사랑하지 않기 때문에 사회 혼란이 조성된다는 것이다. 서로 사랑한다면 사회의 해악은 사라질 것이라는 이상론적 주장을 펼치고 있다.

"성인은 천하를 다스리는 일을 하는 사람이다. 혼란이 일어나는 까닭을 잘 살피지 않으면 안 된다. 혼란을 살펴보건대 그것은 어떻게 일어나는가? 서로 사랑하지 않아서 일어난다. 신하와 자녀가 군주와 부모에게 효도하지 않는 것이 혼란이다. 자녀가 자신만을 사랑하고 자신의 부모는 사랑하지 않는다. 그래서 부모를 해치고 자신을 이롭게 한다. 동생이 자신만을 사랑하고 형을 사랑하지 않는다. 그래서 형을 해치고 자신을 이롭게 한다. 신하가 자신만을 사랑하고 군주를 사랑하지 않는다. 그래서 군주를 해치고 자신을 이롭게 한다. 이것이 혼란이다."[192]

여기서 강조한 핵심 개념은 '효'와 '사랑'이다. 이에 배치되는 개념은 '이利'와 '불효'이다. 한마디로 효도하지 않고 사랑하지 않는 것은 '불효'이고, 불효는 자신의 이익만을 추구하기 때문이란 것이다. 그런데 이것은 아래로 신하와 자녀·동생만의 문제는 아니다. 위로 군주·부모·형의 태도에도 문제가 있을 수 있다. 군주·부모·형이 자신만의 이익을 생각하며 아래로 신하·자녀·동생을 사랑하지 않는다면 이 역시도 심각한 사회적 불안 요인이 된다는 것이다.

"만약 부모가 자녀에게 자애롭지 않고, 형이 동생에게 자애롭지 않고, 군주가 신하에게 자애롭지 않다면, 이것 또한 천하의 해악이라 할 수 있다. 부모가 자신만을 사랑하고 자녀를 사랑하지 않는다. 그래서 자녀를 해치고 자신을 이롭게 한다. 형이 자신만을 사랑하고 동생을 사랑하지 않는다. 그래서 동생을 해치고 자신을 이롭게 한다. 군주가 자신만을 사랑하고 신하를 사랑하지 않는다. 그래서 신하를 해치고 자신을 이롭게 한다. 이것은 무엇 때문인가? 모두가 서로 사랑하지 않기 때문이다."[193]

192) 『묵자』「겸애」상: 聖人以治天下爲事者也. 不可不察亂之所自起. 當察亂何自起? 起不相愛. 臣子之不孝君父, 所謂亂也. 子自愛不愛父. 故虧父而自利. 弟自愛不愛兄. 故虧兄而自利. 臣自愛不愛君. 故虧君而自利. 此所謂亂也.

193) 『묵자』「겸애」상: 雖父之不慈子, 兄之不慈弟, 君之不慈臣, 此亦天下之所謂亂也. 父自愛也不愛子. 故虧子而自利. 兄自愛也不愛弟. 故虧弟而自利. 君自愛也不愛臣. 故虧臣而自利. 是何也? 皆起不相愛.

여기서는 부모·형·군주의 태도를 문제 삼았다. 자녀·동생·신하의 핵심 덕목이 '효孝'였다면, 부모·형·군주의 핵심 덕목은 '자慈'라 할 수 있다. 아래에서 위로 하는 것을 '효'라 한다면 위에서 아래로 하는 것은 '자'라 할 수 있다. 그런데 '효'와 '자'는 상호적인 것이지 일방적인 것이 아니기 때문에 한쪽만을 강요·강조하지 않았다. 묵자의 평등적 세계관이 돋보이는 장면이다. 천하 해악의 원인이 자녀·신하·동생의 '불효'에만 있는 것이 아니라, 부모·군주·형의 '부자不慈'에도 원인이 있다는 주장이다. 그리고 '불효' '부자'의 근본 원인은 개인의 사적 이익 추구에 있다고 했다. 대신 공적 이익을 추구해야 하는데, 그것은 "서로 사랑해야 한다."는 이상론을 묵자는 말하고 있다.

(3) '일방적' 사랑에서 '상호적' 사랑으로

묵자는 사회적 혼란의 원인을 '불효不孝' '부자不慈'라 했다. 아래서 효도하지 않고, 위에서 자애롭지 않아서 생긴 문제가 천하의 해악이란 것이다. 한마디로 '부자자효父慈子孝'의 결여가 사회 혼란의 원인이란 것이다. 그렇다면 왜 자효慈孝가 사라졌을까? 묵자는 한마디로 '이익' 때문이라고 했다. 이것은 자녀·신하·동생만의 문제도 부모·군주·형만의 문제도 아닌 상호 자기만의 이익 추구에서 비롯된 결과라 했다. 따라서 사적 이익 추구를 배제하고 서로 상대를 배려 존중하는 사랑만이 그 해결책이라 주장했다.

"만일 천하 사람들이 서로 사랑하여 남 사랑하기를 내 몸 사랑하듯 한다면, 어찌 불효하는 사람이 있겠는가? 부모·형·군주 보기를 내 몸처럼 한다면 어찌 불효를 하겠는가? 어찌 자애롭지 않을 사람이 있겠는가? 동생·자녀·신하 보기를 내 몸처럼 한다면 어찌 자애롭지 않게 하겠는가? 그래서 불효와 자애롭지 않음은 없어질 것이다."[194]

"네 이웃을 네 몸처럼 사랑하라."는 기독교 성경책을 보는 느낌이 들 정도로 종교적 색채가 강한 내용이다. 묵자는 이런 '불효' '부자'가 단지 부모와 자녀, 군주와 신하, 형과 동생이란 인간관계망에서의 문제만 낳는 것이 아니라, 더 큰 사회문제로 확대될 수 있다는데 그 심각성을 제기했다. '불효' '부자'가 사회 혼란의 원인인 만큼 반드시 해결되어야 할 사안이란 것이다.

"어찌 도적이 있겠는가? 남의 집 보기를 내 집처럼 하는데 누가 훔치겠는가? 남의 몸 보기를 내 몸처럼 하는데 누가 해치겠는가? 그러므로 도적이 없어질 것이다. 어찌 남의 집안을 어지럽히는 대부와 남의 나라를 공격하는 제후가 있겠는가? 남의 집안 보기를 자신의 집안처럼 한다면 누가 어지럽힐 것인가? 남의 나라 보기를 자신의 나라처럼 한다면 누가 공격하겠는가? 그러므로 대부들이 서로 남의 집안을 어지럽히고 제후들이 서로 남의 나라를 공격하는 일이 없게 될 것이다."[195]

남을 내 몸처럼 생각해야 한다는 묵자의 이상적 세계관이 적나라하게 표현된 문장이다. 냉철한 사상가의 주장이기보다는 이상적 종교인의 설교와도 같은 내용이다. 그렇다면 묵자의 결론은 이미 나와 있다. '서로 사랑'이다. '겸상애兼相愛'이다.

194) 『묵자』「겸애」상: 若使天下兼相愛, 愛人若愛其身, 猶有不孝者乎? 視父兄與君若其身, 惡施不孝? 猶有不慈者乎? 視弟子與臣若其身, 惡施不慈? 故不孝不慈亡有.

195) 『묵자』「겸애」상: 猶有盜賊乎? 故視人之室若其室, 誰竊? 視人身若其身, 誰賊? 故盜賊亡有. 猶有大夫之相亂家諸侯之相攻國者乎? 視人家若其家, 誰亂? 視人國若其國, 誰攻? 故大夫之相亂家諸侯之相攻國者亡有.

> "만일 천하 사람들이 서로 사랑한다면 나라와 나라는 서로 공격하지 않을 것이며, 집안과 집안은 서로 어지럽히지 않을 것이며, 도적들은 없어지고, 군주와 신하와 부모와 자녀들은 모두가 효성스럽고 자애로울 수 있을 것이다. 이렇게 된다면 천하가 다스려질 것이다."[196]

결국 묵자가 말한 이상사회는 "서로 사랑하라."는 것이다. '사랑'이 없기 때문에 사회적 혼란이 생겼다는 것이다. 구체적으로 '효와 사랑[慈]'이 천하의 해악과 사회적 혼란을 막을 수 있는 해결책이란 것이다. 그렇다면 갈수록 이런 환경과 역행하는 사회를 놓고 본다면 묵자의 '서로 사랑'이란 해결책은 현실성이 없는 그래서 실현 불가능한, 그야말로 '이상사회론'에 그친다는 것이다.

여기서 다시 '친친親親'에 기반한 유가적 '차별애'가 오히려 현실적이란 주장이 다시 설득력을 얻는다. 앞에서 말했듯, 극단적 이기심에 발로한 양주적 세계관과 극단적 이타심에 근거한 묵자적 세계관의 중간지대에 있던 유가적 세계관이 한동안 묵자로부터 현실을 벗어난 허례허식의 문화란 비난을 받았지만, 그래도 수 천 년 유가문화를 지탱할 수 있었던 것은 무엇보다 인간의 자연스러운 감정, 예컨대 점진적인 사랑, 묵자가 비판한 차별애, 곧 친친애親親愛 - 근친애近親愛 - 원친애遠親愛에 입각한 순차적 효제孝悌윤리와 상호적인 자효慈孝사상이 설득력을 지녔기 때문이다.

196) 『묵자』「겸애」상: 若使天下兼相愛, 國與國不相攻, 家與家不相亂, 盜賊無有, 君臣父子皆能孝慈. 若此則天下治.

4. 현실을 벗어난 이상론의 한계

현실을 무시한 이상론은 그저 이상에 그칠 뿐이다. 어떠한 이론과 사상도 일상을 떠나서는 현실성을 지니기 힘들다. 유가의 예악론도 일상과 현실에 뿌리를 두고 있었지만, 모든 이들을 위한 일상과 현실은 아니었다. 그렇다 하더라도 일부 귀족 중심의 예악문화가 그들만의 잔치로 끝난다면 무슨 문제가 있겠는가? 그것을 기준으로 모든 이들이 따라야 할 예악으로 강제될 때에는 문제는 심각해진다. 여기서 현실에 기반을 둔 묵자의 서민 중심의 예악질서가 설득력을 지닌다. 꽤나 설득력 있는 묵자의 검소하면서도 실질적인 예악문화 주장은 호소력이 있었고 현실적인 이론이었다. 하지만 역사 전반을 지배한 유가문화의 예악질서를 바꿔놓지는 못했다. 오히려 묵자는 위아래도 모르는 윤리 배반의 이단자로 낙인찍혔다. 근·현대화 과정 속에서 묵자의 주장이 빛을 발하게 된 것은 그나마 다행이었다.

놀라운 사실은 현실적 판단에 따라 묵자가 그렇게도 비판했던 유교의 '후장구상'이 너무 오랫동안 우리 사회를 지배했다는 점이다. 유교적 상·장례문화가 마지막 효제 실천의 빼놓을 수 없는 중차대한 문제라 하더라도 그것이 사회적 적폐를 낳았다면 사라질 법도 한데, 유교사회 2천여 년 동안 꿈적도 안 한 것은 놀라운 일이 아닐 수 없다. 경제보다 효제 윤리가 무엇보다 우선했고, 또 거기에 아낌없는 시간과 재물을 쏟아붓는 것을 효제 윤리의 당연한 결과로 여긴 산물일 것이다.

불효不孝·불충不忠은 묵자가 말한 가정·사회·국가적 혼란의 근본적인 원인이었다. 천하의 해악이고 반드시 제거해야 할 적폐였다. 이를 해결하는 방법을 묵자는 '서로 사랑'이라 했다. 천하의 해악이 쌓이고 사회 적폐가 된 원인이 "서로 사랑하지 않아서"였다. 그런데 여기에는 인간의 자연스러운 친소관계를 고려하지 않았다는 문제와 한계가 있다. 묵자의 문제 해결방식이었던 누구나 똑같이 "서로 사랑하라[兼愛]"는 주장은 평등적 이상론이었다. 좋은 말이지만, 너무 이상적이기 때문에 현실과는 오히려 거리가 있었다. 그것도 '친친親親' '근친近親' '원친遠親' 문화에 익숙한 유가 문화의 차별적 사랑론과는 거리가 있었다. 유가의 순차적·차별적 사랑과 다르기 때문에 사상적 차이는 둘 수 있었지만, 그것이 결국 설득력을 갖지 못하고 역사 속에 묻히고 말았다.

묵자가 지적한 유교적 상·장례문화의 번잡하고 사치스러운 '후장구상'에 대한 비판이 매우 설득력 있는 현실적 문제였다면, 또 하나의 핵심가치이자 개념이었던 '똑같은 사랑', 곧 '겸애론'이 갖는 이상적 세계는 묵자를 현실로부터 다시 멀어지게 한 원인이었다. 묵자의 간편한 상·장례론, 곧 '절장론'이 유가사회의 적폐 해결의 구체적이고도 설득력 있는 효제 문화의 새로운 방향 제시였다면, 또 묵자의 '겸애론'은 유가 비판의 또 다른 한 축이었지만, 이상론으로 현실적인 설득력을 잃으면서 오히려 묵자의 사상을 역사의 중심에 설 수 없게 만들었다. 박애적 겸상애의 사랑과 효제 윤리가 가까운 사람부터 순차적으로 사랑해야 한다는, 유가적 차별적 사랑의 원리이자 효제 윤리를 넘지 못한 것이다.

Ⅳ. 『대학』의 친민親民과 효제윤리에 나타난 화해공동체

1. 왜 경전인가?

'탁고개제托古改制'란 옛것에 의지해서 현실의 문제를 고친다는 뜻이다. 한동안 중국 학술계에 유행했던 말이다. 국학열國學熱, 독경열讀經熱로 대변되던, 일명 고학古學에 대한 새로운 관심이 고조되던 1990년대 이야기이다. 21세기 들어서도 그 의미는 사라지지 않았다. 경전의 내용을 근거로 현실적 사회문제를 해결하려는 의도가 담겼다. 그렇다면 경전이 서술된 당대는 이상사회였던가. 절대 그건 아니다. 같은 문제로 아픔을 겪었기 때문에 비슷한 내용을 경전에 담았고, 그것이 지금에 와서도 설득력을 지닌 것이다. 효제윤리를 두고 얘기해 보자. 경전에 효제를 강조한 것을 두고 옛날에는 효제윤리가 잘 지켜졌다고 말한다면 오해이다. 잘 지켜지고 있는데 강조할 이유가 없다. 절실히 요청되었기 때문에 강조한 것이다.

오늘날 인륜도덕이 땅에 졌다고 말하며 경전을 본받아야 한다고 강조한다. 틀리지 않는 말이다. 정확히 말하자면 경전의 내용을 본받자는 것이지 그 시대를 본받자는 것은 아니다. 그것도 현실적으로 타당한 것에 대한 제한적 의미이다. 그럼에도 불구하고 일부에서는 마치 경전이 나오고 통용되던 그 시대를 이상사회로 말한다. 잘못된 생각이다. 상당수 경전이 춘추전국시대, 또는 진한시대를 배경으로 한다. 역사상 가장 혼란했던 시대이다. 혼란했기 때문에 화해공동체윤리는 절실했다. 『대학』이 나온 배경도 마찬가지이다. 여기서는 공동체 윤리로서 『대학』에서 말하는 근간이 무엇인지 밝히는 작업이다. 이를 위해 기존에 나온 번역과 해설을 정리했다. 새로울 것은 없지만, 이를 화해공동체 윤리의 시각에서 보려고 했다. 중심에는 『대학』의 '친민론親民論'과 '효제자론孝悌慈論' '혈구지도론絜矩之道論'이 있다.

2. '대학'이란?

(1) '대학'의 다의성

'대학大學'이란 다양한 뜻이 있다. 보는 시각에 따라서 몇 가지 의미로 나뉜다. 첫째, '소학小學'에 대비되는 의미로서의 대학이다. 소학이 초기 교육과정이라면 대학은 고등교육과정이다. 곧 최고학부를 가리켜 대학이라 한다. 태학太學이라고도 했다. 고구려의 태학, 백제의 오경박사五經博士, 신라의 국학國學, 고려의 국자감國子監과 성균관成均館, 조선의 성균관이 그에 해당한다.

둘째, 대인大人의 학문으로서의 대학이다. 주희의 말이다.[197] 학문의 한 범주로 말한 것이다. 대인은 한마디로 군자요 성인이다. 대인은 만물과 더불어 일체이다.[198] 나아가 『대학』의 '친민'을 통해 '만물동체萬物同體'의 경지로 설명하였다. 공자는 천명天命, 성인聖人과 함께 대인을 경외의 존재로 언급하였다.[199]

셋째, 책명으로서의 『대학』이다. 『대학』은 본래 『예기』의 한 편명이

---

197) 朱熹, 『대학장구』: 大學者, 大人之學也.

198) 王陽明, 『전습록』: 大人與物同體,

199) 『논어』「季氏」: 君子有三畏, 畏天命, 畏大人, 畏聖人之言.

었는데,[200] 송대 이후 별개의 단행본으로 분리되었다. 『대학』을 해설한 주희의 『대학장구』가 대표적이다.[201] 이른바 『논어』『맹자』『대학』『중용』 등 4서 가운데 한 책이다. 주희는 『대학장구』에서 『대학』 전문을 경1장과 전10장으로 구별하였다. '경'은 공자의 생각을 제자 증삼曾參이 기록한 것이고, '전'은 증삼의 생각을 그 문인들이 기록한 것이다.[202] 왕양명은 『대학』고본을 신뢰하며, '경'과 '전'이 원래 구분이 없는 것이라 하였다.[203] 『대학』 판본에 대한 정설이 없다는 지적이다.

참고로 청말민초 의고풍疑古風의 영향을 받은 호적胡適이나 전목錢穆같은 학자는 『대학』이나 『중용』등의 저작물 자체를 작자 미상이며, 동시에 기록 년대 또한 진한시대로 내리 잡아야 한다고 주장했

---

200) 秦나라가 망하고 漢나라가 들어서면서 武帝 때 董仲舒의 건의로 百家를 물리치고 유학자를 중용하였다. 유가경전을 수집하여 경학박사로 하여금 정리, 註解하도록 하였는데, 이들을 五經博士라 한다. 『詩』『書』『易』『禮』『春秋』를 주로 강의하고 해설하였다. 오경박사 중에서 특히 『禮』를 정리한 학자로 戴德과 戴聖 두 사람이 있었다. 둘은 숙질간으로 숙부인 대덕을 大戴, 조카인 대성을 小戴라고 불렀다. 대덕은 선진시대 유학자들이 기록한 禮에 관한 문헌 131편을 모아 책으로 편찬하였는데, 이를 『大戴禮記』라 하고, 이를 다시 대성이 간추려 새롭게 편찬한 89편을 『小戴禮記』라고 한다. 『대학』과 『중용』은 『소대예기』에 포함되었다. 『소대예기』에서 『대학』과 『중용』을 분리해서 사서의 하나로 삼은 학자는 宋代 朱熹다. (李相殷, 『대학·중용』현암사, 1965년, 316면 참조)

201) 육상산은 『맹자』를 자신의 사상적 기초로 삼았다면, 왕양명은 『대학』에 기반하였는데, 이는 송대 주희의 영향이 있었음을 보여준다. 주희가 강조한 『대학』의 '格物致知' 공부방법을 통해 문제를 해결하려고 했던 것이다. 그로부터 왕양명은 『大學古本旁釋』과 「大學問」을 냈다. 이는 주희의 『大學章句』와 『大學或問』에 비견된다. (陳來 저, 전병욱 역, 『양명철학』예문서원, 2003년, 201~202면 참조.) 한편 주희의 '心外之理' '卽物窮理'를 반대하고 '心外無理' '心卽理'를 주장한 양명의 사상은 송대 유자들이 맹자를 높이고 순자를 폄하하는 전통에 대한 도전이라 말하기도 한다. (윤무학, 『순자, 통일제국을 위한 비판철학자』성균관대출판부, 2004년, 273면 참조)

202) 朱熹, 『대학장구』「서」에 근거.

203) 『전습록』『全書』권32, 「년보」: 先生在龍場時疑朱子大學章句非聖門本旨, 手錄古本, 伏讀精思, 始信聖人之學本簡易明白, 其書止爲一篇, 原無經傳之分. 하지만 진래 교수는 이 기록을 인정하기에는 증거가 부족하다고 하였다. 양양명의 다른 책의 내용과 비교해서 모순되는 측면이 있다고 하며 문제가 있음을 지적하였다. (진래, 앞의 책, 206~210면 참조.)

다.[204] 그만큼 이론이 분분하다. 더군다나 『대학』은 『논어』 『맹자』처럼 잡다한 내용이 섞여 있는 것과는 달리 분명한 주제의식과 논리체계를 갖추고 있다. 다시 말해 『효경』이 효라고 하는 구체적인 주제를 가지고 논리적 흐름으로 저술된 것처럼, 『대학』도 삼강령, 팔조목이라는 정연한 이론을 순서대로 서술했다는 점에서 여타 사서와는 구별된다.

저술시기도 『시』 『서』 『예』 『역』 『춘추』 등 5경과 『논어』 『맹자』 『노자』 『장자』 등과는 다르다. 선진시대 문헌에 『대학』이란 말이 없는 것으로 보아 진한시대 저술로 보는 것이 타당하다는 주장이다.

그런데 1993년 형문시荊門市 곽점郭店의 초나라 무덤에서 출토된 죽간에서 『대학』이 자사子思의 제자들(일명 자사학파)이 기원전 450에서 400년 전후에 쓴 것으로 추정되면서 이런 주장의 타당성은 희석되었다. 자사학파의 『중용』을 계승한 것이 『대학』이라는 것이다.[205]

하지만 여기서는 논의의 흐름상 자세히 다루지 않았다. 논의 핵심이 『대학』에 나타난 화해공동체 윤리이기 때문이다. 그 중심에 '친민'과 '효제자' 이론이 있다.

---

204) 당시 중국은 淸末부터 유행하던 疑古風이 여전히 가라앉지 않고 있던 때였다. 풍우란의 『중국철학사』에서도 『대학』을 진한시대 작품으로 보았다.(김충렬, 『중용대학강의』예문서원, 2007년, 12면 참조) 한편 이들 의고풍의 학자들은『대학』본문 속에 "平天下" "今天下, 車同軌, 書同文" 같은 내용을 근거로 『대학』을 戰國末 또는 秦의 전국통일 이후 저술된 작품이라 말한다. 이는 60년대 우리 학계 경서번역을 주도했던 李相殷, 『대학·중용』(현암사, 1965년, 15, 317면 참조.)에도 지대한 영향을 주었다.

205) 李學勤, 『先秦儒家著作的重大發現』『郭店楚簡硏究』(중국철학 20집, 요녕교육출판사, 1999년) 13~17면 참조.

(2) 신민新民인가? 친민親民인가?

『대학』의 저술 목적은 첫 문장에 나와 있다. "대학의 도는 명덕明德을 밝히는데 있으며, 백성을 친애하는데 있으며, 지선至善에 머무름에 있다."[206] 그런데 정이程頤는 '친親'을 '신新'으로 해석하며, "백성을 새롭게 한다."는 뜻으로 이해하였고,[207] 주희도 이에 따랐다. 정이는 단지 뜻만 새롭게 보았는데, 주희는 아예 『대학장구』에서 '신민'이란 단어로 바꿔버렸다.[208] 본래 『대학』이나 『중용』에는 '친민'이란 단어만 있다. 그럼에도 주희는 '신민'이란 새로운 개념어를 사용했다. '친민'이란 개념을 갖고도 충분히 해석이 가능함에도 불구하고 새로운 개념을 사용한 것이다. 물론 주희 본인은 중생 교화라는 순수한 의미의 '새로움'일 수는 있지만, 그것이 낳을 수 있는 여러 문제는 예상하지 못했다.

'신'이란 옛것을 개혁하고 새것을 따른다는 '혁구종신革舊從新'이다. 『대학』에서는 명덕을 밝힌 사람이 뒤에 그러지 못한 사람을 가르친다는 뜻이다. 그런데 이것이 '개과천선改過遷善'의 '신'이라면 무슨 문제가 있겠는가. 대인에 의한 교화가 백성을 새롭게 할 수 있다는 그럴 듯한 논리이다. 하지만 여기에는 개인의 자각능력과 잠재능력이 무시될 가능성이 깊이 내재하고 있다. 사리사욕에 사로잡힌 위정자들의 개인적 욕망 달성을 위한 수단으로 '신민'이 이용될 수 있다. 강

---

206) 『대학』: 大學之道, 在明明德, 在親民, 在止於至善.

207) 『대학장구』: 程子曰, 親, 當作新.

208) 퇴계를 비롯한 조선의 상당수 성리학자들도 '친민'을 '신민'으로 해석한 주희의 설에 따르면서 이에 반한 해석을 선유의 정론을 망령되이 배척한다며 거척하고 있다. 이에 대한 자세한 논의는 최재목, 『퇴계심학과 왕양명』새문사, 2009년, 96~97면 참조.

한 지도력을 지닌 통치자에 의한 교화로 새로운 인간을 만든다는 점에서 권위주의적, 전체주의적 지향도 강하다. 새로운 것이 나쁠 것은 없지만, 나쁘게 이용될 가능성도 배제할 수 없다. 새로운 변화가 먼저 자각한 지도자 개인의 욕망 추구의 수단으로 전락할 수도 있다. "나를 따르라."는 일종의 우민정책으로 변질될 가능성이다. 실제로 서민들의 눈과 귀를 닫게 하며 무조건 명령에 복종하게 하는 일들은 역사 속에 비일비재했다. 1970년대 '유신維新'도 그 한 예이다. 서민을 위한 '신'이 아닌 한 개인의 정권 연장을 위한 수단으로 '신'을 이용한 경우이다. 여기서 중요한 것은 '명명덕'을 위한 교화의 방법이 문제가 된다.

인간은 누구나 스스로의 힘으로 교화할 수 있는 자각능력[良知]과 자정능력[良能]이 있다.[209] 그런 관점에서 왕양명의 '친민'은 주목할 만하다. 왕양명은 "명명덕은 체體이고 친민은 용用이다."[210]고 하였다. '명명덕'과 '친민'을 체용관계로 보았지만, 정확히 말하자면 '명명덕'은 반드시 '친민'을 통해서 이루어지므로 '친민'이 '명명덕'의 방법이다. 지행知行의 관점에서 합일合一이므로 '친민'의 목적은 '명명덕'이고 '명명덕'의 방법은 '친민'이므로 양자는 하나이자 체용인 것이다.

> "내 아버지 사랑하는 것을 미루어 남의 아버지에게까지 미치고 천하 사람의 아버지에게까지 미친 뒤에야 나의 인仁이 나의 아버지, 남의 아버지, 천 사람의 아버지와 더불어 한 몸이 될 수 있다. 그들과 더불어 일체가 될 수 있고 난 뒤에야 효孝의 명덕이 비로소

209) 『맹자』「진심상」: 人之所不學而能者, 其良能也. 所不慮而知者, 其良知也.
210) 『陽明全書』卷8「書朱子禮卷」中華書局版 四部備要本): 明明德, 體也, 親民, 用也.

밝아진다."[211]

이는 "명명덕은 본체를 확립한 것을 말하며, 친민은 확립된 본체를 발휘하는 것"[212]으로서의 '친애'로 해석한 것이다. 서민을 사랑하고 서민 편에서 이해한 해석이다.[213] 대인만이 명명덕의 주체가 아니다. 모든 사람이 주체가 된다. 이는 '공리정치功利政治'에 비견되는 '친민정치親民政治'의 일환이다. '친민정치'의 실현을 생명 본질로서의 명덕을 밝히는 것이라 한 것이다. 그렇기 때문에 '친민'은 '제가齊家' '치국治國' '평천하平天下'의 단계로 구체화되어 나아갈 수 있다. 유교정치의 이상인 '지선至善'의 경지에 도달할 수 있다. 대학이 대인의 학문이고, 대인은 만물과 더불어 일체가 되니, 모든 사람들과 친애함이 마땅하다. 이에 왕양명은 『서경』의 여러 내용을 근거로 '친민'이 '신민'이 아님을 증명하였다.

"'갓난아기 돌보듯 하라.' '백성들이 좋아하는 것을 좋아하고, 백성들이 싫어하는 것을 싫어하라. 이것을 두고 백성들의 부모라는 것이다.'는 것이 모두 친의 의미이다. 친민은 마치 맹자의 '친친인민親親仁民'을 두고 한 말이다."[214]

이는 『서경』「강고」편에 "갓난아기 돌보듯 하라."[215]고 한 것과 『서

211) 『陽明全書』권26「大學問」: 親吾之父以及人之父, 以及天下人之父, 而後吾之仁實與吾之父人之父天下人之父而爲一體矣. 實與之爲一體, 而後孝之明德始明矣.

212) 岡田武彦 편저, 『陽明學の世界』(日本明德出版社, 1986년) 61면.

213) 양명의 이런 지향을 두고 陳來는 "사회적 책임과 현실에 대한 우환의식을 지향하기 때문에 노장과 불교의 순수한 '소요'의 경지와 구별된다."(『양명철학』예문서원, 461면)고 하였다.

214) 『전습록』상: 如保赤子, 民之所好好之, 民之所惡惡之, 此之謂民之父母之類. 皆是親字意. 親民猶孟子親親仁民之謂.

215) 『서경』「강고」: 若保赤子.

경』「주서」편에 "백성들이 하고자 하는 것을 하늘은 반드시 따른다."[216]는 것과 『서경』「우서」편에 "훌륭히 큰 덕을 밝히어 구족九族을 친애하시니 구족이 화해·화목하고, 백성들을 고루 밝히니 만방이 협력·화해한다."[217]라고 한데 근거한다. 『대학』의 '친민'을 '신민'으로 봐서는 안 된다는 주장이다.

3. 『대학』의 효제윤리 공동체

(1) 삼강령, 팔조목에 나타난 효제자

『대학』의 전문은 한마디로 삼강령, 팔조목으로 요약할 수 있다. 팔조목은 삼강령을 실현하는 방법으로 제시된 내용이다. 다산茶山 정약용丁若鏞은 이 삼강령, 팔조목 전체를 효제자孝弟慈로 이해하였다.[218] 그런데 이것은 원래 장절이 없었으나 주희가 『대학장구』에서 나누었다. 그 번역과 원문을 그대로 옮겨 가며 풀이해 본다.

> ① "대학의 도는 명덕을 밝히는 데 있으며, 백성과 친함에 있으며, 지극한 선에 머묾에 있다."(大學之道, 在明明德, 在親民, 在止於至善.)

'대학의 도'에 대해서 『예기』「학기」편에서는 옛날 교육의 내용을 열거하고 그 결과를 논하며 "가까이 있는 사람이 복종하고 멀리 있는 사람이 따르는 것이다."[219]라고 하였다. 그리고 대학의 가르침

216) 『서경』「周書」: 民之所欲, 天必從之.
217) 『서경』「虞書」: 克明俊德, 以親九族, 九族既睦, 平章百姓, 百姓昭明, 協和萬邦.
218) 『여유당전서』「대학공의」: 議曰, 大學有三綱領, 三綱領各領三條目, 皆是孝弟慈.
219) 『예기』「학기(學記)」: 近者說服, 而遠者懷之.

을 순서대로 말하고, 또 교육 방법도 논하고 있는데, 오늘날 교육 현장과 대비되는 부분이 있어 재밌다. 예컨대 "학교에 들어가 수업을 받을 때 북을 쳐서 그 시작을 알리고 그런 뒤 상자를 열어 책을 꺼내도록 함은 그 학업에 순종하도록 하기 위해서이다. 또 하초夏楚의 회초리로는 게으름을 경계하고 위엄을 세우기 위해서다. .... 또 선생이 때때로 학생이 하는 바를 관찰하고도 일일이 일러 말해주지 않는 것은 학생으로 하여금 그 마음을 전일하게 하여 뜻하는 바의 학업에 집중 발분 노력해서 스스로 진리를 터득하게 하기 위해서이다. 어린 사람은 강의를 들을 뿐이고 선생이 질문하지 않는 것은 자기의 실력을 껑충 뛰어넘어 조급하게 나아가지 않도록 하기 위해서이다."[220]라고 한 점이다. 당시 대학 교육 현장의 여유로운 분위기와 엄숙한 모습을 동시에 보여주는 문장이다. 중요한 것은 학업자 스스로 생각해서 스스로를 계발할 수 있도록 인내하며 배려하고, 또 조급해하지 않도록 불필요한 자극(질문)을 삼간다는 내용이다.

물론『대학』에서 말하는 대학의 도는 명덕, 친민, 지어지선止於至善이다. 먼저 '명덕'에 대한 이해다. 이 때 명덕을 '효제'로 풀이한 다산의 해석이 주목된다. 다산은 덕德을 효제라 하였고, 그 덕은 그렇기 때문에 추상적이지도 형이상학적이지도 않다고 하였다.『대학』의 '명명덕'을 효·제·자로 이해한 맥락이다.[221] 다산은 인륜을 돈독히 하

220)『예기』「학기(學記)」: 入學鼓篋, 孫其業也; 夏楚二物, 收其威也; .... 時觀而弗語, 存其心也; 幼者聽而弗問, 學不躐等也.

221)「대학공의」: 議曰, 大學有三綱領, 三綱領各領三條目, 皆是孝弟慈.『대학』삼강령과의 효·제·자에 대한 논의는 지준호 외,『다산 경학의 현대적 이해』(한국철학사연구회 편), 심산문화, 2004년, 333~337쪽에 자세하고,『중용』尊德性의 德과 효제충신에 대한 논의는 금장태,『道와 德』이끌리오, 2004년, 135쪽에 자세하다.

는 명덕을 효·제·자라고 단정하였다.[222] 덕을 실천적 효·제·자를 통해 설명한 내용들이다.

둘째, '친민'이다. 주희는 앞서도 말했듯 이를 '신민'이라 했다. 하지만 명덕을 효제자로 이해한다면 당연히 '친민'은 '친민'일 뿐이다. 『맹자』「등문공상」편에 시대별 학교 제도를 말하면서 배움이란 인륜을 밝히는 것이고, 인륜이 위에서 밝혀지면 아래서 친해진다[223]는 것에 근거한다. 명덕이 '효제자' 삼덕을 밝히는 것이라면, '친민'은 이런 사람들을 친애한다는 것이다. 백성들을 친애하고 가까이함에 효제보다 좋은 것이 없다고 하였다.[224] 주희의 말처럼 이를 '신민'으로 볼 수 없는 것이다. 양명이 '친민'의 뜻을 제대로 보았으나, 명덕을 효제자로 보지 않은 것은 안타까운 점이다.

셋째, '지어지선'이다. "지극히 선한 데서 머문다."는 뜻이다. 이 때 '머문다'는 뜻의 '지止'를 주목해 보자. 『주역』「간괘」에 "머물러야 할 때 머묾"[225]이란 말이 나온다. 이는 하나에 매달려 하나만을 고집하는 불통의 의미가 아니다. 때와 장소에 맞는 도리를 말한 것이다. 인간은 시·공간적 어느 순간과 지점에 머문다. 『대학』에서 특히 그 머묾에 따른 역할과 책무는 매우 중요한 의미를 갖는다. 먼저 전문의 내용을 살펴보자.

"『시경』에 이르기를 '심원한 덕을 갖춘 훌륭한 문왕이시여, 아! 계속해서 밝히고 공경해서 머문다.' 하니, 군주가 되었을 때에는 인仁

222) 「논어고금주」: 德者, 篤於人倫之名, 孝弟慈是已.

223) 『맹자』「등문공상」: 設爲庠序學校以敎之, 庠者, 養也. 校者, 敎也, 序者, 射也. 夏日校, 殷日序, 周日庠, 學則三代共之, 皆所以明人倫也. 人倫明於上, 小民親於下.

224) 『효경』「광요도장」: 敎民親愛莫善於孝, 敎民禮順莫善於悌.

225) 『周易』「艮卦」: 時止則止.

에 그치시고, 신하가 되었을 때에는 경敬에 그치시고, 자식이 되었을 때에는 효孝에 그치시고, 아버지가 되었을 때에는 자慈에 그치시고 나라 사람들과 더불어 사귈 때에는 신信에 그치셨도다."[226)]

다섯 가지 머묾과 그에 따른 역할을 지적한 내용이다. 먼저 『시경』「문왕」편을 인용하였다. 깊고 깊은 덕을 지닌 문왕이 공경에 머문다는 내용을 인용하고, 다섯 가지 머묾[五止]을 언급하였다. 즉 군주·신하·자식·아버지·나라사람 등 다섯 가지 경우이다. 이 다섯 가지는 백성의 기본 역할 모두를 포함하고 있다. 군신君臣·부자父子·국인國人·군주君主는 인함에 머물고, 신하는 공경에 머물고, 자녀는 효도에 머물고, 부모는 자애에 머물고, 백성은 신뢰에 머문다는 뜻이다. 그렇다면 앞서 말한 지선의 구체적 의미가 무엇인지 여기서 밝혀진다. '지선'은 인仁·경敬·효孝·자慈·신信이다.

『논어』「안연」편에 제경공이 정치에 대해 묻자, 공자가 "군주는 군주답게, 신하는 신하답게, 아버지는 아버지답게, 자식은 자식답게 하여야 한다."[227)]라고 하였는데, 이는 제경공의 특수한 상황을 고려한 표현이었지만,[228)] 『대학』의 다음 내용, 다시 말해 군주·신하·부모·자식·백성으로서의 윤리적 책무로 이끌어 간 것을 놓고 본다면 이는 인·경·효·자·신의 윤리적 재해석이란 생각이 든다. 이는 군신유의, 부자유친, 부부유별, 장유유서, 붕우유신의 오륜과 인의예지신의 오

---

226) 『大學』: 詩云, "穆穆文王, 於緝熙敬止!" 爲人君, 止於仁. 爲人臣, 止於敬. 爲人子, 止於孝. 爲人父, 止於慈. 與國人交, 止於信.

227) 『論語』「顔淵」: 君君, 臣臣, 父父, 子子.

228) 『論語集註』「顔淵」: 是時景公失政, 而大夫陳氏厚施於國. 景公又多內嬖, 而不立太子. 其君臣父子之間, 皆失其道, 故夫子告之以此. 景公善孔子之言而不能用, 其後果以繼嗣不定, 啓陳氏弑君簒國之禍.

상과 맥을 같이 한다. 인간관계론의 윤리적 덕목으로 푼 것이고, 서로간의 도덕적 책무를 말한 것이니, 한마디로 화해와 협력, 곧 하모니 공동체의 기본 틀을 인·경·효·자·신으로 말한 것이다.

그렇다면 삼강령에 해당하는 명덕, 친민, 지어지선은 모두가 효제윤리에 해당한다. 『대학』의 가장 중요한 도가 효제윤리임을 경문의 첫 내용을 통해서 확인할 수 있다. 이를 이해한 다산의 견해가 의미 있다. 이해하기 쉽게 도표로 만들면 다음과 같다.[229]

삼강령	내 용	효 과
明明德	孝者所以事君	天子庶人修身爲本
	弟者所以事長	
	慈者所以使衆	
親民	老老而民興孝	一家仁一國興仁
	長長而民興孝	
	恤孤而民不倍	
止至善	爲人子止於孝	盛德至善民不能忘
	爲人臣止於敬	
	與國人交止於信	
	爲人父止於慈	
	爲人君止於仁	

② "머뭄을 안 다음에 안정함(定)이 있고, 안정한 다음에 고요[靜]할 수 있고, 고요한 다음에 평안[安]할 수 있고, 평안한 다음에

229) 도표의 내용은 「大學公議」(定本『與猶堂全書6』 다산학술재단, 2012년) 87,88면 참조.

생각[慮]할 수 있고, 생각한 다음에 얻을[得] 수 있다."(知止而后有定, 定而后能靜, 靜而后能安, 安而后能慮, 慮而后能得.)

핵심을 요약하면 지지知止, 유정有定, 능정能靜, 능안能安, 능려能慮, 능득能得의 여섯 가지를 체득 실현하는 절차이고, 더 간추리면 지止·정定·정靜·안安·려慮·득得의 체현과정이라 할 수 있다. 한마디로 공부의 방법론이고 그 순서이다. 이를 앞의 내용과 연결한다면 지선至善이 효·제·자라 했으니, 이는 효·제·자에 머묾[止]을 안 다음에 안정함[定]이 있다는 것이다. 개인과 가정과 사회 안정의 요체가 효·제·자에 있고, 나아가 그래야만 고요하고[靜], 평안하고[安], 생각할 여유가 있고[慮], 얻을 수 있다[得]는 것이다. 이 때 얻는다는 것은 "무엇을 먼저 해야 하는가 하는 점"[230]을 얻는다고 한 것이다.

③ "물物에는 근본[本]과 말단[末]이 있고, 일[事]에는 끝[終]과 시작[始]가 있다. 먼저 할 것과 나중에 할 것을 알면 道에 가깝게 된다."(物有本末, 事有終始, 知所先後, 則近道矣.)

모든 것에는 본말과 종시가 있다는 말이다. 그렇다고 근본이 중하고 말단이 경하다는 뜻은 아니다. 단지 일의 순서를 말할 뿐 대수롭지 않은 것을 말단이라 한 것이 아니다. 여기서 물物은 의意·심心·신身·가家·국國·천하天下의 대상적 존재를 말하고, 사事는 성誠·정正·수修·제齊·치治·평平의 요소를 말한다. 그리고 물에 본말이 있다고 한 것은 다산의 해석에 근거하자면 의意·심心·신身은 본本이고, 가·국·천하는 말末이다. 그러나 수신은 또 성의誠意를 본으로 삼고 평천하는

230) 이을호 역주, 『중용·대학』 박영사, 1976년, 158면 참조.

제가를 본으로 삼으니, 본말 중에도 또 본말이 있는 것이다. 그러므로 아래 나오는 여섯 가지 일[六事]도 서로 엇물리고 서로 연결되어 층층이 본이 되는 것이니, 그 글이 마치 구슬에 꿰어놓은 것과도 같은 것이다. 이는 다 능려能慮로 능득能得할 수 있는 것들이다.[231)]

또 종시의 관점에서 보면 "성誠·정正·수修가 시이고, 제齊·치治·평平이 종이다." 앞서 말한 본말의 예와도 같다. 이에 대한 주희와 다산의 견해가 다르지만, 이 글의 주제와는 거리가 있어 여기서 두 사람의 차이를 논하는 것은 큰 의미가 없다. 다만 명덕을 앞서 효제자라 했다면, 효제자에는 종시본말이 있는가의 여부가 관심거리이다. 한마디로 효제자의 대상을 부모·어른·자녀라고 한다면 본말보다도 종시에 그 의미가 부여될 수 있다. 자녀에 대한 사랑[慈]을 받고 자란 아이가 부모를 공경하고[孝], 커가면서 형제와 우애[弟]한다고 본다면, 자慈가 시始이고 효제孝悌가 종終이 된다. 종시를 말하며 경중을 말하는 것은 의미가 없다. 예컨대 『효경』「개종명의장」에서 신체보전을 효의 시작이라 하고, 입신양명을 효의 종이라고 하였다 해도 그 시종에 경중이 있을 수 없는 것과 같은 이치이다.[232)]

④ "옛날 명덕을 천하에 밝히고자 하는 사람은 먼저 그 나라[國]를 다스리고[治], 나라를 다스리고자 하는 사람은 먼저 그 가家를 바로잡고[齊], 가를 바로잡고자 하는 사람은 먼저 그 몸[身]을 닦고[修], 몸을 닦고자 하는 사람은 먼저 그 마음을 바르게

---

231) 「대학공의」(앞의 책) 92~93면 참조.

232) 『효경』「개종명의장」: 身體髮膚, 受之父母, 不敢毁傷, 孝之始也. 立身行道, 揚名於後世, 以顯父母, 孝之終也.

하고, 마음을 바르게 하고자 하는 사람은 먼저 그 뜻[意]을 진실하게[誠]하고, 뜻을 진실하게 하고자 하는 사람은 먼저 그 앎[知]을 다[致]하고, 앎을 다하고자 하면 사물에 격格해야 한다."(古之欲明明德於天下者, 先治其國; 欲治其國者, 先齊其家; 欲齊其家者, 先脩其身; 欲脩其身者, 先正其心; 欲正其心者, 先誠其意; 欲誠其意者, 先致其知; 致知在格物.)

이는 앞서 말한 삼강령에 대해 좀 더 풀어 쓴 팔조목에 해당한다. 삼강령의 핵심을 효·제·자라 하였으니, 팔조목은 효·제·자를 구체화한 것이다. 이 때 순서가 있고 그것이 신身[233]·가家[234]·국·천하의 질서와 연계된다. 천하의 안녕과 질서를 위해 필요한 순서이고 내용이다. 이 때 핵심개념은 둘로 나눠서 말할 수 있다. 대상적(명사적) 존재로서의 천하·국·가·개인·마음·뜻·지식·사물이고, 실천적(술어적) 항목으로서의 명덕明德·치治·제齊·수修·정正·성誠·치致·격格이다. 여기서 격과 치에 대한 사상사 속의 논란은 주자학과 양명학의 분기점이 되는 매우 중요한 문제이나, 역시 여기 주제와는 거리가 있어 논외로 한다.[235]

---

233) 공동체 중심의 동양사회에서 주체적, 인격적 자아를 지닌 '개인'이란 말이 가능한가에 대한 이론의 여지가 있으므로 여기서는 그냥 직역해서 '몸'이라 한다.

234) 여기서 말하는 '家'란 일반적으로 말하는 상식적 의미의 '가정'이 아니라, 좀더 확대된 정치 공동체로서의 '가'를 말한다. 뒤에서 재론할 것이다.

235) 송대 주희는 致는 미루어 極에까지 이름(推極)이라 했고, 知는 識과 같다고 했다. 나의 지식을 極致에까지 미루어 그 아는 바를 다하는 것이라 하고, 또 格은 至이고, 物은 事와 같다고 하면서 사물의 이치에 窮至하여 그 極處에까지 이른다고 하여, 객관적 사물을 탐구함으로써 인간의 지적 능력을 최대한 계발함과 동시에 내적 심성을 통찰할 것을 주장하는 것으로 '格物致知'를 설명하였다면, 명대 왕양명은 致知를 지식을 채우고 넓힌다는 뜻으로 해석한 주희의 설을 비판하고, 내 마음의 良知를 극진하게 하는 것이 치지라 하였다. 또 격물도 사물에 이르러 궁리한다는 주희설을 비판하고, 格을 바르게 한다(正)는 뜻으로 이해하였다. 곧 바르지 못함을 바르게 하여 바름에로 돌아가게 하는 것을 격물이라 했다. 여기서 양명은 格物致知 자체가 실천적 요소가 되므로 知行合一을 강조하였는데, 이는 주희의 격물치지론을 단계적 의미, 곧 先知後行으로 보고 비판한 것이다.

다만 가家의 의미는 따져볼 필요가 있다. 보통 상식적으로 말하는 '가'란 최소 공동체, 곧 한 집안을 말하지만, 여기서는 그것과는 다른 확대된 공동체를 말한다. 한마디로 '가'란 춘추전국시대 대부가 치리하는 공동체 단위를 가리킨다.

춘추전국시대 정치는 대개 대부들의 손에 의해 좌우되었다. 『논어』에 나오는 노나라의 맹손孟孫·숙손叔孫·계손季孫 등의 삼가三家나 공자가 비판 대상으로 삼은 삼환三桓이나 진晉나라의 삼경三卿은 모두 경대부 그룹이었다. 이들은 당시 작록제도에 의해 부여받은 채읍采邑·식읍食邑에서 조세를 거둬 자신의 봉록을 삼았다.[236] 이렇게 분봉한 토지를 '가'라 하였다. 채지采地를 가진 대부들이 관리하던 땅을 '가'라 한 것이고, 채지를 관리하는 가신家臣도 두었다. 이 때 대개는 천자와 제후 관계가 처음 그랬듯 가신들도 대개는 가족중심의 경영체제로 이어져갔다. 천하와 국이 그렇듯 '가'도 역시 가족중심, 혈연중심의 정치체제였던 것이다.

채지란 대개 신분에 따라 제한을 두었지만, 시간이 흐르면서 토지겸병이 늘면서 그 한계가 사라졌고, 그것이 정치 불안정의 요소로 작용하였다. 공동체적 사회질서가 점차 무너지면서 '국과 국' 사이에, '가와 가' 사이에 분열 갈등이 늘면서 천하는 불안해 졌다. 다시금 세력간 새로운 질서가 요구된 것이다. 주나라 왕실이 제정한 천하 질서를 위한 '국과 가'의 예악제도가 절실하게 된 것이다. 가족간의 질서유지가 사회안정의 열쇠가 되었기 때문에 "부자자효父慈子孝, 형우제공兄友弟恭"의 유대관계가 요구되었다는 것이다. 이것이 바로

236) 이상은 『대학·중용』 현암사, 309~310면 참조.

『대학』의 핵심 개념의 하나인 '제가齊家'라 할 수 있다.

따라서 『대학』에서 말하는 '가'는 우리가 일반적으로 생각하는 '가정'의 '가家'가 아니라 작은 정치공동체의 '가'인 것이다. 『논어』에서 효제를 말한 것도 단순 가정에서의 효제가 아니라 사회공동체의 효제였던 것이다. '가'가 작은 공동체를 의미하고 그 주요가치가 효제라고 한다면 기초자치단체의 핵심 정치요소가 효제였다는 것이다.

아무튼 천하는 국을 기본으로, 국은 가를 기본으로, 가는 몸을 기본으로, 몸은 마음을 기본으로, 마음은 사물을 기본으로 성립하고 거기에서 바른 방향과 질서를 찾을 수 있다. 특히 가시적인 국가사회는 몸과 가를 토대로 구성되기 때문에 국가사회의 안정을 위해서는 우선 몸과 가가 바로 되어야 했다. 그러기 위해서는 삼강령의 핵심으로 거론된 효·제·자가 다시 부각될 수밖에 없다.

> ⑤ "사물에 격한 다음에 앎이 이르고, 앎에 이른 다음에 뜻이 진실하게 되고, 뜻이 진실한 다음에 마음이 바르고, 마음이 바른 다음에 몸이 닦아지고, 몸이 닦아진 다음에 가가 바로 잡히고, 가가 바로 잡힌 다음에 나라가 다스려지고, 나라가 다스려진 다음에 천하가 평안해 진다."(物格而后知至, 知至而后意誠, 意誠而后心正, 心正而后身脩, 身脩而后家齊, 家齊而后國治, 國治而后天下平.)

앞의 내용을 다시 역순으로 정리하며 강조한 내용이다. 본말을 따라 시종을 정리하였다는 의미가 있다. 다시 말해 격물치지格物致知 → 성의정심誠意正心 → 수신제가修身齊家 → 치국평천하治國平天下의 시종을 정리한 내용이다.

⑥ "천자로부터 서민에 이르기까지 모두 수신으로써 근본을 삼는다."(自天子以至於庶人, 壹是皆以脩身爲本.)

수신은 천자부터 서민까지 남녀노소, 지위고하를 막론하고 근본이 된다. '치국평천하'가 관리자의 몫이라면 수신은 인간이면 누구나가 갖춰야할 필수항목이다. 관리자가 아닌 일반 사람도 당연히 해야할 덕목이 수신이란 것이다. 관리자가 되기 위한 덕목도 수신에서 비롯한다. 결국 수신하지 못한다면 천자가 되었든 서민이 되었든 인간의 기본을 갖추지 못한 것이다. 이를 다시 효의 관점에서 풀어간다면, 효를 백행의 근본으로 하였으니, 수신과 효가 동격은 아니지만, 효와 수신은 근본이란 차원에서 함께 논의할 수 있을 것이고, 또 삼강령의 핵심을 효·제·자라 하였으니, 효·제·자 역시도 수신과 같은 근본적인 맥락에서 볼 수 있을 것이다.

⑦ "그 근본[本]이 어지럽고 말단[末]이 다스려지는 것은 없고, 그 후할 곳에 박하고서는 그 박할 곳에 후할 리가 없다."(其本亂而末治者否矣, 其所厚者薄, 而其所薄者厚, 未之有也.)

앞서 근본을 수신이라 하였다. 그 근본으로 수신이 확립되었을 때 말단까지도 잘 다스려진다는 것이다. 다산은 『대학공의』에서 "소후所厚는 자신이오, 소박所薄은 백성이니, 근본을 아는 자는 가·국·천하의 근본이 자신에게 있음을 아는 것이다."[237]고 하였다. 내가 있기에 가·국·천하도 성립하는 것이고, 그러한 나는 수신으로 무장되어야 진정한 내가 된다는 것이다.

237) 「대학공의」: 所厚, 謂身也. 所薄, 謂民也. 知本者, 知家國天下之本在身也.

(2) 인仁·경敬·효孝·자慈·신信의 공동체 윤리

인간은 자라면서 맡은 바 책무를 달리한다. 어렸을 때의 책무와 중장년기의 책무가 매번 다르다. 『대학』의 '지어지선止於至善'에서 머문다는 뜻의 '지止'에 주목할 필요가 있다. 전傳에 풀어쓴 내용이다.

> "『시』에 '서울지방은 사방이 천리이니 백성들이 머물러 사느니라.' 하였고, 또 『시』에 '꾀꼴꾀꼴 꾀꼬리는 언덕배기에 머물도다.' 하였는데, 공자가 말하기를 '머물되 그들은 머물 곳을 아느니라. 사람이 되어가지고 새만도 못해서야 될 말인가.'라고 하였다."[238)]

『시』를 들어 사람과 동물의 머무는 장소를 말하며 '머묾[止]'을 상태동사로 해석하였다. 이를 다시 인간의 삶에 적용하면서 윤리적 가치로 치환하여 설명한 것이 다음 문장이다.

> "『시』에 '높고도 위대한 문왕이시여! 아아, 끊임없이 밝아 조심하시며 공경함에 머무시니라. '하였으니, 남의 임금이 되어서는 인仁에 머물고, 남의 신하가 되어서는 공경함에 머물고, 남의 아들이 되어서는 효도함에 머물고, 나라사람들과 사귈 때에는 신의에 머물렀느니라."[239)]

이 때 '머묾'은 머무는 장소가 아닌 인仁·경敬·효孝·신信 등의 윤리적 행위를 가리킨다. 삼강령을 효·제·자로 말한 것과 대비해서 정리

---

238) 『대학』: 詩云, "邦畿千里, 惟民所止." 詩云, "緡蠻黃鳥, 止于丘隅." 子曰, "於止, 知其所止, 可以人而不如鳥乎!"

239) 『대학』: 詩云, "穆穆文王, 於緝熙敬止!" 爲人君, 止於仁. 爲人臣, 止於敬. 爲人子, 止於孝; 爲人父, 止於慈. 與國人交, 止於信.

한다면 인간은 자신의 처지에 맞게 윤리적 덕목에 머물러야 하는데, 임금은 인, 신하는 경, 자녀는 효, 대인관계 속에서는 신에 머물러야 한다. 그것이 인간관계 속에서의 근본적인 가치라면 같은 맥락에서 말한 효·제·자 역시도 화해·화합·하모니 관계의 기본이 되는 것이다. 그것이 근본을 알고 실천하는 사람이란 것이다.

"이른바 국國을 다스림에 먼저 그 가家를 가지런히 해야 한다고 하는 것은 그 가를 가르치지 못하고서 남들을 가르칠 수 있는 자가 없다는 것이다. 그러므로 군자는 가에서 나가지 아니하고도 가르침을 국에 이룰 수 있고, 효도하는 것은 군주를 섬기는 바이고, 공경하는 것은 어른을 섬기는 바이고, 자애하는 것은 무리를 관리하는 바이다."[240)]

제가·치국의 기본 도리를 효·제·자로 설명한 대목이다. 공동체 관리자의 기본 덕목을 효·제·자로 보고 그것이 이뤄질 때 공동체 관리는 규모가 크든 작든 저절로 이루어진다는 것이다. 하지만 제가·치국·평천하의 핵심덕목인 효·제·자가 치우치면 곤란해진다. 먼저 제가함에 치우침에 대한 경계이다.

"이른바 제가란 그 자신을 가다듬는데 있으니, 사람들은 그가 친애하는 이에게 치우치고, 그가 천하게 여기거나 미워하는 이에게 치우치고, 그가 두려워하며 존경하는 이에게 치우치고, 그가 애처롭게 여기며 불쌍히 여기는 이에게 치우치고, 그가 오만하게 대하며 업신여기는 이에게 치우치니, 그러므로 좋아하면서도 그의 나쁜 점을 안다

---

240)『대학』: 所謂治國必先齊其家者, 其家不可教而能教人者, 無之. 故君子不出家而成教於國, 孝者, 所以事君也. 弟者, 所以事長也. 慈者, 所以使衆也.

> 거나, 미워하면서도 그의 아름다운 점을 아는 사람은 이 세상에 드물 것이다. 그러므로 속담에 '사람들은 제 자식의 나쁜 점은 알지 못하고, 제 곡식 싹이 자라나는 것을 알지 못한다.'는 말이 있는 것이다. 이를 일러 자신을 가다듬지 않고서는 자기 집을 정제할 수 없다는 것이다."[241]

기초 공동체로서의 가를 다스림에 치우침을 경계한 내용이다. 이를 방지하고 경계할 수 있는 방책이 수신에 있음을 말한 대목으로, 하모니 공동체를 위한 효·제·자를 바로 실천하기 위해서는 수신이 선행조건임을 말한 것이다. 이는 치국도 마찬가지다. 작은 공동체 가를 바로 하기 위해서는 수신이 선행조건이라면 치국의 선행조건은 제가에 있다.

> "이른바 치국이란 반드시 그 가를 가지런히 해야 한다는 것이니, 그 가라고 하는 작은 공동체를 교화하지 못하면서 남들을 교화시킬 수 있는 사람은 없는 것이다. 그러므로 군자는 작은 공동체 밖으로 나가지 않더라도 나라 안을 교화시킬 수 있는 것이다. 효孝란 임금을 섬기는 연유가 되는 것이요, 제悌란 어른을 섬기는 연유가 되는 것이요, 자慈란 백성을 부리는 연유가 되는 것이다."[242]

제가의 기본적인 방법을 효·제·자로 보았으니, 수신과 제가의 기

---

241) 『대학』: 所謂齊其家在脩其身者, 人之其所親愛而辟焉, 之其所賤惡而辟焉, 之其所畏敬而辟焉, 之其所哀矜而辟焉, 之其所敖惰而辟焉. 故好而知其惡, 惡而知其美者, 天下鮮矣! 故諺有之曰, "人莫知其子之惡, 莫知其苗之碩." 此謂身不脩不可以齊其家.

242) 『대학』: 所謂治國必先齊其家者, 其家不可教而能教人者, 無之. 故君子不出家而成教於國, 孝者, 所以事君也. 弟者, 所以事長也; 慈者, 所以使衆也.

본이 효·제·자와 깊이 연관되어 있고, 그래야만 남을 교화시키고 나아가 치국도 가능하다는 것이다. 작은 공동체로서의 가족윤리, 효·제·자가 국가윤리로 나아가 평천하의 윤리로 확충됨을 말한 것이다. 지도자 한 사람의 효·제·자가 큰 공동체의 교화와 안정, 평화과 화해, 곧 하모니 공동체의 핵심으로 작용한다는 것을 말한다.

> "일가一家가 인자하면, 일국一國이 인자한 기풍을 일으키고, 일가가 사양하면 일국이 사양하는 기풍을 일으키고, 한 사람이 탐욕하고 사나우면 일국이 어지럽게 된다. 그 기틀이 이와 같으니 한 마디 말이 일을 뒤엎고, 한 사람이 나라를 안정시킨다는 것은 이를 두고 한 말이다."[243]

구체적으로 요순堯舜은 인애仁愛와 효·제·자로 천하를 안정시키며 하모니 공동체를 만들 수 있었고, 걸주桀紂는 포악함과 탐욕으로 나라를 망하게 했다. 그래서 나온 말이 "군자는 자기가 간직한 연후에야 남에게도 있기를 요구하고, 자기에게 없고 난 연후에야 비방할 수 있으니, 자기 자신 속에 간직한 것을 가지고 미루어서 생각해 보지 않고서 능히 남을 깨우쳐 줄 수 있는 사람은 일찍이 없었다. 그러므로 치국은 가공동체를 가지런히 하는데 있다는 것이다."[244]

여기서 '有諸己'란 효·제·자의 덕이 자기에게 있다는 것이고, '無諸己'란 효·제·자의 덕이 자기에게 없다는 것이다. 있고 없고는 곧 효

---

243) 『대학』: 一家仁, 一國興仁. 一家讓, 一國興讓. 一人貪戾, 一國作亂; 其機如此. 此謂一言僨事, 一人定國.

244) 『대학』: 君子有諸己而后求諸人, 無諸己而后非諸人. 所藏乎身不恕, 而能喩諸人者, 未之有也. 故治國在齊其家.

제자의 유무를 가리킨다.

(3) '혈구지도'의 화해공동체

다산은 '서恕'를 두 가지로 말하며, '추서推恕'와 '용서容恕'를 말했다. "옛날 경서에는 추서만 있지 본래 용서는 없었는데, 주자가 말한 것은 대개 용서에 관한 것이다. 『중용』에서 '나에게 한 것이 내가 원하는 것이 아니라면 남에게도 해서는 안 된다.'한 것이 '추서'이고, 자공子貢이 '남이 내게 가하는 것이 원하는 것이 아니라면 나 또한 남에게 가해서 안 된다.'한 것이 '추서'이고, 이 경經에서 '위에서 싫어하는 것으로 아랫사람을 부리지 말고, 아랫사람이 싫어하는 것으로 위를 섬기지 말라.'한 것이 '추서'이고, 공자가 '내가 하기 싫은 것을 남에게 하지 말라'한 것이 '추서'인 것이다. '추서'란 자수自修하는 까닭인 것이다. 그러므로 맹자는 '억지로라도 미루어 생각하여 실행하면 사람다움은 바로 가까이 있는 것이다.'라고 하였으니, 사람과 사람이 교제할 때에는 오직 '추서'만을 요긴한 방법으로 생각해야 한다고 말하는 것이다. 옛 성인들이 서를 말할 때는 다 이러한 뜻이었다."[245] 그리고 '용서'란 "『초사楚辭』에 '서기恕己하여 남을 헤아려라.'고 하였고, 조세가趙世家에는 '노신老臣이 자서自恕한다.'하였고, 『한서』의 유관전劉寬傳에는 '온인溫仁하여 다서多恕한다.'"[246]고 하였는데,

---

245) 「대학공의」: 其在古經, 止有推恕, 本無容恕, 朱子所言者, 蓋容恕也. 中庸日, "施諸己而不願, 亦勿施於人." 此推恕也. 子貢日, "我不欲人之加諸我也, 吾亦欲無加諸人." 此推恕也. 此經日, "所惡於上, 毋以使下, 所惡於下, 毋以事上." 此推恕也. 孔子日, "己所不欲, 勿施於人." 此推恕也. 推恕者, 所以自修也. 故孟子日, "强恕而行, 求仁莫近焉." 謂人與人之交際惟推恕爲要法也. 先聖言恕, 皆是此義.

246) 「대학공의」: 若所謂容恕者, 楚辭日, "恕己以量人." 趙世家日, "老臣自恕." 後漢書劉寬傳日, " 溫仁多恕." 此容恕也.

이것을 '용서'라고 했다. 이렇듯 '추서'와 '용서'는 다른 것 같지 않지만, 다산은 그 차이가 천리나 된다고 하였다. "'추서'는 자수自修를 주로 하여 자기의 선한 점을 실행하는 것이오, '용서'란 치인治人을 주로 하여 남의 잘못을 관대하게 보아주는 것이다."[247]라고 했다. 다시 말해 '추서'란 자신의 긍정적인 측면을 스스로 드러내는 것을 통해서 미루어 나가는 것이고, '용서'란 남을 이해하고 관용하는 태도를 기준으로 말하는 것이다. 그러므로 옛날에는 스스로를 통해서 미루어 나갔기 때문에 '용서'라기 보다는 주로 '추서'였다고 말한 것이다.

효제 윤리에 적용해 본다면 내가 효제를 실천하면 남들에게도 효제를 요구할 수 있고, 내게 효제윤리가 없다면 남들에게도 요구할 수 없다는 것이다. 내가 불효하면서 남에게는 효도하라고 할 수 없다는 것이니, '추서'란 솔선수범의 도덕윤리 준수라 할 수 있다.

『대학』에서 '수신제가'를 기반으로 '치국평천하'를 말하는 순차가 중요한 것도 이러한 '추서'의 내용과 방법이 작용한 셈이다. 이 때 핵심은 물론 효·제·자에 있음은 이미 말했다. 그것을 다른 각도에서 말한 것이 '혈구지도'다.

> "이른바 평천하하려면 먼저 그 나라를 잘 다스려야 한다는 것은 윗사람이 노인을 노인으로 제대로 대접해야 백성들이 효도하게 되며, 윗사람이 어른을 어른으로 제대로 대접할 줄 알아야 백성들도 공경하며, 윗사람이 불쌍한 고아를 구제해야 백성들이 이반하지 않는다. 그러므로 군자는 '혈구지도'가 있는 것이다. 윗사람이 싫어하는 것을 아랫사람에게 강요하지 말며, 아랫 사람이 싫어

247) 「대학공의」: 推恕者, 主於自修, 所以行己之善也, 容恕者, 主於治人, 所以寬人之惡也.

하는 것으로 윗사람을 섬기지 말며, 앞사람이 싫었던 것을 뒷사람에게 가하지 말며, 뒷사람이 싫어한 것을 앞사람에게 따르게 하지 말며, 오른쪽이 싫어한 것으로서 왼쪽과 사귀지 말며, 왼쪽이 싫어한 것으로 오른쪽과 사귀지 않는 것, 이것을 일러 '혈구지도'라고 하는 것이다."[248]

평천하의 기본이 최고지도자의 효·제·자의 솔선수범에 있음을 말한 내용이다. 『맹자』에는 인류의 평화를 위해서는 이웃집 노인과 어른을 내 집 어른 모시듯 해야함을 말했다.[249] 다산도 이 내용을 해석하며 태학의 큰 예절을 효·제·자라 하고, 이 기풍 일으키는 것을 '대학의 도'라고 하였다.[250] 삼강령을 효·제·자로 이해한 것과 일맥상통한다. 그러기 위해서는 '혈구지도'가 필요한데, 다산은 그 이유를 "남이 우리 아버지를 업신여기면, 나는 그를 미워할 것이다. 그러므로 태학에서 양로養老의 예는 남의 아버지를 공경하는 것이니, 그러면 백성들은 과연 효도의 기풍을 일으킬 것이다. 남이 내 형을 업신여기면, 나는 그를 미워할 것이다. 그러므로 태학에서 서치序齒의 예는 남의 형을 공경하는 것이니, 그러면 백성들은 과연 공경의 기풍을 일으킬 것이다. 그러므로 군자에게는 헤아려보는 도가 있는 것이다."[251]라고 말하며 실질적인 예를 들어 설명하였다. '혈구지도'의 입장에서 효제를 강조한 내용이다.

---

248) 『대학』: 所謂平天下在治其國者, 上老老而民興孝, 上長長而民興弟, 上恤孤而民不倍, 是以君子有絜矩之道也. 所惡於上, 毋以使下. 所惡於下, 毋以事上. 所惡於前, 毋以先後. 所惡於後, 毋以從前. 所惡於右, 毋以交於左. 所惡於左, 毋以交於右, 此之謂絜矩之道.

249) 『맹자』「양혜왕상」: 老吾老, 以及人之老; 幼吾幼, 以及人之幼.

250) 「대학공의」: 此三大禮, 爲太學興孝, 興弟, 興慈之本. 若去此三禮, 則經所云大學之道, 不知何道.

251) 「대학공의」: 人慢我父, 我則惡之, 故太學養老之禮以敬人父, 而民果興孝. 人侮我兄, 我則惡之, 故太學序齒禮以敬人兄, 而民果興弟. 是故君子有絜矩之道也.

4. 본말시종의 핵심 효제자

공자는 인을 기반으로 효제와 충서를 통해 하모니 공동체를 추구하였다. 맹자는 공자사상을 기반으로 하면서도 의에 초점을 맞춰 인의예지와 오륜을 정립하였다. 공맹사상을 이은 전국말 이후 진한대에 이르러 효를 중심으로 한『효경』이 나왔고, 대인의 학문으로서『대학』도 나왔다.『효경』이야 이름그대로 효를 핵심가치로 한 내용이라면,『대학』역시도 본말시종을 논하며 역시 효와 관계있는 내용을 말했다.

춘추시대 공자로부터 맹자를 이어 전국말에서 진한대로 이어오면서 유가의 이상적인 사회는 늘 주대 봉건사회였다. 이들은 비록 주대 봉건사회는 무너졌지만, 당시 안정된 사회구조가 혈연중심의 윤리제도에 기인한다고 보았다. 이후로 이상적인 형태의 제도를 주대 혈연을 기본에 두었다. 이 때 공동체 단위의 기본은 가·국·천하였고, 출발은 개인의 마음과 몸이었다. 이것이 '수신제가치국평천하' 본말시종의 구조였다. 이를 다시 '수신제가'와 '치국평천하'로 나눠서 본다면, 이 때 '수신제가'의 기본은 효·제·자이고, 이것이 '치국평천하'로 가는 핵심윤리가 된다는 것이다.

한마디로『대학』의 요지는 다산의 정리를 빌려 말하자면 효·제·자라 할 수 있다. 핵심 삼강령, 팔조목이 모두 효·제·자를 설명하고 있다. '명덕'을 밝힌다고 한 것도 효·제·자를 말하는 것이지 사람의 영명靈明을 밝히는 것이 아니다. '친민'의 핵심도 효·제·자이고, '지선'에 머무는 것도 효·제·자이다. '격물치지성의정심수신제가치국평천하'의 팔조목의 기본도 효·제·자로 집약된다. 방법적으로 '혈구지도'를 말하지만 궁극적 내용은 역시 효·제·자라 할 수 있다. 본말과 시종을 논하면서도 그 중심은 효·제·자에 있음을 확인하였다. 그것이 대인의 학문, 대학의 학문, 군자의 도리, 지도자의 도리라는 것이다.

특히 '치국평천하'를 위해서는 '수신제가'가 선행조건인데, 이 때 '수신제가'는 더할 것도 없는 효·제·자를 기본으로 한다. 이유는 간단하다. 효도·공경·자애하는 마음으로 자신을 닦고 훈련한다면 남에게도 그런 태도를 취할 것이고, 또 지도자가 그렇게 솔선수범하면 그를 따르는 사람도 그렇게 될 것이기 때문이다. 이것이 『대학』이 알려주는 하모니 공동체의 교훈이다.

Ⅴ. 『효경』에 나타난 효문화공동체

1. 효는 공동체 윤리

효의 내용을 담고 있는 경전은 많다. 그 가운데 『효경』이 가장 대표적이다. 인간의 '모든 행위의 근본'을 효라고 한다면, 『효경』은 경전중의 경전이라 할만하다. 인간이 동물과 다름을 표할 수 있는 길이 효이기 때문에, 옛날부터 『효경』은 그 어떤 경전보다 소중히 다뤄져 왔다. 역사의 흐름 속에서 일방적·수직적 이데올로기란 비난도 감수하였지만, 효 본래 정신만은 훼손할 수 없었던 이유이다.

그렇기 때문에 『효경』에 대한 수많은 역주서가 나왔다. 전문 학자뿐만 아니라 나라의 최고지도자들까지도 『효경』역주서 편찬에 참여했다. 중국에서만도 5백여 종의 주해서가 나왔다. 우리나라에서도 이루 헤아릴 수 없을 정도의 역주서가 나왔다. 하지만 아무리 많은 역주서라 하더라도 조금씩 그 내용을 달리했다. 해석하는 사람마다 조금씩 견해가 달랐기 때문이다. 이런 다름과 차이를 확인하는 것이 때론 즐거운 공부이기도 하다. 하지만 여기서는 그것에 의미를 부여하지 않았다. 미세한 차이를 부각시키는 것도 의미 없지만, 큰 틀의 주제에서 벗어나기 때문이다.

여기서 주로 관심 갖는 것은『효경』에 나타난 공동체 윤리이다. 공동체 윤리의 기본인 하모니를『효경』에서 어떻게 말하고 있는지 살펴보는 일이다. 일반적으로 효는 부모공경이다. 또 그것이 효의 본질이다. 하지만 거기에 머물지 않는다. 공동체 속에서의 하모니 정신을 추구한다. 전통적 효개념이 단지 부모와 가족을 대하는 정신에 머문다면 한계가 뚜렷하다. 오늘날 효사상이 긍정적 역할을 하기 위해서는 공동체에 기여할 수 있어야 한다. 그런 의미에서『효경』은 공동체의 하모니 윤리를 잘 담고 있다. 이를 살피기 위해서는 먼저『효경』이란 책이 어떤 것인지 살펴볼 필요가 있다.

2.『효경』이란?

(1) 책이름이 갖는 의미

일반적으로 중국 고전이나 경전의 특징은『노자』『장자』『맹자』『순자』『묵자』『한비자』등 저자의 이름을 그대로 책명에 쓰는 경우가 많다. 내용도 한 가지 주제를 담지 않고 여러 잡다한 내용들이 뒤

섞여 있다. 『논어』의 경우 제자들의 이야기[論]와 공자의 말씀[語]을 담았다 해서 나온 이름이다. 내용도 한 가지 주제가 아니다. 문학·사학·철학은 물론 기타 인문학적 요소를 모두 담고 있다. 하지만 『효경』만은 다르다. 오로지 효에 대한 내용만을 골라서 담았다. 한 가지 주제를 갖고 편집한 책이다. 책명도 남다른 의미를 갖는다.

책명 선택의 바탕이 된 『효경』「삼재장」을 보자. "대저 효란 하늘의 법칙이며, 땅의 질서이며, 백성들이 행해야 할 것이다."[252] 여기서 첫 구절의 '효孝'와 '경經'을 따서 『효경』이라 했다. 효는 해도 되고 안 해도 되는 선택이 아닌 반드시 해야할 법칙이다. 또 그것은 질서이며 당연한 규범이다. 이를 책명에 담은 것이다.

(2) 저자는 누구일까?

선진先秦이래 서한西漢시대에 이르기까지 중국에서는 일반적으로 저술에 작자 이름을 표시하지 않았다. 이는 마치 유행처럼 이어졌다. 이름이 서명으로 불린 것은 그 제자들과 후학들의 손에 의한 것일 뿐 본인들은 서명과 저자를 밝히지 않았다. 『효경』의 저자도 누구인지 정확히 밝혀져 있지 않았다. 그렇기 때문에 훗날 여러 설들이 난무하였다. 그 다양한 설 가운데 대표적인 몇 가지만 소개해 본다.

첫째, 공자설이다. 『한서』『백호통의』 등에 나오는 주장이다. 유흠(劉歆, B.C.53~23), 하휴(何休, 129~182), 정현(鄭玄, 127~200), 왕숙(王肅,

252) 『고문효경』제8장 「삼재장」: "子曰, 夫孝天之經也, 地之誼也, 民之行也."

195~256) 등도 이 설을 주장했다. 반고(班固, 32~92)의 『한서』 「예문지」 권10에 전한前漢 무제武帝 말, 노魯 공왕恭王이 자신의 궁을 증축하려고 공자의 구택을 부수었을 때, 그 벽에서 『고문상서』『예기』『논어』『효경』 등이 나왔다. 「예문지」에 "수십편, 모두 고자古字로 씌어진 것이다."는 기록이 있고, 그 다음 문장에 "『효경』은 공자가 증자에게 효도에 대해 말한 것이다."고 한 자료에 근거한다.

둘째, 증자설이다. 『고문효경』의 서문을 쓴 공안국(孔安國, ? ~ ?, 공자의 12대손)의 주장이다. 『사기』제7 「중니제자열전」에 "증삼은 (노나라) 남무성인으로 자는 자여, 공자보다 46세 어리다. 공자는 (증삼이) 효도에 능통하다고 생각하고 그에게 가르침을 주어 『효경』을 짓게 하였다. (그 후 증삼은) 노나라에서 죽었다."[253]고 한데 근거한다.

셋째, 공자문인설이다. 송대 사마광(司馬光, 1019~1086)의 『고문효경지해서』에서 "성인이 말씀하신 것은 경으로 삼고 실천하신 것은 법으로 삼는다. 그러므로 공자와 증삼이 효를 논한 것을 문인들이 기록하였는데, 그것을 『효경』이라고 한다."[254]고 하였고, 청대 모기령(毛奇齡, 1623~1716)의 『효경문』에서는 "이것(효경)은 춘추전국시대 70명의 공자 제자들의 저작이다. 그 후 『논어』를 나누고 『대학』『중용』『공자한거』『중니연어』『방기』『표기』 등 여러 편들을 동시에 나누었는데, 마치 한 사람 손에서 나온 것과 같다. 그래서 매번 한 장을 설명할 때마다 반드시 몇 마디 경전을 인용하여 설명하였다."[255]고 하

253) 『史記』제7 「仲尼弟子列傳」: "曾參, 南武城人, 字子輿, 少孔子四十六歲. 孔子以爲能通孝道, 故授之業. 作孝經. 死於魯."

254) 司馬光, 『古文孝經指解序』: "聖人言則爲經, 動則爲法, 故孔子與曾參論孝, 而門人書之, 謂之孝經."

255) 毛奇齡, 『孝經問』: "此是春秋戰國間七十子之徒所作, 稍後分論語, 而與大學中庸孔子閑居仲尼燕語坊記表記諸篇同時, 如出一手. 故每說一章, 必有引經數語以爲證."

였고, 『사고전서총목제요』에서도 『효경』을 "70문인의 유서遺書"라고 한데 근거한다.

넷째, 증자문인설이다. 조공晁公의 『군재독서지』에 "지금 (효경의) 첫머리에 '仲尼居, 曾子侍'라 한 것을 보면 공자의 저작은 아닌 게 분명하다. 문장 내용을 자세히 보면 마땅히 증자 제자들이 쓴 것이다."[256]고 하였고, 남송 왕응린王應麟의 『곤학기문』 권7에서 호인胡寅이 말한 "『효경』은 증자 스스로의 저작이 아니다. 증자가 공자에게 효에 대하여 질문한 것을 물러나와 그 제자들에게 말하자 주제별로 기록하여 책을 만든 것이다."[257]고 하였고, 주자朱子도 『효경간오』에서 "『효경』은 공자와 증자의 문답으로 증자의 문인들이 기록한 것이다."[258]라고 한데 기인한다.

다섯째, 자사설子思說이다. 남송 왕응린의 『곤학기문』에는 또 "풍씨가 말하기를 자사가 『중용』을 저술하며 할아버지의 말씀을 추술追述하였는데, ... 이 책(효경)도 마땅히 자사의 손으로 이루어졌다."[259]고 한데 근거해서 『효경』을 증자의 제자이자 공자의 손자 자사의 저술로 말하고 있다.

여섯째, 맹자문인설이다. 왕정기王正己의 『효경금고』에서 "총괄적으로 보자면 『효경』의 내용은 맹자사상에 매우 근접하다. 따라서 『효경』은 대략 맹자 문인들의 저술로 단정할 수 있을 것이다."[260]라

256) 晁公武, 『郡齋讀書志』: "今其首章云, 仲尼居, 曾子侍, 則非孔子所著明矣. 詳其文書, 當是曾子弟子所爲書."
257) 王應麟, 『困學紀聞』권7 : (胡寅이 말한) "孝經非曾子所自爲也, 曾子問孝於仲尼, 退而與門弟子言之, 門弟子類而成書."
258) 朱子, 『孝經刊誤』: "孝經, 夫子ㆍ曾子問答之言, 而曾子門人記之也."
259) 왕응린, 『곤학기문』: "馮氏曰, 子思作中庸, 追述其祖之語, ... 是書當成於子思之手."
260) 王正己, 『孝經今考』: "總之孝經的內容, 很接近孟子的思想, 所以孝經大概可以斷定是孟子門弟子所著的."

고 한데 기인한다.

일곱째, 한대 유자설이다. 명대 『오정한집』에서 "『효경』에는 많은 내용이 공자의 말이 아니다. 한대 유학자들이 부회하여 나왔다는 것은 의심의 여지없다."[261]고 하였고, 청대 요제항姚際恒의 『고금위서고』에서 "이 책은 한유에게서 나왔다. 공자의 저작이 아닐 뿐만 아니라 주진周秦시대의 말도 아니다."[262]라고 한데 기인한다.

그렇다면 『효경』의 저자는 누구인가? 이것을 밝히기 위해서는 『효경』의 저작 년대를 알지 않으면 안 된다. 진秦나라 때(BC 241년) 여불위呂不韋가 편찬한 『여씨춘추』에서 여러 차례 『효경』을 인용하였으니, 분명한 것은 진나라 이전에 저술되었다는 한나라 유자설은 해당 사항이 없다.

왕의 신분으로 『효경』에 주를 단 위문후(魏文侯, BC 446~396 재위)를 기준으로 본다면 적어도 『효경』은 BC 396년 이전에 나왔을 것이다. 그렇다면 위문후보다 늦게 태어나 맹자(BC 372~289)와 그 제자들도 『효경』의 저자 명단에서 빠질 수밖에 없다.

따라서 『효경』의 작자로는 위문후 이전에 활동한 공자(BC 551~479)와 위문후와 같은 시기 아니면 조금 빠른 시기에 활동한 증삼(BC 505~436)과 자사(BC 483~402), 그리고 그들의 문인들이 남는다.

이렇듯 시기만 놓고 본다면 『효경』의 저자를 공자·증자·자사, 또는 그들의 문인들로 압축할 수 있지만, 더 이상 구체적으로 확인할 길이 없다. 이제 다시 『효경』에 표현된 인물들의 호칭에 주목해서 다시 작자의 범주를 좁혀가 보자. 호칭은 공자를 비롯 유가에서 매우

261) 오정한, 『吳廷翰集)』: "孝經一書, 多非孔子之言, 出於漢儒附會無疑."
262) 姚際恒, 『古今僞書考』: "是書來歷出於漢儒, 不惟非孔子作, 幷非周秦之言也."

중시하는 부분이기 때문이다. 『효경』에서는 공자를 '중니仲尼' '자子'라 했다. 중니는 공자의 자字이고, 자는 다른 사람이 상대를 존중할 때 사용하는 표현이므로 공자가 『효경』의 저자일 수는 없다. 공자 스스로 자신을 존경하며 '중니'라 하지는 않았을 것이기 때문이다. 또한 『효경』에 자주 보이는 '자왈子曰'의 '자' 역시도 다른 사람이 부르는 존칭어이므로 스스로 '자왈' 할 수는 없었을 것이니, 공자는 분명 『효경』의 저자가 될 수 없다. 이것은 증삼曾參을 '증자曾子'라 한데서도 확인되는데, 스승 공자가 자기의 제자에게 자를 붙였을 리 만무하다. 그런 점에서 증삼 역시도 『효경』의 저자가 될 수 없다. 마찬가지로 증삼 스스로 자신을 증자라 할 수 없다. 물론 「개종명의장」에서 "仲尼閒居, 曾子侍坐. 子曰. '參, 先王有至德要道, 以訓天下, 民用和睦, 上下亡怨. 女知之乎.' 曾子辟席曰, '參, 不敏, 何足以知之乎.'" 라고 한 대화를 보면 증삼이 자신을 '삼參'이라 표현한 대목이 나오는데, 이것은 스승 공자 앞에서 그럴 수밖에 없는 겸양 화법이다.

이렇게 볼 때 공자와 증자도 『효경』의 저자로 적당하지 않다. 이제 남는 것은 공자의 제자들과 증자의 제자들이다. 하지만 공자의 제자들은 『한비자』 「현학」편을 통해 보자면 여덟 개 학파로 나뉘어 각기 다른 사상적 편향을 보였고, 효에 대한 강한 집착은 증자학파만이 남는다. 『효경』의 저자군으로 증자의 제자그룹이 가장 유력하다는 것이다. 물론 거기에는 자사도 포함된다.

(3) 『효경』의 종류

크게 『금문효경』과 『고문효경』으로 나눌 수 있다. 하지만 각기 다양한 판본이 존재한다. 유가의 13경 가운데 하나이면서 사서四書만큼이나 존중되어온『효경』은 어린이 계몽 교재이자 일반 교양 교재로 사용되면서 수많은 판본이 양산되었다. 위문후魏文侯·진원제晉元帝·진효무제晉孝武帝·양무제梁武帝·당현종唐玄宗·청세조淸世祖·청성조淸聖祖·청세종淸世宗 등의 군왕과 5백여 명의 학자들이『효경』에 대한 주석과 주해를 하였다.『효경』을 일반인의 도덕교재로만 사용한 것이 아니라 통치이념으로 삼았기 때문이다.『효경』이 도덕적 효도에 머물지 않고 정치적 효치로 이어졌다는 것이다. 애당초 유가 경전『시』『서』『역』『예』『춘추』『악』에는 모두 경經를 붙이지 않았지만, 유독『효경』에만 경자를 붙인 것도 얼마나『효경』을 권위 있는 책으로 여겼는지 알게 하는 한 단서이다.

먼저『금문효경』18장을 살펴본다. 이는 진시황 분서焚書의 근거였던 협서율挾書律이 한대漢代 혜제惠帝 4년(BC 191년) 폐지되자 하간河間 사람 안지顔芝가 숨겨두었던 것을 아들 안정顔貞이 전출한 모두 18장으로 된『효경』이다. 문체는 당시 통용되던 한대 예서체 문장이기 때문에 훗날 이를『금문효경』이라 하였다. 대표적인 주해서는 후한 정현의 주이다. 일명『정주』라 한다.

다음『고문효경』22장이다. 한漢 경제景帝의 아들이 노魯땅을 분봉받고 그 궁실을 확장하기 위해 공사를 하다가 공자 고택을 허무는데, 거기서 옛날 죽간으로 된『상서』『좌전』『논어』『효경』이 나왔다. 이것들은 모두 공씨 집안에서 진시황의 분서를 피해 숨겨두었던 고서들이다. 여기서 발견된『효경』22장을 공안국孔安國이 연구 정리하였다. 이것은 기존에 발견된『금문효경』과 여러모로 다르다. 문체도 선진시대 주문籒文, 일명 과두체蝌蚪體로 쓰였기에, 훗날『고문효

『고문상서』『논어』『효경』이 나온 산동성 곡부 공자 고택 노벽

경』이라 하였다. 대표적인 주해서는 전한의 공안국의 전傳이다. 일명 『공전』이라 말한다.

한편 한대 금고문논쟁이 있었는데, 이는 양편에서 서로를 위서僞書라 주장하며 벌인 논쟁이다. 그 논쟁은 한대부터 청대 이르기까지 오랜 기간 지속되었다. 금고문 『효경』은 각각 장을 달리하고 사용한 글자도 다르기 때문에 서로 진위여부를 다투었지만, 큰 틀에서의 내용은 다르지 않다. 따라서 여기서는 개의치 않는다.

서안 비림박물관 석대효경

(4)『효경』의 민간전파

끊임없는 학자들 간의 금고문 논쟁이 뜨겁자 719년 당대唐代 현종(玄宗, 7년)은 유학자들로 하여금 공개적인 토론회를 갖도록 하였다. 그래도 여전히 이론이 분분하자 둘 다 모두를 사용하게 하였다. 그 후 722년『어주효경』(금문을 위주로 하고 정현, 공안국 등의 주석을 참조한『효경』)을 편찬하고, 744년에는『효경』을 집집마다 한 권씩 소장하게 하였다.『효경』을 대중화하는 작업이었다. 또 745년에는 어주를 장안長安의 대학 앞 돌판에 새겨 공개하였는데, 이것이『석대효경』이다.

이후로도 수많은『효경』주해서들이 쏟아졌다.

이렇듯『효경』은 관에서 나서서 보급하였고, 전문가들도 그에 따른 주해서를 끊임없이 쏟아 낸 경전 중의 경전이 되었다. 일상 속에서 효를 얼마나 강조하고 소중하게 여겼는가를 알게 하는 내용들이다.

3. 하모니 공동체의 원리

(1) 효란?

"무릇 효라고 하는 것은 덕의 근본이고, 교화가 이로 말미암아 나오는 것이다..... 우리 몸과 두 팔 다리는 물론 머리카락과 피부까지도 모두가 부모에게서 받은 것이다. 그러므로 함부로 훼손하거나 상하지 않게 하는 것이 효의 시작이다. 몸을 세워 도를 실천하여 후대에 이름을 날려 부모님을 현창하는 것이 효의 마지막이다. 무릇 효는 부모님을 섬기는 것이 시작이고, 군주를 섬기는 것이 중간이고, 몸을 세우는 것이 마지막이다."[263)]

여기서 효는 신체보존과 입신양명이라 하였다. 부모에게서 받은 몸을 함부로 해서는 안 된다는 뜻에서 신체보존을 효의 시작이라 하였다. 그리고 효를 도덕의 근본이고 교육이 이로부터 나온다고 하였다.

『논어』「위정」편에 맹무백孟武伯이 효에 대해 질문하였을 때, 공자가 "부모님께서는 오로지 (자식이) 병나는 것을 가장 걱정하신다."고

263)『효경』「개종명의장」(이하『효경』은 생략): "夫孝, 德之本也, 敎之所繇生...... 身體髮膚, 受之父母. 不敢毁傷, 孝之始也. 立身行道, 揚名於後世, 以顯父母, 孝之終也. 夫孝, 始於事親, 中於事君, 終於立身."

하였다. 자신이 아플 때보다 자식이 아플 때 더 괴로워하는 것이 부모의 마음이다. 그러니 건강하게 지내는 것은 자식의 당연한 도리이다. 건강하게 잘 자라는 것만으로도 효도라는 것이다. 오래전 "개구쟁이라도 좋다. 건강하게만 자라다오."란 광고 문구는 효의 기본정신을 살린 내용이라 할 수 있다. 자식 건강은 곧 부모의 기쁨이지만 본인의 삶에도 대단히 중요한 문제였다.

그러므로 효는 부모에 대한 자식의 일방적·수직적 순종·복종의 도리가 아니었다. 자식의 입신양명도 마찬가지다. 입신양명하여 훗날 부모의 이름을 널리 알리는 것이 효도의 마지막이라 하였다. 출세한다는 것은 부모를 기쁘게 하는 일일 뿐만 아니라 자신에게도 기쁨이 되니 효로 인한 기쁨은 상호 누리는 것이라 할 수 있다.

그런데 더 중요한 것은 당대가 아닌 훗날에 있다. 당대 수단과 방법 가리지 않고 출세하는 것은 훗날 오히려 오명이 될 수 있다. 또 비록 당대 출세했더라도 보람 있는 것이 무엇인가에 따라서 훗날 이름 날리는 것이 달라질 수도 있다. 예컨대 퇴계 이황은 당시 고위직 정치가는 아니었지만, 당대 그 어떤 고위직보다 후대에 빛났다. 입신양명이 당장의 출세가 아님을 증명한다. 당대 무엇을 하고 어떻게 사느냐가 중요하다는 교훈이다.

부모 섬김事親에서 군주 섬김事君으로, 다시 입신立身으로 나아가는 효의 순서를 짚어 보면 효가 결코 구태의연한 것이 아님을 알 수 있다. 가정에서 부모에게 잘하고, 사회공동체에서 자신보다 윗사람을 공손히 대하고, 그리고 종국에 가서는 자신의 몸을 바로 세우고 사회공동체의 일원이 되는 사회화 과정을 자연스레 보여주는 것이다.

이루부터 개인은 개인으로 끝나는 것이 아니라 사회적 책무도 함께 따름을 깨우치고 있다. 효실천의 항목도 각기 처한 위치에 따라 달라진다. 하모니 공동체의 기본으로 효가 중시되고, 그것은 신분에 따른 각각의 효실천에 충실한 것이었다. 이것을 『효경』이 강조한 것이다.

(2) 지도자와 일반 서민의 효행

1) 최고 지도자, 천자의 효행

> "부모님을 사랑하는 사람은 다른 사람을 미워하지 않고, 부모님을 공경하는 사람은 다른 사람을 업신여기지 않는다. 사랑하고 공경함을 부모님 섬기는데 극진히 한 뒤에 도덕적 교화가 백성들에게 전해져 천하에 본보기가 될 수 있으니, 이것이 천자의 효이다."[264]

천자의 효를 말한 대목이다. 천자는 중국 고대 사회 최고지도자로 만승지국萬乘之國을 다스렸다. 만승은 만대의 수레를 말한다. 『예기』「곡례하」에 "천하의 군왕을 천자라 한다."[265]고 하였듯, 천자는 최고 통치자를 말한다. 『예기』「표기」에서 공자가 말했다. "오직 천자만이 하늘로부터 명을 받고, 선비는 군주에게 명을 받는다."[266] 『효경대의』에서는 "천자는 천하의 표상이니, 위에서 행하면 아래에서 본받고, 군주가 좋아하면 백성이 따른다. 천자가 그 부모님을 사랑하

---

264) 「천자장」: "愛親者, 不敢惡於人, 敬親者, 不敢慢於人. 愛敬, 盡於事親, 然後德教加於百姓, 刑於四海, 蓋天子之孝也."

265) 『예기』「曲禮」: "君天下曰天子."

266) 『예기』「表記」: "唯天子受命于天, 士受命于君."

고 공경함이 이처럼 지극하다면, 아랫사람이 그 어버이를 사랑하고 공경하지 않을 수 없다."[267]고 하며 천자의 효행의 중요성을 말했다. 천자는 하늘의 명을 받아 천하를 다스리는 평천하의 주역이다. 하늘의 명령을 받기 때문에 종교적으로는 천자만이 하늘에 제사할 수 있었고, 정치적으로는 천하국가의 최고 통치자였다. 종교적으로 정치적으로 최고책임자인 천자가 부모를 사랑하고 공경한다면, 모든 사람들이 그것을 본받게 된다는 내용이다. 부모를 섬김에 효경孝敬하는 마음을 극진히 한다면 백성들에게 덕치가 베풀어져 천하 백성들이 그것을 본받게 된다는 것이다. 지도자 한 사람 잘못 만나 온 백성이 굶주리는 나라가 있는가 하면 지도자 한 사람의 솔선수범으로 온 나라가 잘되는 경우도 있다.

2) 중간지도자의 효행

① 제후의 효

"윗자리에 있으면서 교만하지 않으면 높은 지위에 있어도 위험하지 않고, 절제하며 한도를 삼가 지키면 가득 차도 넘치지 않는다. 높은 지위에 있어도 위험하지 않는 것은 존귀를 오랫동안 지키는 방법이고, 가득 차도 넘치지 않는 것은 부유함을 오랫동안 지키는 방법이다. 부귀가 몸에서 떠나지 않은 뒤에야 그 사직을 보존하며 인민人民을 화목하게 할 수 있으니, 이것이 대개 제후의 효이다."[268]

---

267) 『효경대의』: "天子者, 天下之表也, 上行之則下效之, 君好之則民從之. 天子所以愛敬其親者, 如此其至, 則下之人, 所以愛敬其親者, 亦莫敢不至."

268) 「제후장」: "居上不驕, 高而不危, 制節謹度, 滿而不溢. 高而不危, 所以長守貴也, 滿而不溢, 所以長守富也. 富貴不離其身, 然後能保其社稷, 而和其民人, 蓋諸侯之孝也."

제후는 천자의 지휘를 받는 중간지도자 가운데 최고의 자리이다. 천승지국千乘之國의 군주라 말한다. 『예기』「왕제」편에 "천자가 제정한 작록에는 공·후·백·자·남 등 모두 다섯 등급이 있다. 제후의 신하에는 상대부경·하대부·상사·중사·하사 등 다섯 등급이 있다. 천자의 영토는 사방 천리이고, 공·후의 영토는 사방 백리, 백은 칠십리, 자·남은 오십리이다. 오십리를 넘지 못하는 자는 천자에 속하지 않고(조회할 자격이 없고), 제후에 속해 부용이라 하였다."[269]고 하며, 직위에 따른 등급을 소개하였다.

천자·제후·경대부 등 땅을 가진 자를 모두 군주라고 하였다. 천자의 책무가 천하 백성을 위한 도덕적 솔선수범이라면, 제후의 책무는 정치적으로 천자의 지위를 넘지 않으면서 경제적으로 근검절약하여 모범을 보이는 것이다. 이것이 사직을 보전하고 민인民人을 화목하게 하는 길이다.

하지만 최고지도자 천자 앞에서는 늘 전전긍긍하며 깊은 물을 만난 듯, 얇은 얼음판을 밟는 듯해야 함을 『시경』을 들어 설명하였다. 은나라 주왕 밑에서 제후로 있던 문왕文王이 바른 정치로 백성의 신망이 높아지자 주왕의 견제를 받은 것은 천자의 지위를 신경 쓰지 않았기 때문이다. 수직사회의 특성상 천자보다 제후가 인기를 누리면 제후의 부귀는 오래 갈 수 없다. 절제하며 교만하지 않아야 자리를 보전할 수 있다는 것이다.

---

269) 『예기』「王制」: "王者之制祿爵, 公侯伯子男, 凡五等. 諸侯之上大夫卿, 下大夫, 上士中士下士, 凡五等. 天子之田方千里, 公侯田方百里, 伯七十里, 子男五十里. 不能五十里者, 不合於天子, 附於諸侯曰附庸."

② 경대부의 효

"선왕이 제정한 의복[法服]이 아니면 감히 입지 않고, 선왕이 제정한 바른 말[法言]이 아니면 감히 말하지 않고, 선왕이 제정한 덕행德行이 아니면 감히 행하지 않는다. 그러므로 예법이 아니면 말하지 않고 도덕이 아니면 행하지 않아서 입으로는 가릴 말이 없고 몸으로는 가릴 행동이 없다. (그렇기 때문에) 말이 천하에 가득 차더라도 입에 허물이 없고, 행동이 천하에 가득 차더라도 원망과 미움이 없다. 이 세 가지가 갖춰진 뒤라야 그 봉록과 지위를 보전할 수 있고, 종묘를 지킬 수 있으니, 이것이 대개 경대부의 효이다."[270]

경대부는 제후諸侯 다음 가는 지위로 소위 백승지가百乘之家의 지도자이다. 보통 대부에는 상대부上大夫와 하대부下大夫가 있고, 특히 상대부를 경卿이라 하였다. 경대부는 천자와 제후의 아래 신분이므로 그 신분에 맞는 규율과 법도가 더 엄격하여, 복장과 언행을 모두 규정하고 있다. 따라서 경대부는 정해진 복장을 입고 정해진 말과 행동을 하면 일단 신분과 지위를 지키고, 종묘를 보전할 수 있다. 바로 이런 방법과 행동으로 종묘를 보전하는 것이 대부의 효란 것이다. 또한 종묘를 보전하기 위해서는 아침 일찍 일어나고 밤늦게 잠들어 게으름이 없이 천자를 잘 보필하여야 한다고 하였다. 중간지도자가 지켜야 할 덕목을 설명한 내용이다.

270)「경대부장」: "非先王之法服, 不敢服, 非先王之法言, 不敢道, 非先王之德行, 不敢行. 是故, 非法不言, 非道不行, 口亡擇言, 身亡擇行. 言滿天下, 亡口過, 行滿天下, 亡怨惡. 三者備矣, 然後能保其祿位, 而守其宗廟, 蓋卿大夫之孝也."

③ 말단 관리의 효

"아버지를 섬기는 것에 바탕해서 어머니를 섬기니 그 사랑함은 같고, 아버지를 섬기는 것에 바탕해서 군주를 섬기니 그 공경함은 같다. 그러므로 어머니를 섬김에는 그 사랑을 취하고, 군주를 섬김에는 공경을 취하니, (사랑과 공경) 함께 겸하여 섬기는 대상은 아버지이다. 그래서 효로 군주를 섬기면 충忠이고, 공경으로 어른을 섬기면 공순恭順이다. 충과 공순을 잃지 않고 그 윗사람을 섬긴 뒤에야 작위와 봉록을 보존할 수 있으며 그 제사를 지킬 수 있으니, 이것이 대개 사士의 효이다."[271]

여기서 말하는 말단 관리란 사士를 말한다. 사는 상사上士·중사中士·하사下士가 있다. 하급관리의 명칭이다. 『주례』「추관」에 향사鄕士·방사方士·조사朝士·도사都士·가사家士가 그것이다. 『백호통』「작편」에 "사는 일이다. 일을 맡은 것을 칭한다."[272]고 하였다. 『설문해자』에도 "士, 事也."라고 하였다. 그러므로 사士는 일 처리할 수 있는 재능 있는 사람이나 지식인을 통칭한다. 보통 육예六藝: 禮樂射御書數 능통자를 말한다. 한편 갑골문에서는 '사'가 '⊥'의 형태로 남성의 생식기를 형상하였다. 남성을 상징한 글자였다는 것이다. 『효경』에서 '사'는 경대부 아래 서인 위의 등급으로 나온다.

본문 내용속의 "其愛同"을 『정주』에서는 "아버지와 어머니를 섬기는 것은 사랑함은 같지만 공경함은 같지 않다."[273]라고 풀이하였다.

---

271) 「사장」: "資於事父以事母, 其愛同, 資於事父以事君, 其敬同. 故母取其愛, 而君取其敬, 兼之者父也. 故以孝事君則忠, 以弟事長則順. 忠順不失, 以事其上, 然後能保其爵祿, 而守其祭祀, 蓋士之孝也."
272) 『백호통』「爵篇」: "士者事也. 任事之稱也."
273) 『정주』: "事父與母, 愛同敬不同也."

『예기』「제의」에서는 "사랑함을 세우는데 부모님(사랑하는 것)으로부터 하는 것은 백성들에게 화목을 가르치기 위함이다. 교육을 세우는데 어른(공경하는 것)으로부터 하는 것은 백성들에게 공순함을 가르치기 위함이다."[274]고 하였다. 이는 『맹자』「양혜왕상」에서 말한 "내 노인을 노인으로 섬겨서 남의 노인에게까지 미치며, 내 어린이를 어린이로 사랑해서 남의 어린이에게까지 미친다면 천하를 손바닥에 놓고 움직일 수 있다."[275]고 한 것과 맥을 같이 한다.

한편 "其敬同"을 『정주』에서는 "아버지와 군주를 섬기는 것은 공경함은 같지만 사랑함은 같지 않다."[276]고 하였다. 『예기』「상복사제」에도 같은 내용이 있다. "아버지 섬기는 것에 바탕해서 군주를 섬기니 공경함을 같이한다. 존귀한 사람을 존귀하게 여기는 것은 의의 큰 것이다."[277] 사랑[愛]과 공경[敬]이 결코 자신의 부모나 가족에 머물지 않고 사회적으로 확산되고 있음을 확인해 주는 내용들이다. 공동체의 원리로 효를 설명하면서 그 효로서 공동체의 도리를 다할 수 있음을 말한 것이다. 효가 공동체 하모니의 핵심임을 말한 대목이다.

이렇듯 말단관리가 지켜야 할 효행은 공경에 근거해서 충忠하는 일이고, 그래야만 자신과 가족과 조상을 보전할 수 있고, 그것이 곧 사회 공동체 전체를 위한 일이라 말한다. 자신의 주변과 조상을 지키는 일, 나아가 공동체의 하모니를 위해서는 효를 실천해야 하는데, 그 바탕에는 충과 공순이 있다는 것이다. 공동체의 말단관리에

---

274) 『예기』「祭義」: "立愛自親始, 教民睦也. 立教自長始, 教民順也."
275) 『맹자』「양혜왕상」: "老吾老, 以及人之老; 幼吾幼, 以及人之幼. 天下可運於掌."
276) 『정주』: "事父與君敬, 敬同愛不同也."
277) 『예기』「喪服四制」: "資於事父以事君, 而敬同. 貴貴尊尊, 義之大者也."

게 요구되는 효실천 항목이 충과 공순임을 밝힌 내용이다.

3) 일반 서민의 효행

"하늘의 때에 따르고 땅의 이로움에 나아가 몸소 근신하고 쓰임을 절약하여 부모님을 봉양하는 것이니, 이것이 서인의 효이다."[278]

서인庶人은 중인衆人, 곧 자유로운 신분의 평민平民으로 노비와 대비된다. 이들은 농공상農工商업에 종사하며 관위官位가 없는 사람들이다. 『효경대의』에는 "학문을 하여 사士가 되었으나 아직 명命을 받지 못한 자와 농공상고農工商賈가 모두 이에 해당한다."[279]고 하며, 서인의 범주를 말하였다. 『맹자』「만장하」에서는 "서울에 있는 자를 시정지신市井之臣이라 하고, 초야에 있는 자를 초망지신草莽之臣이라고 하는데 모두가 서인이다. 서인은 폐백을 올려 신하가 되지 않으면 감히 제후를 만나보지 않는 것이 예이다."[280]고 하여, 관직 없는 사람을 모두 서인이라 하였다. 여기서는 바로 이 같은 서인들이 실천해야 할 효를 기록하였다. 구체적으로 세 가지 항목이 나온다.

첫째, 서인은 "하늘의 때에 따른다.因天之時"는 것이다. '천지시天之時'란 춘하추동 사시四時로 『공전』에서는 "천시天時란 봄에 나고 여름에 자라고 가을에 거두고 겨울에 간직하는 것"[281]이라 하였다. 『효경대의』에서는 "봄에 나고 여름에 자라고 가을에 거두고 겨울에 간직

278) 「서인장」: "因天之時, 就地之利, 謹身節用, 以養父母, 此庶人之孝也."
279) 『효경대의』: "學爲士而未受命, 與農工商賈之屬, 皆是也."
280) 『맹자』「만장하」: "在國曰市井之臣, 在野曰草莽之臣, 皆謂庶人. 庶人不傳質爲臣, 不敢見於諸侯, 禮也."
281) 『공전』: "天時謂春生夏長秋收冬藏也."

하니, 내가 봄에는 갈고 여름에는 김매고 가을에는 거두고 겨울에는 간직하여, 하늘의 도를 이용하는 것이 이와 같으면 시령時令을 따르는 것이다."[282]고 하였다. 『예기』「예운」에서는 "하늘은 사실을 만들고 땅은 재화를 만든다."[283]고 하였다. 이는 노동 인력으로서 자연의 흐름을 존중해야 한다는 것을 가리킨다.

둘째, "땅의 이로움에 나아간다.就地之利"는 것이다. 『공전』에서는 "지리地利란 물과 뭍이 각각 그 마땅함이 있는 것"[284]이라고 하였다. 『효경대의』에서는 "땅의 이로움은 높고 낮은 곳과 건조하고 비습卑濕한 곳에 각각 알맞게 심어야 할 작물이 있으니, 내가 벼와 기장을 심기도 하고 메벼와 벼를 심기도 하고 콩과 보리, 뽕나무와 대마大麻를 심기도 하여 땅의 이로움을 따르는 것이 이와 같으면, 땅의 마땅함[土宜]를 구별하는 것이다."[285]고 하였다. 『맹자』「양혜왕상」에서는 "농사철을 어기지 않게 하면 곡식을 이루다 먹을 수 없으며, 촘촘한 그물을 웅덩이와 연못에 넣지 않으면 고기와 자라를 이루다 먹을 수 없으며, 도끼를 때에 따라 산림에 들어가게 하면 재목을 이루다 쓸 수 없을 것이다. 곡식과 고기와 자라를 이루다 먹을 수 없으며, 재목을 이루다 쓸 수 없으면, 이는 백성으로 하여금 산 사람을 봉양하고 죽은 자를 장사함에 유감이 없게 하는 것이니, 산 사람을 봉양하고 죽은 자를 장사함에 유감없게 하는 것이 왕도정치의 시작이다."[286]

---

282) 『효경대의』: "春生夏長秋斂冬閉, 我則以春耕以夏耘以秋收冬藏, 用天之道如此, 則順時令矣."

283) 『예기』「禮運」: "天生時, 而地生財."

284) 『공전』: "地利謂原隰水陸各有所宜也."

285) 효경대의』: "地之利, 高下燥濕, 各有宜植. 我則或禾黍 或秔稻 或菽麥桑麻, 因地之利如此, 則別土宜."

286) 『맹자』「양혜왕상」: "不違農時, 穀不可勝食也; 數罟不入洿池, 魚鼈不可勝食也; 斧斤以時入山林, 材木不可勝用也. 穀與魚鼈不可勝食, 材木不可勝用, 是使民養生喪死無憾也. 養生喪死無憾, 王道之始也."

고 하였다. 이 역시도 생산인력의 중심에 선 서민들의 삶을 이어가는 방법을 말한 대목이다.

셋째, "근신하고 절약하는 것謹身節用"이다. 『논어』「학이」에 "공손함이 예에 가까우면 치욕을 멀리 할 수 있다."[287]고 하였고, 『맹자』「이루상」에서는 "섬기는 일 중에 무엇이 가장 큰가? 어버이를 섬김이 가장 크다. 지키는 일중에 무엇이 가장 큰가? 몸(몸의 지조)을 지킴이 가장 크다. 몸의 지조를 잃지 않고서 그 어버이를 잘 섬긴 자는 내가 들었고, 몸을 잃고서 그 어버이를 잘 섬긴 자는 들어보지 못하였다. (섬기는 일 중에) 무엇인들 섬김이 되지 않겠는가마는 어버이를 섬김이 섬김의 근본이요, (지키는 일 중에) 무엇인들 지킴이 되지 않겠는가마는 몸을 지킴이 근본이다."[288]고 하며 근신에 대한 말을 하였다. 근신과 절약이 일반서민이 해야 할 덕목이고 이것이 효실천의 내용이라는 것이다. 대상도 오로지 부모에게만 국한되었다.

천자의 책무는 천하를 지키는 데 있고, 제후의 책무는 사직을 보전하는 데 있고, 경대부의 책무는 종묘를 지키는 데 있고, 사인의 책무는 제사를 지내는 데 있고, 서인은 부모 봉양의 책무가 있다고 하였다. 신분 따라 효실천의 기능과 역할이 다름을 알 수 있다. 『효경대의』에서 "군주에게서는 사직을 말하고, 경대부에게서는 종묘를 말하고, 사인에게서는 제사를 말한 것은 그 섬기는 바를 중하게 여긴 것이다. 서인은 제수祭需를 올리기만 하고 제사를 지내지 않았으니, 또한 사인하고 비교할만한 부류가 아니다."[289]고 하였다. 장례도

287) 『논어』「학이」: "恭近於禮, 遠恥辱也."
288) 『맹자』「이루상」: "事孰爲大? 事親爲大; 守孰爲大? 守身爲大. 不失其身而能事其親者, 吾聞之矣; 失其身而能事其親者, 吾未之聞也. 孰不爲事? 事親, 事之本也; 孰不爲守? 守身, 守之本也."
289) 『효경대의』: "君言社稷, 卿大夫言宗廟, 士言祭祀, 各以其所事爲重也. 庶人薦而不祭, 又非士之比矣."

서인은 "분봉하지 않는다.(不封)"고 『예기』「왕제」에 말하였다. 다만 같은 책에서 "3년 상에 관한 한 천자로부터 (서인에 이르기까지) 공통된 것이다.(三年之喪, 自天子達)"[290]고 하였다.

이로 보건대 노동 인력으로서 생산이 주된 임무였던 일반 서민들은 지배층과는 다른 대접과 차별을 받은 것만은 분명하다. 효실천 항목도 근신과 절약을 통한 부모 봉양일 뿐 다른 계층과는 여러모로 달랐다. 말단관리로부터 천자에 이르기까지의 지도층과는 다른 구분법이고 차별상이다. 제사를 모실 수 없다는 것도 완전히 다른 부류임을 말해 준다. 다만 3년상에 관한 한 같다는 것이 특이점일 뿐이다. 이는 노동인력을 천시하고 멸시했던 시대적 환경을 그대로 보여준다는 점에서 하모니 공동체를 향한 고대사회의 효윤리가 제한적 범위 내에서 제한적으로 논의되었음을 반증하는 사례라 할 수 있다.

그렇다 하더라도 부모봉양이 그들에게 무시된 것은 아니었다. 방법이 다를 뿐 그들 역시도 부모공경이란 본질적 내용은 천자와 다를 바 없다. 천자로부터 사인계층이 부모공경을 통해 하모니 공동체를 이루었듯, 이들 역시도 부모공경을 통한 가족 사랑이 큰 틀에서 사회적 하모니의 기본이 되는 것이다.

4. 하모니 공동체를 위한 효개념

『효경』에서 말하는 각 신분별, 계층별 효행사례를 말했다. 철저한 신분질서를 전제로 한 요구들이다. 공자가 "君君臣臣父父子子."[291]

290) 『예기』「왕제」: "三年之喪, 自天子達."
291) 『논어』「안연」

를 말하며 '정명正名'[292]을 말한 논법과 크게 다르지 않다. 보편적 효를 말하며 실천항목이 다른 것은 시대적 한계성이다.

그러면서도 그 가운데 뭔가 상통하는 특징이 있다. 각자 실천해야 할 효의 항목이 다르면서도 서로가 소통하는 일관성이 있다는 것이다. 천자는 부모공경의 사례가 모든 이들의 표본이 되기 때문에 효를 도덕적 교화의 중심적 요소로 삼았고, 제후는 겸손과 절제로 자신도 지키며 인민의 화목을 유도해야 하고, 경대부는 바른 예법과 도덕으로 처신하면서 자신과 주변의 덕이 되어야 하고, 말단 관리인 사士는 효를 바탕으로 위로 충忠과 공순恭順을 실천해야하고, 비록 여러 제약이 따르기 하지만 일반 서민은 근신하고 절약하여 부모를 봉양해야 한다는 것이 효의 내용이었다.

중요한 단어만을 찾아보면 부모공경, 겸손과 절제, 예법과 도덕, 충과 공순, 근신과 절약을 들 수 있다. 효실천에 따른 신분별 행위규범들이다. 지배·피지배의 신분차이란 큰 틀이 전제되어 있긴 하지만, 도덕과 예법의 솔선수범과 절제와 근신의 실천이란 도덕적 요소들 함께 들어있다. 이를 배려정신으로 표현한다면 이타적 실천 요소가 모든 계층에 골고루 내포되어 있다는 것이다. 나보다는 남을 우선하는 태도이다. 효가 개인의 욕구충족이 아닌 주변을 위한 이타정신의 발현임을 드러낸 것이다. 한마디로『효경』의 효개념은 이타정신의 발휘이고 발현이다.

그렇기 때문에 이러한 효를 지극한 덕과 중요한 도로 설명할 수

---

292)『논어』「자로」: 子路曰, "衛君待子而爲政, 子將奚先?" 子曰, "必也正名乎!" 子路曰, "有是哉, 子之迂也! 奚其正?" 子曰, "野哉由也! 君子於其所不知, 蓋闕如也. 名不正, 則言不順; 言不順, 則事不成; 事不成, 則禮樂不興; 禮樂不興, 則刑罰不中; 刑罰不中, 則民無所措手足. 故君子名之必可言也, 言之必可行也. 君子於其言, 無所苟而已矣."

있었고, 그것이 지켜질 때 위아래 원망이 없고 질서가 유지된다는 것이다.[293] 역대 왕들이 효를 중시한 것은 이로 인해 서민과 관리자 모두를 바르게 이끌 수 있다고 보았기 때문이다. 겸양하기 때문에 다투지 않고 예절이 지켜지니 서로가 화목하다는 논리이다.[294]

다시 말하자면 하모니 공동체를 위한 이타정신이 효개념으로 표현된 것이다. 효가 내 부모, 내 가족만을 위한 행위로 비춰진다면 효는 온전한 이타정신의 표현이랄 수 없다. 내 부모를 위한 행위가 다른 사람들에게도 긍정적 효과, 도덕적 효과를 미치고, 또 그 정신으로 이웃도, 사회도, 나라도 관리하고 다스려진다는 것이다. 이것이 바로 효치孝治란 것이다.[295] 한마디로 효로 정치하는 것을 말한다. 효가 치국평천하治國平天下의 근본임을 말한 것이다. 효를 정치의 가장 중요한 덕목으로 삼을 때 정치안정이 가능하다는 논리이다. 일종의 도덕과 정치를 분리하지 않은 정치 형태이고, 하모니 공동체 건설이다.

5. 이타정신의 발현

하모니 공동체의 기본 요소로 효개념이 작용함을 말했다. 비록 『효경』에서 신분적 차등을 전제로 한 말이기는 하지만, 공동체의 원

---

293) 「개종명의장」: 仲尼閒居, 曾子侍坐. 子曰. “參, 先王有至德要道, 以訓天下. 民用和睦, 上下亡怨. 女知之乎.”

294) 「삼재장」: “先王見教之可以化民也. 是故先之以博愛, 而民莫遺其親. 陳之以德誼, 而民興行. 先之以敬讓, 而民不爭. 道之以禮樂, 而民和睦. 示之以好惡, 而民知禁.”

295) 「효치장」: “昔者明王之以孝治天下也, 不敢遺小國之臣, 而況於公侯伯子男乎. 故得萬國之歡心, 以事其先王. 治國者, 不敢侮於鰥寡, 而況於士民乎. 故得百姓之歡心, 以事其先君. 治家者, 不敢失於臣妾之心, 而況於妻子乎. 故得人之歡心, 以事其親. 夫然故, 生則親安之, 祭則鬼享之. 是以天下和平, 災害不生, 禍亂不作. 故明王之以孝治天下也如此.”

리로 효만큼 중요한 게 없다는 논리는 효의 사회적 가치를 말하기에 충분하다.

> "백성들을 서로 친애하도록 가르치는 데에는 효보다 좋은 게 없으며, 백성들을 예에 순응하게 하는 데에는 공경함보다 좋은 게 없으며, 백성들의 기풍과 습속을 고치고 바꾸는 데에는 음악보다 좋은 게 없으며, 백성을 평안히 하고 백성들을 잘 다스리는 데에는 예보다 좋은 것이 없다."[296)]

서로를 존중하고 배려하는 이타정신이 효개념에 들어 있기 때문에 가능한 말이다. 지도자가 효를 솔선해서 모범을 보여야 할 이유를 말하고 있다. 다른 사람의 효를 끌어다 효를 교육하는 것이 아니라 자신이 몸소 실천한 효를 남에게 보이면 남들도 그 모습을 보고 효를 따라 한다는 것이다. 모두가 효를 실천함으로써 그 사회공동체가 서로를 공경하게 된다는 논리가 여기서 나온다.

> "군자가 효로써 교육한 것은 집집마다 이르러 날마다 그들을 만나서 가르친 것이 아니다. 효로써 교육한 것은 천하의 아버지 되는 사람을 공경한 것이다. 공경함으로 교육한 것은 천하의 형 된 자를 공경한 것이다. 신하의 도리로써 교육한 것은 천하의 군주 된 자를 공경한 것이다."[297)]

결론적으로 『효경』에서 말하는 효는 교육의 산물이지만, 그 교육

---

296) 「광요도장」: "教民親愛, 莫善於孝. 教民禮順, 莫善於弟. 移風易俗, 莫善於樂. 安民治民, 莫善於禮."

297) 「광지덕장」: "君子之教以孝也, 非家至而日見之也. 教以孝, 所以敬天下之爲人父者. 教以弟, 所以敬天下之爲人兄者. 教以臣, 所以敬天下之爲人君者也."

은 강제적 교육이 아닌 지도자의 솔선수범 실천의 예를 보여야 실현된다는 것이다. 이 때 실제 효는 가정 내에서 이뤄지는 것이지만 결과적으로 사회적·국가적 차원의 파급 효과를 기대할 수 있다. 『효경』에서 말하는 효의 확장적 특징은 여기서 찾을 수 있다. 효가 개인적·가족적 범주를 벗어나 사회와 국가를 아우르는 공동체의 하모니 논리로 확대되기에 부족함이 없음을 증명한다는 것이다.

VI. 송대 『근사록』의 효사상과 그 외연 확대

1. 주희와 『근사록』

한중일 동아시아 삼국사회에서 가장 큰 영향력을 행사한 인물을 들라면 송대 주희(朱熹, 1130~1200)를 빼놓을 수 없다. 중국사상사는 물론 한국사상사적 관점에서 보더라도 주희의 사상은 간과할 수 없을 정도로 그 영향력은 대단했다. 특히 조선에서는 성리학이 정론으로 자리하면서 여타 다른 이론의 틈을 허락하지 않는 이데올로기적 성격도 드러냈다. 이렇게까지 기능할 수 있었던 주된 요인은 그것이 기존의 가치체계를 종합하는 결실을 거두었기 때문이다. 도가의 자연주의 철학과 불교의 형이상학을 통합하는 종합적 체계를 갖춘 이론이 송대 주희의 성리학이라는 것이다. 그렇다면 종합적 가치체계 속에서 말하는 효사상은 어떠한 모습일까?

먼저 주희의 학문적 특징을 이학理學으로 규정한다면 효사상도 이학의 범주에서 벗어날 수는 없다. 효의 정당성을 理로써 규정한 것이다. 한대漢代 동중서董仲舒가 효를 '하늘의 도天之道'로 규정하며 그 의미를 '천인합일天人合一'의 관점에서 규정하였다면,[298] 송대 성리학은 효를 이학의 범주에 놓고 논증하였던 것이다. 효를 객관적·절대적 理로 규정하며 도덕적 필수요소로서 그 의미를 규정한 것이다.[299] 공공의 도리로서 자효慈孝는 마땅히 지켜야할 근본적 도리이지, 후천적 산물로서 선택적인 것이 아니란 주장이다.[300]

이런 주희의 효에 대한 생각은 조선에도 큰 영향력을 발휘하였다. 조선의 정론이었던 성리학이 효사상에 그대로 반영된 것이다. 따라서 그에 대한 검토는 한국의 효사상을 정리하는데 필수 전제조건이 된다. 여기서는『근사록』을 중심으로 그 특징과 의미를 정리하려고 한다.

『근사록』의 '근사近思'란,『논어』의 "절실히 질문하고 가까운데서 생각한다."[301]는 데서 나왔다. 서문에서 주희는 "공부를 처음 시작하는 사람이 어디서부터 들어가야 할지 모를 것을 염려하여 큰 줄기와 관련된 내용으로서 일상생활에 절실한 것들을 함께 취사선택하여 이 책을 만들었다."[302]고 하며, 책의 내용을 일관하고 있다. 이 책의 근본 취지가 일상에서 절실한 문제에 대해 묻고 생각한다는데 있다는 것이다. 구체적으로는 나의 몸 가까운데서 출발해서 이치를 따져 나간다는 뜻도 담고 있다. 영문으로는 "Reflections on Things at

298) 이에 대한 자세한 논의는 曾振宇 외 저,『中華倫理範疇 - 孝』중국사회과학출판사, 2006년, 174면 참조. 동중서는 효를 '天生之'『春秋繁露』「立元神」)라 하였다. 부언하자면 天이 孝悌로써 낳고, 地가 衣食으로 부양하고, 人이 禮樂으로 이룬다는 것이다.

299)『朱子語類』卷4「性理一」: 人之所以生, 理與氣合而已. … 故發而爲孝弟忠信仁義禮智, 皆理也.

300) 錢穆,『朱子新學案』第1冊 臺灣三民書局, 1970년, 363면 참조.

301)『논어』「자장」: 切問而近思.

302)『근사록』「卷首」(주자서문): 而懼夫初學者不知所入也, 因共撰取其關於大體而切於日用者, 以爲此編.

Hand"라 번역한다. "손에 닿을 만큼 가까운 일상적인 것들에 대한 성찰의 기록"이란 뜻이다. 의미를 제대로 살린 번역이 아닐 수 없다. 예로부터 성리학 입문서로 많이 읽혔음을 짐작하게 하는 제목이다.

또 이 책은 "궁벽하게 외진 시골에 사는 만학의 학생으로서 학문에 뜻을 가진 사람들과, 훌륭한 선생이나 똑똑한 친구가 없어서 앞뒤에서 도움을 받지 못하는 사람들이 이 책을 가지고 마음으로 완미한다면 입문하는데 도움이 될 것이다."[303]고 하며, 누구나 혼자서도 공부할 수 있는 기본도서임을 밝히고 있다.

여조겸(呂祖謙, 1137~1181)은 한발 더 나아가 이 책이 일상에서 꼭 필요한 내용을 담고 있다고 하면서도 "낮은 곳에서 높은 곳으로, 가까운 것에서 먼 것으로"[304]라고 하며, 그 공부방법과 순서까지도 신경을 썼다. 그렇다면 일상에서 가장 소중하고 기본적인 것은 무엇인가? 그것이 곧 성리학에서 말하는 理이고, 그 리가 인간됨의 도리 차원에서 드러난 실천적 요소의 효가 된다는 것이다. 그 근거를 성리학 입문서인『근사록』에서 찾아보려고 한다.

2.『근사록』의 전반적 흐름과 효사상

『근사록』은 오랫동안 거쳐온 유교·불교·도교 삼교의 교류와 소통의 흔적을 담은 주희의 대표적인 저술이다. 중국에서는 물론 성리학을 국시로 삼은 조선과 후발주자인 일본에서도 수많은 주석서가 간

303)『근사록』「卷首」(주자서문): 以爲窮鄕晩進, 有志於學, 而無明師良友以先後之者, 誠得此而玩心焉, 亦足以得其門而入矣.

304)『근사록』「卷首」(여조겸서문): 自卑升高, 自近及遠.

행될 정도로『근사록』은 사상사에서 매우 중요한 지위를 차지했다.

중국의 경우 주희의 문인 진식陳埴의『근사록잡문近思錄雜問』을 시작으로 송대 채모蔡模의『근사속록近思續錄』,『근사별록近思別錄』, 섭채葉采의『근사록집해近思錄集解』, 대정戴亭의『근사록보주近思錄補註』, 원대 류관柳貫의『근사록광집近思錄廣輯』, 명대 강기江起의『근사록보近思錄補』, 주공서周公恕의『근사록집해近思錄集解』, 청대 강영江永의『근사록집주近思錄集註』, 장백행張伯行의『근사록집해近思錄集解』, 모성래茅星來의『근사록집주近思錄集註』등이 있다.

우리나라에서는 이이(李珥, 1536~1584)의『근사록구결近思錄口訣』, 김장생(金長生, 1548~1631)의『근사록석의近思錄釋疑』, 정엽(鄭曄, 1563~1625)의『근사록석의近思錄釋疑』, 박지계(朴知誡, 1573~1635)의『근사록의의近思錄疑義』, 이재(李縡, 1680~1746)의『근사심원近思尋源』, 이익(李瀷, 1681~1763)의『근사록질서近思錄疾書』, 한원진(韓元震, 1682~1751)의『근사록주설近思錄註說』, 박이곤(朴履坤, 1730~1783)의『근사록석의近思錄釋義』, 김평묵(金平默, 1819~1891)의『근사록부주近思錄附註』등이 간행되었다.

일본에서는 17세기 해남주자파海南朱子派와 산기암재(山崎闇齋, 1618~1682) 및 그 문도 6천여 명의 제창에 의한 필해구술筆解口述에서부터 근래의 주석서에 이르기까지 60여종 이상이 출판되었다.[305]

이렇듯『근사록』에 대한 수많은 주석서가 나온 것은 학자들에게 이 책이 경서經書 다음가는 필독서였음을 증명한다. 비록 주희의 직접적인 저술이기 보다는 송대 유자들의 어록을 모아놓은 것이라는

305) 이범학 역주,『근사록』(서울대출판부, 2004년) 역자서문 참조.

차원에서『소학』보다 덜 중요하다는 인상을 주기는 하지만,[306] 그래도『근사록』은 이학의 입문서로서 중요한 교과서 역할을 하였다. 그것은『근사록』의 첫 부분을 장식한『태극도설』을 주희가 얼마나 중요하게 생각하였는가 하는 데서도 드러난다. 사실 주돈이의『태극도설』은 북송대만 하더라도 그렇게까지 의미 있는 것은 아니었다. 주희의 해설이 있은 이후 또 그것을『근사록』첫 부분으로 편집하면서 성리학의 중요한 단서가 되었고, 성리학하면『태극도설』과『근사록』이란 생각을 갖게 한 것이다.[307]

이 같은『근사록』에서의『태극도설』에 대한 이해와 서술은 성리학을 형이상학적 고담준론이나 하는 철학이라 생각하게 만들었고, 한편으론 이학을 난해한 철학으로 이해하는 계기를 만들기도 하였다. 그러나 입문서인『근사록』의 본래 목적은 일상 속에서 구체적이고 실제적인 것을 다루려는데 있었다. "예를 들어 효를 하고자 할 때 다만 효라는 글자만을 지켜가지고는 효를 이룰 수 없는 것과 같다. 모름지기 효도하는 방법, 봉양하는데 마땅히 어떠해야 하는지, 추울 때는 따뜻하게 해 드려야하고, 더울 때는 시원하게 해 드려야 하는데, 이 때 마땅히 어떠해야 하는지를 안 연후에야 효도를 다할 수 있다."[308]고 한 데서도 알 수 있다. 효를 설명하더라도 구체적인 실천항목이 중요한 것이지, 효의 상징과 그 철학적 함의 같은 것은 오히

306) 이렇듯『근사록』을 중시한 것은 주희가 도통론의 핵심에 섰기 때문이다. 元代에는『근사록』을 그렇게 중요하게 생각하지 않았던 것 같다. "그것은 元儒가 숭상한 것은 주자이지 宋 諸子가 아니었기 때문이다."(이동희,『동아시아 주자학 비교연구』계명대 출판부, 2006년 9월, 108쪽)고 한 선행연구로 확인할 수 있다.

307) 조남호,『주희, 중국철학의 중심』(태학사, 2005년 10월) 111쪽 참조.

308)『근사록』「爲學類」(이하『근사록』은 생략): 且如欲爲孝, 不成只守著一箇孝字. 須是知所以爲孝之道,所以侍奉當如何, 溫凊當如何, 然後能盡孝道也.

려 부차적이란 주장이다.

『근사록』은 성리학의 이론적 기반을 제공한 주돈이周敦頤·장재張載·정호鄭顥·정이程頤[309]의 글과 이를 해석한 주희의 글이 실렸다. 여기에 나타난 효사상이 주희의 효사상이라 해도 크게 틀린 말은 아닐 것이다. 성리학의 효사상을 『근사록』을 통해 조명하는 것은 주희의 효사상을 검토하는 것과 같다는 것이다.

3. 효의 대상과 내용

(1) 하늘같은 부모

일찍이 『효경』에서는 인간을 천지사이에 가장 귀한 존재라 하였고, 효를 인간의 행위 가운데 가장 소중한 것이라고 하였다. 그런데 그 효행 중에서도 아버지를 하늘과 같은 존재로 배향하는 것을 최고의 덕목으로 여기었다.[310] 부모님을 하늘에 견주어 설명한 내용이다. 성리학의 이론적 기초를 제공한 장재도 『서명西銘』(『정완訂頑』)[311]에서 같은 맥락의 내용을 말하고 있다. 아버지를 하늘에 어머니를

309) 이광호 역주, 『근사록집해』「해제」(아카넷, 2006년 9월) 5쪽에서는 주돈이·정호·정이·장재라 하였다. 실제 나이순으로 본다면 장재가 정호보다 12살 위이지만, 주희가 『근사록』에서 장재를 정호·정이보다 뒤에 편집한 의도를 존중했기 때문이라고 하였다. 하지만 여기서는 연배순으로 나열하였다.

310) 이상 인용문은 『효경』「성치장」: 天地之性, 人爲貴. 人之行, 莫大於孝, 孝莫大於嚴父. 嚴父莫大於配天.

311) 장재의 저술로 『東銘』과 『西銘』이 있는데, 강의할 때 동쪽 창 위에는 어리석음을 경계한다는 뜻으로 폄우(貶憂)를, 서쪽에는 완고함을 바로잡는다는 정완(訂頑)이란 글을 붙였는데, 정이가 글의 뜻이 너무 거창하다 해서 이것을 『동명』과 『서명』이라 고친 것이다. 성리학자들은 주로 『서명』을 중시하였는데, 그것은 유가의 최고 덕목인 仁과 孝를 잘 설명하고 있기 때문이다.

땅에 비유하고 거기서 태어난 나는 천지의 일부분이라고 하였다. 물론 이 말의 원래 출처는 『주역』「설괘전」[312]이나, 장재가 이를 다시 인용한 것이다.

> "건乾은 아버지라 부르고, 곤坤은 어머니라 부른다. 나는 아주 작은 존재로 천지와 섞여져서 그 가운데 있다. 그러므로 하늘과 땅에 가득 찬 것을 나의 몸으로 삼고, 하늘과 땅을 거느리는 것을 나의 본성으로 삼는다."[313]

부모님이 천지 같은 존재이므로 거기서 태어난 나 역시도 그런 존재이며, 본성은 그렇기 때문에 하늘과 땅을 거느린다는 것이다. 이렇듯 부모가 하늘과도 같은 존재이므로 하늘을 외경하는 것은 곧 부모를 공경하는 효와도 같다는 것이다.

> "하늘을 두려워하여 스스로를 잘 보전하는 것은 자식이 부모를 공경함이요, 하늘의 섭리를 즐거워하고 또 걱정하지 않는 것은 순수한 효도이다."[314]

물론 이 해석은 외천자보畏天自保를 경친敬親으로, 락천불우樂天不憂를 애친지순愛親之純으로 이해한 주희의 해석에 따랐다.[315] 따라서 부모의 뜻을 어기는 것은 하늘의 뜻을 어기는 것이라 할 수 있다. 『효

---

312) 『주역』「설괘전(說卦傳)」: 乾, 天也, 故稱乎父, 坤, 地也, 故稱乎母.

313) 「위학류」: 橫渠先生作訂頑曰, 乾稱父, 坤稱母. 予玆藐焉, 乃混然中處. 故天地之塞, 吾其體, 天地之帥, 吾其性.

314) 「위학류」: 于時保之, 子之翼也. 樂且不憂, 純乎孝者也.

315) 『한문대계』二十二(東京 富山房, 1972년), 『근사록』: 朱子曰, 畏天以自保者, 猶其敬親之至也. 樂天而不憂者, 猶其愛親之純也.

경』에서는 이를 패덕悖德·패례悖禮라고 하였는데, 여기서도 같은 개념으로 정리한 것이다.[316)]

(2) 성명性命과 효제孝弟

『중용』에서는 "하늘이 명한 것을 성"[317)]이라고 하였고, 『맹자』에서는 "그 마음을 다하는 자는 그 성을 알고 그 성을 알면 하늘을 알게 된다."[318)]고 하였다. 인간의 본성이 천명임을 말한 내용이다. 정주程朱는 성을 곧 理로 해석하며 성리학의 근간으로 삼았다. 인간과 사물의 근본 원리가 성이라는 것이다. 정이程頤가 작성한 「명도선생행장」에서는 "성性을 충분히 확충하여 천명에 이르는 것은 반드시 효제에 근본 한다."[319)]고 하였다. 효제를 통해서 천명에 이른다고 한 것이다. 정이는 이것을 뒷받침 하면서 성명과 효제를 '일통一統'으로 해석하였다.

> "후세의 사람은 성명을 별도의 의미로 해설하고 있으나 성명과 효제는 일통이다. 효제를 실천하는 가운데 성을 충분히 확충하여 천명에 이르는 것이 가능하다."[320)]

성명과 효제를 일관된 것이라 한 것이다. 보통 성리학에서는 성명

---

316) 『효경』「성치장」: 故不愛其親, 而愛他人者, 謂之悖德, 不敬其親, 而敬他人者, 謂之悖禮. 「위학」: 違曰悖德.

317) 『중용』: 天命之謂性.

318) 『맹자』「진심상」: 盡其心者, 知其性也. 知其性, 則知天矣.

319) 『근사록』「家道」: 盡性至命, 必本於孝弟.

320) 「가도류」: 曰後人, 便將性命, 別作一般說了, 性命孝弟只是一統底事. 就孝弟中便可盡性至命.

을 형이상학적 고원한 개념으로 여기며 효제와는 다른 문제로 생각하였는데, 이것을 지적한 것이다. 효제를 실천하다보면 성명의 확충이 가능하고 그 궁극에는 천명이 있다는 것이다. 그렇다면 천명에 이르는 효제의 구체적 실천이란 무엇일까? 정이는 『소학』에서 말한 극히 상식적이고도 일상적인 내용을 예로 설명하였다. 일상적인 도리와 천명을 역시 '일통'이라 하였다. 일상적인 도리가 천명과 '일통'이라면, 그것이 곧 효제라 말할 수 있다는 것이다.

> "물 뿌리고 청소하며 심부름하는 것과 같은 일상적인 일과 성을 충분히 확충하여 천명에 이르는 것은 일통이다."[321)]

그렇다면 효제는 물 뿌리고 청소하며 심부름하는 것과 같은 극히 일상적이고 구체적인 일이라 지적한 『소학』의 내용과[322)] 통한다는 것이다. 오히려 여기에 어떠한 차이도 차별도 없다고 말한다.

> "(양자 사이에는) 근본적인 것과 지엽말단적인 것의 차이라든가 정일精一한 것과 조략粗略한 것과의 차이가 있는 것은 아니다."[323)]

성명에 대한 고원한 담론을 경계한 발언이다. 이렇게 성명과 효제를 일통으로 보려고 한 의도는 성명이나 효제 모두가 삶과 학문의 가장 절실한 요소이기 때문이다.

> "그러므로 효제를 예로 든 것은 신변의 절실하고 가까운 것부터

321) 「가도류」: 洒掃應對與盡性至命, 亦是一統底事.

322) 『소학』「善行」: 其教自小學灑掃應對以往, 脩其孝悌忠信, 周旋禮樂.

323) 「가도류」: 無有本末, 無有精粗.

말하고자 함이다. 오늘날 효제를 실행하는 사람이 없는 것은 아니지만 성을 충분히 확충하여 천명에 이르지 못하는 것은 이를 행하면서도 (그 까닭을) 분명히 알지 못하는 것이다."[324]

"여러 사물의 이치에 밝고 인륜을 살피며, 성을 다하여 명에 이르는 것이 반드시 효도와 공경에 근본해야 한다는 것을 알았다."[325]

효제의 의미를 성명이라는 고원한 개념으로 풀어간 것은 효제를 성리학의 주요 과제로 삼으려는 의도도 있겠지만, 성명이라는 이학의 개념을 너무 난해한 것으로만 이해하는 사람들을 교훈하려는 생각도 깔려있던 것 같다. 평소 이미 효제를 실천하면서도 성을 충분히 확충해서 천명에 이르는 것은 어렵다고 생각한 사람들을 깨우치기 위한 표현이란 것이다. 이것은 맹자가 "행하면서도 밝게 알지 못하고, 익히면서도 살피지 못한다. 그러므로 종신토록 행하면서도 그 도를 모르는 자가 많은 것이다."[326]고 한 맥락과 같다. 자신이 할 도리를 다하면서도 그것이 궁극적 원리였음을 모르고 있다는 지적이다. 그렇기 때문에 공자는 효제를 그 어떤 학문보다 우선한다고 말했던 것이고,[327] 정이도 이를 그대로 수용하였던 것이다.

"제자의 직분을 이행한 다음 여력이 있으면 문장을 공부해도 된다. 그 직분을 이행하지 않고서 문장을 공부하는 것은 '위기지학爲己之學'이 아니다."[328]

324) 「가도류」: 故擧孝弟, 是於人切近者言之. 然今時, 非無孝弟之人而不能盡性至命者, 由之而不知也.
325) 「觀聖賢類」: 明於庶物, 察於人倫. 知盡性至命, 必本於孝悌
326) 『맹자』「진심상」: 行之而不著焉, 習矣而不察焉, 終身由之而不知其道者, 衆也.
327) 『논어』「학이」: 弟子入則孝, 出則弟, 謹而信, 汎愛衆, 而親仁. 行有餘力, 則以學文.
328) 「가도류」: 弟子之職, 力有餘, 則學文. 不修其職而先文, 非爲己之學也.

예로부터 유가는 '위인지학爲人之學'을 경계하고 '위기지학爲己之學'을 권장하였는데,[329] 여기서 드러난 '위기爲己'는 그렇다면 효제라고 할 수 있다. 효제의 실천이 학문공부보다 선행하고 효제가 성명과 일통하는 것이라 했으니, 효제는 성리학의 가장 기본적이면서도 궁극적인 요소라 해도 무방할 것이다.

4. 효의 방법과 특징

(1) 순종의 효

부모를 섬기는 근본은 역시 순종이다. 정이는 『주역』 고괘(蠱卦, ䷑)와 손괘(巽卦, ䷸)를 들어 부모에 대한 순종의 효를 설명하였다.

> "순종은 어버이를 섬기는 근본이다. 또한 정위正位를 얻고 있으므로 커다란 잘못은 없다고 한 것이다. 그러나 약간 후회함이 있으므로 어버이를 잘 섬긴 것은 아니다."[330]

사친의 기본은 순종이라고 하였다. 하지만 순종을 잘못 이해하면 무조건적 복종으로 혼동할 수도 있다. 순종의 조건이 맞을 때 순종은 가능한 일이다. 완고한 부친과 어리석은 모친을 둔 순임금은 특별한 경우이다.[331] 순종할 수 없는 환경에서 순종하는 것은 오히려 효와 거리가 멀어진다. 상식적 차원에서 일반의 성정性情에 어긋남

329) 『논어』 「헌문」: 古之學者爲己, 今之學者爲人.
330) 「가도류」: 順事親之本也. 又居得正, 故無大咎, 然有小悔, 已非善事親也.
331) 「가도류」: 舜之事親, 有不悅者, 爲父頑母嚚, 不近人情.

이 없는 환경에서 순종은 의미가 살아난다는 것이다.

"부모님이 일반인과 비슷한 수준만 되어도 그 사랑의 감정이 만약 도리를 해침이 없다면 반드시 순종해야 한다."[332]

그런데 순종은 내 부모에게만 해당하는 건 아니다. 부모의 친구에게까지 그 범주를 넓혀야 함을 『근사록』은 말한다.

"부모님의 친구로서 좋아하는 사람은 힘써 모셔서 부모를 기쁘게 해드려야 한다."[333]

『맹자』에 "우리 집 노인을 공경하는 마음을 다른 집 노인에게 미치며, 우리 집 아이들 사랑하는 마음을 다른 집 어린 아이에게까지 미친다."[334]고 한 내용과 상통한다. 효가 내 집, 내 부모에게 그친다면 효는 제한적 가치만을 지닐 것이다. 효가 만일 내 주변만을 챙기는 이기적 범주라면 생명력을 상실하고 말았을 것이다. 그런 점에서 적당한 환경에서 부모에게 순종하는 것은 당연한 것이고, 그것은 주변으로 확산되어야 한다는 것이다. 그러나 전통적 관념에서의 이런 순종은 자녀에게 때론 부담 요소로 작용하기도 하였다.

"부모님을 위한 손님 접대에 드는 비용은 반드시 힘을 다해서 장만해야 하며, 가정 형편에 구애받음이 없어야 한다."[335]

순종의 최종 목적은 부모님을 기쁘게 해 드리는 것이다. 이를 위

---

332) 「가도류」: 若中人之性, 其愛若無害理, 姑必順之.

333) 「가도류」: 親之故舊所喜者, 當極力招致, 以悅其親.

334) 『맹자』「양혜왕상」: 老吾老, 以及人之老; 幼吾幼, 以及人之幼.

335) 「가도류」: 凡於父母賓客之奉, 必極力營辨, 亦不計家之有無.

해서 때론 부모님을 찾아오는 손님 접대도 융숭해야 하고, 그 때 집안 형편을 감안해서는 안 된다고 충고하고 있다. 더군다나 그 환경을 부모가 알아서도 안 된다고 단정하고 있다.

> "그러나 이같이 (형편에 구애 되지 않는 접대와 같은) 봉양을 하면서도 애쓰고 힘쓰는 것을 부모님이 알도록 해서는 안 된다. 만약 그와 같이 하는 것이 쉽지 않음을 부모님이 보게 되면 편안해 하지 않기 때문이다."[336]

현대적 안목에서 이해하기 힘든 내용이다. 부모에 대한 순종이 무조건 순종이 아닌 것까지는 이해해도 가정 형편 관계없는 대접을 해야 한다는 것과 또 부모님의 평안을 위해서는 가정형편이 넉넉하지 못하다는 상황을 부모님이 알게 해서는 안 된다는 논의는 전통적 효행의 가치가 오늘날 얼마나 설득력을 잃고 있는가를 알려준다.

(2) 정신적·육체적 봉양의 효

증자는 유가에서 효의 대명사처럼 알려진 인물이다. 맹자는 효를 말하며 증자처럼 하면 가하다[337]고 하였다. 이에 대해 정이는 "증자의 효가 충분하다는 말이 아니다. 자식 된 몸으로 할 수 있는 일이라

---

336) 「가도류」: 然爲養, 又須使不知其勉强勞苦, 苟使見其爲不易, 則亦不安矣.

337) 『맹자』「이루상」: 事孰爲大? 事親爲大. 守孰爲大? 守身爲大. 不失其身而能事其親者, 吾聞之矣. 失其身而能事其親者, 吾未之聞也. 孰不爲事? 事親, 事之本也. 孰不爲守? 守身, 守之本也. 曾子養曾晳, 必有酒肉. 將徹, 必請所與. 問有餘, 必曰'有'. 曾晳死, 曾元養曾子, 必有酒肉. 將徹, 不請所與. 問有餘, 曰'亡矣'. 將以復進也. 此所謂養口體者也. 若曾子, 則可謂養志也. 事親若曾子者, 可也.

면 마땅히 모두 다 해야 한다."[338]고 덧붙였다. 말의 뉘앙스로 보아 맹자가 평가한 증자의 효성을 부정하는 듯하다. 그런데『맹자』에 소개된 증자의 효행은 양지養志의 효행이었다. 물질적·육체적 봉양에서 나아간 정신적 봉양의 모범사례이다. 그런데 정이는 이것을 충분치 못한 것으로 이해하였다.[339] 온전한 효행의 어려움을 말한 것이고, 끝없는 부모에 대한 효행의 필요성을 강조한 것이다. 마치『효경』에서 "위로는 천자로부터 아래로는 서인에 이르기까지 효는 처음부터 끝까지 계속하지 않으면 환난이 미치지 않을 자가 없다."[340] 고 한 지적처럼 무시종無始終한 효행을 강조하려는 의도로 보인다.

여기서 뜻을 받드는 효행이 그 무엇보다 중요함을 말하고 있다. 그렇다고 몸을 부양하는 것이 쉽다는 것은 전혀 아니다. 몸을 부양하기 위해서는 때로는 의료기술도 필요하다. 온전한 부양을 위해서는 마음만 갖고는 안 된다. 전문적인 의술이 수반되어야 한다는 것이다.

"부모나 자식이 병으로 자리에 누워있을 때 실력 없는 의사에게 치료를 맡기는 것은 자애롭지 않고 효성스럽지 않은 것이다. 부모

---

338)「가도류」: 未嘗以曾子之孝, 爲有餘也. 蓋子之身所能爲者, 皆所當爲也.

339) 이기동 역,『근사록』(홍익출판사, 1998년) 296쪽에서는 이것을 "증자가 아버지를 봉양한 것도 완벽하다고는 볼 수 없다. 진정 부모의 뜻을 받드는 것은, 자신의 육체적인 욕구에 얽매이지 않고 본마음의 뜻을 실천하는 경우이므로, 자신의 참된 모습을 잘 지켜 뜻을 실천하는 참된 사람이 되어야 참된 효를 했다고 할 수 있다. 또한 부모의 자식에 대한 사랑과 은혜는 그 무엇에도 비할 수 없다. 따라서 자식된 입장에서 아무리 부모에게 할 수 있는 모든 도리를 다 했다고 하더라도 완전한 효를 했다고 할 수는 없는 것이다."라고 하였다. 이학범 역주,『근사록』(서울대 출판부, 2004년) 318쪽에서는 정이의『遺書』에 "증자와 같이 하면 책망을 면할 수 있을 뿐이다."라고 한 내용을 근거로 증자의 효행을 충분치 못한 것이라 해설하였다. 주자도 이와 관련해서 "정자가 증자의 일을 논한 것은 先儒가 이르지 못한 바이다."(江永,『近思錄集註』卷六, 朱子曰)라고 해서 그의 설의 독특함을 지적하였다.

340)『효경』「孝平章」: 自天子至於庶人, 孝無終始, 而患不及者, 未之有也.

님을 모시는 사람은 반드시 의술을 알아야 한다."[341]

의료지식을 효도의 필수항목으로 말한 내용이다. 몸 가는데 마음도 따라간다. 마음이 바로 잡혀 있으면 몸도 그에 따라 작용한다. 양지養志의 효와 양구체養口體의 효는 다른 것 같지만 실제로는 하나라는 뜻이다. 부모 부양을 위한 의료기술 습득이 구체적으로는 양구체의 효라고 할 수 있지만, 그렇다고 양지의 효와 무관할 수 없다는 것이다. 그것은 부모님 돌아가신 이후에도 적용된다고 하였다. 『근사록』에서는 생일잔치를 통해 이를 설명하고 있다. 생일잔치는 부모님 생존 시에 의미 있다는 주장이다.

"부모님이 이미 돌아가셨다면 생일날에는 마땅히 배로 슬퍼해야지 어찌 술자리를 벌이고 음악을 울리며 즐거움을 누리려 하는가? 부모가 구존할 때 더불어 즐기는 것이 옳다."[342]

상식적으로 이해하기 힘든 부분이다. 현대적 감각으로는 납득하기 어려운 내용이다. 만일 문자 그대로 받아들인다면 생일잔치는 나이 들어서는 할 수 없다는 말로 들린다. 젊을 때는 부모님 생존하시니 생일잔치가 가능하지만 나이 들면 오히려 불가능한 것으로 이해할 수 있기 때문이다. 이 내용이 전하고자 하는 메시지는 아마도 그 정신과 그 뜻에 있지 않을까 생각해 본다. 양구체의 효를 실천할 수 없는 상황에서는 양지의 효를 갖춰야 한다는 의미이다.

341) 「가도류」: 病臥於床, 委之庸醫, 比之不慈不孝, 事親者亦不可不知醫.
342) 「가도류」: 人無父母, 生日, 當倍悲痛, 更安忍置酒張樂, 以爲樂. 若具慶者可矣.

(3) 충언忠言·간언諫言의 효

가정은 객관적 이성에 따른 판단보다 주관적 감정이 더 많이 지배하는 공간이다. 주관적 감정이 이성적 사유판단을 가로막게 되면 사사로운 사의私意가 정의正義·공의公義를 해칠 수가 있다. 그래서 가정윤리에서는 특히 사사로운 감정의 절제를 요한다.

> "사람이 가정에 거처할 때에는 골육친척과 부자간에는 대개 인정이 예법에 우선하게 되고 사사로운 은혜의 감정이 의리義理를 누르게 된다. 오직 강직한 사람만이 사사로운 애정에 구애되어 올바른 의리를 잃는 일이 없다."[343]

여기서 강직한 사람만이 사사로운 감정의 구애 없이 의리를 지킨다고 하였다. 그렇다면 강직하지 못한 사람은 늘 사사로운 감정에 얽매어 의리를 실천할 수 없는 것일까? 인정에 얽매어 예법을 벗어나는 것은 결과적으로 효 정신에 위배된다. 그래서 부자간의 관계를 오히려 『근사록』에서는 지공무사至公無私로 보았다. 조금이라도 마음을 일부러 쓴다면 그것이 사사로운 것이라고 하였다.[344] 사사로운 감정이 혹 있다하더라도 그것을 바로잡을 방도가 필요한 것이다. 그런데 부모님의 잘못을 바로 잡는 데에는 그에 따른 방법이 중요하다. 간언할 때에는 예의가 필요하다는 것이다. 잘못을 사전 바로잡기 위한 하나의 기제가 간언이란 것이다.

보통 효를 부모공경이라고 해서 부모님 뜻에 무조건 순종하는 것

---

343) 「가도류」: 人之處家, 在骨肉父子之間, 大率以情勝禮, 以恩奪義. 惟剛立之人, 則能不以私愛, 失其正理.

344) 「가도류」: 父子之愛本是公. 才著些心做, 便是私也.

으로 이해하는 경우가 적지 않다. 그러나 이것은 전통적 효행을 잘못 이해한 처사이다.[345] 부모의 잘못을 방치하는 것이 불효에 해당하기 때문에 자녀는 부모의 잘못을 바로 잡아야할 책무가 있다. 문제는 잘못에 대한 간언의 방법이다. 정이는 어머니에게 유순한 태도로 간하라고 말했다.

> "어머니의 잘못을 바로잡으려 할 때에는 곧기만 해서는 안 된다는 말이 있다. 자식은 어머니에게 반드시 부드러운 자세로 보좌하고 인도하여 도의에 합치되도록 해야 한다."[346]

부모에게 순종하는 것이 마땅한 일이지만 부모에게 잘못이 있다면 부드러운 자세로 보필하고 바른 길로 인도해야 한다는 것이다. 만일 강직한 태도로 부모의 잘못을 꾸짖듯 바로잡으려 한다면 의견이 받아들여지기는커녕 오히려 마음만 상하게 할 뿐이다. 중요한 것은 바른 도의에 합치하도록 하는 것이지만 그 방법이 잘못되었다면 어떠한 성취도 이룰 수 없기 때문이다. 만일 일이 잘못되어 이치에서 벗어난다면 그것은 자식의 죄라고 정이는 말하고 있다.

> "어머니의 뜻을 거역하여 일을 잘못되게 한다면 이는 자식의 죄이다. 어머니의 뜻을 옆에서 잘 받들어 따른다면 어찌 방도가 없겠는가? 만약 자기 하고 싶은 대로 강경하게만 나가서 급작스럽게 어머니의 뜻을 거스르며 거역한다면 모자간의 인정을 상하게 하여 인륜을 크게 해치게 된다. 또한 이렇게 하여 어떻게 어머니의

345)『효경』「諫諍章」: 曾子曰, 若夫慈愛恭敬, 安親揚名, 則聞命矣. 敢問, 子從父之令, 可謂孝乎. 子曰, 是何言與, 是何言與. 昔者, 天子有爭臣七人, 雖無道, 不失其天下, 諸侯有爭臣五人, 雖無道, 不失其國, 大夫有爭臣三人, 雖無道, 不失其家. 士有爭友, 則身不離於令名. 父有爭子, 則身不陷於不義. 故當不義, 則子不可以不爭於父, 臣不可以不爭於君. 故當不義, 則爭之. 從父之令, 又焉得爲孝乎.

346)「가도류」: 幹母之蠱, 不可貞. 子之於母, 當以柔巽, 輔導之, 使得於義.

> 마음에 받아들여져서 바꾸게 할 수 있겠는가? 어머니의 잘못을 바로잡는 방법은 자기를 굽히고 내 의사를 바르게 하도록 하고 일이 원만히 이루어지도록 하는 데에 있다. 강직한 신하가 유약한 군주를 섬기는 것도 그 방법은 이와 같아야 한다."[347)]

간언의 필요성도 중요하지만 더 중요한 것은 간언의 방법이란 것이다. 여기서 간언의 대상으로 어머니를 언급한 것은 흥미롭다. 그 이유를 어디서도 말하고 있지 않기 때문에 근거 있는 해답을 찾을 수는 없지만 유가적 효행의 중심에 주로 남성만 존재하고 있는 것을 생각한다면 색다른 모습이 아닐까 생각해 본다.

5. 효행의 외연 확대와 실천

(1) 부모의 자녀 사랑

부모에 대한 자녀의 공경이 효라고 한다면 자녀에 대한 부모의 사랑을 자慈라고 한다. '부자자효父慈子孝'라고 해서 효의 전제조건으로 늘 부자父慈를 언급한다. 그렇다면『근사록』에 보이는 자효의 모습은 무엇일까? 한마디로 엄격한 교육이다. 자녀를 바른 길로 가도록 가르치는 것이 자효의 가장 중요한 요소이다. 자식에게 잘못이 있을 때에는 덮어주어서는 안 된다는 것이다. 정이가 아버지에 대한 회상을 하며 한 말이다.[348)]

---

347)「가도류」: 不順而致敗蠱, 則子之罪也. 從容將順, 豈無道乎. 若伸己剛陽之道, 遽然矯拂, 則傷恩, 所害大矣. 亦安能入乎. 在乎屈己下意, 巽順將承, 使之身正事治而已. 剛陽之臣, 事柔弱之君, 義亦相近.

348) 정이 부친 太中公의 이름은 珦이고 자는 伯溫이다. 여기 소개한 글은 아버지와 어머니 侯氏 부인의 행실을 기록한 것이다.

"자식이 불초한 것은 어머니가 그 잘못을 덮어 주어 아버지가 모르기 때문이다."[349)]

『근사록』에 전하는 정이의 부친은 매우 엄격하였다. 특히 자녀교육에 그 엄격함을 더했는데, 정이의 기록이 이를 말해준다.

"우리 형제는 평생 음식이나 의복을 골라서 취하지 못했으며 나쁜 말로 사람을 욕하지 않았는데, 이는 본성이 그러했다기보다는 가르침을 받아서 그렇게 한 것이다."[350)]

엄격한 교육으로 자애를 표현한 것이다. 엄한 교육은 때로는 자녀가 손해 보는 마음이 들 때도 있었던 것 같다. 잘못이 없는데도 부모가 편을 들어주지 않고 오히려 책망하였던 경험으로 이를 설명하고 있다. 정이 형제가 다른 사람들과 다툴 때 비록 그들이 옳다 해도 부친은 편들어 주지 않고 책망하였던 것이다.

"양보하지 못하는 것을 경계해야지 자기주장대로 할 수 없는 것을 아쉬워해서는 안 된다."[351)]

물론 자녀에 대해 책망만을 일삼는다면 바른 교육이 될 수 없다. 정이의 부모는 좋은 스승과 친구를 만나 가르침을 받고 교유하게 하였던 것이다.[352)] 정이 부모의 구체적인 교육내용을 통해서 당대 사대부들의 가정교육이 어떠 했는가 그 내면을 읽게 하는 장면이다.

---

349) 「가도류」: 子之所以不肖者, 由母蔽其過而父不知也.

350) 「가도류」: 故頤兄弟平生, 於飲食衣服, 無所擇, 不能惡言罵人. 非性然也, 教之使然也.

351) 「가도류」: 患其不能屈, 不患其不能伸.

352) 「가도류」: 及稍長, 常使從善師友游, 雖居貧, 或欲延客則喜而爲之具.

겉으로 드러난 사대부들의 특권만을 생각할 것이 아니라 사회 지도층으로서의 도덕적 책임감을 자녀교육 속에서 읽어낼 수 있어야 할 것이고, 또 그것이 성리학이 지향하였던 자녀교육관이 아니었을까 생각해 본다.

(2) 형제간의 사랑

보통 사랑하면 쌍방향적이어야 한다고 말한다. 그럼에도『시경』에서는 "형과 아우는 서로 우애가 있어야 하지만 서로 흉내 내서는 안 된다."[353]고 하였다. 형제는 서로 사랑해야하지만 그 사랑을 따라 해서는 안 된다는 뜻이다. 이유는 간단하다.

> "일반적으로 인정이 지닌 폐단은 은혜를 베풀어 보답을 받지 못하면 베푸는 것을 그만 두는데 있다."[354]

사랑을 받았다면 인정상 받은 사람도 사랑을 베푸는 것이 정상이다. 그것을 상호간 도리라고 생각한다. 한쪽의 베풂이 사라지면 당연히 상대의 베풂도 사라진다. 그것을 정이는 인정의 폐단이라고 했다. 따라서 형제간에는 그것을 따라 해서는 안 된다고 한 것이다. 일방적 사랑이어야 한다는 주장이다. 받을 것을 염두에 둔다면 제한적 사랑이고 진정한 사람이 될 수 없다는 것이다. 그저 베풀기만 하라는 주문이다.[355] 그것이 진정한 형제간의 사랑이란 것이다.

---

353)『시경』「斯干」: 兄及弟矣, 式相好矣, 無相猶矣.
354)「가도류」: 人情大抵患在施之不見報則輟.
355)「가도류」: 故恩不能終, 不要相學. 己施之而已.

그런데 인간의 마음은 그렇지가 않다. 후한대後漢代 제오륜第五倫이란 사람이 있었다.[356] 『후한서』에 의하면 그는 형의 자식이 아플 때에는 문병을 다녀와서 편안히 잘 수 있었고, 자신의 아들이 병이 났을 때에는 밤새도록 편히 잘 수 없었다고 한다. 사사로운 감정이 없을 수 없었다는 고백이다.[357] 이 같은 인정상의 문제를 갖고 "자신의 자식과 형의 자식을 대하는데 차별을 두어야합니까?"[358]라는 질문에 그는 무차별無差別로 답하고 있다.

"성인이 예법을 정하기를 '형제의 자식도 똑같은 자식이다.'라고 하였다. 이는 자신의 자식처럼 대하기를 바라는 것이다."[359]

자기 자식 사랑이 형의 자식 사랑보다 더한 것이 인지상정이지만, 요구하는 예법은 치우침이 없는 사랑이란 것이다. 감정적 요청을 윤리적 요청으로 극복해야 한다는 것이다. 그럼에도 불구하고 인정상의 경중을 뛰어넘을 수는 없는 것이 아닌가?[360] 양자에 대한 차별은 있을 수밖에 없다는 질문에 역시 대답은 무차별로 대해야 한다고 하였다.

"단지 오늘날의 사람들이 사심을 갖고 보기 때문에 그렇다(차별적으로 본다)는 것이다. 공자가 말하기를 '부자간의 도리는 천성이다.'고 하였다. 이는 단지 효의 관점에서만 말한 것이다. 그러므로 부자사이의 관계는 천성에 근거한 것이라고 말한 것이다. 그렇다면 군신君臣·빈주賓主·붕우朋友 등의 관계를 어찌 천성이 아니라고 할 수 있

356) 第五倫은 後漢시대 京兆長陵 사람으로 성이 第五이고 이름이 倫이다. 자는 伯魚.

357) 『後漢書』七十一「第五倫」: 吾兄子常病, 一夜十往, 退而安寢, 吾子有疾, 雖不省視, 而竟夕不眠, 若是者, 無私乎.

358) 「가도류」: 又問視己子與兄子, 有間否.

359) 「가도류」: 聖人立法, 曰兄弟之子猶子也, 是欲視之猶子也.

360) 「가도류」: 又問天性自有輕重, 疑若有間然.

겠는가? 오늘날의 사람들이 이런 윤리를 경시하고 그 근본이 유래한 바를 미루어보지 않았기 때문에 차이가 있다고 생각한다. (그러면) 자신의 자식과 형의 자식의 차이를 따질 것이 어디 있겠는가?"[361]

부자관계가 천성이듯, 사회관계에서 이뤄지는 모든 인간관계가 천성이란 주장이다. 그렇다면 같은 아버지에게서 나온 형제의 자녀라면 더 말할 것도 없다는 논리인 것이다. 내 자식이 아니라고 차별하는 것이 오히려 잘못이라고 주장한다.

"(형제는) 모두 똑같은 아버지에게서 나왔다. 단지 형제는 서로 모습이 다를 뿐이니 이로 인해 형제를 손과 발의 관계와 같다고 하는 것이다. 많은 사람들이 모습이 다르다고 하여 자기 자식 사랑하기를 형제의 자식 사랑하는 것과 차이를 두는데, 이는 매우 잘못된 일이다."[362]

편협된 사랑을 경계한 말이다. 사랑 자체가 지공무사하지만, 그 지공무사한 사랑을 적용하는데 특히 모든 관계에 똑같이 적용되어야 한다는 주장이다. 하물며 같은 아버지의 자식인 형제간의 사랑과 또 그 자녀에 대한 사랑에 차별이 있을 수 없다는 주장이다. 같은 맥락에서 자신의 아기만을 위한 유모역시도 문제로 삼았다. 유모를 두는 것은 부득이한 경우인데, 혹 유모를 두더라도 한 명만 둔다면 내 자식 살리려고 남의 자식을 죽이는 결과를 가져온다는 것이다.

---

361) 「가도류」: 只爲今人以私心看了. 孔子曰, 父子之道天性也. 此只就孝上說. 故言父子天性, 若君臣兄弟賓主朋友之類, 亦豈不是天性. 只爲今人小看, 却不推其本所由來故爾. 己之子與兄之子, 所爭幾何.

362) 「가도류」: 是同出於父者也, 只爲兄弟異形, 故以兄弟爲手足. 人多以異形, 故親己之子, 異於兄弟之子, 甚不是也.

> "자기 자식에게 젖을 먹이기 위해 다른 사람의 자식을 죽인다면 이것은 도리가 아니다. 부득이한 일이지만 유모를 한 명 더 사서 두 아이가 먹을 젖을 가지고 세 명의 아이에게 먹인다면 만일의 경우에 대비할 수 있을 것이다."[363)]

비용이 많이 들더라도 내 자식 소중한 만큼 남의 자식도 소중하기 때문에 부득이 유모가 필요하다면 이렇게 해야 한다는 충고이다. 이를 위해선 먼저 자기 자신과 자신의 가정에 엄격해야 함을 말했다. 자신에 엄격해야 사적 감정을 다스릴 수 있기 때문이다.

> "가정을 다스릴 때는 반드시 위엄이 있어야 한다고 했다. 공자가 이를 경계하며 다시 말하기를 '반드시 자기 자신을 먼저 엄정하게 다스려야 한다.'고 하였다. 자기 자신부터 먼저 위엄을 가지고 다스리지 않으면 다른 사람들도 원망하여 따르지 않게 된다."[364)]

『대학』에서 "수신제가치국평천하."의 순차적 질서를 강조하며 개인의 수양과 가정과도 같은 작은 단위의 공동체에서의 엄격한 다스림을 더 큰 공동체를 향한 전제조건으로 삼았다. 정이는 至公한 인관계론의 선행조건으로 자신에 대한 단속을 강조하였다. 여기서 우리는 정이의 인류애 정신을 찾을 수 있다. 가족 사랑이 가족 내 부모형제사랑으로 그친다면, 또 그것을 효도라고 한다면 그 효도는 가족이기주의를 양산하는 도구밖에 되지 않는다. 사랑이 보편정신이고 효가 가족 사랑의 기본이라면 또 그것이 보편성을 지닌다면 지공무사함을 잃지 않아야 한다는 것이다.

---

363) 「가도류」: 然食己子而殺人之子, 非道. 必不得已, 用二子乳, 食三子, 足備他虞.

364) 「가도류」: 治家當有威嚴而夫子又復戒云, 當先嚴其身也. 威嚴不先行於己, 則人怨而不服.

(3) 부부간의 사랑

가족관계는 부부로부터 시작한다. 부부윤리가 중요한 것도 이 때문이다. 『논어』에서 "『시경』의 「주남周南」과 「소남召南」을 알지 못하면 이는 마치 담장을 마주 대하고 있는 것과 같다."[365]고 하였다. 『시경』의 「주남」「소남」은 남녀간의 애정을 다룬 내용이다. 특히 부부의 정을 말한 것이고, 나아가 도덕적 관계를 논했다. 이것을 읽지 않으면 담장을 마주 대하듯 답답하다는 뜻이다. 남녀사이는, 또 부부사이는 "지극히 친밀하고 지극히 가까운 일로서 이보다 심한 관계는 없으니 반드시 이것부터 시작해야한다."[366]고 하였다. 그렇다면 부부사이는 어떠해야 하는가? 정이는 정숙한 법도의 준수를 말했다.

> "부인이 정숙함을 지켜야 부부가 정상적인 법도를 잃지 않는다. 오늘날 세상 사람들은 부부끼리 허물없이 지내는 것을 정상적인 것으로 여김으로써 부인이 정숙하면 비정상으로 생각하는데, 이는 정숙이야말로 항상 지켜야할 법도임을 몰라서 그렇게 생각하는 것이다."[367]

봉건사회의 부덕婦德을 말하고 있다. 부인의 정숙이 전제이고 그 다음이 부부의 정상적인 법도 준수라는 것이다. 여기서 경계할 것은 부부사이에 허물없이 지내는 것이다. 허물없는 부부관계에서 부인의 정숙이 오히려 비정상이라는 사고를 하고 있다. 오늘날 시각과는 정반대의 입장을 말하고 있다. 부부사이의 공경심은 부인의 정숙에

---

365) 『논어』「양화」: 人而不爲周南召南, 其猶正牆面而立也與?

366) 「가도류」: 蓋至親至近, 莫甚於此. 故須從此始.

367) 「가도류」: 守其幽貞, 未失夫婦常正之道, 世人以媟狎爲常. 故以貞靜爲變常, 不知乃常久之道也.

서 비롯한다는 사고가 지배하기 때문이다. 여기서 부인의 절개는 죽음보다 중요한 덕목으로 받들어지게 되는 것이다.

> "'과부와는 도리상 결혼해서는 안 될 것 같은데, 어떠합니까?'라고 묻자 정이는 '그렇다. 결혼이란 배필을 구하는 것이다. 만약 절개를 잃은 자와 결혼하여 배필로 삼는다면 이것은 자기도 절개를 잃는 것이다.'고 하였다."[368]

부부관계에 대한 성리학의 원칙주의를 강하게 피력한 내용이다. 원칙주의는 도덕적 이상을 향한 하나의 방책이다. 일반적으로 용인되던 재혼 풍토를 도덕적 이상, 곧 의리·절개의 차원에서 문제 삼은 것이다. 그것이 사회적 미덕이기 때문이다. 그런데 이 같은 도덕적 이상은 죽음보다 상위개념이었다. 이것이 성리학의 원칙주의이다. 성리학이 단지 원칙에서 끝나지 않고 이렇게 윤리적 엄격성을 띠면서 비판에서 자유롭지 못하게 된 측면도 없지 않다.

> "또 묻기를 '과부로서 빈궁하여 의탁할 곳이 없는 사람은 재혼해도 되는 것입니까?'라고 하였다. 대답하기를 '이는 후세에 춥고 배고파서 굶어 죽을 것을 두려워하여 나온 말이다. 그렇지만 굶어죽는 것은 사소한 일이나 절개를 잃는 것은 극히 중대한 일이다.'라고 하였다."[369]

생명보다 절개가 중요하다는 성리학의 원칙론이다. 특히 남녀문제·부부관계를 규정함에 여인의 절개를 강조한 것은 부모에 대한 자

---

368) 「가도류」: 問孀婦於理, 似不可取, 如何. 曰然, 凡取, 以配身也. 若取失節者, 以配身, 是己失節也.

369) 「가도류」: 又問或有孤孀貧窮無託者, 可再嫁否. 曰只是後世怕寒餓死故, 有是說. 然餓死事極小, 失節事極大.

녀의 도리를 강조한 효 못지않은 강한 의무 조항임을 보게 된다. 물론 생명보다 의리를 강조한 것은 비단 여성에게만 국한 된 것은 아니다.

> "현자는 오직 의義만을 알 뿐이다. 그러면 운명은 그 가운데 있다."[370]

> "현자는 올바른 방법으로 구하고 의로움으로 얻기 때문에 운명에 대해서는 생각할 필요가 없다."[371]

의리와 생명의 관계를 말한 대목이다. 인간은 인간됨의 도리 차원에서 생명보다는 의리를 소중히 여겨야 한다는 주장이다. 의리라고 하는 목적을 위해서 생명은 수단일 수 있다는 지적이다. 인간의 생명은 의를 위한 삶이어야지 삶을 위한 의가 되어서는 안 된다는 성리학적 의리관을 보여주고 있다. 그런데 재미난 것은 막상 정이의 부친은 자신의 조카딸을 재혼시켰다는 점이다.

> "누이의 딸이 과부가 되었는데, 공은 누님이 슬퍼할 것을 두려워하여 데려다가 재혼시키었다."[372]

재혼은 절개를 저버리는 것이고 성리학적 의리에서 어긋나는 행위였다. 그럼에도 불구하고 정이의 부친은 자신의 조카딸을 재혼시키었고, 정이는 이를 떳떳하게 기록하였다. 주희는 이것을 편집하여 후대에 전하였다. 성리학적 의리·절개관이 비록 목숨보다 소중하다

370)「出處類」: 賢者惟知義而已. 命在其中.

371)「출처류」: 賢者則求之以道, 得之以義, 不必言命.

372)「가도류」: 旣而女兄之女又寡. 公懼女兄之悲思, 又取甥女, 以歸嫁之.

고 말하지만, 또 그것이 원칙이고 그 원칙은 지키는 것이 최선이지만 그렇다고 그 원칙을 교조적으로 적용하지는 않았음을 보여주는 대목이다.

(4) 이웃사랑

얼핏 효라 하면 부모자녀간의 문제이고 그로부터 효를 가족이기주의의 산물로 지적할 수도 있다. 하지만 대부분의 사상가들은 효를 가족 내에만 묶어 두지는 않았다. 내 부모 공경하듯 주변 이웃을 대하고 내 집 어른 공경하듯 주변 어른 공경을 실천해야 한다는 주장을 하고 있다.

> "모든 사람들은 나의 형제이며 나의 동료이다. 대군大君은 내 부모의 맏아들이고 대신은 맏아들을 보좌하는 사람이다. 연장자를 존경하는 것은 자기 집 어른을 모시는 것이고, 외롭고 약한 사람을 사랑하는 것은 자기 집 어린이를 사랑하는 것이다."[373)]

특히 주변에서 소외되고 있는 이웃을 더욱 돌보아야함을 『근사록』에서는 강조하고 있다.

> "무릇 천하의 노쇠한 사람, 불구자, 형제 없는 사람, 아들 없는 사람, 홀아비, 과부 등은 모두 나의 형제 가운데서 불행에 처해 있으면서 하소연할 데가 없는 사람들이다."[374)]

---

373) 「위학류」: 民吾同胞, 物吾與也. 大君子, 吾父母宗子, 其大臣, 宗子之家相也. 尊高年, 所以長其長, 慈孤弱, 所以幼其幼.

374) 「위학류」: 凡天下疲癃殘疾, 惸獨鰥寡, 皆吾兄弟之顚連而無告者也.

이를 위해서는 일반 백성들이 바로 교육되어야 한다. 정이가 쓴 형 정호의 행장에 잘 드러나 있다. 정호가 택주澤洲의 진성현晋城縣 지사知事로 있을 때의 일이다.

> "백성들 가운데 일이 있어 읍에 오는 사람들에게는 반드시 효제충신, 즉 집에 들어가서는 부형을 섬기는 도리와 나와서는 어른을 섬기는 도리를 일러주었다."[375]

모든 백성을 대상으로 효제충신 교육을 하였다는 내용이다. 관리자의 책무가 백성들의 바른 교화에 있고 교화의 내용은 효제충신이었다는 것이다. 거기서 그치지 않고 불우한 이웃을 돌보는 것 역시도 관리자의 주요 업무가운데 하나라고 하였다.

> "고아와 외로운 사람, 불구자는 친척이나 동네에서 책임을 지고 돌보도록 해서 살집을 마련해 주었다. 또 그 지역을 여행하는 자가 병이 나면 보살펴주도록 했다."[376]

결국 이웃을 돌보는 것은 효정신의 확대 차원에서 가능한 일이고, 그것이 또한 관리자의 당연한 책무라고 지적한 것이다.

(5) 교육의 목적과 효제

예로부터 시험제도는 늘 있었다. 관리 등용을 위한 과거시험은 말할 것도 없고 평상시 실력을 테스트하는 제도 역시도 존재했다. 송

375) 「치법류」: 民以事至邑者, 必告之以孝悌忠信, 入所以事父母, 出所以事長上.
376) 「치법」: 凡孤煢殘廢者, 責之親戚鄕黨, 使無失所. 行旅出於其塗者, 疾病皆有所養.

대 왕안석王安石과 신법당新法黨이 추진한 교육제도에도 공시公試와 사시私試라는 시험제도가 있었다. 공시는 칙명에 의해 시험관을 임명하여 시행하는 시험이고, 사시는 학관學官 스스로 시행하는 시험이었다. 그런데 정이는 시험이 교육의 본래목적에서 어긋난다면 폐지되어야 한다고 주장하였다. 학교 교육은 인간교육이고 도덕교육이어야지 줄 세우기 교육이 되어서는 안 된다는 취지였다.

> "옛날부터 전해오던 제도에는 공시와 사시가 있는데, 이런 시험이 없는 달이 없다. 학교는 예의가 우선 존중되어야 할 곳인데 달마다 학생들을 경쟁하게 하는 것은 결코 가르쳐 기르게 하는 방법이 아니다. 바라건대 조정에서 시험을 학과공부로 대체하여 학력이 부족한 사람이 있으면 교관이 불러서 가르치고 시험 성적으로 학생의 서열을 정하지 않았으면 한다."[377]

매달 치르는 시험으로 학생들을 경쟁하게 만들어 교육 본래의 목적인 예절교육을 등한히 한다는 지적이다. 학교가 시험으로 인해 학생들의 서열을 매기는 것은 교육적으로 옳지 않다는 것이다. 혹 학과공부가 부족하다면 교관이 보충해 주면 될 것이라는 대안까지 제시하였다. 그러고 보면 예나 지금이나 시험은 늘 있어왔던 문제 같다. 또한 학교 학생 정원도 오늘날과 비슷한 문제를 안고 있었던 것 같다.

> "송나라 신종 원풍 연간 이래 이익으로 학생들을 유혹하는 제도

377) 「치법」: 舊制公私試補, 蓋無虛月. 學校禮義相先之地, 而月使之爭, 殊非教養之道. 請改試爲課, 有所未至, 則學官召而教之, 更不考定高下.

가 설치되어 국학의 정원이 오백 명으로 늘어났다. 분주하게 모여든 학생들이 부모에 대한 봉양을 저버리고 형제의 사랑을 잊어버리고 길을 오가며 타향에서 머물러 인심이 날로 각박해지고 선비들의 기풍도 날로 경박해 졌다. 만약 국학의 정원을 백 명으로 하고 나머지 사백 명을 나누어 정원이 적은 주나 군에 배치하면 좋을 것이다. 그러면 자연히 선비들이 각자의 고향에서 편안하게 효도와 사랑의 마음을 기르고 타향으로 떠돌아다닐 뜻을 버려서 풍속이 점점 아름답게 될 것이다."[378]

학교 운영 때문에 지나치게 정원을 늘려 선발한 것이 바른 교육을 할 수 없게 만들었다는 지적이다. 많은 학생들이 서로 경쟁하다 보니 정작 중요한 효제를 실천할 수 없다는 것이다. 효제실천 없는 학교교육은 문제 있으므로 정원을 줄여야 하는데, 무턱대고 정원을 줄일 수는 없으니 분산하자는 대안까지 제시하고 있다.

6. 성리학적 효행의 장단점

성리학의 근간이 되는『근사록』에 나타난 효사상을 살펴보았다. 효의 영역이 부모에 대한 자녀의 도리차원에서 확대된 개념도 살펴보았다. 인간 개개인은 가는 곳마다 각기 처한 위치가 다르다. 그에 따른 역할과 책무도 달라진다.『근사록』은 이를 '자효인경慈孝仁敬'으로 말했다. '자효인경'이 각기 다른 위치에 따른 책무가 된다

378)「치법」: 自元豊後, 設利誘之法, 增國學解額, 至五百人. 來者奔湊, 捨父母之養, 忘骨肉之愛, 往來道路, 旅寓他土, 人心日偸, 士風日薄. 今欲量留一百人, 餘四百人分在州郡解額窄處, 自然士, 人各安鄉土養其孝愛之心, 息其奔趨流浪之志風俗亦當稍厚.

는 것이다.

> "대저 사물이 있으면 반드시 그 사물의 존재 원리가 있다. 아버지는 자애로움에 머물고, 자식은 효에 머물고, 군주는 인자함에 머물고, 신하는 공경함에 머물러야 한다. 만물과 모든 일은 그것이 머물러야할 올바른 자리가 있는데, 올바른 자리를 얻으면 편안하고 올바른 자리를 잃으면 어그러진다. 성인이 천하를 순조롭게 다스릴 수 있었던 것은 만물을 위해서 법칙을 만들어 줄 수 있었기 때문이 아니라 단지 천하의 만물들이 각각 바른 자리에 머물게 했기 때문이었다."[379]

물론 여기서 말하는 것은 각기 처한 위치에 따른 도덕적 책무이다. 봉건사회 도덕적 책무는 사회안정의 초석이었기 때문에 단순한 윤리문제만은 아니다. 그러므로 윤리적 책무로서 '자효인경'은 공동체 안정의 기제가 되었다. 윤리적 안정이 사회 안정의 전제 조건이기 때문에 당대 가정윤리는 대단히 중요한 요소로 작용하였다. "윤리를 바로잡고 은의恩義의 정을 돈독하게 하는 것이 가정의 도덕."[380]이라는 성리학적 시각이 곧바로 사회 안정의 밑바탕이라는 것이다. 또 이것을 할 수 있는 사람이 어진 사람이고, 또 그런 이들이 지도자가 되어야 한다는 것이 『근사록』의 주장이다. 다음과 같은 정호의 건의에서 알 수 있다.

> "천하를 다스릴 경우 풍속을 바르게 하고 어진 인재를 얻는 것

379) 「治體」: 夫有物, 必有則. 父止於慈, 子止於孝, 君止於仁, 臣止於敬. 萬物庶事, 莫不各有其所, 得其所則安失其所則悖. 聖人所以能使天下順治, 非能爲物作則也, 惟止之各於其所而已.

380) 「가도」: 正倫理, 篤恩義, 家人之道也.

으로 근본을 삼아야 한다."[381]

그럼 어떤 사람이『근사록』에서 말하는 어진 인재이고 필요한 지도자인가?

"그 요점은 반드시 인륜에 근본을 두고 모든 사물의 이치를 밝히는 것이고, 그 가르침은『소학』의 깨끗이 청소하고 남에게 응대하는 것으로부터 나아가 부모에게 효도하고 형을 공경하고 나라에 충성하고 동료에게 신의를 지키며 행동거지를 바르게 하고 예와 악을 두루 배워 몸을 닦는 것이다. 그들을 지도하거나 격려하고 점차로 감화시켜 그들을 성취시키는 방도는 모두 절도와 순서가 있는 것이다."[382]

"선비를 선발하는 방법은 성품과 행동이 단정하고 깨끗하며 집에서는 부모에게 효도하고 어른을 잘 섬기며 부끄러움, 사양, 겸손의 마음이 있고, 또한 학업에 밝고 다스리는 도리에 통달한 사람을 뽑는 것이다."[383]

한마디로 기본에 충실한 인간을 말한다. 그 가운데 효제는 가장 중요한 요소였다. 하지만 인간에게 요구하는 윤리적 기본이 기본으로 끝나지 않고 강제되면서 때론 부담스런 내용으로 변질되었다. 특히 상대적 약자로 분류할 수 있는 젊은이와 여성들에게 강요한 윤리적 요청은 현대적 감각으로는 수용하기 힘든 내용이 상당수 포함되

381)「치법」: 明道先生言於朝曰, 治天下, 以正風俗, 得賢才爲本.

382)「치법」: 其道必本於人倫, 明乎物理, 其教自小學灑掃應對以往, 修其孝悌忠信周施禮樂. 其所以誘掖激厲漸摩, 成就之道, 皆有節序.

383)「치법」: 凡選士之法, 皆以性行端潔, 居家孝悌有廉恥禮遜, 通明學業, 曉達治道者.

었다. 오늘날 성리학을 봉건윤리라 규정하며 비판하는 근거가 여기에 있다. 특히 여성에게 강요된 지조와 절개는 당시 융통성 있게 적용되었더라도 훗날 여성을 억압하는 굴레로 작용하면서 비판의 핵심이 되었다. 며느리 선택의 중요성을 강조한『근사록』의 내용은 이를 간접적으로 증명한다.

> "세상 사람들은 대부분 사위를 선택할 때는 신중하게 하면서도 며느리를 선택하는 것은 소홀히 취급한다. 그러나 사위의 잘잘못은 쉽게 살펴볼 수 있지만 며느리에 관해서는 알기가 어렵다. 며느리의 선택은 차후 관련되는 바가 큼으로 어찌 소홀히 할 수 있겠는가?"[384)]

부부사이에 발생하는 문제가 남녀공통의 것임에도 불구하고 대부분 부덕婦德의 부재로 전락하였던 것이 며느리 선택의 중요성을 말하는 단서가 되었다. 거기에는 효제를 기본으로 하는 가정윤리가 한몫 하였다. 여성의 효제가 지아비에 대한 지조와 절개로 이어지면서 여성을 억압하는 도구로 활용된 것이다. 거기에 상하·존비·남녀간의 질서가 성리학이 요구하는 사회구조가 되면서 성리학적 효사상은 오늘날 멀어질 수밖에 없었다.

다만『근사록』에 비친 효윤리가 단지 부모자녀관계에 기초한 가족윤리에 머물지 않고 이웃사랑으로까지 확장된 모습은 효개념의 확대차원에서 의미가 있다. 나아가 효행을 단지 순종·복종에서만 찾지 않은 것은 성리학의 효개념이 오늘날 새롭게 조명될 가치가 있음을 보여주는 실례가 아닐까 생각한다.

---

384)「가도」: 世人多愼於擇壻而忽於擇婦, 其實壻易見, 婦難知. 所繫甚重, 豈可忽哉.

제3장

동아시아 각 지역의 효문화와 현대적 효의 다의성

제3장

동아시아 각 지역의 효문화와 현대적 효의 다의성

Ⅰ. 효문화, 동아시아 소통 공감의 인성코드

1. 왜 다시 효인가?

효는 시공간을 초월한 인류사회 공통의 가치이다. 모든 사회·종교·사상에 내재한 인류 공존의 자산임과 동시에 소통과 공감의 실마리를 제공할 수 있는 정신적 가치이다. 유교·불교 등 동아시아 전통종교는 물론 기독교·이슬람교·힌두교에서도 효를 강조하고 있다. 한말 한국문화를 접한 서양선교사의 일화가 좋은 예가 될 것이다. 당시만 해도 조선인들에게 백인 선교사는 신기한 사람이고, 때론 "저 양이洋夷가 인간이냐 아니냐?"를 논쟁할 때의 일이다. 마침 선교사는 부모에게 편지를 쓰고 있었고, 이 모습을 목격한 조선인이 저들도 효를 아는 사람이라 해서 인간으로 간주했다는 얘기이다. 효를 동물과 구별되는 인간의 척도라 생각한 우리 문화와 사상도 그렇고 부모를 생각하는 기독교 서양선교사도 그렇고 효가 인류 공동의 사고임을 확인해 주는 내용이다.

이렇듯 전 종교, 모든 문화권에서 효를 강조하고 있다. 그중 한국을 포함한 동아시아 사회에서 유난히 효를 강조한 것은 특기할 사항이다. 효사상 속에 내포한 생명존중, 종족의 존속이라는 생물학적 본능과 인간에 대한 보편적 사랑과 이해가 깔려 있기 때문에 더욱 그러하다.[385)]

특히 한국에서의 효는 가장 익숙한 정신적 가치로 내려왔다. 막상 효를 실천하지 못하더라도 효의 당위성을 부인하는 사람은 없다. 효는 인간의 도덕규범이자 윤리이지만 적어도 우리에게서만큼 만은 선택적 규범이 아닌 모두가 공유하는 사회적 '집합의식'이자 '사회자본'에 가깝다. 종교·이념·세대를 불문하고 모두가 효에 관한한 부정하지 않기 때문이다.

그런데 최근 많은 사람들이 효가 "사라졌다", "무너졌다"고 말하며 한탄한다. 실제로 사라지고 무너졌다. 이 때 어떠한 효가 사라지고 무너졌는가가 더 중요한 문제라 생각한다. 또 왜 그럴 수밖에 없는가에 대한 반성과 자각이 선행되어야 한다. 무너져야 할 것이 무너지고, 사라질만한 것이 사라진 것은 나쁠 건 없다. 예컨대 혈연에 근거한 연고주의와 내 부모, 내 형제자매만을 생각하는 가족이기주의는 사라짐이 마땅하다. 또 권위주의 시절 절대 권력을 포장하고 미화하던 효개념은 마땅히 청산되어야 한다. 문제는 사라지거나 무너져서는 안 될 것들이 사라지고 무너진다는 점이다.

효의 긍정적 요소가 대단히 많음에도 불구하고, 또 그것이 현대 복지사회에서 기여할 부분이 많음에도 단지 옛 잔재란 명목으로 무

385) 때론 서양사회엔 효 개념이 없기 때문에 인위적으로 'Filial piety'란 말을 만들었다고 말하며 효를 동아시아 유교문화권으로 국한시키려는 경우도 있지만, 기독교, 이슬람교, 힌두교 경전에 부모공경을 계율로 말하고 있는 것으로 보아 단어가 없다고 효에 대한 인식과 사고가 없다고 단정하는 것은 곤란하다.

시되거나 버려지는 것은 안타까운 일이다. 복지지향의 사회 속에서 효사상의 긍정적 요소를 활용한다면 무엇보다 강력한 복지사회를 이룰 수 있기 때문이다. 다문화·다민족 사회로 전환하면서 다양한 문화와 민족간의 상이함 속에서 효문화를 사회통합의 공감코드로 활용할 수 있다면, 효의 가치는 다시금 높아질 것이다.

이를 위해 여기서는 크게 네 가지 측면에서 문제에 접근하였다. 첫째, 효개념의 다의성을 사회적, 인문학적 가치차원에서 정리하였다. 그간 효에 대한 연구는 다양한 학문적 접근보다는 유교적 가치로 한정해서 다뤄졌다. 인류 공동의 자산이자 가치이면서도 이를 유교적 전통질서 범주에서 취급하였다. 효가 비록 부모와 자녀관계의 기본 도리에서 시작되었다 하더라도, 그것이 이 사회 어떻게 확산되었고, 그 의미와 문제가 무엇이고, 그래서 어떤 결과를 낳았는지 다양한 사회관계에서 살펴볼 필요가 있다는 것이다.

둘째, 보통 유교적 효개념은 부모 말씀에 무조건 순종, 복종하는 것으로 이해했다. 봉건시대 '충효'를 사회안전망 구축에 활용하던, 봉건질서에 복무하는 이데올로기적 요소로 효의 의미를 제한해서 보던 시절이다.[386] 하지만 때론 상대의 상황과 분위기를 고려한 권도權道차원에서의 불순종·불복종도 효가 될 수 있었음을 확인하였다. 일방적·수직적 효개념이 아닌 합리적 차원의 효의 다의성을 찾을 수 있다는 뜻이다. 가부장적 권위주의 시절에는 이치에 어긋나더라도 순종과 복종이 자녀의 도리였고, 또 그것을 효라고 인식하였다. 하지만 그것이 갖는 역기능은 이루 말할 수도 없었다. 그런 점에

386) 김덕균, 「세종실록을 통해본 조선초 효문화의 특징과 문제」 한국효학회, 『효학연구』 제19호, 2014년 6월, 33면 참조.

서 합리적인 불손종과 불복종이 때로는 효가 될 수 있음을 논한 것은 매우 의미 있는 일이다.

셋째, 경제발전의 측면에서 효사상이 어떤 기능을 하였는가를 살펴볼 필요가 있다. 막스 베버는 자본주의 정신 이면에 기독교 윤리가 작용했다고 보았다. 그 방법을 원용한다면 동아시아 경제발전의 이면에 유교윤리, 특히 효문화가 작용했음을 찾을 수 있다는 것이다. 동아시아 '사회자본'으로 자리한 효문화가 경제발전에 지대한 영향을 주었다는 이야기이다.

넷째, 복지지향의 사회 속에서 효문화가 갖는 의미이다. 효와 복지는 시행 주체와 대상, 방법과 내용이 다르다. 하지만 양자의 의미와 지향성을 생각한다면 상호 보완적 관계로 활용할 수 있다. 복지가 정책적·행정적·제도적 차원의 의미가 강하다면, 효는 정신적, 가치 규범적 요소가 강하다. 양자의 특징을 보완하고 활용하면 현대 복지사회의 한국적 특색을 넉넉히 살려나갈 수 있을 것이다.

다섯째, 다민족·다문화 사회로의 진행에 따른 혹 있을 수도 있는 모순·갈등·충돌의 위험 요소를 효문화 활용을 통해 예방할 수 있을 것이란 판단이다. 동아시아 사회 공동의 요소로 발달한 효문화는 다문화·다민족 사회에 따른 공감·소통 코드로 활용할 수 있을 것이다. 모든 종교·문화·사상의 공통의 자산인 효사상을 이용한다면 상대에 대한 배려와 존중, 그리고 이해의 폭은 확대될 것이다. 다민족 사회를 화해·소통시킬 수 있는 문화코드로 효만큼 소중한 자산도 없다는 것이다.

이를 통해 다음 세 가지 목적을 이룰 수 있을 것이다. 첫째, 전통적 효개념이 현대 사회에서도 가치 있다는 것을 발견할 것이며, 둘째, 한국적 복지사회의 모델로 효를 활용한, 이른바 '효복지' 개념의 가능성을 타진할 것이며, 셋째, 다문화·다민족 사회 소통·공감 코드로 효문화의 가치를 확인하게 될 것이다.

2. 합리와 불합리를 넘나드는 효

전통적 효개념에는 오늘날 생각하더라도 매우 합리적인 내용이 들어있었다. 일방적인 헌신·봉사·희생으로만 생각하던 효에 대한 일반의 선입견을 해소할 수 있는 내용이다. 현대적인 합리성을 담보할 수 있는 효개념의 또 다른 모습은 이 시대 또 다른 가치로 작용할 수 있다. 상황에 맞는 융통성 있는 효개념, 불순종·불복종도 효가 될 수 있음을 전통사회 논의 속에서 찾아 효의 새로운 가치를 모색해 보려고 한다.

(1) 헌신·봉사·희생의 전통적 효

요즘도 효하는 사람의 모습을 본다면 즐겁고 행복한 모습보다는 고생하고 애쓰는 모습이 강하다. 전국 단위든 지역 단위든 효행상 수상자들의 면면을 보면 알 수 있다. 대부분 눈물 없인 볼 수 없는 사연의 주인공들이다. 가난한 환경 속에서도 늙고 병드신 노인 분들에 대한 수발이 효행의 대명사처럼 비춰진다. "와병중인 부모 병간호" "대소변 실금하는 부모 부양" "와병중 부모 식사 시중" "경제적 곤경 속에서 치료" "부모모시며 대가족 생계유지" "이웃 노인 봉양"[387] 등 대부분 늙고 병든 부모님을 위한 헌신·봉사·희생이 효에 해당한다.

선행연구에 의하면, 그들의 부모에 대한 태도는 꾸준히 헌신하는 모습이었고, 또 그들은 '부모를 존경하기 때문에', '부모에 대한 책임을 수행하려고', '부모를 위해 희생하려고', '부모님 은혜에 대한 보답', '부모님을 동정하기 때문에', '부모를 중심으로 가족이 화합하려고'란 응답이 대부분이었다. 일부 '이웃과 지역사회에 대한 봉사차원에서', '종교적 신념'을 말하는 경우도 있었다.[388]

그런데 효행상 수상자들의 사회적 특성도 눈에 띈다. 대다수가 농촌지역(64%) 거주이고, 남자(33%)보다는 여자(67%)가 많고, 절반이상이 50~69세(52%)의 연령대이고, 교육정도는 중졸이하가 절반이상(51%)을 차지하였다. 효행기간도 4분의 3이상이 5년 이상, 절반 이상이 11년간, 3분이 1정도가 16년 이상이었다. 결국 평균 12년 동안 자기희생적 효를 실천한 셈이다.[389]

이상의 자료를 근거로 말하자면 효에 대한 사회통념은 바뀌었어도 효행자의 모습은 이전 그대로라는 생각이 든다. 다시 말해 과거 '할고단지割股斷指' '삼년상' 같은 자기희생적 효행이 비록 방법과 내용은 다르더라도 일방적 헌신·봉사·희생이라는 차원에서는 같다는 것이다.

참고로 전통사회 효행의 모습을 몇 가지 더 보완해 보자. 치병위한 '할고단지'는 이미 말했고, 상분심우嘗糞心憂, 액호구부扼虎救父, 자

387) 성규탁, 『한국인의 효』이담, 2010년, 42~43면 참조.
388) 성규탁, 위의 책, 61~64쪽 참조.
389) 성규탁, 위의 책, 52쪽 참조.

문포혈恣蚊飽血, 위모매아爲母埋兒, 매신장부賣身葬父 등과 같은 엽기적 희생이 수반된 사례가 효행의 대부분을 차지하고 있다.[390] 오랜 동안 시간과 노력과 삶을 모두 헌신해야할 3년상은 효자의 기본도리였다. 열악한 환경에서 부모로부터 온갖 수모와 고초를 겪으면서도 효성을 다한 순舜임금이나 민자건閔子騫 같은 효자들이 효의 표본이 되었다. 심청이는 부모위해 목숨을 희생했고, 지금껏 효의 대표적 사례로 소개되고 있다. 효가 부담스럽고 이 사회 멀어질 수밖에 없는 내용들이다.[391]

이런 일방적인 헌신·봉사·희생을 효라고 한다면 마땅히 사라지고 멀어지는 것은 당연한 것이라 할 수 있다. 부모·어른의 사랑이 전제되고 자녀와 젊은이들의 공경이 뒤따르는 자효慈孝관념이 없었던 것은 아니지만, 쌍방향적 자효보다는 일방적·수직적 효제관념이 가족윤리의 근간을 이루면서 효문화는 부담만 남기고 점차 사라지는 위기를 맞이한 것이다.

결국 전통적 효문화는 농경사회에서 산업사회로, 다시 지식정보사회로 접어들면서 설 자리를 잃고 사라지는 신세가 되었다.『설문해자』에서 말하는 "부모에게 잘하는 것"을 효라고 생각하는 전통적 의미의 효개념도 희석되고 있다. 전통적 효행을 대표하는『24효도孝圖』에서 말하는 자신과 자녀의 희생을 전제로 하는 극단적·엽기적

390) 김덕균 편역,『그림으로 읽는 동양의 효문화』도서출판 문사철, 2010년에 나타난 24명의 효자 그림과 내용 참조.

391) 김덕균,「『세종실록』을 통해본 조선초 효문화의 특징과 문제」한국효학회,『효학연구』제19호, 2014년 6월, 38~42면 및 김덕균,「지행합일의 관점에서 바라본 단종임금의 효문화정책」, 한국양명학회,『陽明學』제41호, 2015년 8월, 156~164면에서 조선시대 헌신, 봉사, 희생의 효행 사례를 구체적으로 적시하였다.

효행[392]은 완전히 사라졌다. 시간과 경제적 투자를 요하는 '삼년상三年喪'같은 효행도 박물관 전시실에서나 볼 수 있는 유물이 되었다. 이런 쉽게 따라할 수 없는 엄청난 효행은 아니더라도 부모와 어른을 위한 작은 희생과 봉사도 사라졌다. 사라질만한 효가 사라진 것은 다행이다. 일방적 헌신·봉사·희생의 효, 불합리한 순종·복종을 강요하는 효가 사라졌으니, 당연히 사라져야할 효라 생각한다. 21세기 지식정보사회로 접어들면서 이런 생각과 문제가 희석되거나 사라진 것은 이상할 것도 없다. 내가 있어야 가족도 공동체도 있다는 자의식과 개인주의의 자각이 그 이면에 존재한다. 가족이나 공동체보다는 개인을 우선시하는 시대가 도래한 것이다.[393] 동시에 "타인의 노동력에 대한 착취를 통한 경제적 이익"[394]을 우선하는 '경제자본'의 추구가 공동체 의식에 기반한 효문화를 약화시킨 것이다. '경제자본'은 이익을 전제하기 때문에 상호성보다는 배타성이 우선한 측면이 강하다.

하지만 헌신·봉사·희생을 전제로 하는 효를 전통적 효의 전부인양 단언하는 것은 문제가 있다. 전통적 효개념에는 일방적이고, 불합리한 효와는 거리가 먼 매우 합리성을 담보하는 설명도 존재하였기 때문이다. 그때그때 상황에 맞는 효의 도리를 말한 것과 순종·복종보

392) 이 같은 엽기적, 극단적 효행을 魯迅은 「二十四孝圖」『魯迅全集』제2권, 人民文學出版社, 1981年에서 '허위도덕(虛僞道德)' '진정한 인정을 멸시하는 것'이라 말하며 철저히 비판했다.

393) 오늘날 다양한 가족형태가 나왔다 하더라도 전통적 가족의 전형적인 모습, 곧 부모, 자녀, 조부모를 포함하는 구성은 여전하다. 이는 부모와 생물학적 자녀만을 국한해서 말하는 미국의 가족구성과 구별되는 점이라 하겠다. 아무튼 핵가족 보다는 광범한 친족 집단 우선순위의 지역에서는 개인보다는 가족, 가족보다는 더 큰 공동체를 우선시한다. 개인의 희망이나 욕구는 후순위가 된다는 것이다. (Bron B. Ingoldsby, Suzanna D. Smith 저, 천혜정 외 역, 『다문화적 관점에서 바라본 세계의 가족』 시그마프레스, 2009년, 6면 참조)

394) 유석춘, 장미혜, 「사회자본과 한국사회」 연세대 사회발전연구소, 『사회발전연구』 (8권, 2002년) 98면. 여기서 착취란 자본가와 노동자 사이의 계급적인 갈등에 따른 모순과 폐단이다.

다는 사안에 따라서는 불순종·불복종이 효가 되는 경우를 말한 경우이다.

(2) 상황에 맞게 처신하는 권도의 효

유교에서 '권도權道'란 상황에 맞는 도리를 말한다. '강상綱常' 윤리와 상대되는 의미이다. 강상 윤리를 불변의 도리, 곧 '상도常道'라 한다면, '권도'는 '반상反常' '반경反經'인 셈이다.[395] '권도'는 『중용』에서 말하는 '시중지도時中之道'와도 통한다.[396] 구체적 실례는 『맹자』가 가장 잘 보여준다. 평상시 남녀 간의 거리는 어느 정도 유지하며 가까이 하지 않음이 예라고 했다. 그렇다면, 물에 빠져 허우적거리는 여자를 구해주는 것은 예에 어긋난 것일까? 전통적 유교의 가르침은 남녀부동석男女不同席이고, 손을 잡는다는 것은 힘든 일이었다. 하지만 목숨을 위협받는 급박한 환경에서도 그래야만 하는 게 "유교적 도덕일까?"라는 점이다. 이에 대해 맹자는 '권도'로 명쾌히 그 해답을 제시한다.[397]

'권도'에 대한 실례는 『공자가어』의 내용이 재밌다. 증자曾子가 참외밭에서 일을 하다가 그만 실수로 참외 뿌리를 뽑고 말았다. 부친 증석曾晳이 노여워하며 증자의 등을 막대기로 마구 때렸고, 증자는

395) 『춘추공양전』「桓公」: "古人之有權者, 祭仲之權是也. 權者何? 權者反於經, 然後有善者也, 權之所設, 舍死亡無所設. 行權有道, 自貶損以行權. 不害人以行權. 殺人以自生, 亡人以自存, 君子不爲也."

396) 『중용』: "君子之中庸也, 君子而時中."

397) 『맹자』「이루상」: 淳于髡曰, "男女授受不親, 禮與?" 孟子曰, "禮也." 曰, "嫂溺則援之以手乎?" 曰, "嫂溺不援, 是豺狼也. 男女授受不親, 禮也; 嫂溺援之以手者, 權也." 曰, "今天下溺矣, 夫子之不援, 何也?" 曰, "天下溺, 援之以道; 嫂溺, 援之以手. 子欲手援天下乎."

그만 까무러쳐 쓰러졌다. 한참 뒤 깨어난 증자는 웃는 얼굴빛을 띠고는 부친 앞에 나아가 훈계하시면서 혹시 아픈 곳이 없었는가를 부친에게 물었다. 매 맞아 쓰러져 정신을 잃었던 자신보다 때리다 혹 다친 곳이 없었는가 부친의 안부를 물은 것이다. 공자가 이 소리를 듣고는 오히려 증자를 나무랐다는 얘기이다. 이 이야기 뒤로 순舜이 행한 대효大孝의 예를 들었다. 순의 부친 고수瞽叟가 심부름을 시키고자 할 때에는 항상 그 곁에 있었지만, 순을 잡아서 죽이려고 할 때에는 아무리 찾아도 나타나지 않았다는 것이다. 또 매를 맞을 때에도 회초리로 때리면 맞고 큰 몽둥이로 때리면 도망쳤다는 얘기이다. 아버지를 불의不義한 범죄에 빠지지 않도록 한 것이다.[398]

『맹자』에도 이런 순舜의 예를 들어 '권도의 효'를 말한 대목이 있다. 순이 부모님 몰래 결혼한 사례이다. 부모님 허락 없이 결혼한 것은 불효이지만, 후손 없는 것이 더 큰 불효라는 전통 때문에 순은 부모에게 고하지 않고 결혼했다는 것이다.[399]

상황에 따른 융통성이 능사가 아니기 때문에 이를 '상도'라 할 수는 없지만, 상황에 따라서는 불가피한 경우, 혹은 더 큰 문제의 소지가 있을 때에는 융통성이 긴요할 때가 있다. 그럴 때 부득이한 상황에서 맞지 않는 '상도'보다는 합리적인 '권도'로 문제를 풀어감 옳다

---

398) 『공자가어』「六本」: 曾子耘瓜, 誤斬其根. 曾皙怒建大杖以擊其背, 曾子仆地而不知人, 久之有頃, 乃蘇, 欣然而起, 進於曾皙曰, "嚮也參得罪於大人, 大人用力教, 參得無疾乎." 退而就房, 援琴而歌, 欲令曾皙而聞之, 知其體康也. 孔子聞之而怒, 告門弟子曰, "參來勿內." 曾參自以爲無罪, 使人請於孔子. 子曰, "汝不聞乎, 昔瞽瞍有子曰舜, 舜之事瞽瞍, 欲使之未嘗不在於側, 索而殺之, 未嘗可得, 小棰則待過, 大杖則逃走, 故瞽瞍不犯不父之罪, 而舜不失烝烝之孝, 今參事父委身以待暴怒, 殪而不避, 既身死而陷父於不義, 其不孝孰大焉? 汝非天子之民也, 殺天子之民, 其罪奚若?" 曾參聞之曰, "參罪大矣." 遂造孔子而謝過.

399) 『맹자』「이루상」: 孟子曰, "不孝有三, 無後爲大. 舜不告而娶, 爲無後也, 君子以爲猶告也."

는 것이다.

예컨대 아무리 부모 공경이 효의 기본이라 하더라도, 부모 없이 조부모 밑에서 자란 아이들에게 효란 부모공경보다는 오히려 조부모 공경일 것이고, 고아원 같은 시설에서 보호받으며 자란 아이들이라면 자신을 돌봐주신 분들에 대한 공경이 효가 될 것이다.

3. 사회발전 속 효문화의 빛과 그림자

(1) 효, 사회자본

오늘날 효문화 상실의 원인으로 배금주의拜金主義, 물질만능주의物質萬能主義, 이기주의利己主義의 팽배를 든다. 정신적 가치보다는 물질적 가치를 추구하는 경제중심의 사회가 윤리적 가치인 효문화를 사라지게 했다는 지적이다. 하지만 이는 합리적 인간을 "자신의 손실을 극소화시키고 이익을 극대화 시키는"[400] 것으로 이해하는 신고전주의 경제학의 기본 원리를 감안한다면, 문제라기보다는 오히려 극복해야할 과제라 생각한다. 또한 오늘날 '공리주의적功利主義的 공리주의公利主義'[401]의 차원에서도 적극적인 해명이 가능하다. 공사(公私) 문제가 때로는 혼재할 수 있기 때문에 이익추구를 반드시 문제 있는 것으로만 파악하는 것은 곤란하다. 개인이든 직장이든 이익 추구는 불가피한 현실이고, 그것이 공익으로 작용할 수 있기 때문에 이를

400) 유석춘, 장미혜, 「사회자본과 한국사회」 연세대 사회발전연구소, 『사회발전연구』 (8권, 2002년), 88면. 여기서 합리적 인간이란 자신의 이익을 위하는 것이고, 비합리적 인간이란 자신의 이익과 손실을 감수하며 희생하는 경우를 말한다.

401) 이명수, 『유가철학의 욕망경계와 근대적 분화』 다른생각, 2015년, 258면.

문제로 바라보는 것 자체가 문제가 될 수도 있다.

따라서 불가피한 당연한 사회적 변화를 현실로 받아드리며 효문화의 설자리를 새롭게 모색하는 것이 필요한 때이다. 물질중심의 변화된 사회 속에서 정신적 가치 효문화를 어떻게 어느 분야에서 적절히 활용할 수 있을까를 고민하는 것이 오히려 해결해야할 과제라는 것이다. 효문화의 정신적 가치와 물질중심의 사고를 대척점에서만 볼 것이 아니라, 어떻게 상호 보완적 관점에서 활용할 수 있는가를 모색해야 한다는 것이다. 그간 우리 사회는 이익을 추구하는 시장경제의 원리와 권력의 획득을 목적으로 하는 정치에 관심이 집중되면서 공적 가치이자 공동의 규범윤리에는 소홀히 한 측면이 없지 않았다. 호혜성·상호성을 기본으로 하는 공동체 윤리가 실종된 이면에는 지나친 이익 추구와 권력 획득이 자리했다. 어차피 개인이란 공동체를 벗어날 수 없음에도 불구하고 지나친 개인의 이익과 권력을 말하면서 우리의 공동체 윤리는 먼 나라 얘기가 되어버렸다. 그래서 "합리적이지만 어리석은 인간" "제한적 합리성을 가진 인간"[402]이란 말도 나왔다.

이렇듯 공동체 윤리의 중요성을 알면서도 그것이 멀어질 수밖에 없었던 이유는 개인주의의 극대화에 따른 이익추구에 있다. 따라서 공공성을 전제한 공동체 윤리의 회복은 이 사회의 절실한 과제이고, 여기서 공동체 윤리 효문화의 의미는 살아난다고 하겠다. 공동의 이익 없이 개인의 이익을 보장할 수 없다면, 공공의 이익을 전제한 공동체 윤리 효문화는 의미를 더할 수 있다. 어리석지만 합리적인 인

---

402) 유석춘, 장미혜, 앞의 논문, 89면.

간이 되기 위해서는 기본적으로 갖춰야할 도리로 효문화를 하나의 '사회자본'으로 활용하는 것도 의미 있다는 것이다.

가정에서 출발한 효가 공공의 '사회자본'이 됨은 우리가 평소 사용하는 언어를 통해서도 알 수 있다. 나라와 세계를 '국가國家', '우주宇宙'라고 하며 '집'이란 뜻을 사용한 것이 비근한 예이다. 특정한 직업에도 집 가家를 사용, 전문가專門家, 예술가藝術家, 실업가實業家... 라고 해서 '가'가 집단의 매우 중요한 의미임을 확인하게 된다. 이런 '집단주의' '우리주의' 문화의 핵심에는 효제孝悌가 존재하고, 거기서 서열중시의 풍토가 생겨났다.[403] 어떤 조직이나 직업군을 말함에 가족공동체 '집'을 사용한 '집합의식' '집단주의'는 우리문화의 특징이고, 거기에 핵심인 효문화는 어느 조직이나 직업에서도 주된 요소로 작용하고 있으니, '사회자본'으로서 손색이 없다고 하겠다.

이런 공동체 구성원 사이에 존재하는 공동의 가치와 방향을 지향하는 '사회자본'은 이익이 배타적으로 돌아가는 것을 막고 공유되는 특성을 지닌다. 따라서 협력하는 인간, 공존하는 사회를 위한 공공윤리로서 효문화를 '사회자본'으로 활용한다면 공공의 이익에 크게 기여할 수 있을 것이다. 또 그것이 경제적 이익과 상치하기보다는 때로는 상호·상보적 관계로 오히려 긍정적 요소로 작용할 수 있기 때문이다.[404] 또 그것이 가능한 것은 효문화가 결코 권력을 위한 일방적인 순종·복종이 아니라 공공의 이익을 위해서는 불순종·불복종

403) 최준식, 「한국적 집단주의의 실체」『사회비평』25, 2000년 8월, 40~43면 참조. 한국인의 습성 가운데 처음 만나면 통성명과 더불어 나이를 확인하는 것은 이런 효제문화의 산물이라 말하고, 가부장적 권위주의와 경어(敬語)사용 문화도 여기서 파생했다고 말한다.

404) 중국에서는 유가적 가치와 신념으로 기업경영을 하자는 '유상(儒商)'이 조직되어 운영되고 있다.

도 효가 됨을 말할 수 있기 때문에 사회공동의 의식으로 손색이 없다고 생각한다.

이렇듯 효문화는 한 지역, 한 국가의 전유물이 아닌 인류전체가 공유하는 정신적 가치로 존재한다는 점에서 '사회자본'의 가치로 부족함이 없다. 특히 동아시아 각국의 문화전통 속에는 효라고 하는 공감코드가 작용하기 때문에 공동의 가치로 효문화는 적절한 의미를 지니며, 상호 소통하는 데에도 기여할 수 있다고 본다.

(2) 경제발전의 원동력, 효문화

그럼에도 효문화는 이 사회로부터 점차 사라지고 있다. 공동의 유산이자 가치인 효문화가 사라지는 데에는 그만한 이유가 있을 것이다. 그것은 아마도 일부 권위주의 시절 권력의 미화와 포장에 효가 이용되었다는 점도 그 원인으로 작용한다. '충효'를 활용한 이데올로기사회가 비판의 대상이었고, 청산되어야할 수직문화로 특별히 효를 지목한 것이다. 따라서 효문화 위축과 상실의 중심에는 효를 통해 권위 확보를 추구하였던 기득권층이 있다. 여기서 기득권이란 한 나라 뿐만 아니라 가정과 사회의 모든 공동체를 통틀어 일방적, 수직적 관계 속에서 이득을 독차지한 계층의 권리를 말한다. 한동안 효개념의 본래성과 다의성을 떠나 효를 하나의 가치 규범적 이념으로 삼고 기득권층에 무조건적 복종과 순종을 강조한 권위주의 시대의 산물로 인식하였다. 따라서 민주·평등사회에 적합하지 않다고 여겼고, 또 그런 효문화는 당연히 배척되어야 할 것이라 생각했다.

동시에 지나친 가족이기주의와 편협된 공동체주의의 이면에 효문화가 자리하며 윤리적 가치로서 불합리한 강제성을 요구하는 것도 재고되어야할 문제이다. 합리성을 추구하는 이 사회에서 이기적이고 편협한 효는 더 이상 필요하지 않다. 부정부패를 낳은 지나친 연고주의 이면에 작용한 효문화는 당연히 청산되어야 한다. 혈연·지연에 따른 "우리가 남이가"의 이론적 기반이 유교적 효문화와 무관치 않다면 그야말로 그런 효문화는 지양되어 마땅하다. 이런 지적이 큰 틀에서 틀리지 않고 정당한 비판이었기 때문에, 한동안 『공자가 죽어야 나라가 산다』(김경일. 바다출판사, 2001년)는 책이 선풍적 인기를 끈 것도 사실이다.

하지만 이런 효문화가 또 다른 한편에선 엄청난 사회 경제발전의 밑거름이자 원동력이 되었음도 되짚어 봐야한다. '사회자본'으로 효문화가 기여한 측면을 간과할 수 없다는 지적이다. 어차피 한국사회 발전의 이면에는 혈연·학연·지연과 시민사회, 정경유착과 경제발전, 부정부패와 민주화, 지역주의와 포스트모더니즘의 양립되는 환경405)을 말하지 않을 수 없다. 그래서 이를 하나의 '사회자본'으로 요약할 수 있다면, 긍·부정의 요소를 함께 겸비한 효문화 역시도 '사회자본'으로서 충분한 가치가 있다고 본다.

다시 말해 20세기 후반까지 진행된 급속한 경제발달의 이면에 효문화가 깊이 작용하였다는 점을 눈여겨봐야 한다. 노동집약적 농경사회에서 뿐만 아니라 산업사회 속에서도 효문화가 매우 긴요하게 그것도 긍정적으로 작용하였다는 것이다. 효문화 발달과 성숙이 빠른 경제발전의 원동력으로 이어졌다는 판단이다. 이는 기독교 윤리가 자본주의

405) 유석춘, 장미혜, 「사회자본과 한국사회」 연세대 사회발전연구소, 『사회발전연구』8권, 2002년, 95면 참조.

정신으로 작용했다는 막스 베버의 이론이 저변에 깔려 있다. 세속적 노동을 신성시하고 신의 영광을 위한 인간의 노력이 자본주의 정신의 원동력이 되었듯, 동북아에서는 유교정신이 자본주의 발전의 추동력으로 작용하였다는 유교자본주의론의 한 형태이다.

특히 유교의 '기억과 재현'으로 상징되는 효문화는 경제발전의 가장 중요한 동력이 되었다.[406] 조상과 뿌리에 대한 '기억'을 제사라고 하는 종교적 행위로 '재현'하는 동북아의 문화가 서구 자본주의의 정신적 기축이었던 기독교 윤리와도 같은 역할과 작용을 하였다는 주장이다. 거기에 유교적 근면·성실의 정신과 뜨거운 교육열이 가미하면서 동북아 경제 발전은 가속도가 붙었고, 그 구체적인 모습은 20세기 후반부에 나타났다고 보는 것이다.

20세기 후반 우리 사회는 나와 가족, 나아가 이를 포괄하는 공동체가 무엇을 먹을까를 고민하던 시대였고, 그런 가운데 '공돌이', '공순이', '식순이', '차순이'가 되어 어떤 어렵고 힘든 일이라도, 또 어떤 수모를 당한다 하더라도 가족의 생계와 공동체의 장래를 생각하며 감내했다. 나보다는 가족과 공동체(직장, 나라 등)를 먼저 생각했다. 가족과 공동체를 위해서 기꺼이 나를 희생하던 시대이다.[407] 한마디로

---

406) 한국사회 유교윤리, 특히 효가 자본주의 정신으로 비약적인 경제발전의 원동력이었음은 유석춘, 최우영, 왕혜숙, 「유교윤리와 한국 자본주의 정신 -효(孝)를 중심으로」 한국사회학회, 『한국사회학』 제39집 6호, 2005년, 52~86면 참조.

407) 최준식, 「한국인들은 이른바 '우리의 얼 지키기'에 관심이 있을까?」 흥사단, 『기러기』제38권, 제9호(총399호), 2000년 10월, 11면 참조. 여기서 한국 경제발전의 원동력은 박정희 개인의 공보다는 한국인의 문화, 곧 유교의 근면함과 개인보다는 집단을 중시하는 정신, 그리고 교육을 강조하는 풍토라고 말한다. 예컨대 박정희 대통령이 "아프리카나 다른 개발도상국의 지도자였다면 이런 비약적인 발전이 가능했겠나?"고 반문하며 한국 경제발전의 중심에 유교적 근면함, 개인보다는 공동체를 중시하는 정신, 샤머니즘적인 열정, 그리고 누구도 따라올 수 없는 교육열을 꼽았다. 그렇다면 한국 경제발전은 이런 정신과 이를 활용한 지도자가 한데 어우러지며 가능했다고 봄이 타당할 것이다. 아무리 뛰어난 정신과 문화가 있어도 이를 활용하지 못하는 지도자라면 이는 무용지물이 될 것이기 때문이다.

효문화가 사회를 지배하며 경제발전의 동력으로 작용한 것이다. 이는 "가족이란 공동 거주, 경제적 협력과 재생산을 특징으로 하는 사회집단"[408]이라고 정의한 것과 연관시켜 보더라도 상통한다. 가족의 생존이 달려 있는 경제문제와 무관할 수 없다는 것이다.

한편 '입신양명立身揚名'[409]을 효로 인식하던 우리 문화 속에서 경제적 자립과 번창은 매우 중요한 의미를 지녔고, 효에 대한 동기가 적극적인 사회 참여로 나타났다. 20세기 후반 눈부신 경제성장 과정에서 가족주의적 자원동원의 위력은 결국 그 어느 나라도 이루지 못한 '기적'을 일궈냈다. 유교문화의 산물이고 가족주의의 핵심 효사상이 경제성장의 동력이 되었던 것이다.[410]

(3) 다문화사회 소통과 공감의 효문화

가족주의와 그 안에서 성숙한 효문화가 경제발전에 기여했음을 살펴보았다. 한국의 효문화가 뿌리 깊은 가족주의에 기반하고 있음은 두말할 것도 없다. 농경사회의 주요한 제도적·문화적·사회적 기축에 가족주의와 효문화가 존재하였고, 그것을 정신적 기축으로 근대사회 산업화의 길에서도 크게 작용했다는 것이다. 이는 가족구성원의 생존을 위한 협력과 의지가 전제되어 있다는 점에서 공통점이 있다. 충분한 노동력을 요구하는 농업사회의 특성은 탄탄한 공동체

408) Bron B. Ingoldsby, Suzanna D. Smith 저, 천혜정 외 역, 『다문화적 관점에서 바라본 세계의 가족』 시그마프레스, 2009년, 94면.

409) 『효경』「개종명의장」에서는 '신체보존'을 효의 시작, '입신양명'을 효의 최종 목적으로 말한다.

410) 유석춘, 「유교자본주의 가능성과 한계」『전통과 현대』 여름호, 1997년과 「동아시아 '유교자본주의' 재해석」『전통과 현대』 겨울호, 1997년 참조.

문화를 낳았고, 협동을 요하는 끈끈한 공동체 문화는 위아래 질서가 필수불가결한 상황에서 경험이 풍부한 연장자가 그 중심에 있었고, 그를 존중하고 공경하는 풍토를 낳았다.

이런 가족주의와 효문화는 유목사회를 기반으로 했던 공동체에서도 함께 나타남을 보게 된다. 농경사회가 생산과 소비, 판매를 함께 하기 위한 가족공동체와 효문화가 중요한 기능을 하였다면, 유목사회는 가축을 돌보기 위한 노동인력으로 가족이 소중하였고, 그 가운데 더 많은 경험을 충족한 노인에 대한 존중 풍토가 강했고, 여기서 가족주의와 효문화가 성숙되었다. 연장자, 특히 남성 연장자의 경험과 지혜가 존중되면서 효문화는 농경사회만큼이나 확산되었다.[411)]

농경사회와 유목사회 모두 가족주의 전통과 효문화가 필수적 요소였고, 이는 산업화 이후에도 뿌리 깊은 문화로 상존하면서 두 문화간의 소통과 공감의 코드로 작용하고 있다. 오늘날 다문화사회로 접어든 우리 사회 서로를 이해하고 소통하는 공동의 정신문화적 자산으로 효문화는 그런 점에서 매우 의미 있다고 생각한다. 가장 많은 다문화가족을 이루고 있는 중국·몽골·베트남의 전통적인 농경문화와 유목문화는 우리가 온축하고 있었던 효문화와 유사한 형태의 정신적 가치를 지니고 있기 때문에 이들과의 이해·소통·공감의 코드로 효문화는 대단히 중요한 기제가 될 수 있다는 것이다. 갈수록 늘어나는 다민족·다종교·다문화현상에서 상이한 문화전통 속에서 일어날 수 있는 갈등·분쟁의 요소를 오랜 역사 속에 성숙한 각국의 효문화를 공동의 자산이자 문화전통으로 활용한다면 효문화는 소

---

411) Bron B. Ingoldsby, Suzanna D. Smith 저, 천혜정 외 역, 『다문화적 관점에서 바라본 세계의 가족』 시그마프레스, 2009년, 7면 참조.

통·공감의 중요한 사회통합이론으로 작용할 수 있다는 것이다.

(4) 가족복지와 효문화

다문화사회 통합윤리가 효문화로 가능하다면, 또 하나의 이 시대 과제라 할 수 있는 복지지향의 사회도 효문화를 활용할 수 있을 것이다. 이는 이 사회 유난히 가족주의와 효문화가 발달하였기 때문에 이를 넉넉히 고려하며 복지사회를 지향한다면 효율적인 복지 모델을 만들 수 있을 것이란 기대이다. 다시 말해 효문화에 기초한 '가족복지'는 서구적 복지모델의 취약점을 보완할 수 있는 대안 모델의 기능을 할 수 있다는 것이다. 특히 노인복지는 효의 직접적인 실천이자 적용이란 차원에서 매우 설득력이 있고, 절실한 문제이다. 기업주가 종업원들에게 제공하는 '기업복지'처럼, 가족과 친족에 의한 가족복지는 효가 유난히 발달한 우리 사회 특수 환경에서 매우 의미있다.[412] 복지의 주체가 국가나 사회가 아닌 자녀와 가족이 된다는 것은 우리 사회의 특징을 살리는 매우 중요한 의미를 지닌다. 국가나 사회가 주체가 됨은 경제적 부가 중요한 문제로 부각되지만, 자녀와 가족이 주체가 됨은 정신적 가치, 곧 효가 중요한 자산이다. 경제적 문제해결만이 복지의 능사가 아닌 공경하는 마음이 중요함을 천명한 『논어』의 내용에서 가족복지의 특징을 찾게 된다.[413] 작금 서구사회 복지의 실패는 결국 시장과 정부의 성패에 종속되어 있기 때

412) 유석춘, 최우영, 왕혜숙,「유교윤리와 한국 자본주의 정신 -효(孝)를 중심으로」한국사회학회, 『한국사회학』제39집 6호, 2005년, 74~79면 참조.

413) 『논어』「위정」: 子游問孝. 子曰, "今之孝者, 是謂能養. 至於犬馬, 皆能有養; 不敬, 何以別乎?"

문에 전체 아니면 전무의 위험성을 갖고 있다면, 가족복지는 그런 위험 요소를 반감할 수 있다는 장점이 있다. 시장의 위축과 정부의 실패가 복지의 유동성을 가져오고, 거기에 위험 요소가 내재한다면, 정신적 가치를 우선하는 효를 기반으로 이뤄진 가족복지는 그 위험 요소로부터 어느 정도 해소할 수 있다는 것이다.

그것이 필요한 것은 전통적 고유 가치인 효를 대신한 영역으로 복지가 차지하고 있는데, 복지가 효의 자리를 차지하는 것이 아니라 복지와 효가 상호 공존가능성은 없는가를 확인하며 우리만의 복지사회를 구상해 보려는 의도이다. 다시 말해 효의 상당 부분이 노인복지 명목으로 바뀌고 있지만, 사실 양자는 상호보완관계이지 대체 항목은 아니란 생각이다.

효를 대신한 복지제도만으로는 이 시대 노인문제를 해결할 수 없다. 복지에는 분명한 한계와 문제가 있다. 복지사회로의 지향은 오늘날 바꿀 수 없는 시대적 대세이지만, 그것은 강력한 재정적 뒷받침이 없고서는 불가능하다. 하지만 효를 상보관계로 이해한다면 상당 부분을 보충할 수 있다. 서구사회와 비교해서 넉넉지 못한 한국사회가 추구할 복지모델이 효복지여야 할 이유가 여기에 있다. 이를 학교사회에서 먼저 자라나는 세대에게 가르쳐야 한다. 그래야 생명력도 희망도 있다. 그러기 위해서는 효개념의 새로운 정립이 필요하다.

4. 다문화사회, 한국형 효복지를 위하여

전통 유교문화의 효개념은 공순恭順·공경恭敬의 요소가 강했지만, 오늘날 일반의 인식은 때론 순종·복종의 의미로 그 본질을 축소 이해하였다. 부모님을 대하는 공순한 자세와 마음보다는 부모 말씀 잘 듣고, 부모에게 헌신·봉사·희생하는 행위를 효의 표준으로 삼은 것이다. 혹 부모님과 의견이 다를 경우 오히려 전통사회에선 잘못을 잘못이라 말할 수 있는 '간언諫言의 효', 상황에 따라 달리 표현할 수 있는 '권도의 효', 어느 경우 불순종·불복종이 효가 될 수 있음을 말하는, 그래서 그 의미의 다양성이 논의되면서 나름대로 합리적 절차와 방법이 있었지만, 실제 생활 속에서는 자신의 의견은 숨기고 아무리 불합리한 이야기라도 부모 말씀에 순복順服하는 것을 효자의 도리라 생각했다. 효에 대한 이런 선입견은 결국 가부장적 권위주의 시대 기득권층에 대한 일방적인 순종·복종의 태도로 이해되면서 효는 합리성이 결여된 버려야할 전통문화가 되었다.

비슷한 유습을 갖고 있던 중국에서는 효를 근대화의 장애물이라 여기며 '타도공가점打倒孔家店'의 기치 아래 철저한 비판 제거의 대상이 되기도 하였다. 효를 강조하는 가정과 사회를 "순종하는 백성을 만드는 대공장"[414]이라 말하며, 이의 근절을 근대화라고 여길 정도였으니, 효에 대한 선입견이 얼마나 심각했던가를 알 수 있다. 효문화와 근현대사회를 모순관계로 보았기 때문에 나온 결과이다. 무조건 순종·복종을 강요하는 효를 봉건사회 잔재로 생각한 까닭도 여기에 포함된다. 물론 전통적 효개념에 상황에 따른 불순종·불복종이 효가 되는 경우가 없었던 것은 아니지만, 가부장적 권위주의시대 기득권층을 위한 일방적인 가치로 효를 제한하면서 효는 비판의 대상이 된 것이다.

---

414) 曾振宇, 齊金江, 『中華倫理範疇 - 孝』, 中國社會科學出版社, 2006年, 280面. 이 말은 중국 근대 사상가 吳虞가 『說孝』에서 한 말을 여기서 인용한 것이다.

하지만 '사회자본'으로서의 효문화가 사회 경제발전의 중요한 몫을 담당한 것은 무시할 수 없는 하나의 사실이었음을 찾아보았다. 또 그것이 새로운 복지지향의 사회 속에서 정신문화적 가치로 작용할 수 있음도 살펴보았다. 사회복지가 물질적·경제적 풍요로움이 뒷받침되어야 한다면, 효문화는 노인공경과 가족사랑의 정신적 가치로 이를 받쳐줄 수 있는 의미가 있다는 것이다. 동시에 다문화사회, 특히 유교문화권에 속하는 중국·베트남 및 동남아 국가와 또 유목민족인 몽골사회가 우리와도 유사한 효문화를 공유하고 있음을 확인하면서, 다문화 사회 통합의 한 요소로 효문화를 활용할 수 있음을 지적하였다. 효문화가 결코 부담스런 과거의 잔재가 아닌 오늘날에도 실효적 가치를 지닐 수 있음을 정리한 것이다. 복지지향과 다문화 사회 속에서 효문화는 정신적 가치이자 소통·공감의 사회 통합적 요소로 매우 유용한 의미를 지닐 수 있다는 점에서 이것은 단지 전통적 가치뿐만 아니라 현대적 가치도 함께 지닐 수 있음을 증명하려고 했던 것이다.

Ⅱ. 티베트의 문화와 가족관계에 나타난 효사상 검토

1. 티베트 문화의 기원

물이 높은 곳에서 낮은 곳으로 흐르듯 문화도 높은 곳에서 낮은 곳으로 흐른다. 고대 동아시아 삼국도 마찬가지다. 높은 문명을 이룩한 중국에서 한국, 한국에서 일본으로 문화가 흘러갔다. 물론 근대 이후로는 달라졌다. 근대화에 먼저 성공한 일본이 한국과 중국에 영향을 주었다. 하향식 문화의 흐름은 공식처럼 여겨졌다. 그런데 그 공식이 꼭 맞는 것만은 아니다. 얼핏 보면 문화 성숙도가 낮고 어설퍼 보이지만, 그 문화가 더 높은 문명과의 만남에서도 변하지 않는 경우가 있다. 바로 티베트 문화이다. 티베트의 오랜 고립된 환경 속에서 자신들 만의 독특한 문화를 영속시키는 가운데 나온 특수한 경우이다. 티베트는 새로운 문화와의 접촉이 있어도 자신들만의 문화를 고집하는 특성이 유난히 강한 지역이다. 그래서 "이 눈의 나라인 티베트는 제압되지 않았고 해롭고 혼란스럽다."[415]라는 말까지 나왔다. 히말라야 고봉을 다스리는 신들과 초인간적 주술적 힘을 가진 선인들의 거주처로 알려진 티베트의 문화적 자존심이다.

어느 신화연구자는 "과거라는 우물은 매우 깊다. 바닥이 없다고 표현해야 하지 않을까. 귀를 깊이 기울일수록, 그리고 과거의 낮은 세계로 더 파고 들어갈수록 우리는 인류와 인류의 역사 및 문화의 최초의 토대가 측정 불가능하다는 사실을 접하게 된다."[416]고 했다. 신비에 싸인 티베트가 거기에 해당된다. 본래 티베트 민족은 스스로 '뵈' 민족 또는 '뵈릭'이라 했다. 티베트는 토번[吐蕃, 투판]을 음역한 것

---

415) R.A. 슈타인 저, 안성두 역, 『티벳의 문화』(무우수, 2004년). 43면. 참고로 슈타인 교수는 20세기 티베트 학문의 최고 권위자 가운데 한 사람이다. 1911년 독일에서 태어나 베를린대학 중국어학과에서 중국어를 배운 후 1933년 프랑스로 망명, 파리 국립 동양언어연구소에서 중국학과 일본학을 전공하면서 티베트 언어도 독학으로 습득했다. 1946~49년까지 중국 昆明, 成都, 北京, 내몽고에서 현지답사 했다. 1960년 박사학위 논문으로 「티베트의 서사시와 음유시인의 연구」를 제출하였고, 심사위원 전원으로부터 최고논문이란 찬사를 받았다. 이후로 티베트 학문 전문가로 왕성한 활동을 하다가 1999년 타계했다.(앞의 책, 393~394면 참조.)

416) 조지 캠벨 저, 이진구 역, 『원시 신화 - 신의 가면』(까치, 2003년) 17면.

이다.[417] 티베트인의 기원은 비밀에 싸여 있다. 전설에 따르면 최초의 조상은 산림의 원숭이와 바위의 여자 정령이었다. 티베트 사람들은 스스로 "원숭이 조상으로부터 붉은 얼굴과 털로 덮인 몸을 이어받았고, 어머니 바위 정령으로 인하여 꼬리가 없어지고 육식의 맛을 알게 되었다. 어떤 사람들은 아버지쪽에서 믿음과 열정, 지혜와 선을 물려받았고, 다른 사람들은 어머니 쪽에서 살생에 대한 즐거움과 육체적 강인함, 용기를 받았다."[418]고 말한다. 여하튼 원숭이 유래설은 아직 불교가 유입되기 전 비교적 온난하고 농경에 적합한 지역에서 나온 설화이다.

하지만 중국인들은 티베트인들을 강족羌族의 일파라고 말한다.[419] 한편으론 몽골족이라고도 한다. 상商나라와 주周나라의 북서쪽에 살던 강족은 B.C.1400년경부터 지금에 이르고 있다. 강족은 지금도 티베트와 접경하고 살면서 그들과는 비슷한 언어와 습속을 지니고 있다. 그들도 원숭이에서 유래했다는 전설이 있다.

하늘에서 내려왔다는 전설도 있다. 그곳이 바로 동남부 지역에 있는 성스러운 산이다. 신이 하강한 산이다. 또 주변에 있는 호수는 지

---

417) R.A. 슈타인 저, 안성두 역, 앞의 책. 30~31면 참조.

418) R.A. 슈타인 저, 안성두 역, 앞의 책, 42면. 한편 달라이 라마를 직접 인터뷰한 토머스 레어드는 "고고학 증거만 가지고는 역사시대 이전 티베트 사람들에 대해 그리 많은 것을 알아낼 수 없지요. 티베트에 처음 정착한 사람들은 우선 서부에 머물다가 서서히 동쪽으로 이동한 것으로 보입니다. 고고학 발견에 따르면 6천년에서 1만년 전에 이미 티베트에 문명이 있었지요. 그때는 붓다가 살아계시기 훨씬 이전입니다. 그러니 붓다가 열반에 드신 이후 있었다는 정령과 원숭이의 이야기는 신화라고 할 수 있을 것입니다. 우리의 기원 신화는 불교와 관련이 깊지요. 불교가 6백년경 티베트에 유입되었을 때 지금과는 다른 신화가 이미 전래되고 있었을 테고, 불교 철학자들이 불교사상을 기존의 설화에 접목했을 것입니다."(토머스 레어드 저, 황정연 역,『달라이 라마가 들려주는 티베트 이야기』웅진 지식하우스, 2008년, 29면)

419) 강족은 오늘날도 티베트와 중국의 접경지역에 살면서 언어와 관습이 티베트와 매우 흡사하다. 원숭이로부터 왔다는 설도 하늘과 조상에 대한 관념도 티베트인들이 생각하는 것과 너무나도 비슷하다.

하세계와 그곳의 신을 나타낸다. 성스러운 장소는 신(산·바위·나무)과 여신(호수·폭포·강)의 두 조합으로 이뤄져 있다.[420] 그런데 이런 곳은 한 곳만이 아니다. 북쪽에도 천손민족이었음을 증명하는 전설이 전한다.

2. 티베트의 자연환경과 독특한 문화 형태

(1) 지정학적 특징과 신화적 문화구조

티베트는 세계에서 가장 높은 곳에 위치하고 있다. 고원지대이면서도 완만한 산지와 분지가 많고, 함수호도 곳곳에 있다. 북위 7~27도이므로 위도상 높지는 않지만, 고산지대이기 때문에 한랭건조하다. 거주지는 해발 3천미터 정도에 있고, 도로는 4천5백미터의 고개를 지나며, 북경에서 출발한 칭짱철도는 최고점이 5천미터를 지난다.[421] 주변 높은 산들은 7~8천미터에 달한다. 티베트를 여행한 중국인들은 "매 10리마다 하늘이 다르다."[422]고 말하며 곳곳마다 상이한 환경을 말한다. 서쪽으로 간다라지역이 있다. 고대 그리스, 페르시아, 인도문명의 영향이 실제로 9세기경으로 추정되는 티베트어와

420) R.A. 슈타인 저, 안성두 역, 앞의 책, 254면 참조.

421) 중국정부는 조화로운 사회건설, 지역균형발전, 빈부격차 완화 실현을 목표로 서부대개발을 하면서 칭짱철도를 건설하였는데, 그 목적 가운데 하나가 티베트지역에 대한 중앙정부의 통제력 강화를 통한 티베트 독립운동의 원천적 저지였다. 이는 티베트를 중화경제권으로 편입하고 친디아(China와 India) 경제권을 구축하는데 두었다.(원천식, 「중국의 지역균형발전정책 추진과 정책적 시사점: 칭짱철도 개설과 '친디아경제권' 형성을 중심으로」『KIET 산업경제』101호, 산업연구원, 2007년, 52면 참조.)

422) R.A. 슈타인 저, 안성두 역, 앞의 책, 20면.

쿠샨어, 속단어로 쓰여진 네스토리안[423] 비문이 발견되기도 하였다. 심지어 지금도 라다크(Ladakh)에는 유럽인의 특징을 가진 티베트 사람들이 있다고 달라이 라마는 전한다.[424] 아마도 그리스에서 온 사람일 수도 있는 민족이 살고 있다는 것이다. 또 어떤 사람들은 아랍 사람들과 유사하다고도 한다. 고산지대 고립된 지형이라도 외부 세계와 최소한도의 개방통로가 열려 있었던 것이다.

고립된 지형은 문화의 고유성을 보존하기에 유리하다. 하지만 유목민 특유의 개방적 성향은 새로운 문화를 받아드리는 데에도 결코 인색하지 않았다. 비록 지금은 중국령이지만 티베트인들의 특징은 오히려 몽골 유목민들과 상통한다. 이를 두고 "티베트인은 산山사람이고, 중국인은 계곡 사람이다."[425]고 말한다. 최초의 티베트인들이 산지에서 가축을 칠 때 중국인들은 저지대 골짜기에서 농사를 지었다. 농업이 시작된 뒤에도 티베트의 유목생활은 흔들리지 않았다. 중국과의 적대적 관계도 이런 상이한 풍토에서 비롯되었다. 몽골 유목민들의 기질과 성향이 오히려 이들에게서 발견된다. 특히 종교적 풍토에서 그렇다. 인도의 밀교 수용과정에서 알 수 있고, 훗날 이것이 자연스레 몽골족들에게 영향을 주었다. 이는 육체적으로 자연환경을 극복하는 과정 속에서 정신적 의지처가 절실했기 때문이다. 초창기 고산지대와 관련된 샤머니즘적 종교관이 그렇고 인도와 네팔로부터 들어온 불교에 대한 애착이 이를 증명한다. 티베트를 정신적으로 하나로 만든 불교는 인도의 점수漸修와 중국의 돈오頓悟의

423) 동방기독교로서 당나라 때 전래 된 중국 최초의 기독교.
424) 토머스 레어드 저, 황정연 역, 앞의 책, 32면 참조.
425) 토머스 레어드 저, 황정연 역, 앞의 책, 31면.

영향을 받았지만, 대체로 인도적 색채가 강하게 나타났다.

티베트의 원시종교 본교本教 또는 뵌교라고도 하는데, 여기서 '뵌'은 '외치는 사람' '신을 부르는 사람'이란 뜻이다. 자연숭배의 기초위에서 발전한 토착 종교이다. 본교의 무당은 검은 모자를 쓰고 북을 치면서 폭풍우, 질병 같은 재앙을 가져오는 악마와 싸우다가 요술로 격퇴한다.[426] 빙의憑依상태에서 신의 계시를 받았다며 하는 이런 샤먼의 종교 행위가 티베트인들의 원시 신앙이다. 거기다 자연신숭배사상과 천신天神숭배, 그리고 화火·광光·랍택拉澤에 대한 숭배까지 다양한 종교가 혼합되어 나타났다.[427] 본교사원은 불교사원과는 달리 대체로 교통이 불편한 오지나 변경지대에 세워져 지금도 존속하고 있다. 이렇듯 티베트의 척박한 풍토는 물질적 풍요를 누릴 수 없도록 만들었지만, 문화적·정신적 여유로움을 누릴 수 있도록 만들었다.

티베트의 기원은 여전히 베일에 가려 있지만, 여러 형태의 다양한 민족들이 살고 있다. 다양한 거주지 형태에 따라 방언도 관습도 다르다. 대부분 몽골계에 해당하지만 아메리칸 인디언유형, 유럽형, 그리스나 코카서스인의 유형도 존재한다.[428] 여러 곳의 상이한 민족들이 이곳으로 이동해 왔음을 증명한다. 하지만 라마불교라는 하나의 큰 문화유형에 영향받으면서 통합적 형태를 띠고 있다. 또 세계

---

426) 심혁주, 「티베트 생사관의 형성배경-환경과 종교의 관점에서」(한림대, 『인문과학연구』37, 2012년) 418~418면 참조.

427) 본교는 자신들만의『本教大藏經』과 같은 경전을 갖고 있고, 곳곳에 사당도 건립하여 의전을 행하기 때문에 다른 샤머니즘과는 구별하기도 한다. 하지만 자연숭배사상이란 큰 틀에서는 같은 맥락이다.(심혁주, 앞의 논문, 419~420면 참조.)

428) R.A. 슈타인 저, 안성두 역, 앞의 책, 24~25면 참조.

최고의 고산을 따라 유사한 설화와 신앙이 있다. 원숭이가 조상이란 신화는 앞서 말했다. 그밖에 난생신화와 천손신화도 있다.

먼저 난생신화다. 그들은 알이 5원소로 이뤄졌다고 보았다. 알의 바깥 껍질은 하늘 신의 흰 바위(남성 상징)를 낳았고, 내부 액체는 조개의 흰 호수(여성 상징)를 낳았다. 그리고 중앙의 점액에서 모든 존재가 태어났다고 말한다.[429]

다음 천손신화다. 티베트에 전하는 노랫말에 "도도히 흐르는 대하 유역에, 얄롱장뽀 큰 강물 건너편에, 어떤 한 사람이 있는데, 실은 그 사람이 천신의 후손이라네."는 내용이 있다. 히말라야 고원지대 전역을 통일하고 강력한 제국을 만들고 하늘에 우뚝하게 솟은 포탈라궁전의 기초를 닦은 송쩬감포의 조부가 되는 사람이다.[430] 티베트 민족이 하늘에서 왔음을 상징한 노래이다.

난생신화나 천손신화의 공통점은 모두 하늘과 관계한다는 점이다. 하늘로부터 하강한 민족이 티베트 창조신화의 특징이다. 본교를 믿는 것이 신화시대의 특징이라면, 불교도래 이후 티베트는 여러 가지로 달라졌다. 그 구심점은 송쩬감포시대이다.[431]

(2) 윤리도덕정치를 펼친 송쩬감포

7세기 중엽 송쩬감포는 당나라 문성공주文成公主[432]와 네팔 공주를

429) R.A. 슈타인 저, 안성두 역, 앞의 책, 235면 참조.

430) 포탈라궁전은 제5대 달라이 라마가 관세음의 주처인 포탈라산의 이름을 따서 1645~1694년에 건설했다.

431) 티베트인들은 송쩬감포를 가장 위대한 왕으로 기억한다. 윤회를 믿는 그들은 특별한 힘을 지닌 첸리시 보살의 화신이라고 말한다. (토머스 레어드 저, 황정연 역, 앞의 책, 46~47면 참조.)

432) 640년 겨울, 당시 강력했던 세력을 갖고 있던 티베트의 사신이 황금 5천냥과 보석 수 백개를

신부로 맞이하고, 주변 지역을 통일하고 문자를 만들고 법률과 제도를 정비하였다.[433] 동쪽의 당나라에서 의학과 오행의 계산법을,[434] 남쪽의 인도에서 성스런 종교를, 서쪽의 네팔에서 식료품 저장법을, 북쪽의 위구르에서 법률서를 가져왔다. 주변 나라의 문물을 도입하고 공주를 맞아드린 것은 그만큼 강력한 제국을 형성하고 있었음을 증명한다. 정교한 무기도 개발하였다. 법질서가 갖춰지고 윤리적 기준도 마련되었다. 도덕적 선행에 대한 보답과 악행에 대한 처벌도 이뤄졌다.

송짼감포는 16세 때 아버지를 독살한 대역죄인을 색출하는 일을 했다. 한마디로 패륜범죄를 처벌한 일이다. 불효자를 일벌백계하고 나라를 윤리적 바른 토대 위에 올려놓았다. 이런 강력한 윤리경영을 표방하고 몸소 실천하자 주변의 신하들이 앞다퉈 충성 맹세를 하였

갖고 당나라 수도 장안에 들어와 황제에게 바치고 공주를 티베트 왕의 부인으로 보내달라고 하자, 태종은 문성공주를 보냈다. 그러나 그녀는 태종의 친딸이 아니었다. 주변 국과의 우호관계 및 화해를 위해 이런 일들이 제법 있었는데, 이 때 시집가는 공주를 和蕃公主라고 불렀다. 이름대로 오랑캐와 화친하기 위한 공주였다. 그러나 대개 화번공주는 가짜가 많았다. 하지만 가짜인 걸 알면서도 묵인한 것은 대내외적으로 중국 황제의 공주를 부인으로 맞았다는 것은 그 위상을 높이는 것이기 때문에 알면서도 넘어 갔다. 티베트의 경우도 마찬가지다.(김호동,『황하에서 천산까지』사계절, 2002년, 28~29면 참조) 하지만 이와는 전혀 다른 분위기에서 공주를 맞이했다는 기록도 전한다. 송짼감포가 태종에게 사신을 보내 공주를 달라고 하였고, 혹 받아들이지 않으면 군사 5만을 동원 태종을 죽이고 공주를 데려올 것이라는 협박문서다. 이 때 태종이 이를 무시하고 모욕적인 답신을 보내자 송짼감포는 2년에 걸쳐 군사행동을 하였고, 태종이 그 위력을 깨닫고는 요청을 들어주었다는 이야기다. (토머스 레어드 저, 황정연 역, 앞의 책, 52~53면 참조.) 하지만 티베트와 중국의 기록은 서로 조공을 받았다고 하며 이 상반된 주장을 하기 때문에 어느 게 정확한지는 파악하기 힘들다. 다만 문성공주가 갖는 의미는 문화교류 차원에서다. 제지술이 그 즈음 티베트에 전래되었다 하고, 티베트 최초의 불교사원인 라모체(Ramoche)와 조캉(Jokhang)이 있는데, 조캉사원에 문성공주가 가져온 불상을 모셨다고 한다. 하지만 이것은 1960년대 문화대혁명 시절 홍위병에 의해 훼손되었다.

433) 달라이 라마는 티베트인들에게 함께 쓸 수 있는 언어가 생기면서 통일국가의 정체성과 민족의식도 싹텄다고 한다.(토머스 레어드 저, 황정연 역, 앞의 책, 56면 참조.)

434) 특히 도가 계통의 문헌들이 많은 영향을 주었는데, 이는 당시 당나라에 도교가 유행하였고, 도교 경전들이 티베트로 많이 전래되었음을 돈황문서를 통해 확인할 수 있다.(R.A. 슈타인 저, 안성두 역, 앞의 책, 67면 참조)

다.[435] 불효자 처벌이 효의 진작으로 끝나지 않고 나라와 최고 지도자에 대한 충으로 연결된 것이다.

이런 문명개화와 도덕 정치를 표방한 송쩬감포는 정확한 연대를 도출해 낼 수 있는 최초의 왕이었다.[436] 그리고 그 이후로 티베트는 대제국을 이루었다. 중앙아시아의 오아시스 국가들을 차례로 점령하고, 중국 운남지방의 남조도 지배했다.[437] 이렇게 티베트가 당나라를 제압할 수 있었던 것은 자체 내 강력한 힘도 작용했지만, 당나라의 대외적인 요인도 감안하지 않을 수 없다. 같은 시기 동쪽에서는 신라와 7년 전쟁(670~676)을 치르고 있었다. 신라는 당나라의 도움을 받아 삼국통일의 위업을 달성하고 원군 당나라를 한반도에서 물리치는 전쟁을 하였다. 그런데 마침 서역에서도 티베트(토번)가 당나라와 견주고 있었다. 물론 1만 5천리나 떨어진 서역과 신라가 동맹을 맺은 것은 아니지만, 전혀 다른 지역에서 동시 전쟁을 치르는 당나라는 쉽지 않았던 환경이다.[438] 막상 당나라는 이 두 개의 전쟁에서 모두 졌다. 이로부터 신라는 최초의 통일국가를 이룩했고, 티베트는 동서교역로인 실크로드의 주역으로 부상하였다.

아무튼 티베트의 영향력이 얼마나 강성했는가는 돈황에 남은 불교문화의 흔적을 통해서 알 수 있다. 그들은 흰 의복을 입고 붉은 터

---

435) 토머스 레어드 저, 황정연 역, 앞의 책, 47~48면 참조.

436) R.A. 슈타인 저, 안성두 역, 앞의 책, 57~60면 64~65면 참조. 아울러 송쩬감포 이전의 "왕국은 본교 사제와 이야기꾼, 노래하는 사람들에 의해 보호(통치)되었다."(앞의 책, 231면)는 말이 있을 정도로 티베트에서 송쩬감포의 통치는 의미를 갖는다.

437) 당시 중국은 수나라가 망하고 당나라가 들어서는 혼란기였다. 이 때 강력한 제국을 이룬 티베트는 당나라에게도 결코 뒤지지 않았고, 오히려 당의 운명을 위협할 정도였다.(토머스 레어드 저, 황정연 역, 앞의 책, 49~51면 참조.)

438) 이에 대해 정순태는『월간조선』2008년 6월호에서 "티베트와 신라가 동시에 唐을 공격해 삼국통일이 가능했다."고 말한다.

번을 쓰고 있다.[439] 돈황 자료에 의하면 "신비한 힘을 가진 위대한 티베트의 신령한 왕이 검은 머리를 한 인간의 지배자로서 하늘에서 내려왔다."[440]고 했다. 9세기경으로 추측되는 자료에는 "그곳은 하늘의 중심, 땅의 중앙이며, 나라의 심장부였다. 빙하로 둘러싸인 곳이고, 모든 강의 수원水源인 곳. 높은 산과 순수한 대지, 멋진 지역이다. 현자들이 영웅으로 태어난 곳, 풍속이 완전한 곳, 말이 빨리 자라는 곳이다."[441]고 했다. 그리고 최초의 왕을 '하늘의 칠제七帝'라고 해서 천손민족임을 표했다. 왕비의 이름도 하늘, 땅, 산의 양지, 산의 음지라 해서 그들이 하늘에서 땅으로 내려와 터전을 닦았음을 암시했다. 여기서 하늘과 땅은 왕과 백성이고, 산의 양지와 음지는 남편(남자)과 부인(여자)을 표시했다.[442] 여기에는 불교문화에 뿌리를 두고 있으면서도 현자賢者가 다스린다는 중국식 통치이론과 세계를 음양으로 보는 자연관이 함께 녹아 내려있다.

(3) 샤머니즘의 종교신앙과 라마교

티베트의 토속종교로는 본교와 자연신 숭배가 있다. 본교는 존재하는 모든 것에는 영혼이 있다고 믿었고, 그 영혼을 숭배하며 경외하였다. 그들은 혈제血祭[443]와 연제烟祭의식으로 영혼을 제사하는 제

439) 7~9세기까지 정치적으로 티베트는 왕조 중심의 제국이었다면, 11세기 이후로는 사원과 종단 중심의 종교제국이라 할 수 있다. 왕자나 주요 귀족은 사원의 후원자나 시주자에 지나지 않았다. R.A. 슈타인 저, 안성두 역, 앞의 책, 68~70면 80~81면 참조.

440) R.A. 슈타인 저, 안성두 역, 앞의 책, 52면.

441) R.A. 슈타인 저, 안성두 역, 앞의 책, 44면.

442) R.A. 슈타인 저, 안성두 역, 앞의 책, 45면.

443) 혈제는 紅祭 또는 活祭라고도 한다. 소, 말, 양 등을 잡아 그 피를 신령에게 바치는 의식. 간혹 사람을 신에게 바치는 경우도 있었는데, 이를 大紅祭라 한다.(심혁주, 앞의 논문, 428면 참조.)

티베트 라싸 포탈라궁

사의식을 거행하였다. 영혼은 불멸하기 때문에 사후에도 신神이 되기도 하고, 귀鬼가 되기도 한다고 믿었다. 신이 된 영혼은 씨족 중 영웅으로 환생하여 각종 자연재해와 전쟁으로부터 씨족을 보호한다고 여겼다. 반면 귀가 된 영혼은 생전에는 인간생명을 주재하고, 사후에는 가정과 후대에까지 남아서 위해를 가한다고 생각했다. 그래서 무당을 불러 춤과 노래, 주문으로 귀를 물리치려고 했다.[444] 불교가 전파되기 이전까지는 이런 종교가 성행했다.

그런 가운데 7세기 전반에 불교가 전래 되었고, 본교는 불교에 흡수 통합되었다. 티베트의 불교는 대승불교이나 특유한 형태를 지녔다. 라마가 주도적 역할을 하기때문에 라마교라고 하였다. 라마

444) 심혁주, 앞의 논문, 420면 참조.

티베트 라마승과 참배객

(Lama)란 스승(Guru)을 뜻한다. 라마교의 속사정은 복합적 세계이다. 변증법과 형이상학을 수반한 심원한 철학, 명상기법, 정신생리학적 기능이 깔려 있다. 거기에 무수한 신들의 세계와 수많은 의례들, 민속적 관습과 우주론적 사변, 점성술도 포함되었다. 그런 가운데 인간은 업에 따라 지옥·아귀·축생·아수라·인·천의 여섯 가지 존재 형태로 윤회한다고 믿었다. 이런 재생의 영역을 '생명의 바퀴' '존재자의 바퀴'라고도 했다. '옴 마니 반메 훔'이란 말은 관세음보살을 불러내기 위한 주문이다.[445] 주문을 외우고 경전을 암송하는 것은 믿음의 중요한 행위였다. 일종의 정신집중과 아집을 제거하는 방법이다. 때로는 손이나 물·바람에 의해 바퀴를 굴리거나 상像을 주조하는 것으로 실행할 수 있다. 이런 복잡하고 샤머니즘적인 신묘한 종교 행위는 일반 불교와는 구별되는 티베트 특유의 것이나,[446] 심오

445) R.A. 슈타인 저, 안성두 역, 앞의 책, 194~206면 참조.
446) "라마교는 불교나 인도의 탄트라에도 많은 낯선 요소를 받아드리고, 그것을 그들의 권위에 의탁해서 불교라는 옷을 입혔다."(R.A. 슈타인 저, 안성두 역, 앞의 책, 230면)라고 하는 지적은 참고할만하다.

한 불교철학 이론은 인도와 중국으로부터 들어왔다.

인도로부터 불교가 처음 들어왔을 때에는 완강히 저항했지만, 밀교가 전래되면서부터는 토속종교였던 본교와 융합하면서 티베트만의 불교[藏傳佛教]로 탈바꿈하였다. 밀교의 신비한 점이나 성적 쾌락을 신성시하는 것들이 티베트인들을 사로잡았다. 그런 가운데 티베트 불교(라마교)는 인도와 중국, 그리고 티베트 토속신앙이 결합된 형태로 드러났다.

이 때 지도자는 무사巫師라 하는데, 무사는 사회적으로 높은 지위와 영향력을 행사하였다. 국정을 보좌하는 무사는 주로 대귀족 자제가 맡았고, 세습되었다. 그런 가운데 정치권력과 마찰하는 경우가 있었고, 불교가 들어온 이후로는 이를 모방하는 방향으로 흘렀다.[447] 결국 11세기 티베트 불교의 부흥 이후로 부패하고 타락하는 양상을 보였고, 급기야 14세기경 개혁운동이 일어났다. 그런 가운데 정교합일政教合一의 달라이 라마[448]시스템이 정착하였고, 황색교단[黃教]이 정점에 자리했다. 교리는 모든 생명체는 삶과 죽음의 순환과정이라 설명하고, 수행자 중 고승은 죽음 상태와 비슷한 과정을 명상을 통해 유도하며, 이 단계에서 화신化神으로 현현할 수 있는 능력을 얻게 된다고 믿었다.

승려에 대한 예우는 늘 최우선적이었다. 종교법에는 "모든 국민은 군주의 말에 복종해야 하며, 군주와 백성은 승려를 존중하고 예경해

447) 8세기 인도불교가 토번(티베트) 지역에 전래되고, 왕실이 불교에 관심을 갖자 본교는 점차 힘을 잃었다.(심혁주, 앞의 논문, 427면 참조.)

448) 티베트인들은 달라이 라마를 역사적 전임자의 화신이라 생각했다. 제1대 달라이 라마 게뒨둡(1391~1474)은 이미 이 보살의 51번째 화신이라 여겼다.(R.A. 슈타인 저, 안성두 역, 앞의 책, 158면 참조)

야 한다." "승려에게 손가락질하는 자는 그 손가락을 잘라야 한다. 승려를 비방하고 왕의 불교정책을 비방하는 자는 입술을 잘라야 한다."[449]고 명시하였다. 이는 승려를 얼마나 존중했는가를 알려 준다.

(4) 중국의 지배와 서양문화의 영향

티베트의 중앙아시아 강자로서의 지위는 9세기 중엽까지 이어졌다. 이후로 150년간은 왕조의 계보만을 간신히 이었다. 그러다가 1206년 이후 몽골의 간섭과 연이은 침입을 받아 몽골에 복속되었다. 비록 정치적·군사적으로는 몽골의 휘하에 들어갔지만, 종교적 자치권은 그대로 존속하였고, 오히려 몽골인들에게 티베트의 종교문화를 강하게 전파하였다. 몽골지도자들이 티베트 불교로 개종한 예도 많았다.[450] 정치적으로 티베트는 몽골의 지배하에 들어갔지만, 종교적으로는 오히려 몽골이 티베트의 영향력 아래 놓이게 되었다. 1578년에는 희생제의를 금지하는 칙령도 이끌어 냈다. 몽골인이 제3대 달라이 라마라는 칭호도 부여받았다. 현재 중국 내몽고와 몽골공화국에 라마불교가 성행하는 것도 티베트의 종교적 영향력이 얼마나 강했는가를 알려준다. 또한 원나라를 세운 몽골의 티베트 지배는 훗날 현대 중국의 티베트 점령의 역사적 근거와 직결되었다. 그리고 1720년 청나라 강희제 군대가 티베트를 다시 점령하면서 또다시 그 운명이 갈렸다. 티베트가 중국의 사천성과 청해성에 편입된 것이다. 결국 티베트는 중국의 보호령이 되었고, 이는 1912년 청이

449) R.A. 슈타인 저, 안성두 역, 앞의 책, 165면.
450) R.A. 슈타인 저, 안성두 역, 앞의 책, 89~92면, 94~95면 참조.

멸망할 때까지 계속되었다.

1716년 이탈리아 선교사들이 티베트에 호감을 갖고 교회를 세웠다.[451] 인도에 식민지 근거를 두고 있던 영국의 경제적·군사적 진출도 이어졌다. 후견인 노릇을 하던 청나라와 영국의 격돌이 티베트 땅에서 벌어진 것이다. 1904년 영국은 드디어 라싸를 점령했다. 점령군 영국은 1906년 티베트에 대한 중국의 종주권을 인정하고 대신 영국과 교역하도록 티베트를 개방시켰다. 강대국의 횡포가 시작된 것이다. 군사적으로 덜 무장된 신비의 나라 티베트를 자기 맘대로 재단한 것이다. 이 때 달라이 라마는 라싸에서 피난했고, 1908년 더 많은 자치권을 확보하기 위해 북경을 방문했지만, 성과는 없었다. 중국의 입김도 거세졌다. 자신들 구미에 맞게 재조직하고 근대화를 시도했다. 한 개 성으로 만들기 위해 무력개입도 불사했다. 티베트는 영국에 도움을 요청했지만, 영국은 어떠한 역할도 하지 못했다. 1910년 중국군대가 라싸에 진입하자 달라이 라마는 인도로 피신했다. 강대국의 항의가 빗발쳤지만 중국은 요지부동이었다. 신해혁명이 일어나자 중국군대가 철수했고, 달라이 라마는 다시 라싸로 돌아왔다. 그리고 자신이 실질적인 최고지도자임을 대내외에 선포했다. 중국은 티베트가 중국의 일부라며 역공을 펼쳤다. 티베트의 비극이 시작된 것이다. 티베트는 독립을 시도하였지만, 중국의 강력한 견제와 제재가 이를 불가능하게 만들었다. 그리고 1949년 신중국이 세워지면서 티베트는 오히려 중국령이 되었다. 협정문도 조인되었다. 티베트의 내적 자치가 허용되고 달라이 라마의 특권과 종교적 전통

451) R.A. 슈타인 저, 안성두 역, 앞의 책, 99면 참조.

을 존중한다는 내용이다. 하지만 조인은 조인일 뿐 티베트는 점차 중국화, 한족화 되어 갔다. 이에 대항하는 티베트인들의 희생도 뒤따랐다. 무장폭동도 자주 일어났다. 1959년 일어난 무장폭동은 순식간에 진압되면서 달라이 라마가 인도로 망명할 수밖에 없는 사건이 되고 말았다. 국제연합으로부터 독립국의 지위를 얻으려고 노력했지만 냉혹한 국제 현실은 쉽게 이를 허락하지 않았다.[452]

3. 가족관계와 효사상

(1) 티베트 불교의 특징과 상호부조의 장례문화

티베트 불교란 일명 라마불교를 말한다. 라마승은 '지혜'가 완비된 최고의 고승을 가리킨다. 고산준령의 고립적 상황에서 전래된 불교문화는 전래 초기의 모습을 그대로 간직하였다. 불교 발상지 인도에서는 이미 사라진 후기 불교의 진수를 그대로 유지하고 있다. 거기다 토속종교까지 혼합되어 특이한 불교문화로 탈바꿈했다. 토속종교는 대개 자연물 숭배와 다산과 풍요를 기원하는 종교적 행위들이 대부분이다.

---

452) 중국의 티베트 지배는 '무력점령'인지 '화평해방'인지는 관점의 차이가 크다. 달라이 라마 망명정부 입장에서는 티베트가 역사적으로 독립 국가였음을 주장하고, 중국의 티베트 지배를 정당화하는 입장에서는 티베트가 역사적으로 중국의 일부였다고 주장한다. 그런 가운데 인도는 한 때(1959) 티베트 봉기군을 지원하였고 달라이 라마에게는 망명처를 제공하였다. 이후로 중국과 인도는 냉전시기로 들어갔고, 1962년과 1975년 군사적 충돌도 있었지만, 최근 중국과의 우호조약으로 티베트를 중국의 일부라고 승인하였다.(이민자, 「2008년 티베트인 시위를 통해 본 중국의 티베트 문제」『현대중국연구』제11집 1호, 현대중국학회, 2009년, 8면 참조.)

특이할 사항은 달라이 라마라는 독특한 조직체계로 정교일치 종교국가의 법왕제法王制를 말한다. 제정일치·정교일치의 정치 조직은 다른 나라에서는 이미 오래 전에 사라졌지만, 티베트에서는 여전히 시행되고 있다. 흥미로운 것은 숨겨진 티베트가 중국에 점령되면서 나라와 주권은 잃었지만, 티베트의 불교문화는 세계가 주목하는 문화가 되고 있다는 것이다. 그런 가운데 달라이 라마는 망명자의 신분이 되었지만, 세계가 주목하는 인물이 되었다.

오랜 세월 티베트인들에게 내려오는 속담이 있다. “기쁜 일이 있을 때에는 남이 부르기를 기다리고, 상을 당했을 때에는 스스로 찾아간다.” 좋은 일에는 먼저 나서지 않지만 상사에는 친소관계를 떠나 먼저 찾아가 위로한다는 뜻이다. 아무리 먼 곳이라 하더라도 친지의 상사를 접하면 달려가는 풍속이 있다.[453] 산지와 호수로 둘러싸인 자연환경에서 원거리 여행은 결코 쉽지 않지만 상사에는 불원천리 달려가는 티베트인들의 모습이다. 장례를 치를 때에는 10세 이상의 남자는 모두 참석한다. 과거 안 좋은 인연이 있던 사람이라도 마지막 가는 길에는 모두가 참여한다. 만일 개인적 원한으로 참석하지 않을 경우 마을사람들로부터 인간 이하의 취급을 받는다. 상장례가 마을공동체의 단결과 하모니를 이루는 중요한 기제를 이루는 셈이다. 기도하는 의식에서도 개인의 안녕보다는 공동체를 먼저 고려한다. 자신보다 공동체를 먼저 배려하는 생활 태도가 습관화 되어 있다.

이런 티베트인들의 상장례喪葬禮 의식은 독특하다. 전통적인 장법

---

453) 闞岳,「藏族喪葬習俗的文化人類學分析」『青海民族研究』第15卷第3期, 2004年, 29면 참조.

葬法이 있는데, 토장土葬·화장火葬·수장水葬·천장天葬 곧 조장鳥葬 또는 풍장風葬, 그리고 탑장塔葬이 그것이다. 여기에는 그들만의 생사관과 문화적 특성이 그대로 간직되어 있다. 이는 죽음이 곧 환생이라는 불교적 윤회관이고, 근본적으로는 토속신앙으로서의 본교 생사관의 함축이다.

첫째, 돌을 쌓아 만든 매장문화이다. 한랭한 기후, 곧 땅이 늘 얼어있는 티베트의 자연환경상 매장은 쉽지 않다. 그래서 순수 매장보다는 돌로 쌓아 사각형 형태로 묘를 만들고 주변에 나무를 심어 사원이나 희생 장소 역할을 하게 했다. 묘안에는 많은 보물을 부장품으로 넣어 두었다. 아마도 고대 중국 왕이나 귀족들의 무덤에 영향을 받은 듯하다. 또 이들의 무덤은 주로 '산'으로 묘사하였는데, 이는 "하늘과 접하고 하늘과 비슷하기 때문"이다. 이 역시도 하늘 신앙과 결부되었음을 알게 한다. 무덤은 주로 하늘에서 가까운 산의 경사면에 만들었다.[454] 하지만 부장품의 약탈과 토지의 부족은 매장 형태의 장례문화가 일반화되는데 장애가 되었다. 화장·수장·천장이 나온 배경이다.

둘째, 화장과 수장이다. 화장은 성자나 교단의 위대한 지도자를 위한 장례이지만, 일부 지방에서는 일반인들도 화장을 한 뒤 담으로 둘러싸인 가족묘에 묻었다. 그리고 묘에 제사지내는 풍토도 있었다. 수장은 도둑들의 시체를 강에다 던지는 형식이었다.[455] 그런데

---

454) '성스러운 산'은 때로는 '국토의 신' '땅의 주인' '하늘의 기둥' '땅의 말뚝'이라 여겼다.(R.A. 슈타인 저, 안성두 역, 앞의 책, 244~246면 참조.)

455) 11세기 초에 왕이자 승려였던 당시 지도자가 묘에 제사지내는 것이 소홀해 졌다며 염려하고 비난하는 글이 있는 것으로 보아 제사가 있었음을 알려준다. 또 라마교의 영향에 놓였던 14세기에도 죽은 자에게 동물희생 제사를 지냈음을 알려주는 자료들이 있다.(R.A. 슈타인 저, 안성두 역, 앞의 책, 245면 참조.)

화장은 불교에서 권장하는 장례형식이었지만, 나무가 없는 티베트의 자연조건 상 돈이 많이 들기 때문에 흔하지는 않았다.

셋째, 산과 들에 시체를 갖다 버리는 천장 또는 조장, 풍장 풍습이다. 이란의 조장풍습에서 전래 되었다고 한다.[456] 천장의 핵심은 높이가 3~4천미터인 그 지역이 독수리가 서식하기에 적합하기에 가능하다고 전한다. 독수리는 신령의 상징으로 천신天神·신조神鳥로 불렸다. 사후 신조를 매개로 죽은 자가 천당에 간다고 믿었다. 사람들은 시신을 독수리에게 먹이면 전생의 죄를 사할 수 있다고 믿었다. 그래서 시신을 깨끗이 먹어주기를 바랬다. 이는 이런 종교적 의미 아니고서도 토장을 하기에는 땅이 얼어 파기 어렵고, 화장을 하기에는 땔나무가 부족하고, 수장을 하게 되면 음용수가 오염되기 때문에 나온 특이한 장례문화라고 할 수 있다.

따라서 라싸 주변 평원 및 변방 산골 곳곳을 지정하여 천장을 하도록 했다. 오염된 것도 먹어 치우는 독수리는 각종 동물의 썩은 고기를 먹고 뼈까지도 처리하기 때문에 독수리 서식지에 천장을 하는 것은 여러모로 편리했다. 높은 하늘을 나는 독수리는 천상을 오간다는 믿음도 있고, 그런 가운데 상공에서의 배설물이 떨어진 곳이 새로운 생명, 윤회의 탄생 장소가 된다고 믿었다. 때론 티베트인들이 생각하는 독수리는 태양을 향해 끝까지 날아가 자신의 몸을 태우는 존재라는 믿음도 갖고 있었다.[457] 거기다 초지 따라 이동을 자주하는 유목민들에게 정착민에게나 가능한 매장문화는 오히려 부담이

456) 한편에선 화장, 조장, 수장을 인도에서 유래했다는 말도 전한다. 하지만 분명한 근거는 아직 결론나지 않았다.(R.A. 슈타인 저, 안성두 역, 앞의 책, 245면 참조.)

457) 심혁주, 「티베트 생사관의 형성배경-환경과 종교의 관점에서」(한림대, 『인문과학연구』37, 2012년) 415면 참조.

었다. 동토가 많은 티베트에서 매장은 쉽지도 않았다. 시신을 자연의 품으로 돌려보내는 이 같은 장례문화가 더욱 심리적 안정감을 줄 수 있었던 배경이다.

불교문화이면서도 화장을 선택하지 않은 것도 척박한 환경에서 땔나무를 찾을 수 없었던 것도 천장을 낳은 요소라 할 수 있다. 한랭 건조한 날씨 때문이란 분석도 있다. 건조한 날씨로 부식이 안 되는 조건은 시신이 빨리 썩어 없어지지 않기 때문에 매장은 적절하지 않다는 지적이다.[458)]

동시에 천장 습속은 독특한 종교관의 반영임과 동시에 자연환경 보호 차원에서도 의미 있는 의식이었다. 이는 땅과 공간 이용을 최소화하면서 자신들의 종교적 이상을 추구하는 방식이었다. 인간과 자연의 조화로운 환경을 위한 방법으로 천장은 티베트인들에게 적절하였다.[459)] 티베트인들은 척박한 자연에 살면서도 자연을 소중히 여기면서 자연을 훼손하는 것을 금기시하였다. 고지대 뜨거운 태양빛 말고는 모두 부족한 상태에서 특히 물·공기·초목은 소중했다. 그래서 그것이 가져다주는 은혜에 대한 감사의 표시가 곳곳에 드러났다. 장례의식도 그 연장선상에서 이해할 수 있다. 또 그것이 자신들의 삶의 안정에 도움이 된다는 것도 오랜 세월 겪으면서 체험하였다.

(2) 장자 중심의 가족관계와 어른 공경

티베트의 가족은 족외혼을 원칙으로 한다. 역사 속 모계제의 흔적

458) 焦治平, 陳昌文,「論地理和宗教在藏族喪葬風俗中的作用」『西藏研究』2003年 第3期, 59면 참조.
459) 格桑本, 朶葬才旦,『藏族喪葬文化-天葬』甘肅民族出版社, 2000年, 169면 참조.

이 없는 것은 아니지만 주로 부계제였고, 가족은 함께 거주했다. 가족개념은 7대로 한정되며, 그 한계를 넘으면 결혼에 제약이 없었다. 사촌간의 결혼은 근친상간으로 금지했다. 살인자에 대한 복수는 형제나 사촌의 책임이었다. 사촌간은 형제와 자매로 부르며 서로 친근하게 지냈고, 결속력도 강했다. 언어상의 어른들에 대한 공손한 어투는 노인 어른 공경의 풍토가 강함을 알려준다.[460)]

결혼유형은 일부일처제, 일부다처제, 일처다부제 등이 혼재했다. 일부다처제는 지방의 부유한 토호들과 귀족들에 국한되었다. 일종의 결혼동맹의 성격이 강하다. 한 남자와 결혼한 여자들은 서로 자매이거나 혹 그렇지 않더라도 자매로 간주하였다. 그러나 티베트의 전형적인 결혼형태는 형제사이의 일처다부제라 할 수 있다. 여자는 한 남자와 결혼한 후에 동의를 얻어 다른 남자와 또 결혼할 수 있었다. 하지만 대개 형제에 국한되었다. 혹 남자들이 친구관계라면 의형제로 간주하였다. 여기에는 장자 중심의 위계가 작용하는데, 곧 장자가 한 여자와 결혼하면 그 형제들은 자동으로 그 여인의 남편이 되는 것이다. 거기서 태어나는 아이들은 누구의 씨앗이 되었든 모두가 장자의 아들이 되었다. 재산상속도 모두 장자 우선이었다. 만일 동생이 장자가 맞이한 공동의 처를 데리고 분가하게 되면 모든 재산의 권리를 잃게 되었다. 재산은 분할도 양도도 할 수 없는 제도였다. 동생들이 재산을 상속할 수 있는 것은 형이 죽고 형수와 결혼하면 가능했다. 이런 규칙은 재산의 분할을 막기 위한 것임과 동시에 형제간의 강한 결속력을 유지하기 위함이었다.[461)] 이는 생존을 위협하

---

460) R.A. 슈타인 저, 안성두 역, 앞의 책, 108~109면 참조.
461) R.A. 슈타인 저, 안성두 역, 앞의 책, 110~113면 참조.

는 고산지대의 여러 위험 요소를 고려하며 가족의 대를 이어가기 위한 하나의 방편에서 비롯되었다. TV다큐멘터리 '차마고도'에서 보았듯, 남자들은 가족의 생계를 위해 숱한 역경을 감내해야 하고, 그 과정 속에서 목숨을 잃는 경우도 허다했다. 그렇다면 가족을 책임질 남자들의 위계가 필요했고, 거기서 일처다부제, 일종의 형수취수제가 일반화 되었다. 나아가 아버지의 부인(계모일 경우)도 아들이 처로 맞이했고, 아들의 아내를 아버지가 처로 받아드리기도 했고, 어머니와 딸은 공동으로 사위와 남편을 갖기도 했다. 비록 지역적 특수성에 기인했다 하더라도 티베트인들의 이런 풍속을 유교적 가족문화에 익숙한 중국인들이 야만이라 했던 것도 이해할만하다.

거기다 티베트인들의 어른 박대 풍토는 중국적 가족문화, 어른 공경의 효중심 가치관 속에서는 납득하기 힘든 요소였다. 티베트의 관습에 "만일 자식이 아프면 부모는 그들을 문밖으로 쫓아내지 않지만, 부모가 아프면 자식들은 부모를 쫓아낸다."[462]는 말을 통해서 알 수 있다. 일종의 노인유기풍토인 고려장의 유습이 있었다고 하는데, 이런 풍토는 불교와 중국문화의 영향을 받으면서 사라졌다. 송감포 이후로 티베트의 지도자들의 말과 법전에는 "부모의 자애로움에 대해 악하게 보답하지 말아야 한다." "노인을 존경심으로 갖고 보호하고 그들을 불쾌하게 말아야 한다."[463]고 하며, 노인과 어른에 대한 윤리 도덕적 책무를 강조했다. 종교법에도 "제자가 그의 (탄트라) 스승에 대해, 하인이 주인에 대해, 아들이 아비에 대해, 동생이 형에 대해, 부인이 지아비에 대해, 잘못 처신하거나 죽이거나 마치 적과

462) R.A. 슈타인 저, 안성두 역, 앞의 책, 115면.
463) R.A. 슈타인 저, 안성두 역, 앞의 책, 115면.

같이 행동한다면, 그가 누구이건 화형에 처해지고 물속에 던져질 것이다."[464]라고 하는 부모·어른·스승공경의 항목이 있다.

그럼에도 불구하고 노인공경, 어른 존중의 풍토가 깊이 뿌리내리지 못한 것은 윤리적 요청이 척박한 환경을 이기지 못했음을 증명한다. 장남은 결혼하자마자 분할할 수 없는 가산을 자신의 소유로 하고는 늙은 부모를 홀대했다. 아들이 결혼해서 가장이 되면 아버지나 삼촌은 뒷전으로 밀려나 집안의 하인으로 취급했다. 그런 가운데 아버지와 아들의 대립, 불화는 그래도 드물었지만, 삼촌과 조카의 갈등은 심화되었다. 가족 간의 살인극도 벌어졌다.[465] 삼촌과 조카는 부자관계와 동일할 수도 있고, 부인을 공유할 수도 있지만, 거기에는 구조적인 갈등의 요인이 내포되어 있다. 일처다부제가 갖는 심각한 문제였다. 여기서 상속인에서 벗어났거나 관심이 없는 형제들의 출가出家는 자연스레 티베트 불교의 활성화에 도움이 되었다.[466]

(3) 선녀와 나무꾼 설화에 나타난 노인공경

전통적으로 내려오는 이야기는 주변 문화의 영향관계를 살필 수 있는 주요한 자료이기도 하지만, 해당 지역의 정서와 가치를 반영한다. 다음 이야기는 티베트에 내려오는 설화로 티베트인들의 노인공

---

464) R.A. 슈타인 저, 안성두 역, 앞의 책, 165면.

465) "그들은 폭력의 사용을 영웅적 용기로 간주한다. 사람이 살해되는 경우 그들은 살해된 자를 위해 배상금을 지불하고 그러면 더 이상 처벌은 없다."(R.A. 슈타인 저, 안성두 역, 앞의 책, 153면)라고 할 정도로 살인에 대해 관대한 처분을 보게 된다.

466) 예컨대 1960년 라싸의 인구는 4만 명이었는데, 라싸 근처의 사원에 2만을 헤아리는 승려가 있었다.

경을 알려주는 내용이다. '롭쌍법왕전기'라고도 하고 '운쪼라모 선녀와 롭쌍왕자 이야기'라고도 하고 '의락선녀意樂仙女'라고도 한다. 줄거리는 단순하다.

옛날 롭쌍왕자는 수없는 전생으로부터 수행을 열심히 했고 선행 베풀기를 좋아했다. 그런 공덕으로 왕자로 태어났다. 왕자로 있으면서 신을 잘 섬기고, 노인을 공경하며, 백성들을 편안하게 돌봐, 태평한 나라를 만들었다. 이후로 그는 대범천大梵天[467]의 뜻에 따라 천상의 음악의 신 건달파乾達婆[468]의 딸 운쪼 선녀가 지상으로 내려오자 그와 결혼했다. 그러나 질투에 눈 먼 왕비와 결탁한 주술사들의 모함으로 왕자가 출정한 사이 선녀는 천국으로 돌아갈 수밖에 없었다. 전쟁에서 돌아온 왕자는 의연히 왕위를 던져버리고 갖은 고생 끝에 천국으로 올라가 선녀를 만났다. 탁월한 무예와 지혜로써 온갖 시험을 통과하고 선녀를 데리고 다시 지상으로 내려왔다. 선녀를 데리고 인간세계로 내려온 왕자는 나라를 태평하게 잘 다스리면서 행복하게 살았다.

이 설화의 주인공은 왕자와 선녀이고, 극적인 만남과 이별의 연속이지만, 전생에 어떻게 살아서 왕자가 되었고, 왕자가 되고서는 또 어떻게 했는가가 또 다른 흥미를 더해주는 줄거리이다. 전형적으로 선악을 대비시킨 권선징악勸善懲惡이다. 한편으론 신(음악의 신)과 인간(왕자)의 자유연애를 그리고 있다. 그래서 이 작품은 한동안 금서처분 되기도 했다 한다.

---

467) 大梵天은 힌두교의 최고 신, 브라마(Brahma). 브라마는 제석천(帝釋天)이 되어 사천왕을 거느리고 33천을 관장하며 천계를 지키는 신. 수미산, 카일라스 정상에 거주한다고 전해진다.

468) 乾達婆(Gandharva)는 8부 神衆의 하나. 제석천의 음악을 받은 신으로 힌두교 신화에서 천상의 음악의 신으로 불림. 香氣를 주식으로 한다고 함.

어찌됐든 내용의 핵심은 수행과 선행이다. 왕자로 태어날 수 있었던 비결이 종교적 수행과 도덕적 선행에 있었다. 또 왕자로 태어나서는 신을 잘 섬기고, 노인을 공경하고, 백성들을 평안하게 하며 태평한 나라 만들면서 지도자로서의 모범을 보였다. 곧 숭천崇天, 경로敬老, 애국愛國의 귀감이 되면서 불교적 이상국가인 '샴발라'[469]를 만들었다. 티베트의 이런 이상국가를 유럽인들은 "마지막 비밀을 보존하고 있는 불사의 현자들이 사는 땅"[470]이라 인식했다.

물론 이런 이야기는 인도 서북부에서 성행했던 붓다의 전생담 자타카(Jataka)의 한 부분이다. 불교가 티베트에 전래 되어 오랜 세월 시간이 흐르면서 개작되었다. 지명도 인명도 티베트의 것이 되었고, 거기서 본인들의 조상이 비롯되었다는 이야기도 나왔다. 아마도 산과 계곡, 호숫가 곳곳에 있는 지역적 특수성이 설화 속의 가공인물들을 원래 생존했던 조상으로 변질되게 하였고, 허구적인 이야기들은 실제 이야기로 전래 되어 내려 온 듯하다. 더 흥미로운 것은 이 설화가 몽골, 시베리아, 만주, 한국, 일본에서도 전승되고 있다는 점이다. 인도 북부에서 시작된 설화가 동북아 전체로 번진 셈인데, 아마도 원나라 시절 몽골리안의 활약과 무관하지는 않을 것 같다.

(4) 설화에 나타난 지도자의 도리

'임금님 귀는 당나귀'와도 유사한 '임금님 머리의 뿔'이란 이야기가 있다. 티베트의 전성기는 7세기 송쩬감포 시대임은 이미 말했다. 이

469) 탱화로도 묘사된 히말라야 어딘가에 존재한다는 이상적인 나라. 샹그리라의 원어.
470) R.A. 슈타인 저, 안성두 역, 앞의 책, 43면.

후로 티베트는 쇠락하기 시작했고, 불교와 토착 본교의 갈등도 심화되었다. 종교국가인 티베트의 종교 갈등은 곧 정치·사회 불안으로 이어졌고, 혼란을 표현한 '랑 다마'란 말도 나왔다. '랑 다마'란 티베트의 몰락과 혼란을 상징한다.[471] 이에 관한 달라이 라마가 들려준 이야기다. 핵심은 '랑 다마'가 뿔 달린 악마라는 것. 간단히 요약하면 이렇다.

황제의 머리에 뿔이 있었고, 궁에서 황제 머리를 빗어주던 여자들은 그 뿔로 모두 죽였다. 뿔을 본 여자들을 죽인 것이다. 한 여자가 뿔을 빗기면서 울기 시작하자 랑 다마가 "왜 우는가." 물었다. 여인이 "머리를 다 빗기면 죽을 것 아니냐."고 말했다. 황제는 불쌍했던지 "짐에게 뿔이 있는 것을 아무에게도 말하지 않으면 살려 주겠다."고 약속하고 여자를 살려주었다. 그 후 여자는 혼자서만 그 비밀을 알고 있는 것이 답답해서 바위틈에 대고 "랑 다마의 머리에 뿔이 달렸다."고 속삭였고, 그 틈에서 대나무가 자라났다. 어떤 사람이 그 대나무를 잘라 피리를 만들었는데, 피리를 불 때마다 "랑 다마의 머리에 뿔이 달렸네."라는 소리가 났다는 것이 이야기의 줄거리다.

혼란기 악마로 상징되는 최고지도자를 희화화 한 설화이지만, 이 이야기를 통해서 시대의 아픔과 지도자의 바른 도리를 생각하게 한다. 궁궐 내에서 일어나는 일들이 비밀에만 싸여 있다면, 또 간혹 궁궐 내의 문제를 외부로 이야기한다면, 처벌되는 살벌한 진풍경을 전승 설화 속에서 읽게 된다. 정치 사회적으로 혼란할 때의 티베트 양상을 묘사했다는 점에서 비록 설화라 하더라도 교훈하는 바는 크다.

471) 토머스 레어드 저, 황정연 역, 앞의 책, 90면 참조.

아무튼 랑 다마는 티베트 불교인들을 분노케 하였고, 결국 반란을 일으키면서 살해되었다. 842년 평범한 승려 한 사람이 검은 예복을 입고 무용수로 가장해서 궁궐로 들어가 화살로 랑 다마를 죽였다. 살생을 금하는 불교의 교리상 문제가 있을 수도 있다. 하지만 이들은 "불법을 수호하기 위한 것"[472]이라며 옹호하였다. 불법 수호를 위해서는 살생도 전적으로 가능하다는 것이다. 오늘날 티베트의 수많은 승려들이 중국으로부터 독립을 요구하며 희생하는 모습에서도 '불법 수호'에 대한 강한 집념을 찾게 된다. 올바른 뜻이라면 살인이란 업보도 소멸된다는 믿음이 있기 때문이다. 불의에 대항할 때에는 비폭력이 능사가 아니란 주장이다. 이를 대승과 금강승(탄트) 불교의 특징으로 말한다.[473] 수 백 만 명을 죽인 히틀러를 죽이는 것은 죄가 아니란 것이다. 달라이 라마가 전하는 불교이야기가 재밌다.

"상인 500여 명을 데리고 바다를 건너던 상단의 우두머리가 그 중 한 명이 배에 탄 모든 사람을 죽일 꿍꿍이속이라는 것을 알게

472) 토머스 레어드 저, 황정연 역, 앞의 책, 95면. 막상 랑 다마가 죽자 842년에는 그의 아들과 아내들이 황권 쟁탈전을 하면서 혼란에 빠졌고, 티베트는 두 개의 나라로 분리되었다. 그 후 100년동안의 역사 기록이 없을 정도로 혼란했다. 살아남은 사람들은 중앙의 관료가 아닌 승려들 아래로 모여들었다. 제국이 망하자 종교가 그 초점이 된 것이다. 그리고 그 드넓은 티베트의 국경은 좁아 들었고, 일부 지역들은 독립하였다. 실크로드부근의 북쪽지역은 무슬림들이 차지했다. 남부는 네팔이 다시 가져갔다. 이 때가 9세기 중반경이다.(앞의 책, 96~98면 참조.)

473) 오늘날 학자들은 탄트라 불교가 초기 상좌부 불교를 포함한 소승학파에서 갈라져 나와 7~11세기 인도 북부에서 발전한 것이라 본다. 티베트와 몽골 등지의 대승불교에서는 붓다가 탄트라의 가르침을 주었고, 그 가르침이 오랫동안 비밀로 간직되었다고 말한다. 하지만 태국과 스리랑카 등지의 소승불교에서는 탄트라는 붓다가 죽고 아주 뒤에 만들어진 것이라고 말한다. 중요한 것은 초기 불교는 대개는 소승이었고 붓다가 활동하던 1~2세기 인도에서 번성하였다. 그후 10세기에 이르자 탄트라와 다른 대승불교가 성행하였다. '작은 수레'라는 의미의 소승불교와 대비되는 차원에서 '큰 수레'라는 뜻의 대승불교는 5~8세기에 티베트와 중국, 일본에 전파되었고, 소승불교와 상좌부불교는 인도에서는 와해되었다. 그리고 300~400년이 지난 다음 스리랑카와 태국에서 다시 자리를 잡았다.(토머스 레어드 저, 황정연 역, 앞의 책, 99~102면 참조.)

> 되었다. 우두머리는 결국 나쁜 생각을 품고 있던 상인을 죽였다. 배에 탄 많은 사람들의 목숨을 구해야 하기도 했지만, 그 상인이 속에 담고 있던 계획을 실행해 죄를 짓는 것을 막아야 했기 때문이다. 그 사람 대신 살인죄를 떠안은 것이다."[474]

티베트불교의 특징과 방향을 알려주는 매우 중요한 비유이자 메시지이다. 티베트의 불교가 단지 종교신앙을 고수하는 것으로 끝나는 것이 아니라 정치 사회의 안녕과 질서에 구체적으로 개입해야 한다는 정교일치政教一致의 한 단면을 보여준다. 개인보다는 국가공동체를 우선하는 가치관도 함께 읽을 수 있다. 이런 티베트의 불교를 두고 소승불교에서는 붓다의 가르침이 아니라는 비난도 있다.[475]

4. 중국화에 몸부림치는 티베트 문화

오늘날 티베트에 대한 관심이 높아지고 있다. 1990년 제14대 달라이 라마가 노벨 평화상을 수상하면서 극대화 되었다. 물론 그것이 관심을 증폭시키는 계기를 만들기는 하였지만, 좀 더 면밀히 따져보자면 21세기 그들만의 독특한 문화가 '오래된 미래'란 말을 만들어내기까지 했다는 점에서의 관심이다. 또한 독립을 갈망하는 티베트인들의 몸부림이 중국과 마찰하면서 티베트에 대한 관심을 증폭시켰다. 각각의 이유가 있지만, 중국의 티베트에 대한 의지는 분명해 보인다. 현 중국의 국경선 내에 있는 모든 민족과 역사 문화는 처음부터 중국이었음을 천명하고 단계별 중국화하는 사업을 벌이고 있

474) 토머스 레어드 저, 황정연 역, 앞의 책, 96면.
475) 토머스 레어드 저, 황정연 역, 앞의 책, 96면 참조.

는 데서 나타난다.

하상주단대공정(夏商周斷代工程, 1996년 5월~), 중화문명탐원공정(中華文明探源工程, 2003년 11월~), 서남공정(西南工程, 1986년~), 서북공정(西北工程, 2002년~), 동북공정(東北工程, 2002년~) 등 '공정' 시리즈이다.[476] 여기서 그치지 않고 소수민족에게 전해 오던 다종 다양한 민속 문화까지도 중국화하는 작업을 가속하고 있다. 조선족의 아리랑·판소리·단오제 등과 같은 이웃한 한국의 무형문화를 중국 내 조선족의 문화라며 일부를 세계문화유산으로 등재한 것도 그 한 예이다.

중국 정부는 영화를 통해서도 소수민족을 아우르는 정책을 펼치고 있다. 주선률主旋律영화라 하는데, 한마디로 당과 정부에 대한 선전영화다.[477] 한족의 입장에서 티베트와 서구제국주의(영국)를 다룬 '홍하곡紅河谷'이 대표적이다. 이 영화는 한족과 티베트 민족이 하나가 되어 서구 제국주의 영국을 물리친다는 전형적인 주선률 영화에 해당한다. 티베트인들이 자신들의 고유문화와 종교를 사수하는 의연한 모습을 부각시킴과 동시에 거기에는 한족의 도움과 협력이 필수라는 내용을 반영하였다.

티베트의 문화와 그 가운데 나타난 효사상에 관심을 갖게 된 것도 이런 영향 때문이다. 중국의 수많은 동화 노력에도 불구하고 중국과는 다른 독자적인 문화와 풍습을 이어온 티베트의 고유한 풍토 속에서 그들의 독특한 문화가 어떠한가를 살펴보고, 또 가족주의와 효문화가 강력했던 중국의 영향권 내에서 그들만의 가족문화와 효사상

476) 서정경 외, 「중국의 다민족 인식 및 정책 - 관방의 정책과 학계의 관점」『中國文化研究』제18집, 235~236면 참조.

477) 장동천, 『영화와 현대중국』(고려대출판부, 2008년) 244~245면 참조.

이 어떠한가를 살펴보려고 했다. 그들은 철저히 중국과는 다른 가족주의와 효문화를 오랫동안 지속시켜왔다. 효에 관한한 어찌보면 없다고 해도 과언이 아닐 정도로 오히려 불효를 조장하는 문화형태를 찾을 수 있었다. 그것이 그들만의 일부다처, 일처다부의 가족관계와 무관하지 않았음도 알 수 있었다. 또 고산지대라는 특수하고도 척박한 환경에서 생존을 위한 몸부림이 부모나 어른 공경보다는 절대자에 대한, 비록 그것이 샤머니즘 내지는 문명세계로부터 야만적이라 비판받은 행위라 하더라도 그것이 더욱 절실한 문제였음을 확인할 수 있었다. 생활풍토가 문화에 절대적 영향을 미친 것이다. 또 그들의 설화와 민속 등 일부 문화가 동아시아 사회 곳곳에 영향을 미친 것도[478] 살펴보면서 문화의 상호성과 교류 관계를 확인할 수 있었다.

Ⅲ. 동서문화 교류현장 실크로드에 나타난 효사상

1. 비단도 길도 없는 실크로드

중국은 세계 4대문명의 발상지이지만 다른 3대 문명권(이집트, 메소포타미아, 인도)과는 고립되어 있다. 지정학적으로 동쪽으로는 대양이, 서쪽으로는 광활한 사막이, 남쪽으로는 고산지대가, 북쪽으로는 툰

478) 가무에 대한 자세한 내용은 김규현, 『티베트문화산책』(정신세계사, 2004년) 16~26면 참조.

드라 지대란 장벽이 가로막고 있다. 다른 3대 문명은 교류를 통해 좀 더 나은 문명으로 나아갔다. 하지만 사방이 장애물로 막혀 있던 중국문명만은 고립되어 있으면서 발전을 이어갔다.

얼핏 그럴듯한 말이지만 꼭 그렇지는 않다. 고대인들은 동서남북 장벽을 넘어 서로 소통하고 있었다. 서로의 문물과 문화를 주고받으며 영향을 주었다. 동쪽 바다에서도, 서쪽 사막에서도, 북쪽 초원에서도 길을 열고 교류하였다. 여기서는 특히 서쪽 사막길에 주목하고자 한다.

사막은 생명체가 살기 힘든 조건이다. 서로 오가는 것도 여간 불편한 게 아니었다. 그럼에도 인간은 거기를 오고 가며 길을 만들었다. 일명 사막길이다. 다른 말로 '실크로드'(Silk Road)라 말한다. 그런데 '실크로드'엔 '실크'(Silk)도 '길'(Road)도 없다. 끝없는 사막만 있다. 인간의 흔적은 커녕 생명체라곤 찾아보기 힘든 곳이다. 간혹 나타나는 푸른 숲이 유일한 생명의 공간이다. 오아시스다. 거기에 생명체와 더불어 오랜 옛날 인류의 조상들은 갖가지 흔적을 남겼다. 흔적을 남긴 지점을 하나하나 연결하다 보니 하나의 길이 생겼다. 선[도로]의 의미보다는 점[오아시스]을 잇다 보니 길이 되었고, 거기에서 문물과 문화가 서로 왕래했음을 알게 되었다.

여기에 일등공신은 사막에 잘 적응한 낙타였다. 낙타는 뜨거운 사막에서도 거뜬히 생존할 수 있는 동물이다. 본능적으로 생명이 있는 오아시스를 찾아다닌다. 따라서 동서 왕래의 그 길, 곧 사막길은 굳이 말하자면 '낙타의 길'이다. 낙타가 본능적으로 물을 찾아다닌 길이니, '오아시스로'라 할 수 있다.

인간은 그 낙타를 길들였고, 낙타를 이용하여 인류의 문명과 문물

실크로드 월아천

을 실어 날랐다. 거기에 인류는 의미를 부여하며 '실크로드'란 낭만적 이름도 남겼다. 하지만 이 길은 실크만 오간 것은 아니다. 여러 문물과 문명이 함께 교류했다. 그런 가운데 주변지역엔 커다란 도성국가도 형성되었다. 도성엔 온갖 건축물도 들어섰다. 사막 기후 특유의 지하도시가 건설되었다. 중심적 위치에 종교적 예배처소도 마련되었다.

이런 점을 감안해서 여기서는 두 가지 다른 관점에서 분류해 보았다. 하나는 경제적 관점, 다른 하나는 종교적 관점이다. 먼저 경제적 관점에서 그 길은 동서문물이 교환되었다. 서로에게 귀중한 물품이 그 길로 소통되었다. 대표적인 물품은 실크와 옥, 유리제품이었다.

다음 종교적 관점에서 그 길은 불교, 이슬람교, 기독교, 조로아스터교 및 기타 여러 동서양의 종교들이 전래되었다. 이들 종교의 구법자들과 선교사들이 오간 길이기에 그 길은 수행길, 선교여행 길이었다. 동서종교문화의 교류통로가 그 길에서 이루어진 것이다. 그런 가운데 종교간 융합도 충돌도 있었다.

2. 실크로드란?

'실크로드(Silk Road)'란, 가깝게는 중국과 중동, 크게는 아시아와 유럽, 아프리카 대륙을 연결하는 동서교통로를 총칭한다. 실크로드라 처음 명명한 사람은 독일의 지리학자 리히트호펜(Ferdinand von Richtofen, 1833-1905)이다. 그는 19세기 후반 중국 각지를 답사하고, 1877년『차이나』(5권)를 저술하였다. 그 책 제1권 후반부에 동서교류의 역사를 개관하면서 중국과 중동, 그리고 인도, 유럽과의 무역에서 비단이 오간 것을 가리켜 실크로드(비단길)라고 명명하였다. 배경에 무역이 있다. 실크는 극동에서 나는 지역 특산품이었다. 비단은 중국의 하남·하북·산동, 넓게는 한반도에서 생산되었다. 비단이 이 길을 따라 서양으로 들어갔기 때문에 실크로드라 하였다.

그 후 1910년, 독일의 동양학자 헤르만은 중국에서 생산된 비단이 로마까지 수출되었으니 중국에서 로마에 이르는 이 길을 '실크로드'로 명명하는 것이 좋겠다고 역시 주장하였다. 2차 세계대전 후에는 실크로드의 개념이 더욱 확대되어 유럽과 아시아 대륙간의 교통로를 모두 실크로드로 명명하였다.

(※최근에는 중국의 시진핑 주석의 신실크로드 구상이라며, 일명

'일대일로一帶一路'를 말한다. 중국과 유럽을 잇는 새로운 교류통로를 철로로 잇겠다는 발상이다.)

중국에서 말하는 실크로드는 천산산맥을 기준으로 남쪽 타림분지의 타클라마칸사막에 있다. 북쪽으로는 몽골이, 남쪽으로는 중국 신짱지역이다. 특히 실크로드의 주요 기착지 가운데 하나였던 우루무치 북쪽으로는 알타이산맥이 이어진다. 주변에 사는 사람들은 대부분 몽골족이다. 알타이의 몽골족은 고대 한반도 문명과 무관하지 않기 때문에 주목할 필요가 있다.

예컨대 이들은 까마귀를 숭상하고, 최초 씨족 왕의 탄생지로 신성한 나무神樹 밑을 말한다. 이는 고구려의 고분 벽화에 나오는 세발 달린 까마귀[三足烏]나 단군신화와 김알지金閼智의 설화에 나오는 신수와도 연관되어 있다. 더욱이 알타이산을 중국에서는 옛날부터 금산金山이라 하였다. 광물로서의 금金도 그렇고, 신라왕족 김金씨도 그렇고, 알타이어 계통의 한글 말고도 연관되는 것이 한 두 가지가 아니다. 신라 금관에 새겨진 새도, 민속 가운데 신성한 의미를 지닌 솟대 위의 새[神鳥][479]도 알타이문화와 깊이 연관되어 있다. 좀 더 세밀한 연구가 필요한 이유이다.

---

479) 고인돌은 남방 농경문화의 상징이고, 경천(敬天)사상을 상징하는 솟대는 북방(알타이, 몽골, 바이칼)문화의 특징이다. 솟대 위의 새는 하늘과 땅을 연결하는 매개자 역할을 한다. 새가 인간의 소원을 하늘에 전해준다는 신조(神鳥)사상이다. 한국에서는 단오제 때 솟대를 세워 이런 기원행위를 한다. 이런 한국적 특성을 살려 2004년 한국에서 개최한 세계박물관대회 로고로 솟대를 활용했다. 이는 한국과 동북아시아는 물론 중앙아시아까지 이어지는 공통된 정신세계이다. (김병모, 『김병모의 고고학 여행』(고래실, 2010년) 92~95면 참조)

3. 귀족 사회를 뒤흔든 실크·유리·옥, 그리고 교류통로

한나라 때 중국산 실크는 유럽·아프리카·중동 지역을 제패하고 있던 로마제국까지 들어갔다. 세계의 맹주 로마의 귀부인들이 온갖 사치품으로 향락을 일삼고 있을 때 실크는 매우 값진 물건이었다. 특히 일교차가 심한 로마의 풍토상 보온성이 뛰어난 최고의 인기 품목이었다. 가벼우면서도 따뜻한 실크의 특성은 몸에 꼭 달라붙기 때문에 밤의 향연에 적격이었다. 영국작가 로버트 크레이브스는 『클라우디우스』란 소설에서 "실크가 로마 여인의 옷을 벗겼다."[480]고 썼다. 화려하면서도 사치스러웠던 로마 귀족 사회에서 실크가 얼마나 인기 품목이었는가를 증명해 준다.

유럽에서 실크 가격은 폭등했고, 돈 벌기 위해 나선 상인들은 죽음을 무릅써가며 사막길로 달려갔다. 물론 빈손으로 가지 않았다. 그들 손엔 역시 로마의 사치품 유리구슬과 유리잔이 들렸다. 유리제품이 없던 동아시아에 화려한 유리가 전래된 것이다. 중간 기착지 중앙아시아 복판의 알타이산에서 나는 옥玉도 그들 손으로 중국에 전해졌다. 중국의 귀족사회는 아랍 상인들과 유목민들이 들고 온 유리잔과 옥제품에 미혹되었다. 서한西漢시대 무덤에서는 옥수의玉壽衣도 나왔다.[481] 물고기 비늘처럼 사각형의 옥을 정교하게 꿰어 만든 수의이다. 얼마나 많은 옥이 들어갔을지는 상상초월이다.

옥과 유리는 한반도 신라 귀족사회에도 엄청난 영향을 주었다. 특히 신라와 가야에서만 주로 발견되는 곡옥이 그리스문화와 연결되

480) 김병모, 『김병모의 고고학 여행』(고래실, 2010년), 213면에서 재인용.
481) 김병모, 앞의 책, 213~214면 참조.

어 있음을 증명하는 연구도 나왔다.[482] 참고로 금과 유리 제품이 화려한 신라의 귀족사회를 대변한다면, 곡옥은 강인한 생명력으로 후손의 번성을 기원한다는 뜻도 담겨 있다.

4. 동서 종교문명의 교류

(1) 불교문화

실크로드는 삼장법사 현장玄奘이 인도를 순례하고 돌아왔던 길로 알려져 있다. 실크로드에는 현장과 관련된 이야기가 곳곳에 남겨져 있다. 『대당서역기大唐西域記』가 대표적이다. 8세기 신라 사람 혜초慧超도 이 길을 가며 돈황에서 『왕오천축국전往五天竺國傳』을 남겼다.[483]

(2) 이슬람문화

이슬람교가 실크로드를 통해서 중국에 전래 된 이후로 그 길은 회교도들의 메카 성지 순례길이 되기도 하였다. 하지만 중국의 회교는 이슬람의 교리에 충실하면서도 중국적 풍토를 존중했다. 대표적인 경우로 1719년 태어난 마명심馬明心을 꼽는다. 마명심은 실크로

---

482) 김병모 교수는 曲玉을 생명의 상징이라 말하며 그 뿌리를 그리스, 스키타이, 알타이 지역과 연계하고 있다. 그러면서 경주에서 발견된 기와에 그려진 날개달린 天馬도 그리스신화에 등장하는 페가수스(Pegasus)와 같다고 했다. 스키타이와 알타이인들에 의해 그리스문명이 신라에 영향을 주었음을 말한다.(김병모, 앞의 책, 98~101면 참조)

483) 혜초는 갈 때에는 광동에서 뱃길로 남천축국, 스리랑카에 도착했고, 돌아올 때에는 육로(실크로드)를 이용했다. 그리고 돈황에 이르러 『왕오천축국전』을 남기고 바로 이곳에서 입적했다.(김병모, 앞의 책, 150~151면 참조)

드를 통해 성지순례를 다녀왔고, 중국으로 돌아와서는 교단 개혁에 앞장섰다. 자기 교단이 "뿌리는 아라비아에 있고, 가지는 중국에 있다."[484]고 말하며 중국적 회교임을 천명했다. 예배의식도 간소하게 하면서 절하는 것도 16번에서 10번으로 줄였다. 신도들이 바치는 헌금도 가난한 사람을 위한 용도로 규정했다. 하지만 그는 반대파에 의해 피소되고, 처형되었다.[485]

(3) 기독교문화

실크로드를 통해 전래된 기독교를 일명 동방기독교라 한다. 네스토리우스파라고도 한다.[486] 이단 판정 받기 이전의 동방기독교는 매우 빠른 확장세를 보였다.[487] 로마제국의 박해는 예루살렘 중심의

---

484) 김호동, 『황하에서 천산까지』(사계절, 2002년) 71면에서 재인용.

485) 김호동, 앞의 책, 73면 참조.

486) 네스토리우스파는 성모 마리아를 '신의 어머니'라 부른 것을 반대하면서 이단시 되었다. 당시 소아시아 지중해 연안에서는 지모신(地母神) 숭배 사상이 있었고, 이 영향으로 마리아 숭배 사상도 나왔다고 생각했다. 그러므로 네스토리우스는 예수를 신성과 인성을 같이 지녔기 때문에 '그리스도의 어머니'라 함이 옳다고 여겼다. 이를 반대하는 측에서는 인성과 신성을 분리시키려는 음모라며 비판하고 이는 예수의 신성까지 부정하는 것이라 배격했다. 결국 논란 끝에 네스토리우스는 431년 에페소스에서 이단 판정 받게 되었고, 이는 동방교회와 서방교회의 분열이었다.

487) 초기기독교와 동,서방기독교: 예수 십자가 처형후 초대 기독교회는 유대인이 압도적 다수를 차지했다. 예루살렘에 세워진 최초 교회의 대표는 예수의 동생으로 알려진 야고보였고, 복음서의 저자 마태, 마가, 요한이 모두 유대인인 것도 이를 증명한다. 하지만 이후로 개종한 이방인 수가 유대인을 압도하기에 이르렀다. 그들은 유대적인 것과 이방적인 것 사이의 차이를 어떻게 해소할 것인가가 핵심적인 과제가 되었다. 유대 고유의 풍습(할례, 제사의식, 식습관 등)을 어떻게 수용할 것인가의 문제다. 그런 가운데 70년 로마제국에 의한 예루살렘 파괴는 예루살렘을 교회의 상징적 존재로 생각하던 이들에게 충격을 주었고, 결국 이로부터 멀어져만 갔다. 유대인들도 주도적인 지위에서 점차 멀어져갔다. 교리 확립에 기여한 상당수 사람들이 비 유대인들이 차지했다. '이방인'이란 말의 원뜻은 '민족들'이다. 그런데 이들의 교회가 대다수 점하며 문화적 차이가 갈등의 씨앗이 되었다. 이방인 가운데 가장 많은 수를 차지한 것은 라틴계와 그리스계, 곧 로마와 에페소스가 그 중심이었다. 그리고 팔레스타인과 시리아 농

기독교인들의 이주를 가속화 시켰고, 2세기 말경에는 이란을 거쳐 박트리아(오늘날 아프가니스탄 부근)지방까지 펴지게 되었다. 225년 페르시아계 사산왕조는 조로아스터교를 신봉했지만, 영내의 기독교도들에게 가혹한 정책을 펴지는 않았기 때문에 기독교인들이 이란에서 크게 확장할 수 있었다.

그러나 318년부터 전면적인 박해가 시작되면서 기독교는 다시 새로운 지역을 개척하기에 이르렀다. 당시 순교자 수만 1만 6천여 명이었다.[488] 조로아스터교로의 개종도 강요받았다. 446년에는 바그다드에서 북방으로 230키로미터 떨어진 카르카 지방(오늘날 이라크 북부)에서는 10명의 주교와 15만 3천여 명의 신도가 학살당했다. 그럼에도 불구하고 이들은 시리아어를 사용하며 성경번역에 꾸준히 공을 들였다.[489] 성경번역은 이슬람권 기독교 전파의 초석이 되었다. 그러다 431년 에페소스 공의회에서 동방 기독교 네스토리우스파는 이단판정을 받게 되었다.

이들은 동방으로 계속 그 세력을 확장하며 5세기 말경에는 중앙아시아 유목사회까지 영향을 주었다.[490] 점차 동아시아 쪽으로 선교방향이 정해졌다. 중앙아시아를 넘어 동방세계로의 진출이었다. 이들은 1세기 이후로 국제적인 상인으로 명성을 떨치며 동서아시아를 연결하는 주역으로 자리했다. 이들 지역은 이미 불교·조로아스터교·마니교가 공존하는 다문화·다종교 지역이었기 때문에 동방기독

촌에도 많은 수의 기독교인들이 분포하였는데, 이들은 대부분 시리아어를 사용했다. 결국 교회는 라틴, 그리스계와 시리아계로 나뉘며 결국 동서로 분열하기 시작했다. 훗날 네스토리우스는 시리아계에서 배출된 지도자였다.

488) 김호동, 『동방기독교와 동서문명』(까치, 2002년) 104면 참조.

489) 김호동, 앞의 책, 104~105면 참조.

490) 김호동, 앞의 책, 109면 참조.

중국 서안 경교사원 대진사탑

교에 대해 특별한 저항이나 박해는 없었다. 사마르칸트는 대주교 교구가 설치되어 중앙아시아 및 초원지역 선교의 근거지가 되었다. 8세기 초, 이슬람 세력이 확고한 발판을 마련하기 전까지 동방기독교는 중앙아시아의 확고한 발판을 갖고 있었다. 타슈켄트 부근에서 발견된 십자가 문양은 6~8세기 동방기독교의 십자가 문양이었다.[491)] 원래 교회당을 아랍군이 점령하며 이슬람 모스크로 개조하기 전까지는 동방기독교는 매우 큰 영향력을 행사하는 종파의 하나였다.[492)]

이렇듯 동방기독교는 온갖 악조건 속에서도 생명력을 유지한 끈질긴 종교라 할 수 있다. 페르시아 군주의 박해는 15만 명이 넘는 순교자를 냈지만, 동방기독교는 여전한 생명력을 지니고 있었다. 네로의 초기 기독교 박해와 콜로세움의 억압과 순교보다 더 가혹했던 시절, 동방기독교는 중앙아시아에서 중국 신짱, 몽골지역으로 옮겨가면서 그 명맥을 이어갔다. 그런 가운데 중국화, 불교화, 도교화 되기도 했다. 16세기 이후 서구의 기독교회가 해외로 진출하였지만, 그 이전 아시아 사회의 기독교는 동방기독교(네스토리우스파)가 전래되어 1천년 이상 생명력을 유지했다.

당시 동서교역을 독점하며 국제상인으로 세력을 넓혔던 사람들 가운데 소그드인들이 있었다. 이들은 서쪽으로는 비잔틴제국에서 동쪽으로는 중국, 북쪽으로는 몽골 초원에 이르기까지 미치지 않은

491) 1973년에는 시리아문자로 새겨진 토기파편도 발굴되었다. 내용은 "복있는 사람은 경건치 못한 자의 길을 걷지 아니하며 죄인의 꾀를 좇지 아니하고..... 주님의 영광 천지를 채우시는 만물의 하나님"이라는 시편의 내용이다. 약간의 차이는 있으나 성경 내용 그대로이고 철자가 여러 곳 틀린 것은 아마도 교사가 시편의 구절을 읽어주는 것을 받아 적은 학생의 실수라 여기는 해설이 있어 흥미롭다. (김호동, 앞의 책, 114면 참조) 토기편의 기록 연대는 대략 아랍군의 침략이 있기 바로 전인 7세기말 8세기 초로 알려진다.

492) 김호동, 앞의 책, 111~112면 참조.

서안 비림박물관 대진경교유행중국비

곳이 없었다. 특히 기독교로 개종한 이들은 7세기 초반, 당의 수도 장안에 이르러 중국에 새로운 종교문화를 전파했다.[493] 이들의 흔적은 명나라 말기 1620년 섬서성 서안 부근에서 비석으로 발견되었다. 「대진경교유행중국비大秦景教流行中國碑」(이하 '경교비')를 말한다.[494] 비석의 역사적 진가가 확인되면서 수 많은 서양인들이 매입, 반출을

493) '경교비'에서 말하는 중국의 기독교 전래는 635년 시리아의 阿羅本이 이끄는 사절단의 방문을 들고 있는데, 이는 공식 사절단이므로 훨씬 이전부터 중국에 기독교가 전래되었음을 추론케 한다. 물론 당 태종은 공식 사절단을 환영하였고, 638년 조칙으로 포교를 인정하였다.

494) 고대 중국에서 大秦이란 로마제국을 나타내는 용어로 사용하였지만, 여기서는 예수가 태어난 유대지방이나 아니면 경교사절단을 파견한 페르시아지방일 수도 있다. 이들이 세운 교회를 처음에는 페르시아의 교회가 세웠다는 뜻에서 '波斯寺'라 했다가 현종이 745년 칙령으로 '大秦寺'로 바꾸었다.

시도하기도 했다. 영국의 고든(Elizabeth Anna Gordon, 1851~1926) 여사는 기독교 동방 전래를 기념하며 모조품 두 개를 만들어 하나는 우리나라 금강산 장안사長安寺에 또 하나는 일본 고야산高野山에 건립했다.[495] 비에는 동방기독교 십자가 문양과 시리아 글자로 새겨진 당시 경교 사제 70여 명의 이름, 그리고 1,764자로 이뤄진 기독교 교리와 전래와 관련된 내용 등이 새겨져 있다.[496] 635~781년 사이 중국 기독교 전모를 밝히고 있는 매우 중요한 자료이다. 물론 내용은 서방의 정통 교단에서 말하는 삼위일체론과 그리스도 양성설 모두를 그대로 말하고 있다. 다만 일부 용어상 불교와 도교의 용어를 차용한 것은 현지화를 위한 노력의 일환이라 생각할 수 있다.

이렇듯 기독교의 동방 전래에 소그드인들은 큰 공을 세웠다. 중국이 정치적으로 분열과 혼란을 겪을 때에도 이들은 중앙아시아와 중국을 오가며 현지 주민들에게 선교했던 것이다. 의외로 이런 상인들이 많았음은 10~13세기경 당시로 추정되는 문서에서 확인되었다.

> "주는 진실하신 분이로다. 주는 너희의 노력을 버리지 않으시니, 너희 순교자들이여! 왕이신 그리스도는 너희들이 중국(Sin) 땅에서 사랑했던 사람들을 모른 척 하시지 않으리라. 너희들의 유해는 생명의 책에 기록되어 빛을 발하노라.... 순교자여, 너희는 상업에 종사하는 사람들이로다. 너희는 하해를 건너고 산야를 넘어 여러 나라를 편력하다가 마침내 피를 뿌리며 이 세상을 떠났도다. 너희는 기도를 통해서 신의 성자 예수그리스도를 사방 백성들에

495) 김호동, 앞의 책, 120면 참조.
496) 내용 가운데 창세기를 설명하며 불교와 도교 용어를 차용한 것은 당시 성행하던 종교문화를 적절히 활용한 것이라 생각한다.

게 알렸도다."[497]

한 때 경교는 당나라 태종(재위 618~649)이 환영하고 공식 인정하면서 확산 일로를 걸었고, 고종(649~683) 때에는 더욱 융성하여 각 주마다 경교사원을 두게 하고, 대표 아라본에게 진국대법주鎭國大法主라는 직함을 주었다. 이후로 경교는 황실의 보호 아래 전국적으로 확산되어 도시마다 경교 사원이 세워졌다. 이 내용은 '경교비'에 실려 있는 것으로 알 수 있다. 이런 확산에 위기를 느낀 세력에 의한 경교 탄압도 몇 차례 이어졌다.[498] 외래 종교가 그만큼 중국사회에 만연하여 유교·도교 등 토착종교를 위협하고 있었다는 반증이다. 외래 종교 탄압으로 경교는 중국 내륙에서 쇠퇴일로를 걸었다. 이는 한편으론 중국 서부지역과 중앙아시아 지역은 물론 몽골 등지에서의 경교 르네상스라고 할 정도로 경교가 부상하는 계기가 되었다. 중국의 탄압을 피해 이들 지역으로 탈출하였기 때문이다. 소그드 상인들은 실크로드에만 국한하지 않고 그 발길을 초원지대 몽골인들에게 옮겼고, 또 그 흔적은 북경 주변의 원나라 유적에 남겼다.[499] 그들이 얼마나 그 활동 범위를 확장했는가를 알게 한다. 물론 여기서는 실크로드에 국한해서 논의한다.

---

497) 佐白好郞, 『景教の硏究』(東京, 東方文化學院東京硏究所, 1935年) 751~774면, 김호동, 『동방기독교와 동서문명』(까치, 2002년) 170면 참조.

498) 첫 번째 탄압은 則天武后시대인 690년 불교를 대대적으로 보호, 장려하면서 일어났고, 두 번째 탄압은 도교를 내세운 정치세력에 의해 713년 일어났다. 그러다가 845년 武宗 때 廢佛정책을 펴면서 경교도 함께 화를 당했다. 그리고 875년부터 884년까지 진행된 황소의 난은 당나라 붕괴는 물론 중국내 외국인들에게 막심한 피해를 안겨주면서 경교도들도 상당수 피해를 당했다.

499) 북경 서남쪽 40km정도 떨어진 房山縣 三盆山 崇聖院에 있는 유적에서 십자가와 꽃무늬가 새겨진 두 개의 대리석이 발견되었는데, 그 가운에 하나의 대리석에 시리아어로 "너희는 이것을 보고 희망을 얻으라!"라는 글이 새겨져 있다. 이는 비록 원나라 유적지이지만 아마도 당대 이곳에 세워진 경교 수도원이었을 가능성이 있음을 선행연구들은 밝히고 있다. (김호동, 『동방기독교와 동서문명』168~169면 참조.)

5. 동서문명 교류 과정에 나타난 기독교의 효문화

아라본이 635년 장안에 들어온 이후 태종은 그들이 갖고 온 경전을 번역하도록 지시했다. 그 가운데 현존하는 것 중「서청미시소경序聽迷詩所經」이 있다. 이는 원래 돈황에서 발굴되었는데, 여기에 경교의 특징이 잘 나타나 있다. 특히 유교와 불교 용어를 동원한 충효 관련 내용들이 눈에 띈다.

> "먼저 천존天尊을 섬기고, 둘째로 성상聖上을 섬기며, 셋째로 부모를 섬기라..... 성상은 모두 신으로부터 생겨났으니, 현생에서는 비록 부모가 계실지라도 지혜로운 중생이라면 마땅히 천존과 성상을 두려워해야 할 것이며, 그와 마찬가지로 부모도 두려워해야 할 것이다."[500)]

전통 중국사회의 충효사상이 그대로 담겨 있다. 천존·성상·부모를 함께 경외의 대상으로 부각시킨 내용이다. 경교의 중국화를 잘 보여주는 대목이다. 또한「미시소경」에는 열 가지 덕목[十願]이 나열되어 있는데, 십계명의 내용 상당수를 포함하였지만, 역시 충효사상을 핵심으로 담고 있다.

① 제악諸惡을 거부하라. 천존을 거역하는 것은 효가 아니다.
② 부모를 효양孝養하고 받들어 모시기를 거르지 않으면, 임종의 때에 천도天道를 얻어 (천국의) 집을 얻게 될 것이다.
③ 누락
④ 남에게 선을 행하고 악한 마음을 품지 말라.

---

500) 김호동, 앞의 책, 138면에서 재인용.

중국 초기 기독교 자료가 발굴된 돈황석굴(막고굴)

⑤ 살생하지 말며, 남에게 살생하도록 하지도 말라.
⑥ 남의 부인을 간음하지 말라.
⑦ 도적질하지 말라.
⑧ 남이 부귀하여 전택과 노비를 가져도 질투하지 말라.
⑨ 처자와 좋은 집을 가지고 있는 자는 문서를 꾸며 남을 모해하지 말라.
⑩ 남의 물건을 받거나 취하지 말라.[501]

구약성경의 십계명을 연상케 하는 내용들이다. "천존을 거역하는 것은 효가 아니다."고 말한 대목은 "여호와 이외의 다른 신을 섬기지 말라."는 내용의 중국적 표현이다. 천존 거역이 효가 아니란 말은 천존 섬김은 곧 효란 것이다. '하나님 섬김'을 효로 표현한 대목이다. 유교문화가 지배하고 있는 중국사회의 특징을 잘 고려한 문화 적응

501) 김호동, 앞의 책, 139면에서 재인용.

의 모습이 잘 나타나 있다. 제악을 거부하고 천존에 효순孝順하라는 것은 곧 우상숭배에 대한 경계를 담고 있다. 경교가 결코 기독교와 무관하지 않음을 증명한다.

그밖에 돈황에서 발굴된 자료 가운데「삼위몽도찬三威蒙度讚」이란 문서도 있다. 이것은 오늘날의 찬송가에 해당한다. '몽도'蒙度는 "구원을 받다."는 뜻이다. 모두 24행으로 이루어져 있는데 일부만 소개해 본다.

끝없는 하늘이 깊은 경탄을 드리고,
대지가 거듭해서 평화를 염원하며,
인간의 본성이 믿고 의지하는 것은,
이 셋을 아우르시는 인자로운 아버지 알라하입니다.

모든 착한 백성이 지성으로 예배드리고
모든 지혜로운 마음이 찬송을 부르며,
모든 진실한 사람이 귀의하나니,
당신의 성스럽고 자비로운 빛을 받아 마귀에서 벗어나 구원받기 때문입니다.

찾을 수 없고 도달할 수 없는 것은 당신의 올바름과 진리와 불변함이니,
자비로운 아버지, 눈부신 아들, 왕이신 성령[淨風]이여!
여러 왕 가운데서도 으뜸 되는 왕이시며,
여러 세존 가운데서도 진리의 군주입니다.

(중략)

성자께서는 아버지의 오른편에 앉으시니,
그 자리는 한없이 높으십니다.
큰 스승이시여, 당신께 바라옵건대 우리의 기도를 들어주소서.

구원의 뗏목을 내려주사 불의 강에서 표류하는 저희를 구원하소서.

큰 스승이시여, 당신은 우리의 자비로운 아버지이시고,
큰 스승이시여, 당신은 우리의 성스러운 주인이시며,
큰 스승이시여, 당신은 우리의 진리의 왕이시나이다.
큰 스승께서는 능히 우리를 모두 구원하실 수 있나이다.[502)]

여기서 하나님을 표현하는 여러 단어가 나열되었다. '알라하'는 하나님을 나타내는 시리아어 '알라하'(Allaha)를 그대로 옮겨왔다. 「창세기」에 기록된 '엘로힘'(Elohim)과 통하는 말이다. '정풍'淨風은 직역하면 '깨끗한 바람'이지만 여기서는 성령을 표현한다. 불교에서 따온 '세존'은 '예수'를 가리키며, 성부·성자·성령 삼위일체의 하나님을 '큰 스승' '자비로운 아버지' '성스러운 주인' '진리의 왕'으로 표현했다.

6. 효문화권에서 만난 유교와 기독교

초기 기독교 학자로 알려진 타티안(Tatian, 107~180)은 기독교는 서양인의 종교가 아니라 동양인의 종교라고 했다.[503)] 지정학적으로도 기독교 발생지는 서양사회보다 동양사회에 속했고, 성경의 내용도 동양사회의 문화와 사상에 더 가깝지 서양사회의 윤리적·철학적 이론과는 거리가 있다. 개인보다는 공동체를 강조하고, 가족의 혈통적 뿌리를 존중하고, 조상의 내력과 부모공경을 강조하는 것은 영낙 없는 동양문화와 오히려 맞닿아 있다는 것이다.

---

502) 김호동, 앞의 책, 149~151면에서 재인용.
503) 정수일, 『고대문명교류사』(사계절, 2002년) 535면 참조.

우루무치 신짱박물관 소장 경교 십자가

십계명의 첫 번째 항목에서 절대자 하늘[天]에 대한 존중을 말한 것은 애당초 경천敬天을 모든 사상의 핵심 강령으로 삼은 동양사상과 직결되어 있고, 대인계명 첫 번째로 부모공경을 말한 것은 백행의 근본으로 효를 주요 가치로 삼은 동양인의 삶과 연관되어 있다. 비록 기독교가 수많은 세월 별개의 지역에서 별개의 문화와 사상풍토 영향 아래 전혀 다른 길을 가면서 이질적 종교로 상충된 역사를 갖고 있지만, 문화적 뿌리와 내용을 검토한다면 오히려 기독교는 동양의 문화와 사상에 가깝다는 것을 알게 된다.

다시 말해 4세기 초 로마제국의 정치적 질서와 타협하는 가운데 기독교가 서구화의 길을 가면서 오늘날 기독교는 완연한 서구문화로 비춰졌고, 동양의 문화와는 단절된 듯한 인상을 주었지만, 기독교의 일파였던 네스토리우스파가 다시 동양사회에 관심을 가지면서 기독교는 동양사회가 갖고 있던 특징과 내용을 다시금 수용하면서 본래의 모습을 일부나마 찾게 되었다. 네스토리우스파, 일명 경교의 중국 전래는 서구화되었던 기독교가 동방의 유교문화를 만나면서 본래의 모습을 회복해 가는 과정이라 할 수 있다. 중심에 경천

애인敬天愛人과 부모공경의 효문화가 있었지만, 당대 중국 내 토착종교의 위기의식에서 발로된 외래종교 탄압으로 경교는 중국의 중심지에서 주변 외곽지역, 특히 몽골지역으로 쫓겨가면서 또 다른 기독교문화를 만들었던 것이다.

내몽고 박물관 소장 경교 십자가

Ⅵ. 동양 고전을 통해본 효실천 7대 항목

1. 7효, 효개념의 확장

효는 인간의 인간다움을 확인하는 가장 중요한 척도이다. 모든 동물이 내리사랑으로서의 자녀사랑은 공통적이지만, 그 은혜에 대한 보답을 표현하는 효윤리는 인간만이 갖는 특징이다. 부모의 사랑에 대한 자녀의 보답을 짐승에게서는 찾을 수 없다는 것이다. 일반적으로 동물들은 자립이 가능할 때까지 어미의 보호와 양육을 받다가 홀로 자립할 수 있게 되면 어미를 떠나 독립된 생활을 영위한다. 또 그것을 반복하면서 종족 보존에만 충실하다. 하지만 인간은 부모의 보호와 양육에 대한 보답을 혹은 의무적으로 혹은 윤리적으로 실천할 것을 요청받는다. 그것을 우리는 효라고 말한다.

그런데 효가 이렇듯 자녀의 당연한 도리 차원에서 인간만의 특징이랄 수는 있지만, 그것이 부모 자녀간의 관계에 국한된다면 역시 가족이기주의라는 비난을 면치 못하게 된다. 또 그것이 국가 공동체에 대한 도리[忠]로 확대된다면 일방적·수직적 봉건이데올로기라는 비난을 면할 수도 없다. 순수한 부모 자녀 관계론에서 출발한 효경孝敬사상이 가족이기주의와 국가통치이데올로기로 변질되면서 효의 본래적 면목은 희석되고 오히려 비판·부정의 대상이 될 수 있다. 막상 효사상이 근대사회 이후 우리사회로부터 멀어지고 버림받은 원인도 여기에 있다.

하지만 이런 비판과 비난의 와중에서도 성산효대학원대학교를 설립하고 '효행장려 및 지원에 관한 법률' 제정에 앞장서온 최성규 목사는 오히려 "효가 나라를 살린다."는 각성과 동시에 새로운 시각에서 효개념을 정립하고 몸소 효운동에 나섰다. 그것은 기존의 효사상이 갖는 문제와 한계를 성경적 효사상으로 극복하려는 노력에서 비롯되었고, 급기야 새로운 각도에서 다음과 같은 효실천 7대 항목을 제시하였다.[504)]

① 하나님을 아버지로 섬김
② 부모·어른·스승 공경
③ 어린이·청소년·제자사랑
④ 가족사랑
⑤ 나라사랑
⑥ 자연사랑·환경보호
⑦ 이웃사랑·인류봉사

그런데 만일 이 일곱 가지 항목을 성경적으로만 이해하고 적용한다면 다문화·다종교가 공존하는 우리 사회 속에서 인류의 보편적 가치로서 효는 한계를 지닐 수밖에 없다. 이에 여기서는 동양의 고전에서도 그대로 적용될 수 있음을 확인하는 작업을 하려고 한다. 이를 통해 효실천 7대 항목이 인류 보편적 가치임을 증명하려고 한다.

일반적으로 동양의 효사상을 부모공경의 획일적·수직적·단선적

504) 최성규 목사의 성경적 효운동의 근원은 1995년 삼풍백화점 붕괴로 거슬러 올라간다. 삼풍백화점 붕괴의 참사 속에서 극적으로 살아난 세 젊은이가 모두 효자·효녀라는 보도를 접하고, 그들은 분명 효도하면 장수한다는 성경의 내용을 생각해 볼 때 당연히 크리스챤일 것이라 예상했지만, 모두가 비기독교인이라는 데 충격을 받았다. 이후로 성경전체를 다시 묵상하며 발견한 것이 성경이 곧 효경(孝經)이라는 것이고, 교회가 효운동에 앞장서야 한다는 것이었다. 최 목사의 성경적 효운동은 이렇게 시작되었고, 급기야 효운동은 종파, 이념, 세대를 초월한 전국민운동으로까지 확산하면서 '효행장려 및 지원에 관한 법률'을 제정하는데 밑거름이 된 것이다.

사고로만 생각한다. 그로부터 효는 수평적 근대사회로 넘어오면서 적합하지 않은 사상으로 치부되었다. 버려야할 대상이 된 것이다. 하지만 성경적·현대적 관점에서 새롭게 정리한 최성규 목사의 효실천 7대항목과 동양 고전이 보여주는 효실천 항목은 결코 그렇지 않음을 증명한다. 오히려 현대사회의 복잡 다양한 문제 해결의 실마리를 효사상에서 찾을 수 있다는 것이다. 효가 더 이상 과거의 가치가 아니라 오늘날에도 여전히 유효한 가치임을 확인할 수 있다는 것이다.

2. 동양고전에 나타난 7효

큰 틀에서 동양고전에 나타난 효실천 7대 항목을 한마디로 말한다면 '경천애인敬天愛人'이라 할 수 있다. 절대자에 대한 공경[敬]과 자연과 인간에 대한 사랑[愛]이 일곱 가지 항목에 모두 드러나 있기 때문이다. 그런데 동양사상의 특성상 절대자와 인간의 관계는 서구와는 달리 상대적 주종관계가 아닌 상생관계에 있기 때문에 동양에서 말하는 절대자 하나님, 그리고 자연과 인간 개념이 서구식 개념과는 반드시 일치하는 것은 아니다. 다시 말해 서구적 천인天人 관계가 동양의 천인관계와 같지 않다는 것이다. 무無에서 유有로, 절대세계에서 상대세계로의 이분법적 상호 대립·모순적 관계를 바탕으로 하는 서구적 천인관계론이, 유무有無·피아彼我 상생相生의 일원론적 동양의 천인관계론과 어느 면에서 다를 수 있다는 것이다.[505] 이런 개념

505) 동양의 유교를 종교로 볼 것인가의 문제도 여기서 나온다. 유일 절대신의 기독교적 관점에서 유교를 본다면 유교는 종교성이 약해질 수밖에 없다는 것이다.

상의 제한점이 전제되고 있기 때문에 성경적 효실천 7대 항목에 대한 동양고전의 이해는 다소 거리가 있을 수 있음을 밝혀둔다.

(1) 하나님을 아버지로 섬김

인간은 자신의 한계를 인정하면서 절대 초월자에 대한 관념과 신념을 갖게 된다. 절대 초월자에 대한 관념과 신념은 어느 시대 어느 사회를 막론하고 가장 핵심적 요소로 자리하였다. 그것이 신화적이냐 역사적이냐의 논란은 늘 있어 왔지만 절대 초월자에 대한 관념과 신념은 종교 신앙의 필수요소로 작용하였다. 절대 초월자에 대한 관념과 신념이 종교적 경배와 숭배로 이어졌다는 것이다.

그것은 동·서양 구별할 것도 없다. 그런데 동양적 절대자 개념이 성경적·기독교적 하나님과 같은가에 대한 논의는 복잡하고도 미묘하다. 복잡하고도 미묘한 문제를 여기서 거론하는 것은 필자의 능력의 한계도 있거니와 불필요한 논쟁을 불러일으킬 가능성도 있기 때문에 그에 대한 논의는 피하기로 한다. 다만 여기서는 동양에서 '절대자'라 할 수 있는 존재에 대한 동양인의 섬김 자세와 그것이 효와 어떤 관계가 있는가 만을 간단히 살펴보기로 한다.[506)]

동양에서 절대자로 표현된 주요 개념은 '상제上帝'와 '천天', 그리고 '신神'이다. 이들 용어는 한자의 뿌리라 할 수 있는 갑골문은 물론 가장 오래된 문헌인『시경』과『서경』에도 자주 나온다.

---

506) 동서양 종교의 차이를 말하며 牟宗三·唐君毅·徐復觀 같은 이른바 신유가 학자들은 서양문화, 특히 기독교를 '초월적이면서 외재적(超越而外在)'이라 하였고 동양문화, 특히 유교를 '초월적이면서 내재적(超越而內在)'이라 하였다.(李明輝,「儒家思想中的內在性與超越性」(第二回當代新儒家國際學術大會發表論文, 1992年 12月 臺北) 1쪽 참조.

먼저 갑골문에 나타난 '상제'는 은나라 사람들이 숭배하였던 대상이다. 갑골문을 만든 은나라 사람들은 구체적으로 '상제'와 '자연', 그리고 '조상'을 숭배대상으로 삼았는데, 그 가운데 '상제'는 가장 강력한 절대적·주재적 권위를 지닌 존재였다. 상제는 "바람[風]·구름[雲]·천둥[雷]·비[雨]와도 같은 자연현상은 물론 농경과 그에 따른 수확, 도시건설, 전쟁, 인간의 길흉, 군왕의 길흉을 지배한다."[507]고 하였다. 자연환경과 인간사회를 지배하는 존재로서의 '상제'를 표현한 내용이다. 은나라는 바로 이런 상제를 섬김의 대상으로 삼았다.[508]

주나라가 들어선 이후에도 귀鬼와 신神으로 표현된 절대자에 대한 섬김은 지속되었다. 하지만 은나라와는 그 방법이 달랐다. 절대자에 대한 섬김을 먼저 했던 은나라와는 달리 주나라 시절에는 인간관계속에서의 예를 더욱 중시하는 경향이 생긴 것이다.

> "은나라 사람들은 신神을 존경하여 백성을 이끌어 신을 섬기게 하고 귀신을 먼저하고 예禮를 뒤로 하였으며, 벌을 먼저하고 상을 뒤로하여 존경은 하되 친하지는 않았다. 그 백성들의 일반적인 폐습은 방탕하면서 조용하지 않았으며, 이기려고만하여 부끄러움이 없었다. 주나라 사람들은 예를 존중하고 베푸는 일을 숭상하였으며, 귀鬼를 섬기고 신神을 공경하였으나 그것을 멀리하였고, 사람을 가까이하여 충성케 해서 그 상과 벌을 벼슬의 차례로 하여 친하기는 하되 공경하지는 않았다. 그 백성들의 일반적인 폐습은 이로움을 구하고 간교하며, 꾸미는 일이 많고 부끄러워하지 않으며,

---

507) 胡厚宣, 「殷卜辭中上帝和王帝」(『歷史硏究』第九·十期(1959年) 24~25쪽 참조.)

508) 오늘날 현대 중국어 성경에서 '하나님'을 '상제'로 표현하는 것도 아마도 이 같은 '상제'의 절대성을 참고한 표현이라 생각한다.

남을 해롭게 하여도 덮어두는 것이었다."[509]

은나라가 절대자를 공경하고 백성들로 하여금 그를 섬기게 하면서 그것을 인간관계상의 '예'보다 중시하였다면, 주나라는 그것보다는 현실생활에서의 '예'를 더욱 강조하였다는 내용이다. 은·주 두 나라 모두 절대자에 대한 공경과 섬김은 같으나 우선순위에 있어서는 달랐다는 지적이다. 은나라가 절대자 섬김을 우선하고 '예'를 뒤로 하였고, 주나라는 '예'를 우선하고 절대자 섬김은 뒤로 하였다는 것이다. 주나라의 이러한 '예' 우선의 관점은 춘추시대 공자로 내려오면서 그대로 계승되었는데, 보이는 실체로서 부모·어른도 제대로 섬기지 못하면서 어떻게 보이지 않는 '신'을 섬길 수 있느냐는 공자의 반문에서 알 수 있다. 자로子路가 귀신 섬김의 방법을 묻자 "아직 살아계신 분들도 제대로 섬기지 못하는데 어찌 귀신을 섬기느냐!."[510]는 공자의 대답이 그것이다. 물론 여기서 살아계신 분은 부모이다.[511] 이것은 효에 대한 본격적인 자각이었고, 살아있는 분에 대한 공경을 우선해야 한다는 점을 상기한 것이다. 그리고 이것은 동양의 효사상이 생명의 연속을 얼마나 중요하게 생각하였는가를 증명하는 예가 될 것이다.[512]

---

509) 『예기』「표기(表記)」: 殷人尊神, 率民以事神, 先鬼而後禮, 先罰而後賞, 尊而不親; 其民之敝. 蕩而不靜, 勝而無恥. 周人尊禮尙施, 事鬼敬神而遠之, 近人而忠焉, 其賞罰用爵列, 親而不尊; 其民之敝. 利而巧, 文而不慚, 賊而蔽.

510) 『논어』「선진」: 未能事人, 焉能事鬼?

511) 살아계신 분을 부모·어른으로 이해한 것은 加地伸行, 『儒教とは何か』(中公新書, 2002年 9月 20版) 60~62쪽 참조.

512) 공자의 부모공경에 대한 입장은 기본적으로 생명의 연속성을 중요하게 생각하는 데서 비롯하였는데, 여기서 연속성이란 조상-부모-나-후손으로 이어지는 생명의 연속을 의미하며, 그것이 효라는 관점에서 이어진다는 것이다.

"하나님 섬김 없는 효는 효가 아니고, 부모공경 없는 신앙은 죽은 신앙"[513]이라고 늘 지적하는 최성규 목사의 지적을 함께 생각해 본다면 매우 재미난 논리가 아닐 수 없다. 절대 초월자에 대한 섬김과 공경은 필수이나, 살아계신 부모에 대한 '예', 곧 효가 부재하다면 그것은 공허한 메아리일 뿐이라는 것이다.

이후로 『효경』이 편찬될 때(전국시대 이후)에는 부모를 하늘과 함께 배향하는 것을 최고의 효로 인식하기에 이르렀다. "인간의 행위 가운데 효보다 큰 것이 없고, 효는 부모를 공경하는 것보다 큰 것이 없고, 부모 공경하는 데에는 하늘에 배향하는 것보다 큰 것이 없다."[514]는 것은 부모 공경을 절대 존재자에 대한 섬김처럼 하라는 요구였던 것이다.

은대에는 절대자에 대한 섬김과 공경이 중심이었다면, 주나라를 거쳐 공자(춘추)시대에 이르면 부모공경이 무엇보다 중시되는 경향으로 나아갔고, 다시 『효경』(전국)시대[515]에는 부모와 절대자[天]에 대한 섬김과 공경이 결합되어 함께 중시되는 새로운 형태로 바뀌었음을 알게 된다. 다시 말해 동양고전에 나타난 절대자에 대한 섬김은 '상제'와 '천'에 대한 숭배였고, 그것이 훗날 부모 공경과 직결되었다는 것이다.

---

513) 최성규, 『아들아-사람답게 사는 지혜』1권(성산서원, 2003년), 209쪽.
514) 『효경』「성치장」: 人之行, 莫大於孝, 孝莫大於嚴父. 嚴父莫大於配天.
515) 효경』의 저작 년대가 진한이전 전국시대 작품임은 김덕균, 『역주 고문효경』(문사철, 2008년 9월) 15~21쪽 참조.

(2) 부모·어른·스승공경

동양에서 효개념의 기원을 말하는 견해는 학자마다 다르다. 원시사회 말기 부계 씨족사회에서 나왔다는 설도 있고, 주나라 시절 조상숭배 차원에서 시작되었다는 설도 있다. 서복관徐復觀은 이 같은 다양한 설을 요약해서 생식숭배설生殖崇拜說과 경로설敬老說 등으로 압축하였다.[516] 글자그대로 생식숭배설은 생식기숭배를, 경로설은 일반적으로 말하는 노인공경을 말한다. 그런데 효에 대한 구체적인 문자기록은 주대이후로 나타나는데, 한자사전으로 가장 오래된『설문』에는 "효란 부모를 잘 섬기는 것이다. (이 글자는) 노인[老]과 자녀[子]로 이뤄져 있어서 자녀가 노부모를 받드는 것이다."[517]고 하였고, 『이아』「석훈」편에는 "부모에게 잘 하는 것을 효라고 한다."[518]고 하여, 모두가 노인공경·부모공경의 의미를 담고 있다. 효의 대상이 노인과 부모로 국한되는 내용들이다. 여기에 훗날 군사부일체君師父一體를 말하였으니, 효실천 7대 항목의 부모·어른·스승공경이란 표현은 동양적 관점과 직결된다.

구체적으로 공자는 부모·어른 공경을 그 철학의 핵심인 인仁을 실천하는 근본이라 하였다.[519] "낳고 길러 주신 은혜보다 더 큰 것이 없다."는 우리의 일상적 관념에서 설득력을 지닌다. 그런데 이 같은 부모 은혜에 대한 공경의 표현은 맹자(전국)시대 이르러 보다 강조되었다.

---

516) 徐復觀, 「中國孝道思想的形成演變及其在歷史中的諸問題」(上海書店出版社, 『中國思想史論集』所收) 2004년) 133쪽 참조.

517) 『說文』: 孝, 善事父母者. 從老省從子, 子承老也.

518) 『爾雅』「釋訓」: 善父母爲孝.

519) 『논어』「학이」: 孝弟也者, 其爲仁之本與.

> "섬기는 일중에 무엇이 가장 큰가? 어버이를 섬김이 가장 크다. 지키는 일중에 무엇이 가장 큰가? 몸(몸의 지조)을 지킴이 가장 크다. 몸의 지조를 잃지 않고서 그 어버이를 잘 섬긴 자는 내가 들었고, 몸을 잃고서 그 어버이를 잘 섬긴 자는 들어보지 못하였다. (섬기는 일중에) 무엇인들 섬김이 되지 않겠는가마는 어버이를 섬김이 섬김의 근본이요, (지키는 일중에) 무엇인들 지킴이 되지 않겠는가마는 몸을 지킴이 근본이다."[520]

'부모공경'을 최고의 일로 표현한 내용이다. 물론 여기서 '부모 섬김'과 자기 '몸의 지킴'을 함께 말하고 있지만, '몸의 지킴'도 결국은 '부모 섬김'을 위한 것이고, 또 그것이 효의 한 표현이라는 것이다.

> "효자의 지극함은 부모를 공경하는 것보다 더 큰 것이 없고, 부모를 공경함의 지극함은 천하로써 봉양하는 것보다 큰 것이 없다."[521]

이것은 온갖 악조건 속에서도 '부모공경'의 최고 모범을 보인 순임금을 추앙하는 내용이다.[522] 순임금은 최악의 조건에서도 부모공경을 실천하며 천자의 자리에 오른 사람이고 대효大孝를 실천한 인물로 칭송되었다. 순임금은 자신을 핍박하는 부모 밑에서도 효를 실천하였고, 급기야 최고의 위치인 천자의 자리에 오르며 입신양명立身揚名을 실천하였다. 이렇게 최고의 효실천의 모범을 보인 순임금 사례

---

520) 『맹자』「이루상」: 事孰爲大? 事親爲大; 守孰爲大? 守身爲大. 不失其身而能事其親者, 吾聞之矣; 失其身而能事其親者, 吾未之聞也. 孰不爲事? 事親, 事之本也; 孰不爲守? 守身, 守之本也.

521) 『맹자』「만장상」: 孝子之至, 莫大乎尊親; 尊親之至, 莫大乎以天下養.

522) 『맹자』「이루상」: 孟子曰: 天下大悅而將歸己. 視天下悅而歸己, 猶草芥也. 惟舜爲然. 不得乎親, 不可以爲人; 不順乎親, 不可以爲子. 舜盡事親之道而瞽瞍厎豫, 瞽瞍厎豫而天下化, 瞽瞍厎豫而天下之爲父子者定, 此之謂大孝.

가 있는가 하면, 『대대예기』에서는 일반적 효실천을 거론하며 '부모공경'을 효의 으뜸이라 하고, 단계별 효 실천 내용을 명시하기도 하였다.

"효에는 세 가지가 있다. 가장 큰 효는 부모님을 공경하는 일이고[尊親], 그 다음은 부모님을 부끄럽게 하지 않는 일이고[弗辱], 그 아래는 봉양하는 일이다[能養]."[523)]

공경은 정신적 기본자세이고, 부끄럼 없게 함은 체면과 명예를 지키는 일이며, 봉양은 물질적·경제적 문제이다. 효를 존친 - 불욕 - 능양 등의 단계로 말한 것은 물질보다는 명예, 명예보다는 공경하는 마음이 중요함을 말한 것이다. 그런데 그것이 내부모만을 위한 것이라면 이기주의로 빠질 것이고, 그로부터 효는 보편성과 객관성을 유지할 수 없게 될 것이다. 부모에 대한 효정신이 주변 어른공경으로 함께 이어져야만 할 근거가 여기에 있다. 또 그런 효사상이 객관성과 보편성을 지닐 수 있다는 것이다.

"사랑함을 세우는데 부모님(사랑하는 것)으로부터 하는 것은 백성들에게 화목을 가르치기 위함이다. 교육을 세우는데 어른(공경하는 것)으로부터 하는 것은 백성들에게 공순함을 가르치기 위함이다."[524)]

효가 가족내부에 머물지 않고 주변 '어른공경'으로 확대되어야 함을 말한 대목이다. '부모공경'이 화목의 전제조건이라면 '어른공경'

---

523) 『대대예기』「증자대효」: 孝有三, 大孝尊親, 其次弗辱, 其下能養.
524) 『예기』「제의(祭義)」: 立愛自親始, 教民睦也. 立教自長始, 教民順也.

은 공순한 태도를 교양하기 위한 전제조건이 된다는 것이다. 그렇다면 사회적 어른으로서 스승에 대한 공경도 빼놓을 수 없는 대목일 것이다.

> "예에는 세 가지 근본이 있으니, 천지는 생명의 근본이고, 선조는 종족의 근본이고, 군주와 스승은 다스림의 근본이다. 천지가 없으면 어찌 태어날 수 있겠고, 선조가 없으면 어찌 출생할 수 있겠으며, 군주와 스승이 없으면 어찌 다스려질 수 있겠는가? 세 가지 가운데 하나라도 없으면 편안한 사람이 없게 된다. 따라서 예는 위로 하늘을 섬기고 아래로 땅을 섬기며, 선조를 높이고 군주와 스승을 융성하게 하는 것이니, 이것이 예의 세 가지 근본이다."[525)]

여기서 예의 대상, 곧 공경의 대상으로 거론된 것은 모두 셋이다. 생명의 근본자로서 천지天地, 종족의 근본자로서 선조先祖, 다스림의 근본자로서 스승과 군주를 말한다. 예의 대상으로 거론된 이들 세 부류를 곧바로 효의 대상으로 치환한다 하더라도 전혀 문제될 게 없음은 그들에 대한 섬김을 말하는데서 알 수 있다.

그런데 무조건 부모·어른·스승에 대한 공경과 섬김을 복종이라 이해하면서 이것을 효라고 하는 것은 문제가 있다. 이들에게도 잘못이 따를 수 있기 때문에 무조건 따르는 것이 때로는 불효가 될 수 있음을 동양고전은 밝히고 있다. 간언諫言에 대한 충고가 그것이다.

525) 『순자』「예론(禮論)」: 禮有三本, 天地者, 生之本也, 先祖者, 類之本也, 君師者, 治之本也. 無天地, 惡生? 無先祖, 惡出? 無君師, 惡治? 三者偏亡, 焉無安人. 故禮, 上事天, 下事地, 尊先祖而隆君師, 是禮之三本也.

> "부모를 섬기되 은미하게 간해야 하니, 부모의 뜻이 내 말을 따르지 않음을 보고서도 더욱 공경하고 어기지 않으며, 수고롭되 원망하지 않아야 한다."[526]

부모의 잘못을 공개적으로 지적하는 것은 덕스럽지도 못하고 예에도 어긋난다. 남모르게 조용히 말씀드려야 한다는 지적이다. 하지만 혹 그것이 통하지 않는다 하더라도 공경하는 마음을 버리거나 원망하는 마음을 품어서는 안 된다는 것이다. 물론 은밀하게 말씀드릴 때에는 부드러운 얼굴로 하라는 주문이다.

> "부모에게 잘못이 있을 때에는 마음을 억누르고 웃음 띤 얼굴로 부드럽게 간한다. 만일 간함을 받아드리지 않으면 일어나서 공손히 대하고 효성을 다하여 마음이 풀려서 기뻐하면 다시 간한다. (부모가) 기뻐하지 않는다고 (간하지 않다가) 동네에서 죄를 얻는 것보다 차라리 (용기 있게) 간하는 게 낫다."[527]

부모를 대하면서 늘 얼굴빛을 온화하게 갖는 것은 쉽지 않다. 온화한 얼굴빛으로 부모님 대하는 것도 효의 한 덕목[528]이 된 것도 이 때문이다. 자녀로서 부모의 잘못을 지적하는 것은 당연한 일이지만, 그 때 온화한 얼굴빛은 대단히 중요한 효행의 요소였던 것이다. 온화하고도 부드러운 간언은 부모님의 감정을 상하지 않도록 하면서도 부모님의 잘못을 바로잡을 수 있다는 판단 때문이다. 만일 부모

---

526) 『논어』「이인」: 事父母幾諫. 見志不從, 又敬不違, 勞而不怨.

527) 『예기』「내칙」: 父母有過, 下氣怡色, 柔聲以諫. 諫若不入, 起敬起孝, 說則復諫. 不說, 與其得罪於鄕黨州閭, 寧孰諫.

528) 『논어』「위정」: 子曰, 色難. 有事弟子服其勞, 有酒食先生饌, 曾是以爲孝乎?

님이 노여워하신다고 잘못을 지적하지 않는다면 부모를 오히려 욕되게 할뿐더러 혹 죄인을 만들 수도 있기 때문에 효자는 때로는 부모님 말씀을 거역할 때도 있다는 것이다.

> "효자가 명령을 따르지 않는 경우가 있다. 명령을 따르면 부모가 위태롭고 명령을 따르지 않아서 부모가 편안하면 효자는 명을 따르지 않는다. 이것이 충衷이다. 명령을 따르면 부모가 욕되고 명령을 따르지 않아서 부모가 명예로우면 효자는 명령을 따르지 않는다. 이것이 의義이다. 명령을 따르면 금수가 되고 명령을 따르지 않아서 예의를 갖출 수 있다면 효자는 명령을 따르지 않는다. 이것이 경敬이다. 따라야 할 것과 따르지 않아야 할 대의를 밝혀서 공경과 충신을 다하고 단정하며 신중하게 행동한다면 '큰 효'라 할 만하다. 전하는 말에 '도를 따르는 것이지 임금을 따르는 것이 아니며, 의를 따르는 것이지 부모를 따르는 것이 아니다.'라고 한 것이 바로 이 뜻이다."[529)]

부모님 명령에 대한 불복종이 어떤 경우에는 효가 될 수 있음을 지적한 내용이다. 부모님 명령을 따랐을 경우 부모가 위태롭게 된다거나 욕을 당하거나 하는 경우에는 오히려 명령을 따르지 않는 것이 효가 될 수 있다는 것이다. 부모공경을 말하며 반드시 부모말씀에 복종하는 것이라 말한다면 하나만 이해하고 다른 하나는 이해하지 못한 경우가 될 것이다. 이 같은 태도는 학교에서 스승을 공경하

529) 『순자』「자도」: 孝子所以不從命有三, 從命則親危, 不從命則親安, 孝子不從命乃衷, 從命則親辱, 不從命則親榮, 孝子不從命乃義, 從命則禽獸, 不從命則脩飾, 孝子不從命乃敬. 故可以從而不從, 是不子也, 未可以從而從, 是不衷也, 明於從不從之義, 而能致恭敬忠信, 端慤以愼行之, 則可謂大孝矣. 傳曰, 從道不從君, 從義不從父, 此之謂也.

는 태도와 사회에서 어른을 공경하는 태도 역시도 마찬가지이다.[530]

물론 부모·어른·스승 공경의 기본은 순종이다. 여기서 순종이 불효가 될 수 있음은 특수한 경우의 일일 뿐이다. 무엇보다 중요한 것은 순종이 불효가 되는 특수한 경우가 아니라 정상적인 일상 속에서 부모·어른·스승에 대한 공경이 보편적 효의 모습이 되어야 한다는 것이다.

(3) 어린이·청소년·제자 사랑

효는 아래서 위로 표현하는 '예'의 한 표현방식이다. 동양고전이 대개 그렇게 말하고 있다. 효를 수직적 질서를 정당화시키는 이데올로기라 지칭한 것도 이것과 무관하지 않다. 하지만 "효자 집안에 효자 난다."는 속설이 있듯 효는 연속적으로 일어나는 행위이다.[531] 여기서 중요한 것은 효가 강제된다면 결코 강제된 효는 연속성을 지닐 수 없다는 것이다. 효의 소중함을 아는 사람들이 결국 효를 지속적으로 실천할 수 있다는 것이다. 그렇다면 효의 연속성을 담보할 수 있는 것은 효를 받는, 다시 말해 효의 수혜자로서의 부모와 어른의 역할이 대단히 중요한 요소가 된다. "부모가 먼저 효도의 본을 보여야 한다."는 것이다. 왜냐하면 "어린이들은 가르치는 대로 행하고, 행하기 전에 보는 대로 행하기 때문이다. 그래서 부모가 자녀를 잘

530) 『효경』「간쟁장」: 曾子曰, 若夫慈愛恭敬, 安親揚名, 則聞命矣. 敢問, 子從父之令, 可謂孝乎. 子曰, 是何言與, 是何言與. 昔者, 天子有爭臣七人, 雖無道, 不失其天下, 諸侯有爭臣五人, 雖無道, 不失其國, 大夫有爭臣三人, 雖無道, 不失其家. 士有爭友, 則身不離於令名. 父有爭子, 則身不陷於不義. 故當不義, 則子不可以不爭於父, 臣不可以不爭於君. 故當不義, 則爭之. 從父之令, 又焉得爲孝乎.

531) 『명심보감』「효행」: 太公曰, 孝於親, 子亦孝之, 身旣不孝, 子何孝焉.

가르치려면 사랑의 칭찬과 사랑의 매를 아끼지 말아야 한다."[532]는 것이다. 이것은 동양고전에서도 매우 강조하였던 내용이다.

"자식을 가르침은 본래 그 자식을 사랑하기 때문이다."[533]

"자식을 사랑한다면, 좋은 스승을 선택해서 가르쳐야 한다."[534]

그런데 부모의 자녀교육은 그 시기가 빠르면 빠를수록 좋다는 지적이다. 물론 이 때 말하는 조기교육은 인간됨됨이에 대한 교육이므로 오늘날 말하는 조기교육의 내용과는 질적 차원에서 다르다. '효'와 '예절'교육을 말하며, 그것이 조기에 이뤄져야 효과가 있다는 것이다.

"어린 아이가 남의 표정을 알아보고 기뻐하거나 노여워하는 남의 감정을 알 정도가 되면 곧 가르치기 시작하여 해야할 일은 하게 하고, 하지 말아야 할 일은 못하게 해야 한다. 그렇게 해서 대여섯 살이 되면 매를 대는 것도 생각해 보아야 한다. 부모가 위엄이 있으면서도 자애로우면 자녀는 부모를 어려워하고 언행을 조심하면서도 효하는 마음이 생기게 된다. 그러나 세상의 부모들을 보면 가르치지는 않고 귀여워만해서 늘 그렇게 하지 못하고 있다. 식사와 언행을 자기하고 싶은 대로 멋대로 하게 내버려 두고, 당연히 타일러야하는데도 도리어 잘한다고 추어주고, 응당 꾸짖어야 하는데도 오히려 웃어넘겨서 철이 들어서도 당연히 그래도 되는 것으로 생각한다. 교만함이 몸에 밴 후에 그 때 새삼스레 이를 제지하려고 죽도록 매질을 한다면 부모의 위엄은 서지 않고, 자식

532) 최성규, 『아들아-사람답게 사는 지혜』1권, 239쪽, 253쪽 참조.

533) 주희, 『맹자집주』「이루장구상」: 教子者, 本爲愛其子也.

534) 韓退之, 『고문진보』「師說」: 愛其子, 擇師而教之.

> 의 분노는 날로 커지고 원망만 쌓여, 성장해서는 끝내 패덕한 자가 되고 만다. .... 속담에도 "며느리는 처음 시집왔을 때 가르쳐야 하고, 아이는 어렸을 때 가르쳐야 한다."고 하는 데, 참으로 옳은 말이다."[535]

조기교육의 필요성과 중요성을 역설한 내용이다. 물론 조기교육의 내용은 '효'와 '예절'교육이고, 이를 위해서는 매를 동원한 강제성도 필요하다는 주장이다. 만일 조기에 '효'와 '예절'을 교육하지 않는다면 성장하여 패덕하게 될 가능성이 있기 때문이다. 패덕한 자녀를 사전 방지하기 위해서라도 부모의 강력한 교육이 필요하다는 것이다.

> "자녀를 제대로 가르치지 못하는 부모도 그 자녀가 죄악에 빠지는 것을 바라지는 않는다. 다만 자식의 기분을 상하게 할까봐 꾸짖기를 주저하고, 자식의 몸에 상처라도 날까봐 차마 매를 대지 못할 뿐이다. 그러나 의당 질병에 비유해 보면, 탕약이나 침과 뜸을 사용하지 않고 어떻게 병을 고칠 수 있겠는가? 또 자녀를 세심하게 바로잡고 가르쳐야 하는 부모가 골육을 (일부러) 괴롭히고 학대하고 싶겠는가? 진실로 부득이한 일이다."[536]

자녀를 사랑하면 매를 들어서라도 바로잡아야 하는 것이 부모의 의무란 것이다. 병을 치료하기 위해서는 침과 뜸이라는 신체적 고통을 수반해야 하듯, 바른 인간을 만들기 위해서는 어린 시절부터 매

---

535) 『안씨가훈』「敎子」: 當及嬰稚, 識人顔色, 知人喜怒, 便加敎誨, 使爲則爲, 使止則止. 比及數歲, 可省笞罰. 父母威嚴而有慈, 則子女畏愼而生孝矣. 吾見世間, 無敎而有愛, 每不能然; 飮食運爲, 恣其所欲, 宜誡翻獎, 應訶反笑, 至有識知, 謂法當爾. 驕慢已習, 方復制之, 捶撻至死而無威, 忿怒日隆而增怨, 逮于成長, 終爲敗德. … 俗諺曰 : '敎婦初來, 敎兒嬰孩.' 誠哉斯語!

536) 『안씨가훈』「敎子」: 凡人不能敎子女者, 亦非欲陷其罪惡; 但重於訶怒. 傷其顔色, 不忍楚撻慘其肌膚耳. 當以疾病爲諭, 安得不用湯藥鍼艾救之哉? 又宜思勤督訓者, 可願苛虐於骨肉乎? 誠不得已也.

가 필요할 때 과감히 매를 대서라도 바로잡아야 한다는 것이다. 그것이 바로 부모의 자녀사랑 방법이고, 그것이 효성스럽고 예절바른 자녀로 키우는 방법이란 것이다. 하지만 이 때 부모로서 조심해야할 것은 편애이다.

> "부모가 자식을 골고루 사랑하기란 매우 어려워서 예나 지금이나 이로 인한 폐단이 많다. 영리한 아이는 저절로 사랑을 받을 수 있지만 노둔한 아이도 가엽게 여겨 감싸줘야 한다. 편애한다는 것은 비록 두터운 사랑을 주려는 것이지만, 도리어 그 아이를 불행에 빠뜨리는 원인이 되기도 한다."[537]

자녀교육, 청소년 교육이 부모와 어른의 사랑의 표현이라면, 이 때 편애는 특별히 주의해야할 사항이란 지적이다. 사랑의 표현이 오히려 불행을 자초하는 길이 될 수도 있기 때문이다.

이렇듯 부모의 자녀에 대한 사랑의 표현으로 교육을 강조하는 것은 양자관계가 결코 단편적이거나 단절적 관계가 아니기 때문이다. 부모와 자녀의 관계는 일방적 관계가 아닌 상호 유기적 관계라는 것이다. 우리 몸은 부모가 남겨준 유체遺體라는 것이다. 부모의 몸은 조부모의 유체이고 조부모는 그 윗대 조상의 유체인 것이다. 이것을 역으로 말하자면 우리의 몸은 내 당대로 끝나는 것이 아니라 계속 이어진다는 말이기도 하다. 『효경』에서 "우리 신체의 모든 것은 부모에게서 받았기 때문에 함부로 훼손하면 안 된다. 그것이 효의 시작이다."[538]고 하였다. 우리 몸을 소중히 함을 효라고 한다면 우리의

537) 『안씨가훈』「教子」: 人之愛子, 罕亦能均; 自古及今, 此弊多矣. 賢俊者自可賞愛, 頑魯者亦當矜憐, 有偏寵者, 雖欲以厚之, 更所以禍之.

538) 『효경』「개종명의장」: 身體髮膚, 受之父母, 不敢毁傷, 孝之始也.

몸을 이어갈 후손들의 몸을 소중히 다뤄야 한다는 뜻도 담겨있다. 그렇다면 어린이·청소년·제자에 대한 사랑은 효의 관점에서 필수적 요소가 아닐 수 없다.[539] 일종의 생명존중라고도 할 수 있는 유체 존중은 효의 주요 덕목의 하나이며, 그것의 구체적 표현이 어린이·청소년·제자사랑이라는 것이다. 부모·어른·스승 공경과도 같은 상향식 효가 있다면, 어린이·청소년·제자 사랑과도 같은 하향식 효도 큰 틀에서 가능하다는 말이다.

(4) 가족사랑

동·서양을 막론하고 개인이 제일 처음 접하는 공동체는 가족이다. 가족은 개개인이 공동체를 경험하는 최초 공간이고, 거기서부터 더 큰 공동체를 지향한다. 인간이 개인과 가족의 바른 관계 형성을 필요로 하는 것도 이 때문이고, 또 이로부터 더 큰 공동체와의 올바른 관계 형성도 가능하기 때문이다. 이를 가장 적절히 표현한 것은 아마도 『대학』의 '수신제가치국평천하'란 말이 아닐까 생각한다. 이것은 인간의 단위별 조직에서의 역할을 구획하여 말한 것이다. 단위조직 차원에서는 개인[身] → 가족공동체[家] → 나라공동체[國] → 세계공동체[天下]라 할 수 있으며,[540] 역할과 기능 수행 차원에서는 수양[修] → 관리[齊] → 통치[治] → 평정[平]이라 할 수 있을 것이다. 묶어서

---

539) 이 관점에서 저술된 책이 小野俊一의 『子孫崇拜論』(黎明社, 1924年)이다.

540) 천하공동체는 천자, 국가공동체는 제후, 가족공동체는 대부의 소관임을 『효경』 「간쟁장」을 통해 알 수 있다. 보통 천자의 나라는 萬乘之國, 제후의 나라는 千乘之國, 대부의 나라는 百乘之國이라 해서 규모에 따라 구별하는데, 여기서 家는 일반적으로 작은 규모의 가족공동체를 말하기도 하지만, 경우 따라서는 국가보다 규모가 작은 공동체를 말하기도 한다.

다시 말하자면 자기 자신을 잘 수양한 사람이 가족공동체를 잘 관리할 수 있고, 가족공동체를 잘 관리하는 사람이 나라공동체를 안정되게 통치할 수 있으며, 나라공동체를 안정시킬 수 있는 사람이 세계를 평화롭게 다스릴 수 있다는 것이다. 역으로 세계를 평화롭게 평정하고자 한다면 먼저 나라를 사랑으로 잘 다스릴 능력이 있어야 하고, 나라를 사랑으로 다스리고자 한다면 가족을 사랑으로 잘 보살펴야 할 것이며, 가족을 사랑으로 잘 보살피기 위해서는 먼저 자기 자신이 먼저 제대로 수양되어야 한다는 것이다.[541] 그렇다면 여기서 최소단위인 가족공동체의 중요성은 부각된다. 개인이 공적 존재로서 인정받기 위한 최초 단위가 가족이고, 그곳에서 인정받아야 다음 단계의 단위에서도 역할과 기능을 제대로 수행할 수 있기 때문이다.

그로부터 동양에서는 효제孝悌를 애당초 강조하였고, 이것을 인간 행위의 근본이라 하였다. 가족 내에서 부모를 공경하고[孝] 형제간 우애하는 것[悌]을 인간행위의 근본적 인자라 생각한 것이다.[542] 효제가 현존하는 가족에 대한 사랑이라면 조선祖先숭배는 나를 있게 한 조상에 대한 효행 표현이다. 효를 살아있는 가족에 국한하지 않고 이미 돌아가신 조상에게까지 확장한 것이다. 어느 경우 효의 대상이 본래는 부모와 노인이 아니라 조상이란 설도 있다.[543] 조선숭배로 효가 논의되었다는 것이다. 금문金文과 『시경』『서경』에 보이는 '향효享孝' '효향孝享' '용효用孝' '추효追孝'[544]등은 모두가 조선숭배를 일

541) 『대학』: 古之欲明明德於天下者, 先治其國, 欲治其國者, 先齊其家, 欲齊其家者, 先脩其身.
542) 『논어』「학이」: 孝弟也者, 其爲仁之本與!
543) 梁濤, 「仁與孝」(山東大學儒學研究中心, 『儒林』山東大學出版社, 2005年) 164쪽 참조.
544) 『시경』「小雅·鹿鳴之什」: 是用孝享. 『시경』「周頌·臣工之什」: 以孝以享. 『서경』「주고」: 用孝養厥父母. 『서경』「文侯之命」: 追孝于前文人.

컫는 표현들이다. 윤리적 효가 아닌 종교적 효로 표현된 것들이다.

이처럼 주대이전의 효는 주로 종교성을 띤 조선숭배사상의 일환이었고, 가족의 범주도 그만큼 확장된 형태였다. 주대 제정일치의 사회 환경 속에서 효에 대한 인식이 조선숭배의 종교적 개념이었다는 것이다. 동시에 제정일치라고 하는 사회적 풍토는 효를 단지 종교적 의미로만 머물게 내버려 두지는 않았다. 서주 종법제도 아래서 효는 매우 강력한 정치적 의미도 함께 내포하고 있었다. 이른바 '군통君統'과 '종통宗統'이 하나였던 것이다. 통치행위로 '존조尊祖'와 '경종敬宗'이 존중되었고, 또 그것은 일종의 통치 행위였던 것이다. 『예기』의 내용이 이를 증명한다.

> "친족을 친애하므로 조상을 존경한다. 조상을 존경하므로 종가를 공경한다. 종가를 공경하므로 종족을 거두어 화합한다. 종족을 거두어 화합하므로 종묘가 존엄하다. 종묘가 존엄하므로 사직을 존중한다. 사직을 존중하므로 백성을 사랑한다. 백성을 사랑하므로 형벌이 공정하다. 형벌이 공정하므로 서민들이 평안하다. 서민들이 평안하므로 재용이 넉넉하다. 재용이 넉넉하므로 온갖 뜻하는 것이 이뤄진다. 온갖 뜻이 이뤄지므로 예절과 풍속이 문란하지 않다. 예절과 풍속이 문란하지 않은 뒤에야 즐거이 누리게 된다."[545]

친친親親 - 존조尊祖 - 경종敬宗 - 수족收族 등등의 가족공동체에 대한 사랑실천이 결국 정치안정으로 이어진다는 것이다. 한마디로 부

545) 『예기』「대전(大傳)」: 親親故尊祖, 尊祖故敬宗, 敬宗故收族, 收族故宗廟嚴, 宗廟嚴故重社稷, 重社稷故愛百姓, 愛百姓故刑罰中, 刑罰中故庶民安, 庶民安故財用足, 財用足故百志成, 百志成故禮俗刑, 禮俗刑然後樂.

모와 조상에 대한 공경, 즉 '가족사랑'이 정치안정의 기본이라는 것이다. 공자가 우임금을 비난할 데가 없다고 칭송하며 조상신에게 효도한 것을 예로 든 내용도[546] 주대 이전의 효개념을 반영한 것이다. 이 처럼 부모와 조상공경이 정치안정의 초석이란 논의는 춘추시대 들어 "먼 조상까지도 삼가 잘 모시게 되면 백성들의 마음은 후덕한 데로 돌아간다."[547]는 맥락으로 이어졌다. 물론 이 때 말하는 조상은 작은 단위의 가족[小宗]이 아닌 종족적 차원의 대종大宗을 말한다.

결과적으로 조상을 포함한 가족공동체에 대한 사랑이 개인과 가족의 안녕은 물론 국가적 안녕으로도 확장된다는 것이다. 그런 연유로 공자는 정치 참여에 대한 질문을 받자 효도하고 형제간 우애하는 것도 정치의 한 내용임을 말했던 것이다.

> "『서경』에서 효도에 대해 '오로지 효도하며 형제간에 우애하여 정치에 베푼다.'고 하였다. 이것 역시도 정치하는 것이니 어찌 정치하는 것만을 정치라 하겠는가!"[548]

가족에 대한 사랑을 부모자녀간의 효와 형제간의 우애로 표현할 수 있다면 그것이 곧 정치이고, 그것을 잘하면 정치안정이 이뤄진다는 뜻이다. 결국 앞서 말한 '수신제가치국평천하'의 기본원리로서 '제가'와 '치국'은 별개가 아닌 하나의 연결선상에 있음을 말한 것이다. 개인[身]과 가족공동체[家]와 나라공동체[國]와 인류공동체[天下]는 늘 함께 한다는 것이다. 그래서 맹자는 "사람들이 항상 말하기를 천

546) 『논어』「태백」: 子曰, "禹, 吾無間然矣. 菲飮食, 而致孝乎鬼神."
547) 『논어』「학이」: 愼終追遠, 民德歸厚矣.
548) 『논어』「위정」: 子曰, 書云孝乎. 惟孝, 友于兄弟, 施於有政. 是亦爲政, 奚其爲爲政?

하·국·가라고 한다. 천하의 근본은 나라에 있고, 나라의 근본은 집에 있고, 집의 근본은 몸에 있다."[549]고 하였던 것이다. 우리가 사용하는 '국가國家'란 용어도 사실 '국國'과 '가家'의 합성어임을 통해서도 추론할 수 있듯, 가정에서의 효가 나라에 대한 충과 무관할 수 없는 이유가 여기에 있다.

(5) 나라사랑

효제로 대표되는 '가족사랑'이 '나라사랑'과 무관치 않음을 말했다. 이것은 효개념의 확대 차원에서 당연한 귀결이다. 비록 효가 통치이데올로기로 이용되었다는 비판도 가능하지만, 이것은 효의 의미 확산과정에서 나온 하나의 모습일 뿐이다. 가족공동체 내에서의 효와 나라공동체에서의 충이 별개가 아닌 같은 뿌리에서 나왔고, 또 연장선상에 있다는 것이다.

> "충신은 그 임금을 섬기고, 효자는 어버이를 섬기는데, 그 근본은 하나이다."[550]

효와 충의 정신이 근본적으로는 하나라는 뜻이다. 여기서 근본이 하나라고 하는 것은 정신적 차원에서의 언급이다. 순자가 "국가를 위하는 것은 반드시 효로써 한다."[551]고 한 것도 같은 맥락이다. 그렇기 때문에 효와 충은 어느 시기부터, 특히 전국시대 이후로는 늘

---

549) 『맹자』「이루상」: 人有恆言, 皆日 '天下國家'. 天下之本在國, 國之本在家, 家之本在身.
550) 『예기』「제통(祭統)」: 忠臣以事其君, 孝子以事其親, 其本一也.
551) 『순자』「宥坐」: 爲國家必以孝.

함께 사용되었다. 불충不忠과 불효不孝를 함께 죄악시하였던 것도 이 때문이다.

> "군주를 기만하는 것은 불충이고, 부모님을 병들게 하는 것은 불효이다. 불충과 불효보다 더 큰 죄악은 없다."[552)]

효와 충을 인간의 근본도리이자 당연히 실천해야할 행위로 여기기 때문에 불충과 불효를 가장 큰 죄악으로 말한 것이다. 아무리 먹고사는 문제가 중요하더라도 그것이 인간의 근본은 될 수 없다는 것이다. 인간의 근본이 효에 있고 거기서 바른 국가관으로서의 충이 가능하다는 주장이다. 국가의 안녕이 효에서 비롯한다는 말이다.

> "무릇 천하를 위하여 국가를 다스리는 데에는 반드시 그 근본을 다스리고 그 끝을 뒤로 한다. 이른바 근본이라 함은 밭 갈고 김매고 씨 뿌리고 심는 것을 말하는 것이 아니라 사람을 다스리는 것을 말한다. 사람을 다스리는 것은 가난한 것을 부하게 하고 적은 것을 많게 하는 것이 아니라 근본을 다스리는 것을 말한다. 근본을 다스림에는 효보다 귀한 것은 없다. 군주가 효도하면 명성이 빛나고 영화로워지며 신하들이 복종하고 천하가 칭송하고 기린다. 남의 신하된 자가 효도하면 임금을 섬김에 충성을 다하고 관직에 있으면서 청렴하고 어려운 일을 당하여 죽는 것을 두려워하지 않는다. 선비와 백성이 효도하면 밭 갈고 김매는 일에 부지런하여 빠르고, 적을 방어함에는 견고하고, 전쟁터에 나가서는 물러서지 않는다. 대저 효란 삼황오제가 천하를 다스릴 때 근본으로

552)『세설신어』「政事」: 欺君不忠, 病母不孝;不忠不孝, 其罪莫大.

삼고 힘쓴 것이고, 모든 일의 기강이 되는 것이다."[553]

이렇듯 효를 기본으로 충을 설명하는 내용은 동양고전에서 심심치 않게 찾을 수 있다. 효가 모든 것의 근본이 되기 때문이다. 근본을 바로 한다면 정치가 바로 갈 수 있다는 지적이다. 『예기』「제의」편에는 "군주를 섬김에 충성스럽게 하지 않으면 효가 아니다. 관직에 나아가 공경하지 않으면 효가 아니다. 친구와 사귐에 믿음으로 사귀지 않으면 효가 아니다. 전쟁에 나아가 싸움에 용기가 없으면 효가 아니다. 이 다섯 가지를 따르지 않으면 재앙이 부모에게 미친다. 어찌 감히 공경하지 않을 수 있겠는가?"[554]라고 하며, 충을 효로 연계하였다. 물론 여기서는 충에 국한하지 않고 공경[敬]·믿음[信]·용기[勇]를 함께 말하며, 불충不忠·불경不敬·불신不信·무용無勇을 모두 불효라고 하였다.

이것이 가능한 것은 효를 충의 근본으로 보았듯, 충을 효의 근본, 곧 공경으로 보았기 때문이다.[555] 결국 효하는 나라는 잘 다스려지는 안정된 나라가 된다는 것이고,[556] 부모·자녀간 효도와 사랑이 없고 형제간 조화를 이루지 못하면 그것이 곧 천하의 해악이 된다는 것이다.[557] 나라사랑이 우리 전통사회 속에서 효와 얼마나 깊은 관련을 맺고 있는가를 잘 표현한 내용들이다.

---

553) 『여씨춘추』「孝行覽」: 凡爲天下,治國家,必務本而後末. 所謂本者, 非耕耘種殖之謂, 務其人也. 務其人, 非貧而富之, 寡而衆之, 務其本也. 務本莫貴於孝. 人主孝,則名章榮,下服聽,天下譽. 人臣孝, 則事君忠, 處官廉,臨難死. 士民孝, 則耕芸疾, 守戰固,不罷北. 夫孝, 三皇五帝之本務, 而萬事之紀也.

554) 『예기』「제의(祭義)」: 事君不忠, 非孝也; 涖官不敬, 非孝也; 朋友不信, 非孝也; 戰陳無勇, 非孝也; 五者不遂, 災及於親, 敢不敬乎.

555) 『대대례기』「曾子本孝」: 忠者, 其孝之本與! 『설문』: 忠, 敬也.

556) 『묵자』「겸애상」: 君臣父子皆能孝慈, 若此則天下治.

557) 『묵자』「겸애상」: 父子不慈孝, 兄弟不和調, 此則天下之害也.

(6) 자연사랑, 환경보호

『맹자』「고자상」편에는 인간의 본성을 말하며 우산牛山에 대한 이야기를 하고 있다. 우산은 전국시대 제나라 남쪽에 있던 산 이름이다. 우산에는 아름다운 나무들이 가득했다. 그런데 주변에 큰 도읍이 들어서면서 아름다운 나무들은 하나 둘 땔감으로 잘려 나갔다. 소나 양을 방목하면서 우산의 초목은 사라지기 시작했다. 우산에는 이제 어떠한 초목도 살지 못하게 되었다. 그 후로 사람들은 우산을 원래부터 벌거벗은 산이라고 여겼다.[558] 처음부터 초목이 없는 산은 없다. 초목이 사라지면서 벌거숭이산이 되었다는 이야기다. 물론 이 이야기는 인간의 본성이 처음부터 양심 없는 것이 아님을 설명하려는 비유에서 나왔다. 이 글의 초점이 비록 거기에 있다 하더라도 여기서 자연환경의 소중함을 생각하지 않을 수 없다.

매년 지구온난화를 말할 때면 사막화를 동시에 말한다. 사막은 어떠한 생명도 허락하지 않는 황무지와도 같다. 하지만 사막이 처음부터 그랬던 것은 아니다. 세계 최대의 사막 사하라도 본래는 초원지대였다고 한다. 초목이 사라지고 동식물이 죽어가면서 사막이 된 것이다. 기후변화를 주된 원인으로 말하지만, 인간의 무분별한 개발과 터전 확대도 무시할 수 없는 원인이다.

그렇다고 자연환경을 무조건 보존만 하는 것도 능사는 아니다. 자연을 적당히 이용하면서 보존하는 것이 필요하기 때문이다. 『맹자』

558) 『맹자』「고자상」: 牛山之木嘗美矣, 以其郊於大國也, 斧斤伐之, 可以爲美乎? 是其日夜之所息, 雨露之所潤, 非無萌蘖之生焉, 牛羊又從而牧之, 是以若彼濯濯也. 人見其濯濯也, 以爲未嘗有材焉, 此豈山之性也哉?

의 표현으로 살펴보자.

> "농사철을 어기지 않으면 거기서 나오는 곡식은 다 먹을 수 없을 정도로 넘칠 것이고, 촘촘한 그물을 웅덩이와 연못에 넣어 저인망식으로 잡지 않으면 거기서 자라는 물고기를 이루다 먹을 수 없을 것이고, 도끼를 갖고 함부로 산림에 들어가지 못하게 하면 거기서 나는 재목을 다 쓸 수 없을 것이다. 곡식과 물고기를 이루다 먹을 수 없으며, 재목을 다 쓸 수 없을 정도가 된다면, 이는 백성으로 하여금 산 사람을 봉양하고 죽은 자를 장사함에 유감이 없게 하는 것이다. 산 사람을 봉양하고 죽은 자를 장사함에 유감없게 하는 것이 왕도 정치의 시작이다."[559)]

자연환경을 적절히 보호하고 활용하면 최적의 상황에서 인간답게 살 수 있는 조건이 형성된다. 그런데 인간은 자신의 욕심을 채우기 위해 이 원칙을 너무나 쉽게 저버렸다. 필요량 이상의 것을 요구하면서 함께 살아가야 할 동식물이 고갈되었다는 것이다. 동식물이 사라진 환경에서 인간은 더 이상 살 수가 없다. 아무리 인간이 뛰어난 존재라 하더라도 자연환경 없이는 삶을 영위할 수 없다는 것이다. 자연과 인간이 결코 둘이 아님을 말한 것이다. 맹자가 자연환경보호를 산 사람 봉양과 죽은 자에 대한 예우로 말하며 이를 왕도정치의 시작으로 말한 것은 효가 왕도정치이고, 그것이 곧 자연환경보호라는 것이다.

사람이 살 수 없는 환경에서 인간의 도덕 윤리는 무엇하겠는가?

---

559) 『맹자』「양혜왕상」: 不違農時, 穀不可勝食也; 數罟不入洿池, 魚鼈不可勝食也; 斧斤以時入山林, 材木不可勝用也. 穀與魚鼈不可勝食, 材木不可勝用, 是使民養生喪死無憾也. 養生喪死無憾, 王道之始也.

동양고전에서 모든 행위의 근본인 효를 자연환경과 관계 지은 것은 그렇기 때문에 매우 적절하고도 타당하다.

증자가 "수목을 때에 맞추어 베고, 새와 짐승을 때에 맞추어 잡아야 합니다."고 하자, 공자는 "한 그루의 나무를 베더라도 또 한 마리의 짐승을 잡더라도 때에 맞추어 하지 않으면 효도가 아니다."[560]고 하였다. 증자가 인간의 상식적 도리차원에서 동·식물 보호를 말하자 공자가 당위법칙 효의 차원에서 이를 강조한 것이다.

효와 자연보호, 전혀 관계없을 것 같은 양자를 동양의 고전은 함께 말하고 있다. 인간관계를 기본으로 하는 도덕 윤리로서의 효를 대상적 존재인 자연과 결부시키고 있는 것이다. 이렇게 인간의 최고 덕목인 효를 자연보호와 연계한 것은 인간과 자연의 관계가 무관할 수 없다는 것을 말하고자 함이다. 인간이 자연환경을 등지고서는 자신의 생명은 물론 인간관계마저도 보존할 수 없기 때문이다.

(7) 이웃사랑, 인류봉사

효가 내 부모, 내 가족에 머문다면 효의 생명력은 매우 제한적이다. 효의 범위가 부모형제 및 친족에 머문다면 우리가 경계해야할 가족이기주의의 대표적 사례가 될 것이다. 또 효가 자칫 나라사랑에 국한된다면 통치이데올로기란 오명을 벗지 못할 수도 있다. 비록 역사 속에서 그런 오해를 불러일으킨 적도 있었지만, 그것은 효 정신의 본래성을 잃은 것이다. 그렇다면 효의 본래성 회복도 중요하지만 긍정

---

560) 『대대예기』「증자대효」: 樹木以時伐焉, 禽獸以時殺焉. 夫子曰: "斷一樹, 殺一獸, 不以其時, 非孝也."

적 차원에서의 효의 다의성을 확인하는 것도 매우 중요한 작업이다.

맹자가 “내 노인을 노인으로 섬겨서 남의 노인에게까지 미치며, 내 어린이를 어린이로 사랑해서 남의 어린이에게까지 미친다면 천하를 손바닥에 놓고 움직일 수 있다.”[561]라고 말하며, 노인 공경과 어린이 사랑에 대한 확대된 의미로 자효慈孝를 풀어갔다. 자효에 대한 이러한 해석은 부모와 가족으로 제한되는 효의 범주를 확대한 것이다.

동양적 이상사회의 모델을 담고 있는 『예기』「예운」편의 내용도 같은 맥락이다. 이상 사회인 대동사회에서는 “사람들은 오로지 자기의 어버이만을 어버이로 섬기지 아니 한다.”[562]는 지적이 그것이다. 다시 말해 대동의 이상사회에서는 홀아비·과부·고아·독거노인이 모두 봉양을 받게 된다는 것이고, 고아와 독거노인을 불쌍히 여기고 장애를 가진 사람들에게 혜택이 돌아가게 한다는 것이다.[563] 이 내용은 현대 복지사회의 흐름을 그대로 말하고 있는 것으로 동양적 효관념의 확대 차원에서 대단히 의미 있는 언급이 아닐 수 없다.

그래도 효를 이웃은 물론 인류 전반에 대한 사랑으로 해석한 것은 『묵자』가 아닐까 생각한다. 묵자는 유가의 사랑을 차별애라 비판하며 박애博愛를 주장하였다. 거기서 묵자는 인류애로서 효를 강조한 것이다.

561) 『맹자』「양혜왕상」: 老吾老, 以及人之老; 幼吾幼, 以及人之幼. 天下可運於掌.

562) 『예기』「예운」: 不獨親其親.

563) 『예기』「예운」: 大道之行也, 天下爲公. 選賢與能, 講信修睦, 故人不獨親其親, 不獨子其子, 使老有所終, 壯有所用, 幼有所長, 矜寡孤獨廢疾者, 皆有所養. 男有分, 女有歸. 貨惡其棄於地也, 不必藏於己; 力惡其不出於身也, 不必爲己. 是故謀閉而不興, 盜竊亂賊而不作, 故外戶而不閉, 是謂大同. 今大道旣隱, 天下爲家, 各親其親, 各子其子, 貨力爲己, 大人世及以爲禮. 城郭溝池以爲固, 禮義以爲紀; 以正君臣, 以篤父子, 以睦兄弟, 以和夫婦, 以設制度, 以立田里, 以賢勇知, 以功爲己.

"만약 모든 사람들이 서로 사랑하여 남을 사랑하기를 자신의 몸을 사랑하듯 한다면, 어찌 불효하는 자가 있겠는가? 부형이나 군주 보기를 자기 자신과 같이 한다면 어찌 불효를 하겠는가? 어찌 자애롭지 않은 사람이 있겠는가? 아우와 자식과 신하 보기를 자기 자신과 같이 한다면 어찌 자애롭지 않게 행동하겠는가? 그러므로 불효하는 것과 자애롭지 못한 것은 없어질 것이다. (그렇다면) 어찌 도적이 생기겠는가? 남의 집 보기를 자기 자신의 집과 같이 하는데 누가 훔치겠는가? 남의 몸 보기를 자신의 몸과 같이 하는데 누가 해치겠는가? 그러므로 도적이 없어질 것이다. 어찌 남의 집안을 어지럽히는 대부와 남의 나라를 공격하는 제후가 있겠는가? 남의 집안 보기를 자기 집안 보듯 한다면 누가 어지럽힐 것인가? 남의 나라 보기를 자신의 나라와 같이 한다면 누가 공격하겠는가? 그러므로 대부들이 서로 남의 집안을 어지럽히고 제후들이 서로 남의 나라를 공격하는 일이 없게 될 것이다. 만약 세상 사람들이 서로 사랑한다면 나라와 나라는 서로 공격하지 않을 것이며 집안과 집안은 서로 어지럽히지 않을 것이며 도적은 없어지고 군주와 신하와 아버지와 자녀들이 모두 효성스럽고 자애로울 수 있을 것이다. 이렇게 된다면 천하가 다스려질 것이다."[564]

한마디로 효자애孝慈愛를 이루면 천하태평이 가능하다는 주장이다. 물론 그 효자애의 대상은 자기 아닌 타자로서 이웃이나 인류를 말한다. 인류의 치세가 가능한 것은 자기와 자기 가족에 대한 효자애를 타자에게로 확산 실천하는데 있다는 것이다. 인류애의 실천이

---

564) 『묵자』「겸애상」: 若使天下兼相愛, 愛人若愛其身, 猶有不孝者乎? 視父兄與君若其身, 惡施不孝? 猶有不慈者乎? 視弟子與臣若其身, 惡施不慈? 故不孝不慈亡有, 猶有盜賊乎? 故視人之室若其室, 誰竊? 視人身若其身, 誰賊? 故盜賊亡有. 猶有大夫之相亂家, 諸侯之相攻國者乎? 視人家若其家, 誰亂? 視人國若其國, 誰攻? 故大夫之相亂家, 諸侯之相攻國者亡有. 若使天下兼相愛, 國與國不相攻, 家與家不相亂, 盜賊無有, 君臣父子皆能孝慈, 若此則天下治.

천하태평한 인류를 만들 수 있고, 그 인류애는 효실천을 통해 가능하다는 것이다.

3. 보편적 가치 7효

이상에서 동양고전에 나타난 효실천 7대 항목을 살펴보았다. 동시에 효사상이 갖는 다의성도 찾아보았다. 여기서 효사상이 내 부모 내 가족에 국한된 윤리 덕목이 아님도 살펴보았다. 효가 봉건시대의 가치개념으로만 끝나는 것이 아니라 오늘날에도 여전히 유효한 가치임도 확인하였다.

물론 동양고전에 나타난 효사상이 일부 비판적·부정적 요소가 없는 것은 아니다. 또 그것이 시대적으로 사회적으로 비판적·부정적 영향을 준 것도 사실이다. 하지만 효사상의 본질적 의미를 생각한다면 그것으로 인해 효사상을 폐기할 수도 없는 일이다. 일부 효에 대한 비판·부정적 이미지를 씻고 새로운 시대에 걸맞는 효개념으로의 재탄생을 위해서 우리는 동양고전에서 말하는 효사상의 본래적 의미를 되새겨야 할 것이다. 그것은 효의 보편적 가치를 찾기 위해서도 필수적 요소이다. 동양사회에서 효의 대명사처럼 불리는 증자의 말처럼, 효가 천지사이는 물론 사해四海와 동서남북 어디에도 가득차게 하기 위해서도 더더욱 그러할 것이다.[565] 그만큼 효사상이 보편성을 지닌다는 말이다. 인仁을 가치의 핵심으로 삼았던 공자가 그

565) 『예기』「제의」: 曾子曰: "夫孝, 置之而塞乎天地, 溥之而横乎四海, 施諸後世而無朝夕, 推而放諸東海而准, 推而放諸西海而准, 推而放諸南海而准, 推而放諸北海而准. 詩云, '自西自東, 自南自北, 無思不服.' 此之謂也."

인을 실천하는 기본으로 효를 지적한 것[566]을 두고 유가의 핵심은 인이 아니라 오히려 효라고 하였던 일부 학자의 지적도[567] 효의 보편성을 증명하는 한 사례가 될 것이다.

이렇듯 효사상의 보편성을 설명하기 위해서는 그것을 말하고 있는 모든 고전의 내용을 살피는 일이 중요한 문제가 될 것이다. 효를 언급하고 있는 동·서양의 수많은 고전을 통해서 효의 다의성을 살피고 또 그것이 추구하는 보편적 가치 속에서 인류의 정신적 기틀을 찾는 작업이 동시에 수행되어야 할 것이다. 그리고 무엇보다 중요한 것은 거기서 현시대에 적합한 보편적 가치를 찾아야 할 것이다.

Ⅴ. 효(HYO)와 예악문화, 그리고 하모니 공동체

1. 효와 예악

효와 예악禮樂, 어떤 관계일까? 개념상 관계없을 것 같지만 양자는 매우 밀접하다. 효가 보이지 않는 정신 문화적 개념이라면, 예악은 그 정신문화의 구체적 표현 양태라 할 수 있다. 효가 사랑과 공경의 정신적 의미라면, 예악은 사랑과 공경의 실천형식으로 볼 수 있다. 예악은 질서와 형식 속에서의 하모니를 핵심으로 하기 때문에 부자

566) 『논어』「학이」: 孝弟也者, 其爲仁之本與.
567) 徐復觀, 「中國孝道思想的形成演變及其在歷史中的諸問題」(上海書店出版社, 『中國思想史論集』所收) 2004년, 131쪽 참조.

자효父慈子孝의 상호존중과 배려를 기반으로 하는 효개념과 무관할 수 없다. '효행장려 및 지원에 관한 법률'에서 효문화를 "교육·문학·미술·음악·연극·영화·국악 등을 통하여 형성되는 효 및 경로에 대한 사회적 가치"라고 정의한 것도 이를 증명한다. 효문화를 다양한 인문적 가치로 보기 때문에 가능한 설명이다.

여기서 살펴보고자 하는 주된 내용도 효와 예악의 관계성 검토이다. 효와 예악, 양자는 하모니를 추구한다는 점에서 공통의 요소가 있다. 효의 기초적 의미가 부모·자녀간의 사랑과 공경의 가정윤리로 출발하지만, 궁극적으로는 남녀노소는 물론 이웃간 사회공동체의 배려·존중의 윤리이고, 그 정신이 자연과의 하모니를 추구하는 데까지 이른다. 예악 역시도 각각의 내용과 형식을 통한 하모니 공동체의 기반을 지향한다는 점에서 효사상과 공통점이 있다. 동시에 양자는 자연의 원초적 본질과 본성에 기초하여 출발한다는 점에서도 상관성을 갖는다. 부모를 보면 자신도 모르게 효심이 떠오른다는 말이 효의 원초적 본성이고,[568] 또 그에 따른 인간의 자연스런 존중의 자세가 예이고, 자연의 순수한 소리에서 인간의 마음을 감동시킨 것이 음악이란 점에서 가능한 일이다.

2. 동양 음악의 기원

동양음악에 대한 내용은 『예기』「악기」편에 자세하다. 예를 전문

568) 『맹자』「진심상」: 孟子曰, "人之所不學而能者, 其良能也; 所不慮而知者, 其良知也. 孩提之童, 無不知愛其親者; 及其長也, 無不知敬其兄也. 親親, 仁也; 敬長, 義也. 無他, 達之天下也." 이를 좀더 구체적으로 표현한 학자는 명대 왕양명이다. 그는『전습록』상에서 "見父自然知孝, 見兄自然知弟."라고 하며 부모를 보게되면 효심은 저절로 나온다고 했다.

적으로 다룬 책에서 음악을 비중 있게 다룬 것은 음악이 예의 중요한 측면을 차지하기 때문이다. 『예기』에 나온 음악이론은 매우 구체적이다. 먼저 음악은 음音과 악樂으로 구분한다. 물론 음과 악 이전에 다양한 소리聲가 있다. 소리가 음이 되고 음이 악이 되는 원리이다.

> "대개 음音의 시작은 인심人心에서 생겨났다. 인심이 움직이는 것은 외물이 그렇게 만든 것이다. 인심이 외물에 느껴 움직이면 소리聲로 드러나고, 소리가 서로 상응하기 때문에 변화가 생기고, 변화가 문장[569]을 이루면 그것을 음이라고 한다. 음을 나란히 안배하여 악기로 연주하고, 간척우모干戚羽旄를 쥐고 춤을 추면 그것을 악樂이라고 한다."[570]

여기서 동양에서 말하는 소리·음·악의 차이를 알게 된다. 소리는 자연 어디에서나 들을 수 있지만, 자연의 소리를 그대로 음악이라고 하지는 않는다. 자연의 다양한 소리 가운데 특별히 사람의 마음에 닿아서 사람의 마음을 움직이는 소리를 음이라 한다. 그러므로 음이란 자연의 소리 가운데 사람의 마음을 움직인 소리이고, 그것이 일정한 형식과 내용을 갖춘 것을 말한다. 그 음에 맞춰 연주하고 춤을 춘다면 그것을 드디어 악樂이라고 한다. 자연의 소리가 인간의 마음과 감응해서 음이 되고, 그것의 장단고저에 따른 형식이 갖추어져서 악이 되는 원리이다. 여기서 음악의 필수요소로 춤이 가미된 것이 흥미롭다. 다시 말해 음악이란 단순한 소리의 모음이 아니라, 일정한 규율과 법칙성 속에서 조직된 악곡樂曲의 범주이지만, 출발은

569) 원문은 方이나 뜻은 文章이다. 『漢文大系』17, 『禮記鄭注』「樂記」第十九, 1면 참조.

570) 『예기』「악기」: "凡音之起, 由人心生也. 人心之動, 物使之然也. 感於物而動, 故形於聲. 聲相應, 故生變; 變成方, 謂之音; 比音而樂之, 及干戚羽旄, 謂之樂."

인간의 감성을 자극한 자연의 소리이고, 음악은 그런 인간의 마음을 반영한 소리이고, 또 그것이 행동(춤)으로 표현된 것이다.

3. 하모니 공동체를 위한 음악

(1) 음악의 사회성과 대중성

소리 가운데 인심에 감응한 것이 음이고, 음 가운데 일정한 형식을 갖춰 조화를 이룬 것이 악이라고 했다. 결국 음악이란 마음에 감응한 다양한 소리가 적절한 형식과 내용을 이룬 것이다. 그런데 인간의 마음은 주변 환경에 따라서 달라진다. 환경은 인간의 마음에 영향을 주고, 인간의 마음은 음악의 내용과 성향을 결정한다.

> "서러운 마음이 생기면 그 소리는 불안 초조하며 쉽게 쇠약해지고, 즐거운 마음이 들면 그 소리는 남김없이 터지며 느긋해지고, 기쁜 마음이 들 때 그 소리는 한껏 피어오르며 퍼져가고, 성난 마음이 생기면 그 소리는 거칠고 사납게 된다. 공경하는 마음이 생기면 그 소리는 바르고 반듯하고, 사랑하는 마음이 들면 그 소리는 온화하고 부드럽게 된다."[571]

여기서 말한 여섯 가지 마음은 인간의 본래 마음이기보다는 외물에 감응한 마음이다. 때문에 언제나 가변적이다.[572] 접하는 소리에

---

571) 『예기』「악기」: "其哀心感者, 其聲噍以殺. 其樂心感者, 其聲 以緩. 其喜心感者, 其聲發以散. 其怒心感者, 其聲粗以厲. 其敬心感者, 其聲直以廉. 其愛心感者, 其聲和以柔."
572) 『예기』「악기」: "六者, 非性也, 感於物而后動."

따라서 달라질 수 있다. 소리가 달라지는 것에 따라서 음악도 달라진다. 슬픈 환경은 구성진 음악을, 경쾌한 환경은 발랄한 음악을, 따뜻한 환경은 따뜻한 음악을, 차디찬 환경은 차가운 음악을 만든다. 접한 환경과 조건에 따라서 음악의 성향이 결정된다는 것이다. 이때 환경은 자연환경만 말하지 않는다. 정치사회 환경도 음악에 영향을 미친다.

> "치세治世의 음은 안온하고 즐거우니 그 정치가 화해하기 때문이고, 난세亂世의 음은 원한이 가득 차서 성내는 것과 같으니 그 정치가 어그러지기 때문이며, 망국의 음은 비애에 젖어 수심으로 그리워하니 백성들이 고달프기 때문이다."[573]

음악이 사회 정치 현실과 직결되고 또 이를 대변한다는 것이다.[574] 1970년대 경쾌한 음악이 새마을운동과 같은 경제부흥의 흐름을 담았다면, 1980년대 묵직하고 장중하면서도 뭔가 선동적이었던 음악이 민주화의 처절함을 담은 것이고, 1990년대 이후 2000년대 들어서 가볍고 발랄한 음악은 민주화 이후 새로운 시대의 흐름을 대변하고 있다는 것이다.

그렇다면 음악이 결정되는 가장 중요한 요소는 주어진 환경이라 할 수 있다. 자연환경뿐만 아니라 정치·사회적 환경도, 개인적·가정적 삶의 환경도 음악에 깊은 영향을 준다. 이때 어쩔 수 없는 희노애락喜怒哀樂의 주어진 환경이라면 음악의 내용도 어찌할 수 없이 따라

573) 『예기』「악기」: "治世之音安以樂, 其政和. 亂世之音怨以怒, 其政乖. 亡國之音哀以思, 其民困."
574) 『예기』「악기」: "聲音之道, 與政通矣."

가겠지만, 혹 환경을 의도적으로 바꿀 수만 있다면 음악도 바뀔 것이다. 기쁨·즐거움·행복의 요소로 자신과 주변을 유도할 수 있다면 음악도 그렇게 될 것이고, 고통·슬픔·아픔의 환경이라면 음악도 그런 방향으로 나아갈 것이다.

이런 『예기』 「악기」의 논리를 오늘날 대중음악과 연결한다 해도 크게 어긋나지 않는다. 이별의 슬픔을 주로 노래한 음악가의 삶을 굳이 돌아보지 않더라도, 그의 인생은 이별을 노래할 수밖에 없는 환경이 있었을 것이고, 사랑의 기쁨을 주로 노래한 음악가의 삶도 그럴만한 환경이 있었을 것이다. 노래를 만들고 부른 사람의 환경이 노래의 성향과 무관하지 않다는 것이다. 동시에 노래를 부르는 사람의 모습도 자신도 모르게 노래의 내용처럼 닮아간다는 사실을 우리는 경험한다. 이별한 사람이 이별 노래를 좋아하고 사랑에 빠진 사람이 사랑 노래를 부르는 것은 주어진 환경이 그렇게 만든 것이지만, 그런 환경이 아니더라도 즐겨 부르는 노래의 내용과 성향에 따라서 자신도 모르게 노랫말처럼 되는 일도 경험하게 된다. 음악이 삶에 영향을 준다는 것이다.

이를 효와 연관해서 말한다면, 사랑과 공경의 마음을 이미 갖고 있는 사람이 효와 관련된 음악을 즐겨 부를 수 있지만, 역으로 효와 관련된 음악을 자주 듣고 부르면 자신도 모르게 사랑과 공경하는 마음을 갖게 할 수도 있다는 것이다. 음악을 통한 교화이다. 공자가 제자들을 가르치며 정치 현장에서의 음악을 통한 교화를 강조한 것도 같은 맥락이라 할 수 있다. 스승의 가르침을 충실히 이행한 제자가 한 고을의 관리가 되어 음악으로 지역민을 교화하고 있었다. 마침 그 장면을 스승 공자가 직접 목격하고는 흐뭇한 마음에 "어찌 닭

잡는데 소 잡는 칼을 쓰느냐?"[575]며 농담을 건넨 것이 여기에 해당한다. 작은 고을에서 고상한 음악회를 열어 백성을 교화하려고 하는 제자의 모습을 두고 한 농담이다.

(2) 음악을 통한 정치안정

음악이 교화의 방법이 될 수 있는 것은 음악적 요소가 구성원간의 하모니를 추구할 수 있도록 만들기 때문이다. 동양음악의 핵심적인 구성 요소인 '궁상각치우宮商角徵羽' 오음五音이 이를 증명한다.

> "궁은 임금, 상은 신하, 각은 백성, 치는 일事, 우는 만물物을 상징하고, 이 다섯 가지가 어지럽지 않으면 어그러지거나 어긋나는 가락이 없을 것이다."[576]

'궁상각치우'를 서양음계로 치자면 대략 도·레·미·솔·라에 해당한다. 이 음들이 조화를 이루며 내는 음이 음악이다. 이런 각기 다른 음을 임금·신하·백성·일·만물에 비유한 것은 절묘하다. 君·臣·民·事·物이 각기 자신의 자리에서 자신의 역할과 임무를 다하는 것이 마치 '궁상각치우'의 음들이 하모니를 이루며 멋진 음악을 이루는 것과 같다는 말이다. 일찍이 공자는 『논어』「안연」편에서 "군주는 군주답게, 신하는 신하답게, 아버지는 아버지답게, 자식은 자식답게"를 말했다. 정치안정의 기본을 각기 처한 자신의 자리에서 역할을 충실히

575) 『논어』「양화」: "割雞焉用牛刀?"

576) 『예기』「악기」: "宮爲君, 商爲臣, 角爲民, 徵爲事, 羽爲物. 五者不亂, 則無怗懘之音矣."

해야 한다는 '정명正名'이론이다. 그렇다면 음악의 '궁상각치우'가 각기 음의 자리를 지키며 하모니를 이루는 것은 '정음正音'이라 해도 무방할 것이다. 정치 안정과 조화가 '정명'에서 나온다면, 인간의 정서 안정을 위한 음악의 하모니는 '정음'에서 나온다고 할 것이다.

'궁상각치우' 5음으로 이뤄진 음악에서 각각의 음이 제 역할에 충실하지 않다면 조화로운 음악이 될 수 없다. 시끄러운 소음만 될 뿐이다. 정치도 마찬가지이다. 『예기』「악기」에서 음악을 정치안정과 비교하며 말한 내용이 재밌다.

> "궁이 어지러워 소리가 흩어지는 것은 임금이 교만한 탓이며, 상이 어지러워 소리가 기우는 것은 신하의 직분이 허물어진 탓이며, 각이 어지러워 소리가 우수에 차는 것은 백성이 원망하기 때문이고, 치가 어지러워 소리가 애달픈 것은 백성이 일하느라 힘들기 때문이고, 우가 어지러워 소리가 위태로운 것은 창고에 재물이 비었기 때문이다. 다섯 가지가 모두 어지러워 서로 침범하며 넘어서는 것을 오만함이라고 말한다. 그렇다면 나라는 하루도 못가서 망하고 말 것이다."[577]

다섯 가지 음이 각각의 자리에서 자기의 역할을 다할 때 조화로운 음악이 되듯이 정치안정도 각각의 신분과 지위에서 각기 맡은 역할과 책무를 다할 때 하모니 국가공동체를 이룰 수 있다. "음악에서 그 장식하는 모양이 조화를 이루면 위아래가 서로 화합한다. 좋아하고 싫어함이 드러나면 현명하고 어리석음이 구별되고, ... 인仁으로 백

577) 『예기』「악기」: "宮亂則荒, 其君驕. 商亂則陂, 其官壞. 角亂則憂, 其民怨. 徵亂則哀, 其事勤. 羽亂則危, 其財匱. 五者皆亂, 迭相陵, 謂之慢. 如此, 則國之滅亡無日矣."

성을 사랑하고 의義로 백성을 바로 잡는다. 이처럼 하면 백성은 잘 다스려질 것이다."[578]

음악을 정치 현장에 비유한 흥미로운 내용이다. 그리고 춘추전국 시대 정나라의 음악과 위나라의 음악을 예로 들었다. 정음鄭音과 위음衛音을 난세의 음악으로 말하며 그 까닭을 오만함에서 찾았다. 위나라에 해당하는 상간桑間과 복수濮水 지역의 음악은 망국의 음악이기 때문에 정치가 제멋대로이고 그로 인해 백성들이 떠나고, 아랫사람이 윗사람을 속이고 사사로운 마음을 채우려고 난리치는 데에도 막을 수 없었다고 말했다.[579] 당대 그 사회의 음악을 들으면 그 사회를 알 수 있다는 것이다.

여기서 주목할 것은 음악이 정치 현실에 영향을 준 것인지 정치 현실이 음악에 영향을 준 것인지에 대한 판단이다. 타락한 사회가 타락한 음악을 낳을까? 아니면 타락한 음악이 타락한 사회를 낳을까? "닭과 계란 무엇이 먼저일까?"와도 같은 질문이다. 가볍게 정치가 퇴폐적이면 음악도 퇴폐적이고, 음악이 음란하면 정치도 음란할 것이다. 음악과 정치를 상호적 관계에서 보았다면 영향 관계 또한 상호적이라 할 수 있다.

『예기』에서 말하는 음악과 정치도 상호적 관계이다. 음악이 정치에 영향을 미친다고 보지만, 그 음악은 환경에 감응한 음악이다. 앞서 말한 것처럼 다양한 자연환경의 소리에서 인심이 감응한 것이 음이고, 음에서 악이 만들어진다. 그리고 그 "음은 인심人心에서 생기

578) 『예기』「악기」: "樂文同, 則上下和矣; 好惡著, 則賢不肖別矣. 刑禁暴, 爵擧賢, 則政均矣. 仁以愛之, 義以正之, 如此, 則民治行矣."

579) 『예기』「악기」: "鄭衛之音, 亂世之音也, 比於慢矣. 桑間濮上之音, 亡國之音也, 其政散, 其民流, 誣上行私而不可止也."

고, 악은 윤리에 통한다."[580] 결국 자연과 인간의 마음, 그리고 윤리적 본성에서 음악이 나온다는 것이다. 그래서 자연의 다양한 "소리를 살펴서 음을 알고, 음을 살펴서 악을 알며, 악을 살펴서 정치를 알면 다스리는 도리가 갖추어진다."[581]고 한 것이다. 소리-음-악에 따라서 정치를 알고 다스리는 도리가 갖추어진다면 결국 음악이 정치의 안정 여부를 결정한다는 것이다.

고대사회 종교제전은 물론 모든 정치 행위에서 예악을 시행한 것은 이를 증명한다. "예로 백성들의 마음을 절제시키고, 악으로 백성의 소리를 조화롭게 하고, 정政으로 실행하고, 형刑으로 방비하여 예악형정이 사방으로 미치되, 어그러지지 않으면 왕도가 갖추어진 것이다."[582]고 하며 예악형정의 절차와 목적이 왕도정치의 마땅한 수순임을 말한 데서 알 수 있다. 예악을 통한 절제와 조화가 바른 정치로 이어지는 왕도라 한 것이다.

4. 예악은 하모니 공동체의 필수

(1) 예와 악, 그리고 인류 공동의 효

유교 경전에서 예와 악은 항상 같이 말한다. 예는 겉으로 드러난 형식이고, 악은 마음에서 나온다.[583] 예는 질서이고, 음악은 하모니

580) 『예기』「악기」: "凡音者, 生於人心者也. 樂者, 通倫理者也."
581) 『예기』「악기」: "審聲以知音, 審音以知樂, 審樂以知政, 而治道備矣."
582) 『예기』「악기」: "禮節民心, 樂和民聲, 政以行之, 刑以防之, 禮樂刑政, 四達而不悖, 則王道備矣."
583) 『예기』「악기」: "樂由中出, 禮自外作."

로 사회공동체의 핵심요소로 작용한다.[584] 구체화해서 말하자면 예는 겉으로 드러난 차이에 대한 구별이고, 하모니는 마음으로부터 다름을 조화시키는 것이다.

"악은 화합이고, 예는 구별함이다. 화합하면 서로 친하고 구별하면 서로 공경한다."[585]

배려와 존중, 사랑과 공경의 원리가 예악질서에 그대로 내포되어 있다. 다양한 생각과 감정을 조절하고 화합하는 의미도 그 안에 있으니 사회공동체를 운영하는데 무엇보다 핵심이 될 수밖에 없다.

"감정을 화합하고 모습을 가다듬는 것은 예악의 일이다."[586]

여기서 중요한 것은 조절과 절제이다. 화합을 위한 악이 지나치면 흘러넘치고, 질서를 위한 예가 지나치면 갈라진다.[587] 하모니를 위한 음악이 지나치면 퇴폐한 음악이 되어 오히려 조화를 해치고, 질서를 위한 예절과 절차가 지나치면 경직되어 서로 이간하고 나눠진다. 예악이 중요하더라도 적절한 조절능력이 필요함을 말한다. 그래서 예악을 함께 말한 것이다.

국가 최고지도자 천자가 질서와 하모니를 위한 예악을 좋아하면 온 세상 사람들이 사랑하고 공경하며 효도한다. 일반 지도자들과 백성들이 예악 질서를 존중하고 따른다면 나라가 전쟁 없는 평화로운 사회가 만들어진다. 『예기』「악기」가 말하는 이상사회의 모습이

584) 『예기』「악기」: "樂者, 天地之和也; 禮者, 天地之序也."
585) 『예기』「악기」: "樂者爲同, 禮者爲異. 同則相親, 異則相敬."
586) 『예기』「악기」: "合情飾貌者禮樂之事也."
587) 『예기』「악기」: "樂勝則流, 禮勝則離."

다.[588] 이를 두고 원나라 진호陳澔는 천자가 스스로 부자지간에 사랑·공경·친애의 효로 화합하고, 어른과 젊은이 사이의 질서가 바로 선다면 가족과 친척이 모두 화목하게 된다고 하였다. 나아가 자신의 부모 사랑하는 마음을 가지고 남의 부모까지 사랑하고, 자기 어른 모시듯 남의 어른도 모시는 단계까지 이른다고 하였다. 내 부모 공경하는 마음이 온 세상까지 미친다는 설명이다.[589] 맹자가 "우리 집 노인 공경하는 마음을 다른 집 노인에게까지 미치고, 우리 집 어린아이 사랑하는 마음을 다른 집 어린아이 사랑하는 데까지 미치면 천하 다스리는 것은 손바닥 뒤집는 것과 같다."[590]라고 말한 내용과 상통한다. 여기서 우리는 가정에서 이웃, 이웃에서 사회공동체로 확장된 효개념을 보게 된다.

(2) 사람다움과 질서·조화의 원리

앞서 살핀 것처럼 음악은 처음 자연의 소리가 인간의 마음에 들어와 나왔기 때문에 자연과 무관할 수 없다. 한마디로 음악의 시작은 자연의 소리이고, 그것이 인간의 마음에서 절제되어 조화로운 음악으로 만들어진다. 예도 자연의 절제된 질서를 인간의 몸으로 실천하는 것이다. 자연과 깊이 관련되어 있다. 그래서 "큰 음악은 천지와

---

588) 『예기』「악기」: "樂至則無怨, 禮至則不爭. 揖讓而治天下者, 禮樂之謂也. 暴民不作, 諸侯賓服, 兵革不試, 五刑不用, 百姓無患, 天子不怒, 如此, 則樂達矣. 合父子之親, 明長幼之序, 以敬四海之內天子如此, 則禮行矣."

589) 『樂記集釋』: "天子自能合其父子之親, 明其長幼之序, 則家齊族睦矣. 又能親吾親以及人之親, 長吾長以及人之長, 是謂以敬四海之內."

590) 『맹자』「양혜왕상」: "老吾老, 以及人之老; 幼吾幼, 以及人之幼. 天下可運於掌."

함께 조화를 이루며, 큰 예는 천지와 함께 조절한다."[591]고 하였다. 음악이 천지와 함께 조화를 추구하기 때문에 음악은 모든 만물과 흐름을 같이한다. 예도 천지와 함께 조절하고 절제하기 때문에 하늘과 땅에 보답하는 제사를 지낸다. 그처럼 할 때 거기서 사람들은 사랑과 공경의 마음을 찾게 된다.[592] 명철한 지도자들이 예악을 정치에 활용한 것은 그것이 천지자연에 기인하기 때문이다. 또 그것을 인간의 표준으로 삼았다. 자연의 본성을 지닌 예악을 인간의 삶에 적용한 것이다. 효제를 인을 실천하는 근본이라 한 것도[593] 이런 자연적 본성을 존중한 때문이다. 이 때 '인'은 '사람다움'이라 할 수 있다.

이런 인을 예악과 결부시킨 내용이 있다. 유가사상의 핵심, 인과 예악이 깊이 관련되어 있다는 것이다. 비록 형식적 요소가 강한 예악이 인간의 본질이자 핵심인 인과 직결되어 있다는 것이다. 본질과 형식이 별개가 아님을 말한 내용이다.

> "사람이면서 인하지 않으면 어찌 예를 실천할 수 있으며, 사람이면서 인하지 않으면 어찌 음악을 할 수 있겠는가!"[594]

이렇듯 예악이 인과 직결된다면 당연히 인을 실천하는 근본으로 말한 효제와도 직결된다. 예악은 곧 효제와 상통한다. 인의 옛 글자 忎, 忈도 모두 '어질다' '사랑하다'는 뜻이다. 글자의 구성요소를 놓고 본다면 二 + 心, 千 + 心이다. 공통점은 마음이고 둘과 천은 곧 한 사람이 아닌 여럿, 공동체의 마음이다. 한 개인의 마음이 아니라 사회

591) 『예기』「악기」: "大樂與天地同和, 大禮與天地同節."
592) 『예기』「악기」: "和故百物不失, 節故祀天祭地.... 如此, 則四海之內, 合敬同愛矣."
593) 『논어』「학이」: "孝弟也者, 其爲仁之本與."
594) 『논어』「팔일」: "人而不仁, 如禮何? 人而不仁, 如樂何?"

구성원 모두의 공통된 마음이다. 따라서 인이란 공동체가 함께하는 마음이고, 그래서 인을 '사람다움'이라 말한 것이다. '사람다움'은 개인적·개별적·독자적 마음이 아닌 공동체가 함께 하는 마음이다. 거기에 예악의 기본요소인 질서와 조화는 필수가 된다. 따라서 이 땅의 질서와 조화를 추구하기 위해서는 예악을 통한 교화가 필수이다. 예악이 인간의 바른 정서와 덕성을 함양하기 때문이다.

(3) 형식보다는 내용

옛날에는 옥백玉帛으로 예를 표하고, 종과 북으로 음악을 연주하였다. 여기서 옥백과 종과 북은 도구일 뿐 그 이상도 이하도 아니다. 그런데 도구가 마치 예악을 대변하는 것처럼 비춰지고 중시되는 일도 종종 있다. 본질적 내용보다 형식적 도구가 중시된 경우이다. 이를 한탄하는 내용이 아래에 있다.

> "예禮이다 예이다 말들 하는데, 옥백玉帛을 말하는 것이겠는가! 악樂이다 악이다 말들 하는데, 종이나 북을 말하는 것이겠는가!"[595]

이 문장을 해석한 주희는 옥백으로 공경하면 예가 되고, 종과 북으로 조화를 이루면 악이 된다고 하였다.[596] 하지만 그 본질은 옥백이나 종과 북과 같은 보이는 도구, 곧 형식이나 말단에 있지 않다.

---

595) 『논어』「양화」: "禮云禮云, 玉帛云乎哉? 樂云樂云, 鐘鼓云乎哉."
596) 『논어집주』「양화」: "敬而將之以玉帛, 則爲禮; 和而發之以鐘鼓, 則爲樂."

정자程子는 "예는 다만 하나의 질서일 뿐이고, 악은 다만 하나의 조화일 뿐이다."[597]고 말했다. 예악을 질서와 조화, 곧 하모니로 적시한 것이다. 예악이 없다면 질서와 조화가 사라진 무질서, 혼란만 있을 뿐이다. 인간사회에 예악은 필수불가결한 요소라 말한 것이다. 이를 드러내는 도구로 옥백, 종과 북이 필요하다. 하지만 그것의 본질은 드러난 물질적·형식적 내용에 있지 않고 근본적인 질서와 조화에 있다. 다산 정약용은 이것을 인이라 했다. 예악을 인이라 하고 그 인을 인륜의 지극함이라 했다.[598] 불충·불효하면서도 오로지 옥백과 종과 북을 이용하면 예악을 이룰 수 있다고 생각한 패륜자들에 대한 경계이다. 형식이 본질이 될 수 없고, 수단이 목적이 될 수 없는 이치이다. 공자 당대 인륜을 저버린 사람들에 대한 비판이다. 그들은 예악의 모양만 갖추면 된다는 형식주의자들이다. 다산은 그런 형식주의를 철저히 비판한 것이다.[599]

(4) 변증법적 조화의 원리

그런데 막상 예와 악의 뜻을 보면 상대적이고 대립적이다. 예는 질서이고, 질서는 고정적이고 경직된 의미가 있다. 반면에 악은 조화·화합을 담고 있어 유연하고 신축적이다. 그런데도 양자를 늘 함께 말한다. 마치 대립적·상대적 개념인 음양처럼 예악도 늘 같이 말한다. 여기에는 천지, 남녀에서 보듯 상보상생相補相生의 원리와 미

597) 『논어집주』「양화」: "禮只是一箇序, 樂只是一箇和."
598) 『논어고금주』: "禮樂之本在仁, 仁者, 人倫之至也."
599) 『논어고금주』: "三家者, 不忠不孝, 僭禮僭樂, 其心以爲但具玉帛斯爲禮, 但奏鍾鼓斯爲樂, 故夫子辨之."

학이 담겨 있다. 무지개가 아름다운 것은 한 가지 색이라서가 아니다. 다른 일곱 가지 색이 어울려 조화를 이루기 때문이다. 대립적인 것을 조화시키는 변증법적 합合의 원리가 깊게 배어있다. 이 때 말하는 변증법적 원리는 상호 투쟁을 통한 질적 변화를 추구하는 상극의 원리가 아니다. 서로 다른 것의 조화 융합을 통한 상생·공존의 원리이다. 보이는 것보다는 보이지 않는 이면의 뜻을 중시하는 문화에서 가능한 말이다. 예악에 사용하는 도구가 중요한 것이 아니라 그것이 상징하는 이면의 내용이 무엇보다 중요하다는 것이다.

5. 조화가 필요한 사회

예악과 효의 상관성을 알아보았다. 양자는 분명 개념을 달리한다. 당장 예와 악도 상대적 개념에 가깝다. 하지만 예와 악은 서로를 보충하며 상생·공존을 추구한다. 가정과 사회의 기본 질서를 예악으로 설명한다. 만일 질서만을 강조한다면 경직될 수 있다. 경직되면 부러진다. 조화 융합을 추구하는 음악이 결부되어 경직성은 해소된다. 예악을 같이 말한 이유이다. 자연스런 질서와 조화가 예악이 추구하는 세계이다. 그렇다면 어떻게 효와의 상관성을 말할 수 있을까. 효의 출발은 부모공경이다. 부모·자녀간의 사랑과 공경이다. 하지만 중국 고전에서는 결코 부모공경에만 국한하지는 않았다. 사회공동체의 기본 정신으로 효를 말했다. 자연환경과의 조화도 효로 말했다. 효와 예악이 다를 수 없는 이유도 여기에 있다. 그 중간에 인仁이 매개가 된다. 인은 '사람다움'이다. 사람이 사람답기 위해서는 전제조건이 있다. 질서와 조화를 존중해야 한다. 사랑과 공경, 존중과 배려가 있어야 한다. 예와 악, 그리고 효를 말한다. 이를 다시 나눠서 말한다면, '사람다움[仁]'을 실천하는 근본은 사랑과 공경[孝悌]이다. 사랑과 공경의 마음에는 적절한 절제[禮]와 조화[樂]가 필요하다. 이처럼 동양의 공동체 속에서 예악과 효는 떼려야 뗄 수 없는 관계이다. 효를 표현하는데 예악은 필수이고, 예악의 본질적 요소에 효가 깊이 내재되어 있다. 예악 없는 효 생각할 수 없고, 효 없는 예악 역시 무의미하다는 것이다.

끝으로 강조하고 싶은 것은 음악이 인간의 마음을 바로 잡을 수 있다는 내용이다. 앞에서 음악이 사회를 대변한다고 했다. 음악이 사회를 바꿀 수 있다고도 했다. 음악이 퇴폐적이면 사회도 퇴폐적이다. 음악이 따뜻하면 사회도 따뜻하다. 좋은 음악이 좋은 사회를 만든다. 여기에 공경과 사랑을 추구하는 음악은 질서 있는 윤리적 공동체를 만든다. 질서[禮] 있고, 조화로운 음악이 바르고 따뜻한 사랑과 공경의 사회, 곧 효가 넘치는 사회를 만든다는 것이다.

제4장
현대사회 효문화의 길

1. 달라진 사회의 효문화
2. 새로운 시대의 효교육 방향
3. 21세기 효문화의 방향

제4장

현대사회 효문화의 길

1. 달라진 사회의 효문화

(1) 효와 애완동물

인간을 사회적 동물이라 말한다. 그럼 사회적 동물에 인간 말고 다른 동물은 포함되지 않을까?『사피엔스』의 저자 유발 하라리는 농경시대 이전에는 오로지 인간만이 사회적 동물이었지만, 농경 및 산업사회로 나아가면서 상당수 가축이 포함되었다고 말한다.

하지만 농경시대 이전부터 사회적 동물에 포함된 것이 있다. 개다. 개는 인간이 길들인 최초의 동물이다. 시기도 농업혁명 이전이다. 북부 이스라엘에서는 1만 5천 년 전 여자와 강아지의 뼈가 함께 발견되었다. 강아지뼈는 여자의 머리 가까이 있었고, 여자의 왼손이 개위에 놓여 있었다. 마치 애완견을 손으로 감싸고 있는 모습이다. 여러 해석이 가능하지만, 영락없는 개와 인간의 유대관계를 보여준다.

농경사회 이전부터 개는 유용했다. 인간과의 친숙성이 유난히 강한 개는 사냥과 싸움에서 뿐만 아니라 여러 면에서 활용가치가 높았다. 인간과 소통이 가장 잘 되는 동물로 한 주인을 따르는 충성스런 존재가 되었다. 이렇게 늘 살갑게 대하면서 개는 인간의 삶 깊숙이 들어와 가장 친숙한 존재로 자리매김했다.

고고학적 유물뿐만 아니라 고대인들의 회화에서 볼 수 있는 개는 인간과 유독 친밀한 존재임을 알려준다. 옛날에도 개가 죽으면 사람처럼 예식에 따라 매장하는 경우가 있었다. 비록 비유적 말이지만 "정승집 개가 죽으면 가도 정승이 죽으면 안 간다."는 속담도 있다. 그러고 보면 애완견에 대한 태도는 예나 지금이나 다르지 않은 것 같다.

이렇듯 사회적 동물 인간의 역사와 인간의 충실한 종 개의 역사는 동반자 관계로 유서가 깊다. 감옥의 '옥獄'자를 개 두 마리(犭과 犬)가 언성을 높이는 것으로 그린 것도 개가 얼마나 인간사회와 밀착되었는가를 역설적으로 보여준다. 물론 개도 종류가 있고, 종류 따라서 대접도 달랐다. 마치 그 옛날 신분에 따라 대접이 달랐던 인간처럼 개도 일상 속에서 견犬과 구狗로 구별하였다. 사전적으로 구狗는 앞발을 들고 서 있는 개의 모습이다. 또 몸집이 큰 개를 견犬, 작은 개를 구狗라고 구별했다.

일상생활에서 견과 구를 달리 사용한 것도 흥미롭다. 예컨대 견공犬公이란 의인화된 표현을 쓰면서 그 풍채와 지조를 강조했던 진도견과 풍산견이 있다면, 줏대 없이 짖다가 무서운 존재가 나타나면 꼬리를 내리는 일명 황구黃狗, 백구白狗도 있다. 한자 어원상 견과 구에 큰 차이가 없는 것으로 보아 아마 훗날 그 격이 달라진 것 같다. 한동안 애완견(견공)과 식용(황구, 백구)을 구별하려던 몸부림도 이를 기준하였으리라.

아무튼 이제 개는 한갓 동물이나 가축이 아닌 가족이 되었다. 명칭도 개가 아니라 동고동락하는 인생의 반려견이다. 애완견을 자녀처럼 대우하며 부르는 것도 일상적인 일이다. 몸이 불편한 사람, 독거노인의 반려자 견공들의 활약상은 사람보다 낫다는 칭송도 듣는다. 1천만 애완동물 시대, 애완견의 가족화는 이미 일상이 되었다. 개를 위한 카페·병원·놀이터·유치원·호텔은 물론 마지막을 장식하는 장례식장·납골당까지 사람 못지않은 대접을 받는 분위기이다. 각종 보험제도도 나오면서 개복지·동물복지도 자연스럽다.

가족을 대신하는 애완견, 그렇다면 효와 사랑의 대상으로 애완견이 등장하는 것도 어색하지 않다. 자녀의 부모에 대한 도리가 효이고 그 전제조건, 부모의 자녀사랑이 가족문화의 중심이라면, 엄연한 가족의 일원이 된 개가 효와 사랑의 주체이자 대상이 된 것도 자연스럽다. 사람과 사람을 이어주는 사랑과 공경의 효개념이 사람과 개로 확대된 것이다. 가족의 구성원으로 개가 자리하면서 벌어진 일이다. 개를 아끼고 사랑하는 것으로 자녀사랑을 대신하고, 또 그 개가 인생의 반려자로 외로움을 달래주고 자식들의 빈자리를 대신하며 효를 실천한다는 것이다. 자식들이 못하거나 안하는 일들을 개가 묵묵히 대신한다면 이는 통탄할 일인가 아니면 고마운 일인가.

이제 이런 새로운 환경에서 현대적 효를 논하며 인간의 사랑과 공경의 자리에 애완견을 언급하지 않을 수 없는 상황이 서글프고 안타깝다. 그래도 사랑과 공경의 효개념 중심에는 당당히 인간이 있고, 이를 끝까지 고수하며 추구해야할 사명이 우리에게 있다.

(2) 효와 기생충

홀로 독자적으로 살 수 없는 동물이 있다. 다른 것에 기생하며 영양분을 빼앗아 생활하는 기생충을 말한다. 자립이 불가능한, 더부살이 할 수밖에 없는 인생을 비견하기도 한다. 이들의 말, 행동, 생각은 자립성과는 거리가 멀다. 어차피 계획을 세워본들 뜬 구름 같은 얘기일 뿐이다. 실망만 커진다. 무계획이 상팔자다. 칸 영화제를 장악한 '기생충'의 분위기이다.

기발한 아이디어다. 뭘 해도 희망이 없던 반 지하 일가족에게 작은 빛이 찾아왔다. 아들이 부잣집 딸 과외선생으로 들어간 것이다. 명문대 재학생이란 문서위조도 등장했다. 부잣집엔 의외로 빈틈이 많았다. 특히 부잣집 엄마가 그랬다. 부의 높은 울타리에 갇혀 세상물정 전혀 모르는 깜깜이다. 작든 크든 그럴듯한 말엔 늘 속아 넘어갔다. 착하고 순진한 건지 단순 무식인지 분간하기 힘들다.

빈틈을 확인한 딸 과외선생 아들은 자신의 여동생을 부잣집 망나니 아들 미술담당 과외선생으로 추천했다. 물론 이 때도 허위사실로 무장했다. 부잣집 기생충으로 반지하 단칸방 아들딸이 잠입했다. 위장 취업에 성공한 남매는 기존 부잣집 운전기사와 가정부 아줌마의 빈틈도 엿보았다. 교묘한 방법으로 그들을 주인집에서 쫓겨나도록 만들었다. 그리고 그 빈자리에 자신들의 엄마 아빠를 알선했다. 남매는 가정교사로 엄마 아빠는 가정부와 기사로 부잣집에 들어왔다. 반지하 단칸방 일가족 전원이 부잣집 위장취업에 성공한 것이다.

본격적인 기생충 생활의 시작이다. 어찌됐든 남매간의 수평적사랑, 부모자녀간의 수직적 사랑, 모두가 빗나간 사랑이었어도 서로가 서로를 끔찍이도 생각하는 장면들이 이어졌다. 부자와 빈자가 동거하며 빈부격차에 따른 갈등요소가 복선으로 깔렸다. 부자와 가난한 자의 공생이 얼마나 어려운가도 틈틈이 비쳤다. 냄새만으로도 부자와 빈자는 구별되었다. 그게 살인으로까지 연결될 줄은 꿈에도 몰랐다.

이제부터 반전이다. 어느 날 부잣집 식구들은 망나니 아들 생일파티를 위한 초호화 여행을 떠났다. 주인 없는 부잣집은 이제 위장 취업한 기생충들이 장악했다. 인생 팔자 시간문제일까. 꿈같은 시간도 잠시잠깐. 그날 밤 비가 세차게 내렸다. 초인종이 시끄럽게 울렸다. 파티를 즐기던 기생충 가족은 긴장했다. 전직 가정부가 찾아온 것이다. 알고 보니 전직 가정부도 철저한 기생충이었다. 주인 몰래 지하 창고에 남편을 숨겨두고 간병한 것이다. 역시 처절한 부부애다.

쫓겨난 기생충과 새로 들어온 기생충의 생존 전쟁이 벌어졌다. 전쟁터는 부잣집 지하실. 인정사정 볼 것 없는 전쟁의 시작이다. 나와 내 가족 살기 위한 기생충들의 생존 몸부림은 결국 잔인한 살상으로 이어졌다. 전쟁은 끝나지 않았다. 전쟁은 또 다른 전쟁을 부르는 법. 세찬 비바람에 초호화 생일파티 여행을 떠났던 주인집이 별안간 돌아오며 전쟁은 3파전으로 확전되었다. 기생충 가족간의 잔인한 싸움에 멋모르는 주인집이 가세한 것이다. 피가 낭자한 살상 전쟁, 내 가족 살리기 위한 남의 가족 죽이기 전쟁, 내 가족 위해서라면 뭐든 할 수 있다는 빗나간 사랑과 공경, 영화 전반에 걸친 포장된 가족애였다. 이기적이고 차디찬 부모자녀간의 애경愛敬아닌 애경이 쓸쓸히 흘렀다.

역시 칸의 영화답다. 살육이 기본인, 그래서 피의 보복이 다반사인 그리스 로마신화의 극단적 선택이 이면에 깔렸다. 상생공존을 추구하는 한민족 정서와는 거리감이 느껴진다. 우리민족 기원설화는 철저한 상생공존을 추구한다. 설화 속 곰과 호랑이는 경쟁하며 갈등했다. 하지만 피를 선택하지는 않았다. 상호 인내를 시험하며 승패를 결정했다. 결과에 따른 대가는 그저 다른 길을 갈 뿐 살생은 없었다. 공생이다. 이긴 곰은 인간 세계에 남지만, 진 호랑이는 조용히 깊은 산으로 들어갔다. 하지만 호랑이는 진 게 아니었다. 끊임없이 민간을 오가며 따뜻한 하늘의 메신저가 되었다. 내가 살기 위해 남을 죽여야 하는 서구적 극단주의와 비견된다.

영화 기생충, 살육 없는 상생공존의 우리네 정서에 충실한 시나리오는 불가능했을까. 빈부가 반전되는 그래서 반 지하 가족이 찬란한 부유층 생활로 진입하는, 빈자를 위한 대리만족의 기회를 제공하는 시나리오였다면 칸의 영화로는 부적격이었을까.

(3) 효와 자연보호

우거진 여름철 경험이다. 여린 생명이 야들야들 하늘거리더니 어느새 짙푸른 녹음이 됐다. 무성한 자연 만끽하며 강원도 답사길에 올랐다. 저 멀리 고비사막에서나 볼 수 있는 흑갈색 산들이 보였다. 산불로 생명이 사라진 현장이다. 삭막하다 못해 처참했다. 우거졌던 모습은 흔적도 없이 사라졌다. 이러다 사막이 되는 건 아닌가 불길한 생각이 들었다.

우산牛山, 중국 전국시대 제나라 남쪽에 있던 산 이름이다. 우산에는 숲과 나무로 무성했다. 그런데 주변에 큰 도읍이 들어섰다. 아름다운 나무들은 하나 둘 땔감으로 잘려 나갔다. 소나 양을 방목하면서 우산의 초목은 사라졌다. 우산에는 이제 어떠한 초목도 살지 못하게 되었다. 그 후로 사람들은 우산을 원래부터 벌거벗은 산이라고 했다.

『맹자』「고자상」편에 나오는 말이다. 처음부터 초목이 없는 산은 없다. 개발과 남벌로 초목이 사라지면 벌거숭이산이 된다는 얘기다. 물론 이 이야기는 인간의 본성을 설명하려는 의도에서 나왔다. 본래 인간은 선한 양심을 갖고 있지만 잘못 관리하면서 악하게 되었다는 비유이다. 이 글의 본래 의도가 본성 문제라 하더라도 자연환경의 소중함을 생각하지 않을 수 없다.

매년 지구온난화를 말하며 사막화를 지적한다. 사막은 어떠한 생명도 허락하지 않는 황무지와도 같다. 하지만 사막이 처음부터 황무지는 아니었다. 세계 최대의 사막 사하라도 본래는 초원지대였다. 초목이 사라지고 동식물이 죽어가면서 사막이 되었다. 기후변화도 무관하지 않겠지만, 무분별한 개발과 훼손이 더 큰 문제였다.

그렇다고 자연환경을 무조건 보존만 하는 것도 능사는 아니다. 자연을 적당히 이용하면서 보존하는 것이 필요하다. 『맹자』「양혜왕상」편에 시사점이 있다.

> "농사철을 어기지 않으면 거기서 나오는 곡식은 다 먹을 수 없을 정도로 넘친다. 촘촘한 그물을 웅덩이와 연못에 넣어 저인망식으로 잡지 않으면 거기서 자라는 물고기를 이루다 먹을 수 없다.

도끼를 갖고 함부로 산림에 들어가지 못하게 하면 거기서 나는 재목을 다 쓸 수 없다. 곡식과 물고기를 이루다 먹을 수 없으며, 재목을 다 쓸 수 없을 정도가 된다면, 백성들이 산 사람을 봉양하고 죽은 자를 장사함에 유감이 없게 한다. 산 사람을 봉양하고 죽은 자를 장사함에 유감이 없다면 왕도정치라 할 수 있다."

자연환경을 적절히 보호하고 활용하면 최적의 상황에서 산 자에 대한 봉양과 죽은 자에 대한 예를 갖출 수 있다는 말이다. 한마디로 효를 실천하는 조건으로 자연환경의 적절한 이용을 말한 내용이다. 효와 예의 기본 조건이 자연환경의 적절한 이용에 달려있다는 것이다. 그런데 인간은 자신의 욕심을 채우기 위해 이 원칙을 너무나 쉽게 저버렸다. 필요량 이상의 것을 요구하면서 함께 살아가야 할 동식물이 고갈되었다. 부주의한 태도로 한순간 태워버리기도 하였다.

동식물이 사라진 환경에서 인간은 살 수 없다. 아무리 인간이 뛰어난 존재라 하더라도 자연환경 없이는 삶을 영위할 수 없다. 자연과 인간이 결코 둘이 아님을 말한 것이다. 사람이 살 수 없는 환경에서 인간의 도덕 윤리는 무엇하겠는가? 모든 행위의 근본인 효를 자연환경과 관계 지은 것은 그렇기 때문에 매우 적절하고도 타당하다.

증자가 "수목을 때에 맞추어 베고, 새와 짐승을 때에 맞추어 잡아야 합니다."고 하자, 공자는 "한 그루의 나무를 베더라도 또 한 마리의 짐승을 잡더라도 때에 맞추어 하지 않으면 효도가 아니다."(『대대예기』「증자대효」)고 하였다. 증자가 인간의 상식적 도리에서 동식물 보호를 말하자 공자는 효의 가치에서 이를 재설명하며 강조한 것이다.

효와 자연보호, 전혀 관계없을 것 같은 양자를 동양의 고전은 함께 말하고 있다. 인간관계를 기본으로 하는 도덕 윤리로서의 효를 대상적 존재인 자연과 결부시킨 것이다. 인간의 최고 덕목인 효를 자연보호와 연계한 것은 인간과 자연의 관계가 무엇보다 밀접함을 말한다. 자연환경을 등진 인간을 생각할 수 없다면, 효의 가치도 자연을 등질 수 없다는 것이다.

(4) 언택트시대의 효문화

농작물은 농부의 발자국 소리를 듣고 자란다고 한다. 인간의 돌봄과 관심이 무엇보다 중요하고, 잦은 접촉이 좋은 농작물의 조건이란 얘기다. 농경사회, 자연에 대한 인간의 마음이 이 정도라면 인간에 대한 인간의 마음은 어떠했을까. 이웃의 일을 내 일처럼 나서서 하던 품앗이 정신이 대변한다. 네 것 내 것 가리지 않던, 그래서 이웃간의 벽이 없던 역시 농경시대의 일이다. 한 집안의 잔치는 동네잔치이다. 혹 어르신이 돌아가시면 이런 이웃간의 정은 며칠이고 지속되었다. 온 동네가 총동원된 것이다.

하물며 혈육으로 뭉친 부모자녀간의 끈끈한 정은 두말할 것도 없다. 한 지붕 밑에 살면서도 아침저녁으로 문안 인사를 올렸다. 잠시 문밖출입이라도 할 때면 보고는 필수항목이었다. 오죽하면 자신의 몸을 희생하면서까지 부모생명을 살리려고 했을까. 이것으로 끝이 아니다. 돌아가시면 3년간 무덤을 지켰다. 그도 모자라 이름 석자 나무판에 써놓고 평생을 가까이서 모셨다. 산 자와 죽은 자의 만남, 제사문화의 현장이다. 결국 죽어도 죽은 게 아니었다.

한마디로 시종일관 '무간無間'이다. 사나 죽으나 공간적·시간적 간격을 두지 않았던 것이 '부자유친父子有親'이고, 이것을 효라고 했다. 효는 생로병사의 인생행로 속에 관계의 틈을 두지 않는 절대적 가치였다. 손이 끈기지 않는 한 부자관계는 영속적이었고, 거기에 효는 선택이 아닌 필수였다. 어차피 자신이 행한 효는 자신이 받을 효이기 때문에 손해는 아니었다. 한 만큼 받는다는 믿음이 작용한 것이다. "효자 집안 효자 난다."는 얘기도 여기서 비롯됐다.

'무간'의 효는 산업사회에도 이어졌다. 몇 달을 떨어져 살다가도 명절 때만 되면 그 길을 갔다. 아무리 고난의 행렬이라도 '무간' 곧 빈틈 메꾸기 위한 효의 행렬은 어김없이 이어졌다. 두 손에는 무거운 선물 보따리가 들렸다. '틈有間'에 대한 미안함의 표현이었다. 보따리는 불효를 씻기 위한 최소한의 속죄물과도 같았다. 시간적·공간적 틈이 불효로 치부되었기 때문이다.

이제 시대가 달라졌다. 달라져도 너무 달라졌다. '무간'에서 자꾸 틈을 두라고 말한다. 틈이 있어야 산다는 생존의 몸부림이다. 언택트 시대다. 언택트 관광, 언택트 공연, 언택트 문화, 언택트 교육도 나왔다. 이것이 사회적 새로운 표준(New Normal)이 되었다. 4차 산업혁명시대 VR쇼핑, VR부동산, VR아카데미, 챗봇 등 비대면 서비스를 지칭하던 첨단 기술이 이제는 사회전반을 장식하는 용어가 되었다. 어차피 다가오는 현실이었지만, 코로나19로 더욱 빨라졌다.

무간, 친친親親의 효를 핵심가치로 여기던 민족에게는 엄청난 충격이다. "우리가 남이가 정情"을 외치던 사람들에게 사회적 거리 두기는 너무나도 가혹한 요구였다. 몸과 마음이 하나라던 심신일체의 세계관에서 "몸은 멀리, 마음은 가까이"란 심신분리의 정반대 요구도 나왔다. 그런데 이런 가혹하고도 충격적인 요청에 효를 부담으로 느끼던 사람들은 오히려 반기고 있다. 아마도 빈틈없음을 요구했던 '무간'의 효에 대한 반작용일 수 있다. 부모 가까이서 헌신 봉사 희생을 효로 여겼던 사람들에게 사회적 거리 두기는 해방일 수 있다.

뉴노멀시대 구태의연한 효실천엔 한계가 있다. 언택트가 자유로운 세대에게 기존 무간의 효는 설득력이 없다. 비대면시대 새로운 효문화의 방향과 방법을 찾을 때이다. 한동안 군불 때던 고향 어르신께 따뜻한 보일러는 최고의 효행 선물이었다. 첨단시대 언제 어디서나 이용할 수 있는 스마트폰은 부모님의 몸과 마음을 자유롭게 만든 해방의 도구였다. 따뜻한 공간과 자유로운 몸과 마음을 확보했으니 최소한의 효는 이미 실천한 셈이다.

이제 무료함을 달래주는 소일거리 콘텐츠 제공이다. 그것도 흐뭇한 미소를 저절로 머금게 하는 자료라면 금상첨화이다. 어르신들의 꿈과 희망인 아이들의 밝은 모습을 AR(증강현실)로 담는다든지, 부모님의 즐거웠던 과거 모습을 VR(가상현실)로 만들어 보내드린다면 무료했던 하루가 온종일 즐겁게 되지 않을까.

(5) 효문화, 저출산 고령사회 문제해결의 열쇠

저출산 고령화 문제는 오늘날 우리 사회가 안고 있는 가장 큰 문제로 대한민국의 앞날이 걸려 있다. 현재 심각하게 진행되고 있는 북한핵 및 미사일 문제도 당연히 해결해야할 선결과제인 것만은 분명하지만, 저출산 고령화에 따른 문제는 북한 핵보다 더 심각하게 고려해야할 문제이고, 긴 안목에서 반드시 풀어야 할 과제이다.

다행히도 한국사회는 오래전부터 가족주의와 효사상이 내려오고 있다. 가족주의와 효사상이 중요한 정신적 가치로 작용하며 이 나라를 지탱하는 원동력으로 작용하였다. 그 때는 오히려 다산多產이 걱정되어 덜 낳기 운동을 하던 시절이니 격세지감이 아닐 수 없다. 그래도 탄탄한 가족주의와 효가 뒷받침 되면서 효도하는 자녀가 화목한 가정을 만들고, 화목한 가정이 평화로운 사회와 나라를 이루는 기반이 된다는 사실을 자연스레 구현하던 때이다. "자효쌍친락, 가화만사성."이란 말을 줄줄 외우며 사랑과 공경으로 사회를 이끌었던 것이다. 이 때 부모에 대한 효는 부모님의 따뜻한 사랑과 보살핌이 우선하였기 때문에 사랑과 효는 쌍무적 관계였지 일방적인 것은 아니었다.

이런 효와 화목이 가정과 사회의 소중한 가치로 내려왔고, 지금도 중요한 정신적 가치로 남아 있다. 또 그 정신은 기독교·불교·유교 어느 종교에서도 존중하며 공유하고 있기 때문에 효에 관한한 종파·이념·세대를 뛰어넘는 가치로 인정되었다. 이로써 우리 사회의 소통과 화해의 중심에 효가 있다는 것을 알게 된다. 마침 한글 효를 소리대로 알파벳 표기하면 HYO가 되고 여기에 의미를 갖다 붙이면 H는 Harmony, Y는 Young, O는 Old, 묶어서 Harmony of Young & Old 라는 뜻으로 풀 수 있다. 이 때 핵심은 '하모니'라 할 수 있다. 이렇게 우리 전통문화로 내려온 '효'의 가치를 '하모니'의 뜻으로 새롭게 정의하고 승화한다면 현대인들에게 설득력 있게 다가갈 것이다.

이제 저출산 고령사회에 따른 사회문제를 어떻게 '효' 곧 '하모니' 정신으로 풀어갈 것인가의 문제이다. 저출산의 가장 큰 요인 중 하나가 양육문제이고, 이것은 가족·직장·국가 누가 됐든 반드시 책임지고 해결해야할 사안이다. 부모가 양육하는 것이 가장 효과적인 방법이지만, 부모 못지않은 사랑과 정성을 갖고 있는 조부모의 양육도 문제해결의 한 방법일 것이다. 또 이것을 단지 각자 가정에서 알아서 하기보다는 국가에서 노인일자리 창출 차원에서 접근한다면 효과적인 해결방법이 아닐까 생각한다. 양육에 부담을 느끼며 애 낳기를 꺼려하는 젊은 층의 부담을 덜어주고, 아직 일할 수 있는 나이임에도 쉬고 있는 노인 분들에게 아이 돌봄이란 새로운 일자리를 제공한다면 이는 일석이조의 효과가 있을 것이다. 요양보호사가 본인 부모 돌볼 때에도 국가에서 지원하듯, 자신의 손자녀 돌봄도 국가가 지원해준다면 노인 일자리창출 차원에서 의미 있는 일이고, 또 가정에서 조부모가 아이 사랑하며 양육하는 가운데 자연스레 부모 어른 공경의 효정신을 일깨워줄 수 있다면 이는 아이의 바른 인성함양에도 큰 도움이 될 것이다. 나아가 아이 양육에 일가견이 있는 어르신들께 동네 아이들 돌볼 수 있는 기회를 만들어 드린다면 자라나는 아이들 인성함양은 물론 고령화 따른 여러 문제도 함께 풀어 갈 수 있는 매우 긍정적 효과가 있을 것이다.

그런데 안타깝게도 일부 국회의원들이 '인성교육진흥법'에서 효개념을 배제해야 한다는 내용으로 개정안을 제출했다 철회했다. 거기에는 뭔가 사유가 있고 나름 반성해야할 부분이 없지 않다고 생각하지만, 한국의 가장 중요한 정신적 가치인 효를 인성교육에서 삭제하겠다는 것은 심하다는 생각이 든다. 지적된 문제점을 서로 토론하며 보완할 것은 보완하면서, 오히려 이번 기회에 적극적으로 효문화 확산에 나서는 계기를 삼았으면 한다. 저출산 고령사회, 더 이상 방치할 수 없는 국가적 대사이고, 이를 하모니 효운동을 통해 해소할 수 있다는 확신에서 하는 말이다.

2. 새로운 시대의 효교육 방향

(1) 효와 예절, 본성인가 교육의 산물인가?

인간의 본성은 선善할까 아니면 악惡할까? 인간 본성의 선악 문제는 동양사상의 주요 질문 가운데 하나이다. 이 질문이 교육방법을 결정하는데 중요한 단서가 되기 때문이다. 인간의 본성이 선하다면 선한 본성을 회복하는 방법으로 교육내용이 짜여질 것이고, 본성이 악하다면 본성을 뜯어고치는 쪽으로 교육내용이 정해질 것이다.

공자는 인간 본성의 선악을 말하지 않았다. 다만 "타고난 본성은 서로 비슷하지만 후천적인 습성은 차이가 있다."(性相近也, 習相遠也. 『논어』「양화」)고 하였다. 그 이후 본성은 하나이고, 습성은 다르게 보려는 관점이 생겨났다. 대표적인 경우가 맹자의 성선설과 순자의 성악설이다. 물론 인간의 본성은 선하지도 악하지도 않다는 '성무선무불선설性無善無不善說'도 있고, 선하게도 될 수 있고 악하게도 될 수 있다는 '성가이위선가이위불선설性可以爲善可以爲不善說'도 있다. 하지만 성선설과 성악설의 논쟁에 파묻혀 큰 빛을 보지는 못하였다.

그렇다고 성선설, 성악설 양론의 격론을 재론할 여지는 없다. 여기서는 다만 교육을 보다 강조한 순자의 성악설만을 점검해 보려고 한다. 성악설이 우리의 교육현장에 큰 영향을 주었기 때문이다.

> "맹자는 '인간의 본성은 선하다.'고 말한다. 내 생각에는 그렇지가 않다. 예로부터 오늘에 이르기까지 세상에서 말하는 선이라고 하는 것은 도리에 들어맞고 평화롭게 다스려지는 것을 말한다. 악

이라고 하는 것은 치우쳐 도리에 어그러지고 혼란한 상태를 말한다. 이것이 곧 선과 악의 차이이다. 그런데 참으로 사람의 본성이 나면서부터 도리에 들어맞고 평화롭게 다스려지는 것이라고 보는가? 그렇다면 여기에 무슨 성왕이 필요하겠으며, 예의는 또 무슨 필요가 있겠는가? 비록 성왕이나 예의가 있어도 모든 게 다 도리에 들어맞고 평화롭게 다스려진다면, 다시 무엇을 더할게 있겠는가?"(『순자』「성악」)

이 문장에는 순자가 생각하는 선과 악의 개념이 분명히 드러나 있다. 선이란 도리에 맞고 평화롭게 다스려지는 것이고, 악이란 치우치고 도리에 맞지 않으며 혼란한 상태라는 것이다. 그럼 어떻게 해서 혼란한 상태가 만들어지는 것일까? 만일 악이 혼란발생의 원인이라면 그 악의 본질은 무엇일까? 역시 순자의 말로 풀어보자.

"인간의 본성은 악하며 그것이 선한 것은 인위적인 것이다. 지금 인간의 본성은 나면서부터 이로움을 좋아하는 것이 있는데, 이것을 따르기 때문에 쟁탈이 생겨나고 사양하는 것이 없어진다. 나면서부터 미워하고 싫어하는 것이 있는데, 이것을 따르기 때문에 잔적이 생기고 충忠과 신信이 없어진다. .... 그러므로 인간의 본성을 따르고 인간의 감정을 따른다면 반드시 쟁탈로 나아가게 되어 분수를 무시하고 이치를 어지럽히는 데로 합쳐져 난폭함으로 귀결된다. .... 이것으로 살펴본다면 인간의 본성은 악한 것은 분명하며, 그것이 선하게 되는 것은 인위적인 것이다."(『순자』「성악」)

이제 순자 성악설의 근거가 좀더 분명해 졌다. 인간은 이익을 좋아하고, 또 그대로 따라가다 보면 갈등과 쟁탈이 일어난다는 것이다. 성왕聖王과 예의禮義가 필요한 것은 바로 이 혼란을 잠재우기 위해서이고, 이렇게 해서 찾아온 평화는 인위적 결과라는 것이다. 이 맥락에서 순자의 성악설은 철저한 인간교육을 강조하는 방향으로 나아갔다.

> "굽은 나무는 반드시 도지개에 넣거나 불에 쬐어 바로잡은 연후에 곧게 되고, 무딘 쇠붙이는 반드시 숫돌에 간 뒤에 날카롭게 된다. 이제 인간의 악한 본성은 반드시 스승이나 법도를 기다린 후에 바로 잡히며 예의를 얻은 후에 다스려진다."(『순자』「성악」)

인간이 선해지고 사회가 안정되고 평화롭게 되는 것은 철저한 인위적 산물이란 것이다. 인위의 주요 산물은 예의이고 법도이다. 그 예의와 법도를 통해서 드디어 인간은 선해진다는 것이다. 따라서 예의와 법도를 교육받지 못한 인간은 악한 상태로 방치되고 그런 환경이 지속되면 쟁탈이 일어나 혼란해 진다는 것이다.

예를 들어보자. 어떤 사람이 길을 가는데 배가 고팠다. 길가 제과점에 맛있는 빵과 과자가 즐비했다면, 그 사람의 본성은 그 과자를 먹는 것인가? 아니면 참고 먹지 않는 것인가? 일단 본성의 차원에서 본다면 배고프면 먹는 게 맞을 것 같다. 아니 그것을 본능이라 해도 순자의 표현대로 말한다면 본성과 다르지 않다. 하지만 대가를 지불하지 않았다면 보통은 그 빵이나 과자를 먹지 않을 것이다. 그렇게 교육되어졌기 때문이다. 만일 교육받지 못한 사람이라면 과자를 거리낌 없이 입에 넣었을 것이다. 또 그로 인해 제과점 주인과 다투게 될 것이다.

이렇듯 악한 본성대로 행동한다면 이 사회는 혼란에 빠진다는 것이다. 그래서 성악설을 주장한 순자는 철저히 인간은 교육되어야함을 강조했다. 교육되어야 선해지고 사회는 평화롭게 된다는 주장이다. 교육이라는 인간의 강제적 행위가 가해져야 비로소 선한 사람도 되고 사회적 평화도 찾아온다는 것이다.

이로부터 동양사회는 어려서부터 철저한 교육을 강조하였다. 철저한 교육을 순자는 '인간의 행위[人爲]'로 규정하였다. 교육자체가 인간의 행위란 것이다. 인간의 행위, 즉 교육받은 인간만이 선해질 수 있다는 위선僞善론이다. 여기서 위선이란 우리가 상식적으로 생각하는 위선이 아니다. 인간(人)의 행위(爲), 즉 人+爲=僞로서의 위선이다. 그렇다면 최초의 교육장소는 어디이겠는가? 가정이고, 최초의 교육자는 부모님과 형제자매 등 가족구성원이다.

『예기』「예운」편에 "예의 처음은 음식에서 비롯한다."고 하였다. 의식주는 인간의 삶의 기본이고, 그 가운데서도 음식은 생명과 가장 직결되는 요소이다. 예절의 시작을 음식에 둔 것은 기본적인 생명질서와 관계있다는 것이고, 밥상머리에서의 바른 자세가 예절의 시작이란 것이다.

오늘날 가정·학교·직장·군대 등 공동체 생활을 영위하는 모든 공간에서의 식사예절은 공동체의 평화와 안정에 직결되는 문제이다. 비록 부족한 양의 음식일지라도 규정된 질서와 룰에 따라 예절을 지킨다면 갈등이나 다툼은 없을 것이다. 만일 식사예절을 지키지 않는다면 먹거리를 앞에 두고 으르렁거리는 짐승과 다를 바가 없게 된다.

지금은 고인이 된 조선일보 논설위원 이규태 선생의 어린 시절 밥상머리 체험담은 비록 시대가 달라졌어도 참고함직하다. 그는 어린 시절 어머니로부터 철저한 밥상머리 교육을 받은 것 같다. 그가 지적한 밥상머리 교육의 내용을 한 대목씩 살펴보며 그 의미를 되짚어 보자.

> "나는 소학교에 들어가기 이전부터 할아버지와 겸상을 해서 밥을 먹었다. 나중에 안 일이지만 조손간祖孫間의 겸상은, 멀어지기 쉬운 조손간의 정을 가깝게 하려는 뜻에서가 아니라 실생활의 버릇을 가르치는 가정교육의 한 교과과정이었던 것이다."

아마도 부친께서 계시지 않았기에 할아버지와 겸상한 것 같다. 만일 부친이 계셨다면 3대가 한 상에서 식사했을 것이다. 여기서 중요한 것은 '조손간의 정'을 돈독히 한다는 의미이다. 일종의 '부자유친父子有親'의 자리인 것이다. 그런데 상식적으로 아버지와 자식은 이미 친한 사이인데 무슨 소리인가 반문할 수도 있다. 조용한 학생들에게 '조용해!'라고 한다면 선생님이 이상한 사람이 되듯 이미 친한 아버지와 자식사이에 친해야 한다니 무슨 말일까? 그러나 막상 고대사회의 가족문화를 생각한다면 그럴 수밖에 없을 것 같다. 아버지를 뜻하는 '부父'란 글자만 보아도 알 수 있다. '父'는 두 개의 도끼자루가 교차한 상형문자이다. 아버지를 도끼로 묘사한 것은 가족의 생계와 관련이 있다. 가족의 생계를 위해서 아버지는 사냥과도 같은 바깥일에 종사했다는 말이다. 그렇다면 바깥에서 일하다 간혹 들어오는 아버지와 자식 간에는 친함보다는 서먹서먹함이 많았을 것이다. 따라서 부자간父子間, 혹은 조손간祖孫間의 겸상은 시간적·공간적 틈을 메워 보려는 어머니의 지혜의 산물이었던 것이다.

> "할아버지가 숟가락을 들기 전에 숟가락을 들어서는 안 되었다. 할아버지가 숟가락을 놓기 전에 숟가락을 놓아서도 안 되었다. .... 뿐만 아니라 무슨 반찬이든 할아버지가 먼저 젓가락이나 숟가락을 댄 다음에야 먹을 수 있었던 것이 식사 예법이었다."

이 대목은 밥상에서의 '장유유서長幼有序'의 질서를 교훈하고 있다. 식탁에서 어른이 먼저 수저를 들고 식사를 시작하는 건 예절의 기본이다. 그러나 의외로 먼저 수저를 들고 허겁지겁 먹는 사람들이 많다. 훈련받지 못한 철없는 행동들이다. 맛난 음식을 어른이 먼저 손댈 때까지 기다리는 것도 밥상에서 빼놓을 수 없는 예절이다.

> "김치나 나물을 집을 때 집힌 대로 먹어야지 집은 분량이 많든 적든 간에 다시 두 번 젓가락질을 하는 것도 법도에 어긋나는 것이었다."(이상 인용문은『한국학에세이』중에서)

우리 밥상의 특성은 서양과는 달리 밥과 국을 빼고는 대개 여럿이서 같은 접시에 담아 놓고 함께 먹는다. 그렇기 때문에 한번 젓가락이 닿은 것을 반복해서 또 만지면 다른 사람에게 큰 결례가 된다. 특히 반찬을 뒤적이는 것은 상대방을 불쾌하게 만든다. 심한 경우 입으로 한번 베밀어 다시 찬그릇에 놓는 이도 있다. 대단히 무례한 일이다. 품격 높은 예절을 갖춘 사람이나 가문에서라면 그렇기 때문에 공동젓가락을 구비해 놓는다. 혹 분배가 필요하다면 그때도 공동 젓가락을 사용한다.

그런데 이런 밥상예절은 특별히 벼슬한 집안이 아니어도 지켜내려 오던 우리의 예법이었다. 하물며 체통 있는 명문가 집안의 밥상예절은 두말하면 잔소리일 것이다. 밥상 예절을 보면 가정교육이 잘 되었는지 못되었는지 단번에 알 수 있다. 아무리 사회가 달라지고 변화되었어도 예절바른 사람과 예절 없는 사람은 식탁에서 구별된다. 밥상머리 예절의 뿌리가 된『예기』「곡례상」편의 기록도 찾아보자.

> "큰 그릇에 여럿이 함께 먹을 때에는 배부르게 먹지 않으며 또 함께 밥을 먹을 때에는 땀이 나서 더러워진 손으로 먹지 않는다. 혼자서 밥을 한 뭉치씩 집어 먹지 않으며 밥을 흘리지 않으며 물을 들여 마시듯 훌쩍거리며 먹지 않는다. 혀를 차면서 쩝쩝 먹지 않으며 뼈까지 아삭아삭 거리며 갉아 먹지 않으며 생선이나 고기를 먹다 놓지 않으며 개에게 음식을 던지지 않으며 구태여 더 먹으려고 억지 부리지 않는다. 밥을 후후 불어서 헤쳐 먹지 않으며 기장밥을 젓가락으로 먹지 않는다. ..... 국속에 나물이 있는 것은 젓가락을 사용하고 나물이 없는 국은 젓가락을 사용하지 않는다."

요즘 신세대들이 들으면 생소하고 고리타분할지 모르겠다. 또 너무 자질구레한 것까지 간섭한다는 느낌도 들 것이다. 그러나 면밀히 따져보면 옳지 않은 것도 없고, 막상 지키면 도움이 될만한 것들이다. 단순 도움정도가 아니라 이런 식탁예절을 지키게 된다면 예절바른 사람이 될뿐더러 명문가 태생이란 즐거운 소리도 들을 수 있을 것이다. 아무나 명문가 소리를 듣는 건 아니다. 품격 높은 예절을 알고 지키는 사람들이 명문가를 만들기 때문이다. 우리가 속한 공동체에서 바른 예절문화를 체득하여 자신의 집안을 품격 있는 명문가로 만들어 보는 것도 즐겁고 보람된 일 아닐까?

명문가는 만들어지는 것이지 주어진 것이 아니다. 딱히 한 명문가를 꼽을 것도 없이 명문가 집안의 공통점은 가정교육이 철저하다는 점이다. 엄격한 가정교육의 전통이 여러 대를 거쳐 이어오면서 명문가로 자리매김한다는 것이다.

일찍 아버지를 여읜 퇴계 이황 선생은 어머니의 혹독한 교육아래 조선 최고의 대학자가 되었고, 진성 이씨 집안은 그 이후로 명문가가 되었다. 7남 1녀 중 막내로 태어난 퇴계 선생은 생후 일곱 달 만에 부친께서 타계하자 홀로된 어머니 밑에서 자랐다. 어머니 춘천 박씨는 자식들 교육을 위해 고된 농사와 길쌈을 해가면서도 자식 교육은 철저히 하였다. 특히 홀어미 밑에서 버릇없이 자랐다는 세간의 비난을 염려하며 자식들에게 늘 강조하였던 말이 있다.

> "너희들은 아버지가 계시지 아니하므로 남의 집 아이들과는 달라서 공부만 잘 해도 안 된다. 공부도 남보다 잘 해야 하지만 행실을 각별히 삼가지 않으면 안 된다. 만약 행실이 방정하지 못하면 애비가 없어서 교육을 옳게 받지 못해 그렇다고 남들이 헐뜯을 터이니 너희들은 그 점을 각별히 명심하여 조상들에게 욕된 사람이 되어서는 안 된다."

철저한 예절교육을 선행하였던 것이다. 공부 잘하는 것도 중요하지만 그것보다 먼저 예절바른 사람이 되라는 어머니의 엄격한 가정교육이 결국 조선 최고의 학자를 길러냈던 비결이었다. 대대로 지방 아전정도의 낮은 관직에 머물던 진성이씨 집안이 퇴계 선생이후로 중앙관직에도 오르게 되었는데, 그렇다고 퇴계 집안이 그 후로 교만해 지거나 거만해 진 것은 아니었다.

어머니의 엄한 교육을 받고 대성한 퇴계 선생도 슬하의 두 아들을 교육할 때에는 철저하면서도 솔선수범하는 모습을 보여주었다. 당시 국법으로 낙동강에서의 은어낚시는 금지되었다. 진상용 은어를 함부로 잡을 수 없었기 때문이다. 하지만 낙동강에서 가장 흔한 물고기가 은어였다. 낚시하면 으레 은어가 잡히었다. 마을 사람들은 중앙관직을 지냈던 퇴계 선생에게 유명무실한 법이니 조정에 고해서 바꿔줄 것을 요청하였다. 퇴계 선생은 "법이 개정될 때까지는 지켜야 한다."며 동네 사람들과 자신의 아들들에게 당부하였다. 하지만 두 아들의 은어낚시는 멈춰지지 않고 계속되었다. 그러자 퇴계 선생은 낙동강가에서 멀리 떨어진 산골로 이사하였다.

'해라' '하지마라'는 가정에서 늘 하는 일상적인 교육 방법이다. 이때 문제는 분위기가 '할 수 있느냐' '할 수 없느냐'를 결정할 것이다. 바른 교육을 위해서 부모는 솔선수범해야하고 또 분위기를 조성해야 하는데, 퇴계 선생의 이 일화에서 부모의 자세를 배우게 된다.

퇴계 선생의 부인이 둘째 아들을 낳고 곧바로 타계하자 퇴계 선생은 주변의 권유로 둘째 부인을 맞이하였다. 그런데 그녀는 행동거지가 불편한 신체장애도 있었지만 음식솜씨 또한 없어서 귀한 손님이 왔을 때 가지나물과 산나물 두 종류만 내었다고 한다. 그럴 때마다 퇴계 선생은 전혀 화를 내지 않고 오히려 부인께 공대하고 밥상을 받았다는 일화가 있다.

퇴계 선생을 통해서 진정한 선비의 풍모와 명문가 집안의 가풍을 알게 한다. 빈천에 처해 비굴하지 않고 부귀함에 처해 거만하지 않는 선비의 모습을 퇴계 선생에게서 볼 수 있다는 것이다.

『논어』「학이」편에 "군자는 먹음에 배부름을 구하지 않으며, 거처할 때 편안함을 구하지 않는다."고 하였고, 「이인」편에서는 "선비가 도에 뜻을 두고서 나쁜 옷과 거친 음식을 부끄러워한다면 더불어 의논할 수 없다."고 하였는데, 퇴계 선생을 통해서 확인하게 된다.

지금까지 인간은 자기의 이익만 추구하는 악한 본성 때문에 반드시 교육되어야 함을 말했고, 그 교육은 밥상에서의 식사예절로부터 시작하고, 또 철저한 가정교육이 위대한 사람과 명문가를 만든다고 하였다. 예로부터 우리민족은 유달리 교육열이 강했고, 그 교육열은 오늘날까지도 이어지고 있다. 그러나 그 교육열이 반드시 인생의 성공자를 만들거나 명문가를 탄생시키는 것은 아니다. 교육에 대한 열정보다 더 중요한 것이 있다면 어떤 교육을 받았는가 일 것이다. 역사 속에 드러난 명문가 집안의 공통점은 철저한 가정교육이 이뤄졌다는 점이고, 또 그 교육의 가장 중요한 부분은 예절교육이라는 것이다. 밥상에서부터 이뤄진 예절교육은 단지 '난사람' 정도에 머무는 게 아니라 누구로부터도 인정받는 '된사람'을 만들었다는 것이다.

그런 점에서 요즘 부모님들의 교육방식과 내용에 문제는 없는가 돌이켜 보아야할 것이다. 지나친 경쟁의식 속에서 예절교육은 뒷전이고 실용중심의 교육을 앞세우며 가장 기본적인 식탁예절마저도 망각하는 경우가 없는지 깊이 반성해야할 문제라 생각한다.

(2) 치수治水와 효교육

속담 가운데 "가뭄 끝은 있어도 장마 끝은 없다."는 말이 있다. 가뭄보다 장마 피해가 크다는 뜻이다. 집중호우는 온갖 전답과 가재도

구를 쓸어간다. 재산상의 피해는 물론 습기로 인한 간접 피해 또한 적지 않다. 곳곳에 피는 곰팡이로 인한 식중독, 수인성 전염병 피해는 계측할 수도 없다.

얼마나 홍수가 무서웠으면 재앙災殃이라 했을까. 원래 재앙의 재 자는 강물이 넘쳐흐르는 모습이었다. 나중에 불 화火가 더해져서 홍수만이 아닌 가뭄도 재앙이 되었다. 한자 문명을 만든 중국인들이 가장 두려워한 것은 홍수였다. 중국 대륙에는 동아시아 문명을 잉태한 장강長江과 황하黃河가 있다. 강江과 하河라 부르기도 한 이들 물줄기는 비옥한 옥토를 만들어 준 고마운 존재였다. 하지만 어느 순간 돌변해서 재앙을 안겨주는 두려운 존재가 되기도 했다. 완만한 평원을 흐르기 때문에 비가 조금만 넘쳐도 홍수로 돌변했다. 고마움의 대상이자 동시에 두려움의 대상이 된 물이 숭배 받은 까닭이다. 성난 물줄기가 얼마나 자주 바뀌었으면 지도상엔 시대마다 달리 표현했을까. 대홍수로 물길이 달라졌기 때문이다.

인류는 대홍수를 자연현상이 아닌 인간의 잘못에 대한 하늘의 심판이라 여겼다. 성경 창세기 노아의 방주 사건과 중국 신화 요임금 시절 발생한 홍수가 대표적이다. 동시에 인간은 물을 관리할 수 있다는 확신도 갖게 했다. 중국 하나라 우임금은 9년간 치수에 성공해서 천자의 자리에 오른 인물이다. 치수治水가 성공의 비결이다.

물길을 표현하는 글자로 강하江河말고도 천川자가 있다. 갑골문에 내는 언덕 사이로 흐르는 물을 상형화했다. 유유히 흐르는 물길은 비옥한 토지를 선물했고 그곳에 삶의 터전이 만들어졌다. 물길川 사이에 고을州이 생기고 행정구역이 만들어졌다. 물을 두고 고을이 생겼기에 이동할 때에도 물길이 편리했다. 순행巡行이란 물길을 이용해서 다니는 것을 말했다. 여기서 순巡이란 쉬엄쉬엄 간다는 착(辶, 辵)과 물길 내川의 결합이다. 인도하며 가르친다는 뜻의 훈訓자도 내를 돌며 이뤄졌음을 확인하게 된다. 우리 삶에 물길이 얼마나 소중했는가를 알려준다.

다스린다는 뜻의 치治자도 물(氵, 水)과 기쁘다는 뜻의 태台의 결합으로 나왔다. 물은 높은 곳에서 아래로 흐르는 것이 속성이고 순리이다. 따라서 치란 순리대로 처리하면 다스려지고 기쁘다는 뜻이다. 다닐 행行은 사거리를 상형한 문자이고, 거기로 사람들이 오가기에 '길' 또는 '가다'는 뜻이 되었다. 그런데 사람 다니는 길行에 물이 넘쳐흐르는 것을 연衍이라 했다. 계곡이나 내로 흘러야 할 물이 사람 다니는 길로 넘쳐흐르는 것은 정상이 아니었다. 여기서 파생된 글자가 허물이란 뜻의 건愆자가 나왔다. 정상이 아니란 뜻이다.

그만큼 물길은 우리 삶에 중요한 요소였다. 또 물은 물길로 흘러야 정상이지 사람 다니는 도로에 차서 흐르면 허물이자 재앙이었다. 일찍이 우리 조상들이 수로를 내고 제방을 쌓아 저수지를 만든 까닭이다. 농경민족에게 물은 생명과도 같은 존재였다. 그런데 물은 넘치면 홍수고 마르면 가뭄으로 인간의 생존을 위협했다. 반드시 해결해야 할 문제였기에 삼국시대 이래로 기우제祈雨祭와 기청제祈晴祭가 빈번했다. 물을 적정수준으로 유지하기 위한 몸부림이었다. 넘치거나 마르면 하늘의 책벌로 알고 겸손한 예를 갖추기도 했다.

조화調和의 예가 강조된 배경이다. 조화란 넘침도 부족함도 아닌 적절함이 유지되는 상태이다. 이것은 인간의 삶 모든 곳에 적용되었다. 인간과 인간의 조화를 위해 '효와 예절'이 나왔고, 인간과 자연의 조화를 위해 풍수風水가 나왔다. '효와 예절'이 인간과 인간 사이의 '배려와 존중'이라면 '풍수'란 인간과 자연 사이의 '배려와 존중'이었다. 적절한 바람과 물은 삶의 최적화를 위한 필수조건이었다. 때론 적토성산積土成山, 적수성연積水成淵도 했다. 자연재앙을 막기 위한 예방적 차원에서 실천한 자연과의 조화였다. 인류의 또 다른 재앙, 조화를 잃은 막가는 인간관계로 인한 재앙을 막기 위한 예방 차원의 효와 예절 교육 강화도 이 틈에 생각해 본다. 조화 잃은 자연재앙 속에서 조화 잃은 인간관계의 재앙을 헤아리며 보다 나은 사회를 꾸려야 할 책무가 우리에게 있기 때문이다.

(3) 웃는 얼굴도 효

서시西施는 중국 춘추시대 월나라 미인 중의 미인이다. 얼마나 아름다웠던지 그의 미모에 빠져 나라가 위태롭게 되었다는 '경국지색傾國之色'이란 말도 나왔다. 미모에 취한 "물고기는 물속으로 가라앉고, 기러기는 땅으로 떨어지며, 달은 구름 뒤로 얼굴을 가리고, 꽃은 스스로 부끄러워하노라."는 시도 나왔다.

『장자』에는 그의 아름다움 때문에 생긴 웃지 못 할 일화가 전한다. 서시가 위장병으로 속이 쓰리자 인상을 찌푸렸다. 마을사람들은 그 모습조차도 예쁘다고 여겼다. 같은 동네 동시東施라는 형편없이 못생긴 여자가 예뻐지고 싶은 마음에 이를 흉내 냈다는 이야기다. 마을여자들 모두가 찡그리고 다녔다는 말도 있다. '동시효빈東施效顰'이라는 고사성어의 내용이다. "무턱대고 남을 흉내 낸다."는 뜻도 있다. 남의 결점을 장점으로 알고 흉내 내는 것을 말한다.

양자陽子는 전국시대 유명한 학자였다. 그가 이웃 송나라에 갔을 때

두 여자를 만났다. 한 사람은 예쁘고, 한 사람은 볼품이 없었다. 그런데 이상한 것은 볼품없는 여자는 주변의 사랑을 온몸에 받고 있었고, 예쁜 여자는 멸시와 천대를 받았다. 이상한 생각이 들어 주변 사람들에게 물었다. 그 사람이 귓속말로 "예쁜 여자는 세상에서 자신이 제일로 예쁘다고 생각합니다. 그런데 우리는 도대체 어디가 그렇게 예쁜지 모르겠어요. 저 못생긴 여자는 볼품없이 생긴 것은 알지만, 하는 행동과 마음 씀씀이를 봐서는 어디가 그렇게 볼품없는지를 모르겠단 말씀입니다. 오히려 아름답게 보이기도 합니다."라고 했다.

마음이 얼굴을 결정한다는 이야기다. 아무리 예쁜 얼굴이라도 마음이 미우면 밉게 보인다. 반대로 넉넉한 마음, 관용하는 마음, 아름다운 마음씨를 소유하고 있다면 외모 상관없이 아름답게 보인다. 『순자』에 "얼굴은 마음만 못하다."고 했다. 얼굴이 마음을 이길 수 없고, 마음으로 얼굴을 바꿀 수 있다는 말이다. 얼굴이 "비록 볼품없더라도 심술心術이 좋으면 군자가 될 수 있고, 형상이 뛰어나도 심술이 나쁘면 소인이 된다."고 했다. "장단, 대소, 선악의 형상은 길흉과는 아무런 관계가 없다. 이것은 관상술에도 없고 학자들도 말한 적이 없다."며 관상쟁이들의 대중을 향한 농간도 일갈한다.

언제부턴가 방학 때면 성형외과가 문전성시를 이룬다고 한다. 개학하면 서로 몰라볼 정도라고 한다. 취직 컨설팅 전문가도 성형을 권장하며 부추긴다. 대학생만이 아닌 중고생도 마찬가지란다. 성형공화국이 된 건 이미 오래전 이야기다. 외모지상주의가 성형열풍을 낳은 것이다. 너도나도 고친 얼굴이라 이젠 말하는 것도 식상하다. 어느 경우에는 같은 성형외과 시술인지, 본 뜬 모델이 같았는지 주변 비슷한 사람도 많다. 헷갈린다.

아무리 예뻐도 마음이 아름답지 못하면 예쁘지 않다. 화려한 외모라도 사용하는 언어가 저질스럽다면 실망만 남긴다. 비록 수수하더라도 교양 있는 언행은 아름답다. 온유한 마음, 겸손한 마음, 배려하는 마음이 행동으로 보일 때 아름답다. 예절바른 모습은 주변의 호감을 산다. 꾸며진 외모의 아름다움은 오래가지 못한다. 우러나오는 아름다움은 화려하지는 않지만 사람들 마음속에 오래 머문다.

『논어』에서 효를 '색난色難'이라 말했다. 편안한 얼굴로 부모님을 대하는 것은 어렵다는 말이다. 부모님 얼굴빛을 보고 뜻에 맞게 봉양하기란 쉽지 않다는 뜻도 있다. 주체가 부모가 되었든 자식이 되었든 모두가 얼굴빛이 편안해야 한다는 말이다. 얼굴이 편안하면 서로에게 기쁨과 행복을 안겨준다. 부모의 자식사랑, 자녀의 부모공경, 얼굴빛에 달려 있다는 말이다.

얼굴빛이 마음가짐에 달려있다면 마음이 얼굴을 만든다는 고전의 말을 되새겨야할 때다. 마음가꾸는데 독서만한 게 없다. 아름다운 인생을 위한다면 독서가 제일이다. 책으로 인생을 변화시킨 이들의 얼굴에서 광채가 난다는 말도 있다. 멈춰 서서 돌아볼 기회를 갖는 것이 독서이기 때문이다. 독서는 마음을 안정시키고 얼굴을 평안하게 해준다. 독서하며 사고思考하고 사고하며 독서하다보면 자신도 모르게 아름다운 사람, 지적인 사람, 효하는 사람이 될 것이다.

(4) 도덕성 회복, 투자우선 순위

미국 남북전쟁 직후의 일이다. 미국으로 건너간 중국 산동성 출신의 농부 딩룽은 성격이 포악한 미국인 주인집에서 막일로 생계를 꾸렸다. 포악한 주인 때문에 그 집 하인들은 하루도 편할 날이 없었다. 잦은 폭행을 견디지 못한 하인들은 주인 몰래 도망치기도 하였다. 딩롱도 그 가운데 한사람이었다.

어느 날 주인집에 불이 났다. 평소 주변의 인심을 잃은 주인집엔 달려와서 도와주는 손길이 아무도 없었다. 불난 집을 바라보며 오히려 잘됐다는 눈빛이었다. 그런데 어디선가 도망갔던 딩롱이 나타나 혼신을 다해 불을 끄기 시작했다. 이를 본 주인이 이상하게 여기며 물었다.

"너는 내가 싫어서 도망친 놈이 아니냐? 내 집에 불난 것이 좋지 않느냐? 그런데 왜 와서 위험을 무릅쓰고 불을 끄느냐?"

딩롱이 대답했다.

"아무리 원수지간이라도 상대가 곤궁에 처하면 그걸 구하는 것이 사람의 도리이다. 불난데 부채질하는 것은 사람의 도리가 아니다. 위난을 당한 것을 보면 길가는 사람이라도 달려가 돕는 것이 아름다운 풍속이다."

주인은 혹 딩롱이 종교를 갖고 있지 않을까 생각했다. 하지만 딩롱은 어떠한 종교도 갖고 있지 않았다. 종교는 없더라도 그가 공부를 많이 한 식자일 것이라 생각했다. 하지만 딩롱은 낫 놓고 기억자도 모르는 일자무식이었다. 그가 일자무식일지라도 집안만은 학자 집안일 것이라 생각했다. 하지만 딩롱은 대대로 농사만 짓던 농사꾼 집안태생이었다. 주인이 생각한 딩롱의 행위는 분명 희생적인 종교인 아니면 도덕적 훈련을 받은 학자 아니면 그런 전통을 지닌 학자 집안의 후손이었기에 그랬을 것이라고 판단한 것이다.

"그 위대한 진리, 즉 남이 위험에 처했을 때 그가 원수라도 도와야 한다는 생각은 하나님말씀을 터득했기 때문이다."

그러나 딩룽은 종교인·학자·명문가 집안 어디에도 속하지 않았다. 그렇다면 그런 희생정신은 어디서 나온 것일까? 딩룽의 대답은 간단했다.

"그것은 배워서 아는 것도 아니요 무엇을 믿어서 그렇게 하는 것도 아니다. 그저 사람은 그렇게 하는 것이 도리라고 느껴서 할 뿐이다. 나의 아버지와 할아버지 그리고 모든 사람이 그렇게 생각하고 있다. 그것이 뭐가 이상한가?"

딩룽은 『맹자』를 읽지 않았어도 곤경에 처한 이를 보면 누구나 측은한 마음씨가 있다는 맹자사상을 실천한 것이다. 그것은 또 어떤 대가나 명예를 바라고 행한 공리적 행위가 아닌 순수하게 우러난 양심에 입각한 행위였다. 공리적 인간이 아닌 도덕적 인간상을 보여준 것이다.

이 말에 감동한 주인은 자기 재산을 전부 팔아 콜롬비아대학에 기증하였다. 대학은 그것을 기리며 '딩룽강좌'를 설치하고 중국문화와 사상을 연구하게 했다. 평범한 농부 한 사람의 도덕적 행위가 부자 주인의 마음을 움직였고, 교육받지 못한 농부 한사람의 도덕적 실천이 중국문화의 위대성을 일깨운 것이다.

얼마 전 세계 두 번째 부자로 알려진 워런 버핏이 자신의 재산 85%를 사회에 내놓겠다고 해서 화제가 됐다. 총 374억 달러(약 36조원)로 우리나라 한해 예산의 약 6%나 되는 금액이다. 기업의 가치를 인간의 인격을 존중하는 방향에서 나온 용단이었다. 축적된 부가 결코 개인소유가 아닌 사회모두의 것이라는 공익정신의 발로인 것이다.

우리나라 대기업 삼성과 현대도 마치 경쟁이라도 하듯 8천억과 1

조원을 사회에 환원하겠다고 발표했다. 그간 '어떻게 번 돈인데...' 부의 대물림을 당연시 하며 실정법을 가리려고 했던 그들이 어느 순간 사회 환원을 선언한 것이다. 아름다운 감동보다는 뭔가 떨떠름한 인상을 떨 칠 수 없음은 그 순수성에 의심이 가기 때문이다.

기왕에 희사한 것 '딩롱강좌'처럼 국민적 도덕성을 회복하는데 투자됐으면 한다. 나보다는 공동체를 우선하던 우리 고유의 정신문화를 선양하고, 희생과 봉사정신을 일깨우는 국민적 정신운동에 쓰여졌으면 하는 바람이다.

(5) 선입견 때문에 버려지는 효문화

어떤 동물이든 어미가 자식을 먹여 살리는 모습은 감동적이다. 자신을 희생하면서까지 자식을 살리려는 헌신적인 노력은 한편의 숭고한 드라마와도 같다. 이 같은 어미의 모습을 두고 단순 생물학적 종족보존을 위한 필연법칙이라 말한다면 너무 냉정하다.

이렇듯 어미의 자식사랑은 헌신적이면서도 희생적이며 숭고하다. 그러나 성장한 자식이 어미를 사랑하는 것은 흔치 않은 일이다. 대부분의 동물들은 어느 정도 자립 기반이 마련되면 어미 곁을 떠나는 게 상례이고, 또 떠나면 그만이다.

날 짐승은 홀로 날 수 있을 정도면 둥지를 떠나고 육상동물은 혼자 먹거리를 해결할 수 있으면 어미 곁을 떠난다. 둥지를 떠나고 어미 곁을 떠난다는 것은 완전한 독립을 의미한다. 이제 더 이상의 어미자식 관계는 물론 형제자매 관계도 무의미해진다. 그저 동류로만 남을 뿐, 각각의 독립적인 개체가 된다는 뜻이다.

사람도 성년이 되면 자립 기반을 다지며 부모로부터 독립하는 것이 원칙이다. 그런 점에서 인간도 다른 동물과 다르지 않다. 그러나 인간은 부모 곁을 떠난다고 관계가 단절되는 것은 아니다. 독립적인 생활을 한다 해도 인간은 끊임없는 관계를 이어가며 정을 다져나간다.

부모자녀간의 관계, 형제자매간의 관계는 철없던 어린 시절보다 오히려 성년이 된 이후 독립된 개체로 살면서 더 다져지고, 또 그래야한다고 규정한다. 부모자녀간의 관계를 자애와 효도로, 형제자매간의 관계를 신의와 공경의 윤리로 규정한 것이다. 부모자녀간의 관계가 수직적 관계라면 상대적으로 형제자매관계는 수평적 관계라 할 수 있다.

인간이 다른 동물과 특별히 구별되는 것은 수평적 관계보다는 수직적 관계에서 여실히 드러난다. 부모가 자식을 키우고 돌봄에 있어서는 모두가 하나이지만 자식이 부모를 돌봄에 있어서는 오로지 인간만이 그 일을 수행한다는 데서 그러하다. 한마디로 효도란 인간만이 갖는 윤리적 행위라는 것이다.

효孝란 글자는 늙은 어버이를 젊은 자식이 업고 가는 모습을 본 뜬 상형문자이다. 그런 점에서 효에는 강자의 약자 보호정신이 깃들어 있다. 다시 말해 효란 자녀가 부모를 모시며 공경한다는 뜻 말고도 강자가 약자를 보호한다는 뜻도 함께 있다. 부모가 강자일 때에는 부모가 보호자이지만, 자식이 강자일 때에는 자식이 부모를 보호해야 한다는 뜻이다. 효가 일방적 의무가 아닌 쌍방향적 도리임을 말한 것이다. 따라서 효 정신 속에서는 인류 보편적 사랑도 내재되어 있다.

그러나 효도에도 정도와 단계가 있기 때문에 모든 효 실천행위를 보편적 사랑이라 할 수는 없다. 높은 단계의 효도 아닌 낮은 단계의 효도가 보편적 사랑일 수 없다는 것이다.

가장 낮은 단계의 효는 양구체養口體의 효이다. 말 그대로 입과 몸을 봉양한다는 뜻이다. 심청이가 눈먼 아버지를 위해 품을 팔아가며 봉양한 것과도 같은 효도를 말한다. 어른 먼저 음식을 드시게 한다든지 힘든 일을 젊은 사람이 대신하는 것과 같은 일상속의 행위도 양구체의 효도에 해당된다.

두 번째 단계의 효는 부모님의 뜻을 존중하며 봉양하는 양지養志의 효이다. 공자는 "부모를 봉양하면서 공경하는 마음과 뜻이 없다면 개나 말에게 먹이를 주는 것과 무엇이 다르겠는가?"고 하였다. 공경은 부모님의 뜻을 살피는데 있다. 양지의 효가 양구체의 효보다 한 단계 위라는 것은 그만큼 어렵기 때문이다.

마지막 최고단계의 효는 예를 따라 실천하는 효이다. 맹무백이 효에 대해 질문하자, 공자는 "어기지 말라"고 답했다. 여기서 "어기지 말라"는 "예를 어기지 말라"는 뜻이다. 예는 어느 시대나 존재하는 보편적 가치이고 남을 우선 생각하는 배려정신이다. 자기의 욕심을 앞세우는 사람을 버릇없는 사람이라 말하고, 자기보다 남을 먼저 생각하는 사람을 예절바른 사람이라 말한다. 예를 갖춘 사람을 최고의 효 실천가라 한 것은 인류의 보편적 가치를 준수하고 남을 배려하는 정신이 투철하기 때문이다.

역사 속에는 수많은 효 실천가들이 있었다. 그 가운데는 누구나 할 수 없는 최고 단계의 효를 실천한 사람도 있다. 효를 실천할 수 없는 객관적 상황에서도 자신을 희생하며 끝까지 효를 실천한 전설 속의 순임금 같은 사람이 거기에 해당한다. 그런 점에서 심청이도

만만치 않은 한국을 대표하는 효행자이다.

간간이 주변에 들리는 패륜범죄 소식은 우리들을 안타깝게 한다. '버려지는 부모' '폭행당하는 부모' '살해당한 부모'... 모두 개탄할 소식들이다. 그리고 이 소식 뒤에는 늘 땅에 떨어진 효의식도 함께 들먹인다. 한편에선 권위적인 가부장의 가정폭력, 아동학대 소식을 전하며 전통적 가족윤리의 억압적 구도를 비판한다.

모두가 효윤리와 맞닿아 있다. 하나는 효윤리가 땅에 떨어져서 생긴 일이고, 다른 하나는 전통적 효윤리에 얽매어서 그렇다는 것이다. 같은 시대에 효를 지키자는 논의와 효를 버리자는 논의가 동시에 나오고 있는 것이다. 둘 다 틀린 지적은 아니다. 문제는 왜곡된 인식이다. 효를 일방적·수직적·가부장적 권위주의의 산물로 보는 측면이 그렇다.

효관념은 어버이의 사랑에 대한 보은에서 출발한다. 부모님의 자애에 대한 보답이 효라는 것이다. 따라서 효는 상호간의 호혜정신이라 할 수 있다. 나아가 강자의 약자보호라는 보편적 가치기준으로까지 확대 가능하다.

모든 종교가 공히 효를 강조하는 것은 거기에 보편적 사랑이 깃들어 있기 때문이다. 효를 가부장적 질서 유지를 위한 수단이라 생각한다면 일면만 갖고 전체를 오도하는 일이다. 부모자녀간의 사랑, 가족간의 사랑은 그 자체로 합목적적이다. 거기에 일방적으로 강요된 효는 없다. 나아가 강자의 약자 배려정신에 권위에 복종하는 이데올로기적 효는 설 자리가 없다. 잘못된 판단과 기준으로 효의 가치를 저버린다면 아까운 정신적 가치를 잃고 마는 일일 것이다.

3. 21세기 효문화의 방향

(1) 효와 평화

흔히들 “지피지기知彼知己, 백전백승百戰百勝”을 말한다. 한마디로 병법을 모르거나 읽지 않은 사람이다. 세상에 그 어떤 경우에도 ‘백전백승’은 없다. 그 옛날 철권 무하마드 알리도 핵주먹 마이크 타이슨도 패배했다. 병법에서는 ‘백전백승’을 말하지 않고 ‘백전불태百戰不殆를 말했다. 그것도 최선의 방법은 싸우지 않고 이기는 ‘부전승不戰勝’이다.

꺼지지 않을 것만 같았던 로마제국, 몽골제국, 진한제국, 이슬람제국, 대영제국도 패했다. 패배는 승전의 약이 되었고, 숱한 패배의 경험은 전승戰勝을 만들었다. 『사피엔스』의 저자 유발 하라리는 제국을 말하며 “지고 또 지면서도 전쟁에선 이길 수 있었다.”라고 했다. 패배로 인한 타격은 있었지만, 그런 가운데 버티고 유지하는 능력이 제국의 조건이었기 때문이다. 그리고 제국의 종말은 있었어도 제국의 영향력은 이어졌다. 영토에 대한 정치, 군사적 지배는 상실했어도 해당 지역에 남긴 정신적, 문화적 흔적은 지속되었다. 제국으로 편입된 수많은 소수민족이 하나가 되었고, 하나의 문화공동체가 되었다. 제국의 시작은 정치, 군사 방면이었지만, 시간이 흐르면서 문화통합이 된 것이다. 제국은 망했어도 그들이 남긴 문화는 오히려 융성했다. ‘백전불태’의 중심에 고등한 문화가 자리하고 있었기 때문이다. 고등한 문화는 제국이 지탱한 비결이었다.

그 문화의 중심엔 종교가 있다. 제국질서가 기독교, 불교, 이슬람교, 유교문화권으로 재편되면서 종교 간의 충돌도 속출했다. 제국간 충돌은 문명충돌이었고, 그 중심에 종교가 있다. 종교문화의 핵심가치인 사랑과 평화는 어디론가 사라지고 전쟁과 테러가 빈발한 것이다. 특히 이슬람교, 기독교, 불교 문화권의 접점 지역에서 그 갈등은 심화되었다.

사랑과 평화, 자비와 베풂을 기치로 내건 종교가 서로 갈등하고 충돌하는 것은 아이러니다. 그런데 놀라운 사실은 수 천 년 역사 가운데 종교문화로 인한 갈등이 유난히 드문 지역이 있다는 점이다. 잠시의 갈등은 있었어도 전면적인 전쟁이나 테러로 이어지지는 않았다. 한국이다. 한국에서는 종교로 인한 전쟁과 테러가 거의 없었다. 무엇이 이렇게 만든 것일까. 이유는 유교문화에서 찾을 수 있다.

유교의 핵심가치는 인仁이다. 인은 한마디로 관계를 중시한다. 다섯 가지 윤리[五倫]도 모두 관계론이다. 상호간의 관계가 생사화복의 핵심 사항이었다. 이는 살아 있을 때만이 아닌 죽어서도 이어졌다. 뿌리문화, 족보문화의 융성이다. 족보는 죽은 사람과 산 사람을 철저하게 연계하는 장치이다. "옛것을 계승해서 미래를 연다."는 '계왕개래繼往開來'는 살아있는 사람들의 당연한 사명이었다. "돌아가신 분의 장례를 잘 모시고 오래 전에 돌아가신 분을 잘 추모한다."는 '신종추원愼終追遠'은 매우 중요한 책무였다. '계왕개래', '신종추원'은 한마디로 위아래를 잇는 효문화였다. 효문화는 한국의 핵심가치로 수 천 년 동안 전승되었다. 『논어』에서는 이것을 인으로 포장하며, "인을 실천하는 근본이 효와 공경"이라 했다.

현대화 과정 속에서 잠시 소홀한 듯 했지만, 효문화의 저력은 사라지지 않았다. 그것이 오늘날 동북아시아를 전쟁과 테러로부터 자유롭게 만든 문화 동인이었다. 그렇다면 세계 각지에서 벌어지고 있는 분란의 치유 방법을 효문화 확산에서 찾을 수 있지 않을까.

사랑과 공경으로 정의할 수 있는 효문화를 확산한다면 주변의 갈등은 사라질 것이다. 다행히 기독교·불교·이슬람교 각각의 경전에 효문화 요소가 들어있다. 그간 다른 것에 가려서 없는 것처럼 오인되었지만, 효문화는 각 종교마다 정도의 차이는 있어도 강조되고 있다. 이런 공감대를 십분 활용, 상호간 이해 소통의 코드로 삼는다면 갈등을 해결할 수 있지 않을까. 또 이를 선도할 국가가 한국이고, K팝 한류가 전 세계에 영향력을 미치듯, K-효문화가 인류의 화해공동체를 만드는데 기여할 수 있지 않을까.

(2) 국난 극복의 원동력, 효문화

우리민족은 국난극복의 역사라 할 만큼 어려움이 많았다. 때론 나라의 존망까지 위협했다. 그 때마다 우리는 강인한 생명력으로 위기를 극복할 수 있었다. 생명력의 중심엔 효사상과 공동체 의식이 있다. 무엇보다 부모 형제 친척 이웃을 먼저 생각하는 효사상과 공동체 정신이 있다. 우리에게 '나'란 존재는 무의미할 정도로 약했다. 어찌 보면 없다 해도 무방할 것도 같다. '우리'란 공동체가 우선하기 때문이다. 개인적인 실수도 집안 망신으로 치부하며 경계했다. 자녀가 잘못하면 자녀 개인의 문제로 끝나지 않고 부모 얼굴에 먹칠한 것이라며 가족문제로 연결하기도 하였다. '나'란 존재는 '가족'이란 공동체에 묻혀 큰 의미가 없었다.

서양과는 달리 가족공동체를 상징하는 성姓을 먼저 쓰는 것도 공동체 우선의 법칙이다. 성의 본관은 공문서에 반드시 기재하도록 되어 있다. 조선시대 과거시험 답안지에 조상들 이름을 열거하는 것과 같은 번거로운 절차와 내용은 사라졌지만, 여전히 본관 쓰는 난은 존재한다. 가족문화가 얼마나 강한가를 보여준다. 처음 만나는 사람이라도 성씨가 같으면 곧바로 본관부터 확인한다. 상호 관계 열어감의 공감대를 가족문화에서 찾고자 함이다. 자신을 소개할 때에도 개인적인 사항보다는 "어디 사는 어느 할아버지의 몇 대손"라고 하며 지역과 가족공동체를 우선한다. 이름을 항렬자에 맞춘 것도 개인을 가족에 종속시킨 것이다. 이런 가족 중심의 사회구조에서 '나'란 존재는 공동체를 위한 지체일 뿐 독립적 실체가 아니다. 개인의 성공은 개인에 머물지 않고 가문의 명예를 드높인 행위가 된 것도 같은 맥락이다.

"身體髮膚, 受之父母, 不敢毁傷, 孝之始也."라고 말하며, 신체보존을 효라 한 『효경』의 가르침도, 결코 내가 나로 끝나는 존재가 아님을 증명한다. 조상의 생명을 내 몸에서 이어간다는 일종의 생명 연속의 의미가 담겼다. 양자를 들인 것도 씨받이를 통해서 자녀를 얻는 것도 조상과 자신의 맥을 후손이 어어간다는 강한 믿음이 작용한 것이다. 오죽하면 '무후無後'가 가장 큰 불효였겠는가. 그러니 나를 낳아준 부모와 조상의 얼이 내 몸 안에 있다면 그 몸을 함부로 할 수 있었겠는가.

막상 우리 조상들은 몸의 작은 것 하나라도 함부로 하지 않았다. 필자의 어렸을 적 기억이다. 할머니는 아침마다 참빗으로 머리를 곱게 빗으시고는 빗에 낀 머리카락 하나하나를 버리지 않고 모아 두셨다. 흔들리는 젖니를 문고리에 실로 묶어 빼시고는 지붕위로 던지셨다. 쓰레기통으로 가거나 두엄 더미로 던졌다면 버린 것이라 하겠지만, 지붕위로 버린 것은 보관의 의미였다. 자동 샤워장치가 되어 있는 지붕은 집안의 가장 깨끗한 보관 장소였던 것이다.

가족 공동체의 중심엔 효사상이 있다. 공동체 지탱의 원동력으로 효사상이 작용한 것이다. 효가 우선이었기 때문에 『명심보감』엔 "가화만사성" 앞에 "자효쌍친락"이 있다. 자효子孝 → 친락親樂 → 가화家和 → 사성事成의 흐름이다. 역으로 만사가 형통함은 가정의 화해와 화목이 전제이고, 가정의 화목과 화해의 전제는 부모가 기뻐하는 것이고, 부모 기쁨의 전제는 자녀의 효라는 것이다. 결국 '효'가 '만사성萬事成'인 셈이다. 공동체의 기본 윤리가 효임을 밝히는 대목이다. 또 그런 효문화가 이 땅을 지켜냈다. 효가 나라를 살린 예이다.

이 땅을 초토화시켰던 임진왜란을 생각해 보자. 곳곳에서 관군은 속수무책 무너졌다. 나라를 책임져야할 최고지도자와 관리들은 자포자기 도망가기에 급급했다. 국난의 환경에서 이 땅을 관리하고 책임져야할 사람들의 무책임한 행동이었다. 풍전등화와 같은 위기 속에서 그래도 이 땅을 구한 이들이 있다. 최고관리자도 포기한 이 땅을 구한 것은 과연 누구인가. 의병이다. 의병은 속성상 처음부터 나라 구하는 군대가 아니었다. 우리 동네는 우리가 지킨다는 지역방위군이었다.

물론 그 중심에는 혈연과 지연이 강하게 작용했다. 혈연의 중심에는 가족과 친척이 있고, 가족과 친척의 중심에는 효문화가 있다. 지연도 단순 지역 공동체만은 아니다. 지연의 중심에도 역시 집성촌을 이루었던 가족과 친척이 존재했다. 결국 지연과 혈연은 다른 두

영역이지만, 전통 한국 사회의 특성상 혈연을 매개로 한다는 데 그 공통점이 있다. 혈연이란 매개를 두고 둘은 직접적인 연결선상에 있다.

나라의 위기는 지역의 위기를 몰고 왔고, 지역의 위기는 가문의 위기를 가져 왔다. 가문을 책임진 가장과 집안 어른은 가문과 지역을 수호할 책임감이 있고, 이를 행동으로 보여주었다. 지역 지킴이 부대, 의병의 창설이다. 지역지킴이 부대는 결국 가문을 지키는 것이기도 했으니 효의 부대라 해도 과언이 아니다. 효의 부대는 영역을 확대하며 좀 더 넓은 지역을 탈환하고 수호했다. 의병부대의 혁혁한 공로는 점점 그 범위와 영역을 넓혀가며 나라를 지키는 부대가 되었다. 곧 효가 충이 되었으니 의병은 '충효쌍전'忠孝雙全의 부대라 할 수 있다. 그것이 가능했던 것은 나보다 가족, 가족보다 동네, 동네보다 나라라는 공통체 의식이 강하게 작용했기 때문이다.

그러고 보면 한국인의 공동체정신은 개인을 희생하는 측면이 매우 강하다. 공동체를 위해서 개인은 희생되어야 한다는 생각이다. 내게 중요한 것은 이름이 아니라 집안을 상징하는 성씨姓氏이다. 경쟁할 때에도 개인의 명예보다 가문의 명예를 걸고 싸웠다. 군사정부 시절 한 때 국가지도자를 위해 싸운다는 왕조시대적 발상이 잠시 설친 적이 있지만 오래 가지는 못했다. 하지만 '가문의 영광'을 위한 노력과 분투는 끊이지 않았다. 어려서부터 달달 외운 '입신양명立身揚名'의 효사상의 산물이 아닐까 생각해 본다.

한창 경제적 어려움을 겪을 때에도 이 나라를 다시 세운 것은 우리민족의 단합된 힘이었다. 내가 우선이란 생각이 지배하였다면 나라는 이미 결단 났을 것이다. 나보다 나라가 우선이란 공동체 정신이 '금모으기운동'을 성공적으로 이끌었고, 결국 그것이 나라를 다시 살리는 쏘시개 역할을 했다. 1997년 필자가 중국에서 외국인교수로 있을 때 경험한 일이다. 중국 CCTV를 비롯한 각종 매체로 보도되는 한국의 상황은 하루하루 가까스로 연명하는 그야말로 바람 앞의 낙엽과도 같았다. 치솟는 달러화에 유학생들도 상당수 떠났다. 그런 한국인을 바라보는 중국인들의 동정하는 눈빛은 지금도 잊을 수 없다. 하지만 한국은 일어났다. 꿈틀대기 시작했다. 중국 텔레비전에 한국의 어느 은행 앞에 길게 줄지어진 모습이 비춰졌다. 금모으기 행렬이었다. 인터뷰가 이어졌다. 맨 앞줄에 할머니가 섰고 뒤로는 며느리들이 함께 했다. 마이크를 든 기자가 할머니에게 다가갔다.

"할머니 어떻게 나오셨어요?"
"나라가 망한다는데 가만히 있을 수 있어?"

할머니의 말씀은 어느 국가 지도자의 목소리보다 위엄 있게 들렸다. 집안 어르신 어머니를 따르는 며느리들의 줄선 행렬은 전 세계를 감동시켰다. 이 화면이 나간 뒤로 중국인들의 한국인을 보는 시각이 달라졌다. 잘 아는 지인들은 한국을 가리켜 엄지손가락을 추켜세웠다. 그리고 한마디 덧붙였다. 만일 저런 위기가 중국에 닥친다면 중국은 과연 어떨까 생각해 봤단다. 중국에선 상상도 할 수 없는 일이라며 한국인의 나라사랑 정신을 높이 샀다. 개인보다 공동체를 우선하는 정신이다.

(3) 사랑과 공경의 지도자 대망론

요즘 우리가 말하는 선거제도와 민주주의는 모두 동양적 의미와는 거리가 있다. 선거의 유래는 2천년 전 한漢나라로 거슬러 올라간다. 지방관리가 유능한 인재를 뽑아[選] 중앙에 추천하여 임용[擧]하는 것을 선거選擧라고 했다. 오늘날 선거와는 많이 다르다. 민주民主 역시도 주권재민主權在民과는 질적으로 다른 '백성의 주인'民之主인 천자天子를 가리켰다. 『서경』에 나오는 것으로 보아 모름지기 3천년 전 일이다. 글자만을 놓고 본다면 동양의 선거, 민주에 대한 개념은 서양보다 유구한 셈이다.

지금이야 정치지망생들의 자진 출마로 선거가 이뤄지지만, 옛날에는 지방관리들의 추천을 선거라고 했다. 출마出馬라 함도 직역하면 "말을 내온다."는 뜻이니 우리가 생각하는 출마의 뜻과는 역시 달랐다. 하지만 말을 탄다는 것은 임지로 부임할 때, 전쟁터에 나갈 때 등 특별한 목적과 이유가 있을 때였다. 오늘날 시민 사회를 위해 헌신하겠다는 선거 출마의 의지와 맥락적으로 통한다고 할 것이다.

지방관리가 인재를 뽑아 추천할 때에는 일정한 자격요건을 갖춘 자를 대상으로 했다. 능력도 뛰어나야 하지만 품성도 남달라야 했다. 인륜을 강조했던 송나라 때에는 효자가 많이 추천되었다. 효자를 관리로 추천하는 풍토가 생기자 가짜 효자들도 속출했다. 할고단지割股斷指하는 젊은이, 오래전 돌아가신 부모님 묘소 앞에 묘막 짓고 삼년상 치르는 사람 등 출세에 눈먼 자들의 가짜 효행이 백태를 이뤘다. 형평성을 잃은 지방관리의 추천권도 심각한 부정부패를 낳았다. 결국 선거는 폐단만 양산하는 제도가 되고 말았다. 과거시험이 관리 선발의 가장 객관적 기준이 될 수밖에 없었던 것도 이 때문이다.

그런데 막상 관리로 선발되면 고단한 나날을 보내야 했다. 지금이야 명절과 공휴일은 물론 닷새 일하고 이틀 쉬는 제도가 정착되었지만, 옛날의 관리들은 휴일은커녕 조회朝會가 있는 날에는 인시(寅時, 오전 3~5시)에, 평시에는 묘시(卯時, 오전 5~7시)에 출근하여, 유시(酉時, 오후 5~7시)에 퇴근했다. 해 뜨기 전에 나갔다가 해지는 시간에 돌아왔으니, 꼬박 12시간 이상을 근무한 셈이다. 거기다 처음엔 봉급도 제대로 책정되지 않았다.

그럼에도 불구하고 서로 경쟁적으로 관리가 되려고 혈안이 되었다. 거기엔 이유가 있었다. 관리가 되면 권력과 명예는 물론 재부까지도 덩달아 가질 수 있었기 때문이다. 구태여 봉급을 책정하지 않아도 되는 까닭이었다. 말단 관리였던 아전들의 경우 더욱 심했다. 무급제도는 적당히 알아서 챙기라는 정책적 배려(?)였다. 예로부터 정경유착이 심화될 수밖에 없는 풍토와 탐관오리 양산의 제도적 문제점을 여기서 찾게 된다.

이제 전통적 선거(추천)가 아닌 현대적 선거제도에 의해 그야말로 선량들이 선출되는 시대이다. '백성의 주인' 천자가 선택한 사람들이 아닌 '권력의 주인' 백성들이 선택한 대표들이다. 따라서 선택한 사람과 선택받은 사람의 올바른 관계 정립은 바른 정치의 가장 중요한 요체가 된다.

순자는 "임금은 배이고 서민은 물이다. 물은 배를 띄우기도 하고 배를 엎기도 한다."고 하였다. 지도자와 백성의 관계를 적절히 비유한 말이다. 배는 조용한 물 위를 순항하지만, 조용한 물이 어느 순간 성난 파도로 돌변한다면 배는 뒤집힐 수도 있다. 백성들에 의해 선출된 이들은 언제 낙마落馬할지 모른다. 늘 조심해야 하는 이유이다.

(4) 가짜뉴스 없는 진실만 통하는 사회

증삼은 오성위五聖位가운데 한 사람이다. 공자·안연·자사·맹자와 더불어 유교의 다섯 성현 가운데 한 명이다. 그는 지극한 효자로 소문났다. 효와 관련된 내용만을 추린 효경 편찬에 간여했다는 설도 있다. 어머니를 극진히 생각한 그는 늘 어머니와 마음으로 통했다.

어느 날 증삼이 나무하러 산으로 간 사이 손님이 찾아왔다. 증삼을 찾는 사람이 오자 어머니는 산에다 대고 불러보지만, 증삼은 대답이 없다. 한참을 불러도 소용없자 어머니는 손가락을 꽉 깨물었다. 산에서 일하던 증삼은 순간 가슴에 통증을 느꼈다. 어머니에게 무슨 일이 있을 것이라 직감한 증삼은 집으로 달려 왔다. 교지심통嚙指心痛이다. 지극한 사랑과 효도로 뭉친 모자지간을 가리킬 때 쓰는 말이다. 그만큼 두 사람은 믿고 사랑하고 공경했다.

이런 효자 증삼과 이름이 똑같은 사람이 살인을 저질렀다. 그 말을 접한 사람이 정확한 내막을 알아보지도 않고 증삼의 어머니에게 달려왔다. "큰일 났습니다. 증삼이 사람을 죽였습니다." 베틀에 앉아서 옷감을 짜고 있던 증삼의 어머니는 고개도 들지 않고 대답했다. "우리 아이는 그럴 사람이 아닙니다."

조금 있으려니 다른 사람이 와서 또 말했다. "증삼이 사람을 죽였답니다." 어머니는 여전히 믿지 않으며 대꾸도 하지 않았다. 얼마 뒤 또 한사람이 뛰어와 "어서 가 보세요. 증삼이 사람을 죽였다니까요." 그러자 증삼의 어머니는 몹시 놀라며 허겁지겁 달려갔다는 얘기다.

효성이 지극한 맘 착한 증삼이 살인했다는 소리에 그럴 리 없다며 꿈쩍도 않던 어머니가 같은 말을 세 번씩이나 반복하자 믿었다는 얘기다. 근거 없는 조작이나 모함도 자꾸 하게 되면 먹혀든다는 경계의 말이다. 『전국책』에 나온다.

이해관계가 복잡하게 얽히면서 헐뜯는 말, 조작된 말, 진실하지 못한 말들이 난무한다. 불신사회를 조장하는 일이다. 사실이 아님에도 심증만 있다면 일단 터트려 본다. 거기에 알권리, 표현의 자유란 명분까지 붙는다면 더 말할 것도 없다. 또 그런 말들은 일시에 천리를 간다. 잘못을 모르는 일이라며 버티는 것도 문제지만, 사실이 아닌 것을 사실인 것처럼 퍼트리는 것은 더 큰 문제이다. 정권보다 강한 언권言權의 도덕성과 사실에 대한 판단력이 그 어느 때보다 필요한 때이다.

(5) 통해야 산다.

중국 전설 속의 지도자 순舜임금 시대 이야기다. 예로부터 중국은 황하의 물길을 다스리는 자가 최고 지도자가 될 수 있었다. 오죽하면 다스린다는 뜻의 치治자에 물氵이 들어갔을까. 그만큼 끝없이 물을 쏟아내는 황하는 위협적인 존재였다. 순임금도 황하 물줄기를 다스리기 위해 당시 치수 관련 최고 전문가 곤鯀이란 사람을 기용했다. 곤은 넘치는 물을 관리하기 위해 곳곳에 댐과 벽을 쌓았다. 막는 방법으로 물을 다스리고자 했다. 하지만 넘치는 물은 번번이 댐과 벽을 허물어뜨렸다. 흐르던 물을 막아 놓았기 때문에 피해는 더 컸다. 곤의 치수사업은 실패했고, 순임금은 그를 처형했다.

순임금은 우禹란 사람을 다시 치수전문가로 기용했다. 공교롭게도 우는 곤의 아들이었다. 우는 아버지가 실패한 치수사업을 물려받았기 때문에 부담이 컸다. 거기다 아버지를 죽음으로 몰아간 사업을 이어받았으니 얼마나 부담이 컸을까. 아버지를 처형시킨 순임금에 대한 원한도 대단했으리라. 그렇다고 맡겨진 치수사업을 소홀히 할 수도 없었다. 아버지가 했던 방식을 재검토했다. 그리고 막는 방식보다는 열어놓는 방식이 낫다고 생각했다. 곳곳에 수로를 내고 물길을 터놓았다. 홍수에 시달리던 중국은 드디어 안전한 나라가 되었다. 우는 보기 좋게 치수사업을 성공적으로 이끌었다.

아버지 곤은 막는 방법을 써서 실패했다면 아들 우는 물길을 터주는 방식으로 성공했다. 치수에 성공한 우는 결국 순임금의 뒤를 이어 왕이 됐다. 요순시대를 이어간 우임금이다. 성공적인 치수사업으로 중국 최고의 지도자가 된 것이다.

우리 전통사회 삼강三綱 윤리가 있다. 군신, 부자, 부부간의 윤리를 벼리 강綱자로 엮어 놓았다. '벼리'란 고기 잡는 그물 위쪽 코를 꿴 굵은 줄이다. 벼리가 있어야 펼쳐진 그물을 한데로 모을 수 있다. 한마디로 옥죄는 역할이다. 윤리적으로 규제, 단속하는 것이다. 한무제가 주변 나라를 정복하고 강력한 통치 질서를 위해 만든 강령이다. 강령을 만든 사람은 동중서란 유학자였다. 그는 다섯 가지 윤리五倫 가운데 특별히 군신, 부자, 부부관계만을 따로 떼어서 이런 규제조항을 만들었다. 한마디로 규정 이상의 범위를 벗어나지 못하도록 막는 방법이었다. 소통의 단절이다. 거기서 신하와 자녀와 아내는 군주와 부모와 남편의 희생양이 되었다.

현대사회 효는 '삼통三通'으로 말할 수 있다. 일명 '통이론'이다. 종교간, 세대간, 이념간 소통의 중심에 효문화가 있다. 각 종교문화에 효는 필수사항이다. 한동안 유교로부터 불효종교라 오인된 기독교의 십계명에는 효를 신의 명령으로 규정했다. 유교보다 더 강력한 효문화를 명시한 것이다. 부모자녀 관계는 물론 모든 인연으로부터 해방되어야 궁극적 경지를 추구할 수 있다는 불교에서 '부모은중경'이란 절절한 효문화가 나왔다. 효문화의 보편성을 보여준 사례이다. 통교적通敎的 가치의 중심에 효문화가 자리한 것이다.

다음은 세대간 소통의 중심에 사랑과 공경의 효문화가 있다. 세대를 이어주는 가치가 효문화란 것이다. 세대라고 하는 시간의 연속선상에 효문화가 자리하고 있으니 효는 통시적通時的이라 할 수 있다.

끝으로 효문화는 이념적 세계를 초월한 가치가 있다. 보수 진보할 것 없이 효문화는 공동의 가치이다. 남북한 공동의 관심사도 정치·경제·군사 그 어느 것도 아닌 가정사에 있다. 지금껏 남북한을 뜨겁게 하나로 엮은 것이 있다면 이산가족상봉이다. 사랑과 공경을 매개로 한 효문화가 세계 유일의 이념대립국가 남북한을 이어주는 역할을 한 것이다. 앞으로도 남북을 하나로 엮어줄 가장 중요한 요소이자 가치는 효문화에 있다.

이렇듯 효문화는 통교·통시·통념의 특징을 갖고 있다. 앞서 곤의 물을 막는 방법은 동중서의 삼강이론과 가깝다. 자연스런 흐름을 막고 하지 못하도록 제재하는 것이 그 중심이다. 우는 물을 막지 않고 흐르게 했다. 이는 소통을 기본으로 하는 '통이론'과 가깝다.

그동안 우리사회 막혔던 담을 털어내야 한다. 종교간·세대간·이념간 막혔던 담을 헐고 소통해야 한다. 종교간 장벽도, 젊은 세대와 장노년 세대간 차이도, 진보와 보수의 갈등도 풀어야 한다. 그래야 이 나라의 미래가 있다. 희망이 있다. 바로 거기에 인류의 행복이 있다. 그 중심에 통이론, 효문화가 있다.

동아시아 효문화 이해

김덕균 저

지은이 | 김덕균
펴낸이 | 김명수
펴낸곳 | 시아북(詩芽Book)
발행일 | 2021년 03월 24일
출판등록 | 2018년 03월 30일

주소 | 대전광역시 동구 선화로214번길 21(3F)
전화 | (042) 254-9966, 226-9966
팩스 | (042) 255-5006
E-mail | daegyo9966@hanmail.net

값 18,000원

ISBN 979-11-91108-04-0